极端
不确定性

如何为未知的未来做出明智决策

[英] 约翰·凯（John Kay） [英] 默文·金（Mervyn King）◎著

傅诚刚◎译

RADICAL UNCERTAINTY

Decision-making
for an unknowable future

中信出版集团 | 北京

图书在版编目（CIP）数据

极端不确定性/（英）约翰·凯,（英）默文·金著；
傅诚刚译 .-- 北京：中信出版社，2022.7（2024.4重印）
书名原文：Radical Uncertainty
ISBN 978-7-5217-4342-5

Ⅰ.①极… Ⅱ.①约… ②默… ③傅… Ⅲ.①决策学
Ⅳ.① C934

中国版本图书馆 CIP 数据核字（2022）第 072793 号

Radical Uncertainty
Copyright © 2020, John Kay and Mervyn King
Simplified Chinese translation copyright © 2022 by CITIC Press Corporation
All rights reserved
本书仅限中国大陆地区发行销售

极端不确定性

著者：　　［英］约翰·凯　［英］默文·金
译者：　　傅诚刚
出版发行：中信出版集团股份有限公司
（北京市朝阳区东三环北路27号嘉铭中心　邮编：100020）
承印者：　北京盛通印刷股份有限公司

开本：787mm×1092mm　1/16　　印张：26.25　　字数：417千字
版次：2022年7月第1版　　　　　印次：2024年4月第3次印刷
书号：ISBN 978-7-5217-4342-5
定价：78.00元

版权所有·侵权必究
如有印刷、装订问题，本公司负责调换。
服务热线：400-600-8099
投稿邮箱：author@citicpub.com

献给
米卡和芭芭拉

目录

推荐序一　与极端不确定世界共存的决策艺术　VII

推荐序二　正视极端不确定性　XI

前　言　XV

第一部分
导引：不确定性的本质

第 1 章　未知的未来　003

"不确定性"是我们对这个世界一知半解的结果，或指我们当下的行为与其未来结果之间的关系。我们或许有时希望自己未卜先知，这样无论未来发生什么都不会让我们措手不及，但转念一想，这样的世界就会变得平庸无奇。

第 2 章　谜题与奥秘的区别　015

谜题可以解决，因为有答案。而奥秘充满了模糊性和不确定性，面对奥秘，我们得不到回答"正确"的舒畅和欢欣。

第 3 章　无处不在的极端不确定性　028

不确定性源自我们对世界不完整的认知——无论是它的过去、现在还是将来。这种不确定性之所以会产生，也可能是因为我们不完全了解行为和结果之间的关系。

第二部分
概率的诱惑

第 4 章　用概率思考问题　043
有些事情是我们未知的,有些事情是我们不知道自己未知的。有的事情是我们以为自己已知的,但事实并非如此。

第 5 章　被遗忘的争论　056
主观概率和相关的数学方法的使用似乎使极端不确定性的奥秘变成了可计算出解的难题。

第 6 章　有误导性的模糊与歧义　068
无论是模糊还是歧义,如果对所讨论的世界的状况和描述它的语言没有共同的理解,就不可能对主观概率进行理智的讨论。

第 7 章　概率与最优选择　084
我们无法确定所有可能的结果。我们并不完全了解世界当前和未来的状态,即使我们赋予每起事件主观概率,在有其他更好的信息和理解时还根据这些概率行动就是不理性的表现。

第三部分
认识不确定性的意义

第 8 章　宏大世界中的理性　103
在极端不确定下,人们展开推理所依赖的前提条件永远无法呈现世界的全貌。基于不同的世界观,人们可能将截然不同的行为视为"理性"。

第9章 演化和决策的需要 118

应对存在于各种情况下的不确定性,一直是人类进化的重要组成部分。在过去充满极端不确定性的几千年中,人类已经学会了许多应对策略,并发展出了决策能力,让我们能在尚未完全了解新处境的情况下做出决定。

第10章 叙事范式 136

糟糕的决策者普遍依靠先验经验下结论,他们故步自封、傲慢自大,说得多,听得少,往往不明白"三人行,必有我师"的道理,也认识不到知识的局限性——无论是个体还是全人类,在复杂多变的形势面前都有知识盲区。

第11章 不确定性、概率与法律之间的关系 148

在理性思考的过程中,统计推理可以辅助,但永远无法取代叙事推理。在极端不确定的世界里,起主导作用的不是概率如何分布,而是每一个独一无二的人和事,而正义需要的恰恰是能够尊重这一独特性的法律推理。

第12章 好故事和坏故事 162

讲故事是人们试图解释复杂情况的常用手段。这种讲故事的方式是全人类共有的。

第13章 用数字讲故事 175

一个世纪之前,经典统计学的奠基人创立了类似于概率游戏的方法来推断小世界问题。人们希望其中一些方法可以帮他们在日常生活中做出更好的决定。这些对概率推理应用范围的积极大胆的期望还没有完全破灭。

第14章 用模型讲故事 187

在金融、经济学和商业领域,模型永远不会展示"世界真实模样"。在试图理解和解释模型结果,以及将其运用到任何大世界情况时,永远需要明智的判断。

第 15 章　理性与沟通　197

人类的智慧是集体的智慧，这是人类非凡经济成就的源泉。我们可以驾驭极端不确定性，因为我们共同参与规划。

第 16 章　对叙事的质疑　209

更好的办法是，设法确定可能严重破坏参考叙事的少数几个风险，并考虑为处理这些风险，可能采取哪些应急措施。

第四部分
经济学与不确定性

第 17 章　金融的世界　229

在真实的世界里，我们是在着手应对而非谋求最优。这些算式中使用的数据是人为创造的，或是取自历史数据集，假设一种不存在的静止世界。

第 18 章　极端不确定性、保险与投资　243

极端不确定性意味着这种基于历史数据集的相关性计算是徒劳的。在大多数情况下，我们无法得知相关概率分布的方差或协方差。

第 19 章　对宏观经济学的理解与误解　254

在无事发生时，央行所用的经济模型运行良好，而当大事发生时，它们却错得离谱——然而正是适逢大事之时，才需要让这些模型给出超越过去经验的对策。

第 20 章　对模型的合理使用与滥用　270

尽管风险价值模型可以帮助银行监控日常风险敞口，但是无法应对"模型之外"的事件，而这些正是金融危机的典型成因，比如温尼亚尔问题。

第五部分
与不确定性共存

第 21 章　实用的知识　287

解开一个谜团不像解答一个谜题那样简单。要对一个谜团进行推理，就要识别出一些模棱两可的东西，并且解决它们，以理清我们的思绪。

第 22 章　适应极端不确定性　302

没人能准确预测金融极端事件的后续路径，但这并不意味着我们就真的对它们毫无头绪、一无所知。承认不确定性的存在，并不意味着任何事都会发生。

第 23 章　拥抱不确定性　313

没有不确定性就不可能有进化。文化、技术和生物的协同进化一直是社会经济进步的源泉。

附　录　不确定性下选择的公理　325

注　释　333

参考文献　361

延伸阅读　391

致　谢　393

我更喜欢真实但不完美的知识，即使它会带来许多不确定性和不可预测性，而不是那种貌似精确但很可能错误的知识。

弗里德里希·奥古斯特·冯·哈耶克
1974 年诺贝尔经济学奖得主

推荐序一

与极端不确定世界共存的决策艺术

全球金融危机显著提升了宏观经济学在社会科学中的地位，宏观专业人士尤其是主要经济体的央行决策者们成为人们关注和追逐的焦点。但稍显尴尬的是，宏观经济学家关于金融危机的一系列预测工具及其验证结果并没有像300年前的天文学家对太阳系天体运行轨道的预测那样令人信服，以至全伦敦最优秀的经济学家在面对英国女王关于危机预测的问题时哑口无言。越来越多的经济学者开始反思宏观经济学的范式和框架，这本书是最新的代表作。考虑到作者之一的默文·金在应对全球金融危机期间任英国央行行长的履历，这本书的反思更显得具有革命性的勇气。

这本书对宏观经济学思考方式的发端做了简单回顾，指出这一方式建立在完备理性假设的基础上。完备理性又基于概率论，也就是假设经济中的每个主体都自觉将自身的效用、利润最大化，即所谓理性经济人假设。在这种框架下，世界是平稳的、可预知的，即便存在已知的未知风险，我们也能够衡量它，就像我们知道掷骰子的概率分布结果一样。

但现实是，我们无法预知甚至理解未知的未知。正如风险价值模型是很有效的常态的监管工具，简洁、清晰、易懂，成为金融界的主流工具之一，风险管理师们逐渐习惯于这些相对轻松易学的工具，而抛弃了需要千锤百炼、反复试错的经验和直觉，这就直接导致各大金融机构对风险的判断及应对措施趋于一致，形成自我完成的预测。这与伦敦金融城劳埃德核保人的思考方式截然相反，核保人更像是有经验的手艺人，更依赖与同行的信息互换，市场上一有风吹草动，个性化承保物的承保价格就随之调整。当未知的未知出现，市场陷入流动性枯竭的非常态时，正如雷曼兄弟危机爆发之时，风险价值模型无法告诉我们资产的真实状况。不幸的是，黑天鹅时有发生，决策者也就无法理解和衡量极端不确定性。

宏观经济学的主流理论和模型看似精巧，实则僵硬，看似纷繁复杂，实则拘泥于窠臼。两位作者指出，无数社会科学领域的案例都告诉我们，世界充满了极端不确定性，我们首先需要做的是承认它的存在，做好与之共存的准备。这看似简单，却极其考验决策者的勇气。须知，承认自己知之甚少抑或一无所知需要广阔的知识、深刻的认知能力和极大的克制力，这是最高层次智慧的表现。正如凯恩斯所指出的那样，构成经济运行的基本动力源是"动物精神"，这正是无法精准预测的，与公理性假设相悖。但现实是，声称自己掌握了事物发展规律及经济运行密码的领导人和经济学家屡见不鲜。在影响人类命运的重大事件决策中也是如此。战争的阴云笼罩欧洲时，丘吉尔最需要做的是了解"究竟发生了什么"，然后才有了"继续战斗"的决策，但当时他面临的不确定性是无法用概率来描摹的。

除了思考方式的缺陷，主流模型的另一个问题是输入的"元素"也难以令人信服。你真的相信模型设计者给出的几十年后的宏观经济数据是可靠的吗？能确保这些数据的预测过程不是虚构的或至少是缺失逻辑链接的吗？基金经理和研究人员在2021年设计长期模型时，能够考虑到俄乌冲突这种将会深刻改变历史进程的突发事件吗？如果不能，那么依赖这种假设的未来长期经济数据来制定的养老、投资模型可信吗？所以，依赖大量经济数据的一刀切模型,本质上适用于"小世界",它可以作为我们讨论的依据或者素材,但是绝不能代替真实世界本身。生活的五彩缤纷固然令人眼花缭乱,但是将其全部分类、精简、隔离,就偏离了模型设计的初衷。

那么,我们该怎样应对这样一个极端不确定的世界?或者更进一步,在面对各种黑天鹅事件冲击时该怎样做出决策?两位作者不厌其烦,用很多领域的实例来论证这样一个观点:在承认极端不确定性存在的同时,牢牢记住,决策往往不是寻找最优解,而是需要倾听更多的声音,探寻究竟发生了什么,寻找第一个可行的方案,哪怕这个方案并不是理论上的最佳方案。

听上去这个思路并不完美。但是,生活中我们面临的往往是类似的局面。脱离模型的完备假设,寻找限制条件下相对可行的方案,并不意味着粗糙和平庸。企业家在考虑是否投资时,无法找到精准的包打天下的未来现金流模型。即使有这种模型,也极少有人敢于仅仅依靠它来决定是否押上个人的全部身家。奥巴马在决定是否击毙本·拉登时,也不能依赖目标是否藏在目标地点的概率分布给攻击小队下命令。在风声鹤唳的欧洲,并没有清晰的局势和规划来供丘吉尔做出判断。邓小平在决定采纳市场经济道路时,也无法依据马克思列宁主义经典理论或者当时已经被批判得体无完肤的西方经济学理论来支持其决定。经济学界一直在尝试为人类的行为没有遵循完备的理性经济人假设做出解释和补充,比如2017年诺贝尔经济学奖得主塞勒的"助推"理论。但是本书作者认为,人类没有遵循该假设,正是生存智慧的体现而不是缺陷。与貌似完美、对称的模型相比,人类数千年来的经验和智慧沃土上生成的直觉常常可能更值得依赖。

尽信书不如无书,知识不等同于智慧。在面对重大事件时,领导人更需要的是具有艺术气质的判断力。定量的模型无疑是个参考,但如果完全依赖它,就可能会导致刻舟求剑式的灾难。判断力来源于生活和经验的积累,也需要与多人讨论,吸收集体智慧。这个积累和讨论的过程,就是作者提出的"叙事推理",它的本质是广泛吸收意见,但决策时并不拘泥于数据和成例。决策的过程应该是灵活的、富有勇气且具备艺术气质的,而不是僵化的、以精致的避险方式来推卸责任的。

总之,要想应对多姿多彩的世界,我们需要的不是固定的模型和范式,而是思考、提炼、智慧和决断。当今世界突发事件层出不穷,比以往任何时候都更考验决策者,富有艺术性的决断能力无疑是极度稀缺的。而且,即便做到了作者所说的叙事推理过程,我们也难以保证领导人能做出合理的决策,作者也没有就此提出更具创新性的思路。但是,作者告诫我们脱离小世界,承认我们面临的是一个极端不确定的大世界,这无疑是一个良好的开端,为我们指向一个与现有思维模式和推理逻辑迥异的更为广阔的思维空间。

高西庆

对外经济贸易大学法学院红天讲席教授

中国投资有限责任公司前副董事长

中国证监会前副主席

推荐序二

正视极端不确定性

我们正处于一个超级大时代，断裂性变化在各个领域全面爆发，不确定性在真实世界中表现得更为复杂。经济形势面临深刻变化，社会结构面临巨大冲击，国际政治面临全面重构，新的理论需要对这些问题做出回应。在这个时代里，宏观经济学面临着四大挑战：一是金融危机带来的对于金融失灵问题和宏观哲学的反思，二是长期停滞带来的对于低利率和经济停滞的反思，三是疫情和战争带来的对极端状态下各种经济运行指标和经济逻辑的反思，四是新技术带来的对微观假设和经济传递机制变化的反思。这些挑战在不到15年内同时出现，是在其他时代里没有完全遇到过的，这也引发了经济学特别是宏观经济学的重构。

实际上，2008年全球金融危机以来，宏观经济学就一直处于反思和争论之中。其中一个争论的核心问题就是，经济学家号称"科学"的经济政策为什么没有让我们避免经济危机的出现。泰勒、伯南克、米什金、克鲁格曼、辜朝明、罗默等众多宏观经济学家都参与了这场持久的讨论，围绕宏观政策和经济研究能否真正应对各种不可预测的危机，提出了一系列总结性或批判性的观点。正如罗默在《宏观经济学的困境》（2016年）一文中所指出的，"在30余年的时间里，宏观经济学已经开始倒退了。目前，对于识别问题的处理并没有比20世纪70年代早期有所进步，（经济学家们）因其晦涩难懂而逃避这个问题的挑战"。可以说，在当前这个时代，宏观经济学面临的困境并没有减少。在这本书中，两位作者从"极端不确定性"的视角给出了自己的解释。他们认为，正是因为一整代宏观经济学家都忽视了极端不确定性的重要性，在分析全球金融危机时，现代宏观经济模型才基本不起作用。在全球金融危机中，主流经济学的模型被证明缺乏实用性。极端不确定性无处不在的特质，正是该方法失败的根源。这一批评与罗默等人对于DSGE（动态随机一般均衡）模型的批判可谓如出一辙，不同之处在于这本书给出了更多的论据和现实案例，对经济模型与现实世界之间的差距进行了更为深刻的剖析，从而使得"经济模型适用的是完全平稳的'小世界'，充斥极端不确定性的真实世界的背后不存在固定的概率分配"的观点更具冲击力和说服力。

当然，对于宏观经济学的批判只是这本书的一部分，或者说是作者关于"极端不确定性"思想在反思宏观经济学传统范式中的一个典型应用。这本书的逻辑一以贯之，在对不确定性的本质进行重新阐释的基础上，从概率论、行为经济学、金融投资、宏观分析、公共政策等多个学科领域，分析了理论认知与极端不确定性的客观存在之间的逻辑偏差，也即作者反复强调的"小世界"推理与真实"大世界"的矛盾。同时，历史学的广阔视野和对真实世界的深刻洞察为这本书提供了极为扎实的支撑，许多历史事件、现实案例和经典著述在书中俯拾即是，令人耳目一新而又豁然开朗。例如，除了经济学和金融学方面的素材，作者还列举了很多军事、科技、体育等领域的案例，以阐释不确定性与决策行为的关系。当然，对于一些案例的解读，不同的学者也许会见仁见智，但作者将这些故事穿插在经济学家的观点和思想评述之中，无疑增加了可读性。这本书基于行为经济学的分析，自然而然地将落脚点放在了人们的决策行为和政策制定上，作者认为，在充满极端不确定性的世界中，对不确定的未来进行量化预测更容易使决策者误判，因此正视极端不确定性才能做出更优化的决策。尤其是在这样一个急剧变革、充满"不可知的未知"的当下，这本书应景地为应对新冠肺炎疫情和复杂国际局势的决策者们提供了新的视角，并提供可信的政策建议。从这个意义上讲，这本书兼具了理论批判和现实指导的双重意义。

如果关注到两位作者默文·金与约翰·凯独特的从业经历，那么我们便不会对这本书的精彩感到惊讶。默文·金曾在英国和美国的多所大学担任教授，2003—2013年先后担任英国央行首席经济学家和行长。约翰·凯曾担任英国财政研究所所长，并创办了一家颇为成功的咨询公司，还是牛津大学赛德商学院的首任院长。两位作者都是长期耕耘在研究领域和政策领域的资深学者，用现在的话来说，就是经历过"旋转门"的既懂学术又懂政策的典型智库专家。因此，这部作品尽管在学理上的洞见极为专业，但并不给人以晦涩难懂之感，显示出作者高超的"讲故事"的写作水平。尤其是作为一位经历过2008年全球金融危机的经济决策者，默文·金很好地将他关于危机应对和政策制定的经验与对宏观经济理论模型的反思进行了融合，在这本书中我们也可以看到他对于危机再认识的很多精彩论断。

这本书的译者傅诚刚长期在国际金融机构任职，也有在著名智库工作的经历，并且是一位年富力强的研究者。纵观全书，译文言辞准确而又通晓流畅，并且对书中大量的史料和文献的掌握也显示出译者认真严谨的治学态度和较为深厚的理论功底。因此，我很高兴为这本书作序予以推荐，并希望广大读者能够从中有所收获，在这个"极端不确定性"的世界中做出更为科学合理的应对决策。

刘元春

上海财经大学校长

前言

40年前，我们所著的《英国税务系统》一书反响良好，该书指出了英国税务系统的不足，这些不足既有制度和理论层面的，也有实践层面的。我们既不是从零开始建立起整个税务系统的"起稿人"，也不是对细节穷追不舍的税务师。相反，当时还是年轻学者的我们另辟蹊径，细心观察税务系统的实际应用情况，并经过深思熟虑后，基于少量精挑细选的原理，设计出改进税务系统的方式。40年后，经过独立研究，我们发现当下整个经济体系正面临和当年税务体系相似的问题，需要我们再一次重新审视。因此，我们决定再度合作，本书正是我们合作的成果。

《英国税务系统》销量很好，且多次再版。但后来我们二人走上了不同的道路。约翰当上了英国财政研究所所长，并创办了一家颇为成功的咨询公司，专注解决商业经济学问题，他还是牛津大学赛德商学院首任院长，并为《金融时报》做了20年的专栏作家。默文曾在英国和美国的多所大学从事学术研究，之后，在2003—2013年，他先后担任英国央行首席经济学家和行长。

在这 40 年间，我们既目睹了经济学解决实际问题的强大能力，也发现了其实际应用上的局限性。作为经济学的求学者和研究者，我们曾用传统的方式去分析经济问题；我们也曾假定家庭、企业和政府所采取的行动都是为了达到结果最优化。依照我们之前所学，我们曾通过寻找理性个体的最大化利益来解决经济问题。企业试图最大化股东价值，政策制定者试图最大化社会利益，家庭想要让自己的幸福指数最大化或让其"效用"最大化。如果企业没有试图让股东价值最大化，那么它们一定在最大化其他东西，比如企业发展或高管薪资。

企业、政府和家庭决策的最优化能力受到各种阻碍因素的限制：对企业来说，可能是投入和支出的关系；对政府来说，可能是各种政策的可行性限制；对家庭来说，可能是有限的资金预算。这种对行为的"最优化取向"解读非常符合目前数学手段在社会科学中应用范围渐广的趋势。如果企业、政府和家庭面对的问题可以用定义明确的模型表达出来，那么人们就可以通过估算这些问题的"最佳"解决方案来预测企业、政府和家庭的行为。

虽然按这条思路走下去收获颇丰，但我们通过实践发现，上述经济活动参与者并未尝试使任何因素最大化。这并非因为他们不够聪明，虽然有时他们确实如此，也不是因为他们不够理性，虽然有时他们也确实如此。这是因为，无论是对于股东价值、社会利益还是家庭效用，最大化理论很难用来指导实践。从商人、政策制定者到家庭成员，都不可能拥有足够的信息来做出正确的行为，使其股东价值、社会利益或家庭效用最大化。事成之后，他们也不可能知道自己想要的因素究竟有没有被最大化。因此，有许多诚实且有能力的高管和政客并不追求所谓最优化，而是采用渐进式决策，他们认为这么做可以进一步促进企业的发展，或者让世界变得更美好。在一个幸福的家庭里，家庭成员共同劳作，也往往是想确保明天至少像今天一样美好。

大部分经济学家承认，现实生活中人的行为和经济模型所运算的并不相同。但自保罗·萨缪尔森之后，经济学家们便开始相信，只要人们遵循构成"理性"的公理，他们便会在无意识的情况下做出最优决定，就好像法国喜剧作家莫里哀笔下的汝尔丹先生一样，发现他40年来说的大白话有个学名叫"散文"，而此前却毫不自知。用这种公理的方式去分析消费者行为，如萨缪尔森所做的，会比某些怀疑者预期的有效得多。

我们在本书中证明，无论是企业、政府还是家庭，在面对未来的不确定性时，这种遵循所谓理性之公理的做法在决策时将全然失效。这种情况并非源自经济活动参与者的不理性。相反，之所以会出现此种情况，正是因为他们很理性，而且在多数情况下并不会假装了解自己不知道且无法知道的信息。多数情况下，他们不知道即将发生什么，也无法将即将发生的情况尽数列出，更遑论知晓每种情况发生的相对概率了。

2007—2008年全球金融危机让人们看清了最优化模型的缺陷，该模型无法预测因对未来的不确定而引发的反常行为。本书不是诸多有关金融危机的著作之一，甚至和一般意义上的经济学著作也有所不同，不过我们相信，本书会给经济学研究带来很大的助益。本书讲的是，在现实生活中，人们是如何在一个极端不确定的世界里做决定的，在这样一个世界里，事件发生的概率和未来真正发生的事件其实没有什么关系。

写作本书时，我们也和朋友、同事探讨过我们的想法，我们发现一般读者和经济学专家对我们观点的反应大不相同。大部分人认为"极端不确定性"这个概念的存在相当合理且显而易见。对他们来说，困难的不是接受这个概念，而是如何去应对极端不确定性。我们也希望他们能在后文中寻得答案。然而，许多受过经济学、统计学或决策理论训练的人却无法理解极端不确定性的重要性。这些人包括计算机科学和人工智能领域的专业人士，以及那些略知一二却又盲目跟风地推崇计算机式推理的人。

我们试图说服这两类读者，让他们意识到极端不确定性的重要性，因此我们也冒着两种不同的风险：有的读者可能会觉得我们在用鞭子抽打一匹死马，这么做徒劳无益；还有的读者可能会觉得，我们在鞭打从肯塔基赛马会中获胜的好马，我们在批判那些曾彻底改变人们在经济学、统计学、决策制定、人工智能领域的思维方式的研究方法。我们希望普通读者享受阅读本书的过程，看看我们拿鞭子抽打的是什么马，也希望专家读者在阅读本书时可以至少体会到些许被鞭打的痛苦。

第一部分
导引：不确定性的本质

第 1 章　未知的未来

我们所能知道的是我们一无所知。这就是人类智慧的总和。
——**列夫·托尔斯泰《战争与和平》(1867 年)** [1]

未知的未知

1812 年 9 月，拿破仑大军在博罗季诺击败俄国军队，为攻占莫斯科扫清了道路。法国人进入那片现已荒芜的首都，并将这个木结构的城市夷为平地。但这场徒劳的占领也标志着法兰西皇帝征服战争的结束。饥寒交迫、疾病缠身的拿破仑"大军团"自此开启了漫长的撤退。大多数士兵最终没能回到家。[2] 拿破仑也于 1814 年 4 月退位。

拿破仑是那个时代最伟大的政治家和军事家，权力和成就达到顶峰，是当时世界上最庞大军队的指挥官[3]，但是他对博罗季诺的状况几乎一无所知。时至今日，我们也无法真正了解他为何卷入那里的麻烦。其实两个世纪之后的今天，俄罗斯和西欧之间纷繁复杂的关系仍悬而未决。

1492年8月3日，哥伦布从西班牙启航，希望找到一条通往西印度群岛的新航线。考虑到路途遥远，船只无法携带充足的食物和水，当时大多数有经验的海员认为西行的路线行不通。他们是对的。但当时的西班牙王室不听劝谏，还是赞助了此次探险。哥伦布不知这段旅程结果如何，不知要花多久时间，他在加那利群岛进行补给后，在巴哈马群岛登陆。他甚至不知道后来被称为"新世界"的那个世界的存在，在发现"新世界"之后他也不知道自己发现了什么。他坚称自己确实抵达了亚洲，这就是为什么美洲（America）以他同时代的航海家亚美利哥·韦斯普奇（Amerigo Vespucci）的名字命名，亚美利哥·韦斯普奇更清楚自己的探险方向和自己抵达的土地就是美洲。不管西班牙王朝如何计算哥伦布这趟探险的成本和收益，他们都没有考虑过发现"新世界"的可能性，他们当时也不太可能预见到这一结果。

1972年2月，尼克松在北京与中国领导人毛泽东会面。这是一次尼克松总统及其国家安全顾问亨利·基辛格暗中筹谋已久的会面。尽管尼克松正竭尽全力使自己的国家从越南战争中解脱出来，尽管中美领导人都希望中国和苏联这两个社会主义国家的领导人之间保持距离，但此次出访的目的无论如何都不能说是特别清晰。这场备受争议的会谈以一纸全球峰会式的、平淡无奇的公报结束。同年，5名男子因闯入华盛顿水门大厦而被捕，随后的丑闻掩盖举动导致尼克松在1974年辞职。两年后，毛泽东病逝。

没有人清楚知晓尼克松和毛泽东会面的后果是什么，甚至尼克松乘坐的飞机何时抵达，毛泽东本人能否会见美国总统在当时也是不确定的。而且近半个世纪之后，也没有人真正知道后果是什么。此次会谈的作用仅仅是象征性的吗？是一名政治境况糟糕及一名健康状况不佳的领导人的一次媒体活动，还是中国融入全球经济的一个关键里程碑（这可能是随后半个世纪最重要的经济发展成果）？

帝王、探险家、总统做出决定时，并不完全清楚自己所面临的处境和行动之后的效果。我们想必也是如此。

全球金融危机

2007年8月9日，法国巴黎银行宣布暂停旗下三只基金的交易。投资者的基金配置在与美国房地产市场相关的证券产品上，也被实际冻结。一小部分对冲基金的失败本身只是小事件，但是几天之内，2007—2008年全球金融危机就席卷而来。雷曼兄弟倒闭使得危机在2008年9月达到高峰，世界各国央行依靠非常规措施才最终阻止了西方金融体系的崩溃。然而，随之而来的金融市场失灵还是导致了20世纪30年代大萧条以来工业世界最严重的衰退。

随着时间的流逝和银行资金头寸状况的恶化，我们随后目睹了几代人都未曾经历的情形。为什么所有人都认为已成过去的信任危机会发生在银行系统？危机过后，便应反思，本书的两位笔者希望在此解释这场突如其来之祸的背景。默文·金是《金融炼金术的终结》一书的作者，约翰·凯著有《别人的钱：真正的金融生意》一书。从不同角度看，我们达成了共识。全球金融危机前的叙事正在瓦解。人们曾以为，市场上不断更新的金融工具是为了确保风险由最有能力承担风险的人承担。这个叙事已经过时。全球金融危机继续演进，我们需要一种新的叙事，我们需要意识到人类对创新将带来的后果并非全然了解。市场并没有让最有能力承担风险的人承担风险，不了解风险的人才是风险的承担者。出售金融工具的机构虽对风险有所了解，但市场枯竭之时，它们还是无力面对风险。

25个标准差事件

2007年8月13日，法国巴黎银行暂停其三只基金赎回交易4天后，高盛首席财务官戴维·温尼亚尔告诉英国《金融时报》:"我们看到这一情况的概率就好比连续几天出现 25 个标准差的概率。"[4] 从字面而言,温尼亚尔的说辞是不可信的。25 个标准差事件是指概率小于 0.000 000 000 000 000 000 000 000 000 000 000 000 000 000 000 000 000 000 000 000 000 000 000 000 000 000 000 000 000 000 000 000 3 的事件[5],我们宇宙存在的时间尚未久远到允许连续几日发生 25 个标准差事件的情形。温尼亚尔先生拥有美国联合学院的经济学学士学位和哈佛商学院的 MBA(工商管理硕士)学位,如果他还记得大学基础课程内容,他不会不知道这一点。但事实是,统计术语掩盖了他真正的意思:金融资产价格波动比他的风险管理经理经历过的或以为的要大得多。

高盛和其他金融机构使用的风险模型无法应对 2007 年的市场压力,到了 2008 年,它们愈加手足无措。各国央行和其他机构的经济学家用来预测经济的模型,也未能预测或解释这些事件。专家无法预见这场危机,这并不能简单地归咎于其无能或故意视而不见,反映的是人们理解风险和不确定性方面更深层次的问题。今天,我们可以发射火箭让人类登上月球、探测水星,但对于地球上发生的那些更直接、看上去更简单的问题,诸如下周纽约会不会下雨,今天大选的结果是什么,或明年的石油需求有多少等,我们无法掌控。为什么谋划未来给在位的决策者造成如此大的挑战(无论这些决策者来自银行等私人机构,还是军队、政府等公共机构)?

反恐战争

本·拉登策划了 2001 年 9 月 11 日对美国曼哈顿世界贸易中心的袭击,之后美国几乎立即开始了入侵伊拉克的军事准备。次年 2 月,时任美国国防部长唐纳德·拉姆斯菲尔德举行记者招待会。一些报道称没有证据表明伊拉克与恐怖活动有关联,拉姆斯菲尔德被问到对此做何评论。他的著名回应遭到很多人嘲笑:"有些事情我们知道。有些事情我们知道我们知道。我们也知道有未知的事物,也就是说,我们知道有些事情我们不知道。但是,还有未知的未知事物——我们不知道有些事情我们不知道。"[6]

其实拉姆斯菲尔德的话藏有深机。[7]对拉姆斯菲尔德此番谬论的追问已淡出公众的记忆,但引发这一追问的事实更引人注意。有人问拉姆斯菲尔德,恐怖主义和大规模杀伤性武器的情报属于哪一类情报:是已知的已知、已知的未知,还是未知的未知?拉姆斯菲尔德的回应是"我不打算告诉你它们属于哪一类"。[8]其实,伊拉克与"9·11"恐怖袭击事件之间没有关联,在伊拉克也没有发现大规模杀伤性武器。美国入侵伊拉克是军事上的成功:美军迅速抵达巴格达,推翻了萨达姆政权。但以后见之明来看,这是情报、判断和应急预案意义上的全面失败,重挫了美国政治,与金融危机对经济的破坏力相比有过之而无不及。美国政府在认识到此次失败后,要求情报部门在向总统提供建议时采取更合理的流程[9],还规定情报分析师应能够量化其判断的置信区间,并以概率的形式表述出来。

10年后,2011年春,奥巴马总统在白宫战情室与他的高级安全顾问会面,他即将做出其总统任内最关键的决策。情报称本·拉登藏身于巴基斯坦阿伯塔巴德的一栋建筑物中,奥巴马应不应该批准美国海军海豹突击队进行突袭?奥巴马心里十分清楚,1979年的吉米·卡特也面临着同样的抉择——营救美国驻德黑兰大使馆人质。那次行动以惨败告终,可能也葬送了吉米·卡特的总统连任。美国中央情报局情报小组负责人"约翰"①认为本·拉登有95%的可能性在该建筑物中。但其他人不太确定,大多数人估计有80%的可能性。有些人认为把握只有40%,甚至只有30%。

最后,奥巴马开口了:"现在的情况是五五开。大伙听着,这其实就像抛硬币。我不能凭借可能性的大小来决定。"[10]奥巴马并不是说本·拉

---

① 当时,美国中央情报局为避免报复,要求媒体报道不提及这名情报分析员的背景和全名,仅以中间名"约翰"称呼。——译者注

登在建筑物中的可能性是50%，也不是说他真的要抛硬币来决定是否行动。他的意思是他必须在不知道恐怖分子首领是否在建筑物中的情况下做出决定。[11]奥巴马在后来的一个采访中回忆当时和幕僚的这次讨论："这种情形之下，你得到的是掩盖了不确定性的概率，而不是能提供实际帮助的信息。"[12]

本·拉登要么在里面，要么不在。尽管这个计划涉及很多其他风险和不确定性，有军事的，有技术的，还有政治上的，但结果只有两种。奥巴马如果对他的幕僚说，"如果你们能告诉我本·拉登在里面的概率超过60%，我就下令行动"，那么就把决策所需承担的责任从总统办公室转移给了情报机构，而事实上，决策责任应该在总统而非情报机构。奥巴马没有这么做。但是，类似的责任转移的确发生在金融领域，银行家们（例如温尼亚尔）确实将管理不确定性的责任交给了风险管理专业人士及其模型。奥巴马懂得这个道理，温尼亚尔和他的同事不懂。

在全球金融危机酝酿之时，就像准备阿伯塔巴德袭击一样，不仅仅是政策顾问自己想用概率来表述不确定性，有人还要求他们这样做。监管机构规定了金融机构使用的风险模型，一如当初美国国会坚持根据情报对判断予以量化。在金融和政治领域，这种对不确定性的描述往好里说是毫无用处，往坏里说是误导决策。呈现给温尼亚尔和奥巴马的数字的准确性是不可靠的。奥巴马明白，他必须依据有限的信息做出决定，事后看来这是一个正确的决策。他并非依据概率推理做决策，而是去思考"究竟发生了什么"。

在撰写本书时，我们在理查德·鲁梅尔特的著作《好战略，坏战略》中的一个故事里找到了灵感。一定程度上，这是过去10年最好的一本商业战略著作。鲁梅尔特在书中描述了与加利福尼亚大学洛杉矶分校同事约翰的一段对话，这位同事听过他的MBA案例教学课程。

当时我们在聊教学法……约翰侧过头看了我一下，说："在我看来，貌似你的每个案例都在讲同一个问题。"这个问题就是"究竟发生了什么"。我从没听过有人这么评论我的教学，但我立刻意识到，这个评论显然很准确。大量的战略工作都是在搞明白正在发生的事情。不仅仅是决定要做什么，还要明白更加本质的问题，才能理解当时的情境。[13]

"究竟发生了什么"这个问题再平常不过，但其实并不平常。在我们的职业生涯中，我们不断看到人们沉溺于技术细节，日复一日地忙于工作，却不曾抽身问一句："究竟发生了什么？"我们经常犯这个错误。

退休规划

大多数读者永远不需要做出像奥巴马和温尼亚尔那样的抉择（尽管他们也会评价奥巴马和温尼亚尔等人所做决策的好坏）。但是，我们所有人都要为未来做打算。买房和为退休做准备是大多数家庭最重要的财务决策，但是很少有人在有计划地做这些事。很多人会很快决定购买哪幢房子，这样的决定是基于当下的反应，而不是基于对事实的调查。人们可以选择要不要往养老金计划里面投钱，可以选择投资一种基金还是另一种基金，但人们更倾向于逃避选择。无需任何选择的"默认选项"往往最受欢迎。[14]

少数家庭采用更系统的方法处理退休问题。他们会用一些软件程序做计划，有的资产管理公司[15]愿意提供免费咨询，有的经济学家编写了商业软件来帮助他们计算。[16]这些方法都能预计个人或家庭应该存多少钱，以及他们现行的方案能否让他们安享晚年。要用好这类计算程序，你必须掌握很多信息，包括当前的实际情况，如年龄、婚姻状况，以及自己未来的情况，如退休年龄、退休后每年的开销。你需要向计算程序披露目前薪资、若干年后的期望薪资，你还需要预测自己的寿命。奥巴马面临的不确定性只有两个：本·拉登在阿伯塔巴德的建筑物里面，本·拉登不在里面。相比之下，判断自己能活多久则要更难。你知道自己大概率不会活到125岁，你还可以参考保险精算师精心构建的寿命预测表。计算程序可能还要你对未来的经济金融市场发表看法。你看上一大堆关于通货膨胀和投资回报的文献之后可能会略知一二。计算程序还要让你勾画出一系列概率，但其实你很难做到，这样做也很草率。

计算程序不会允许你回答"我不知道"。但是，这些计算程序的编写者，也就是那些伴随我们一生的职业经济学家，面对问题时经常说"我不知道"。说实话，我们认为，这也是你应该给出的回答。世界上有很多问题，比如"阿伯塔巴德建筑物里的那个人是谁"，我们唯一明智的回答是"我不知道"。现在是如此，将来更是如此。即便我们不知道20年后我们的收入或通货膨胀是什么水平，我们所有人还是必须规划退休金。如果我们知道了计算程序所有问题的答案，我们便有可能确切了解现在需要存多少钱才能享受退休生活。但我们并不能靠着我们不知道且无法知道的知识来做决定。这些程序能告诉我们的是，哪些东西是我们不知道的，我们能不能做点什么来减少我们的无知。

智力上的挫败

显然，2007—2008年全球金融危机标志着经济分析和经济政策的溃败。虽然经济学家承认这场金融危机的严重性和代价，但是他们普遍不愿接受自己的理论框架需要修改的现实。经济学家（曾经）将"风险"和"不确定性"区分为"可以用概率描述的未知"和"不能用概率描述的未知"。他们已经通过数学技术给"风险"这个术语赋予了与日常用语截然不同的意思。我们将在本书中描述，若无法认识到"风险""不确定性""理性"的经济学含义与日常含义的不同，将带来怎样的混乱和经济损失。在过去的一个世纪里，经济学家一直企图忽略风险和不确定性之间的这种巨大差异，用概率解决所有不确定未来的问题。

风险和不确定性之间的区别是人们在两次世界大战的间隔时期激烈争论的话题。两位经济学大家——美国芝加哥的富兰克·奈特和英国剑桥的约翰·梅纳德·凯恩斯皆认为，区分这两个词具有重要意义。奈特认为"可度量的不确定性，或更确切地说'风险'一词，与不可度量的不确定性有很大差异，后者实际上根本不算一种不确定性"。[17]

凯恩斯对这两个词的区分也类似。他在一篇概述其代表作《就业、利息和货币通论》的文章中写道：

> 让我解释一下，我所说的"不确定"信息并不仅仅是为了区分确定的事实和只是有可能发生的事情。从这个意义上说，轮盘赌不属于"不确定性"，能否赎回战争国债也不属于"不确定性"。同理，预期寿命只是"轻微不确定"，甚至连天气预报也只是"中度不确定"。我说的"不确定"通常是指欧洲战事的走向是不确定的，20年后铜的价格、利率水平是不确定的，某个新发明是否会过时或是1970年私有财富所有者在社会体系中的立场是不确定的。上述所有事例无论如何都缺乏建立可计算概率的科学基础，我们不知道就是不知道。[18]

本书的书名是《极端不确定性》，这也是本书的中心概念。"不确定性"是我们对这个世界一知半解的结果，或指我们当下的行为与其未来结果之间的关系。这种一知半解可能让人烦恼，也可能让人愉悦，这取决于这种不确定性的性质。我害怕听到法官做出的判决，但对即将到来的假期中的新经历充满期待。我们或许有时希望自己未卜先知，这样无论未来发生什么都不会让我们措手不及，但转念一想，这样的世界就会变得平庸无奇。

我们将奈特和凯恩斯提出的"风险"与"不确定性"的区别替换为"可解决的不确定性"与"极端不确定性"的区别。可解决的不确定性是一种可通过查询来解决（比如，我不确定宾夕法尼亚州的首府在哪里）或通过展示所有结果的概率分布来表达（比如转动一次轮盘的结果）的不确定性。但是，对极端不确定性来说，并不存在解决不确定性的类似方法——我们不知道就是不知道。极端不确定性存在诸多维度：晦涩、无知、含糊、模棱两可、不明确的问题，以及我们可能在某些时候希望（却并不是每次都希望）在未来能修正先前不知道的信息。如此种种的不确定性，是我们每时每刻都会面临的。

概率术语可以用来描述赌博游戏，却无法描述极端不确定性，因为我们不知道接下来会发生什么，更因为我们甚至不清楚什么样的事情会发生。当我们描述极端不确定性时，我们不是在说"长尾"，即可想象的、明确的、可以估算出低概率的事件，比如在赌博中一直手气不好。我们也不只是说纳西姆·尼古拉斯·塔勒布提出的"黑天鹅"事件，即没有人能预想到的、令人惊讶的事件，虽然这些"黑天鹅"事件确实是极端不确定性的例子。[19] 我们强调的是能用概率分布描述的小概率事件与不可想象事件两者之间存在的大量可能性，即一个充满不确定未来和不可预测后果的世界。人们必然对这个世界产生猜测，也会不可避免地产生分歧，而且这种分歧通常永远没有答案，这个世界才是我们经常面对的。由此看来，极端不确定性的后果远远不只发生于金融市场，还延伸至个人和集体决策、经济和政治决策，大到政治家所做的影响世界的决策，小到本书读者所做的日常决策。

对奈特和凯恩斯来说，认识到极端不确定性的广泛存在对理解资本主义经济如何运作至关重要。奈特认为，正是极端不确定性为企业家创造了盈利机会，也正是企业家在极端不确定性中披荆斩棘的技术和运气推动了技术和经济进步。凯恩斯在《就业、利息和货币通论》问世的15年前出版了《论概率》，了解他对风险和不确定性的观点演变对读懂《就业、利息和货币通论》来说很有必要。但在《就业、利息和货币通论》中，凯恩斯以他特有的夸张文学笔法将奈特的思想重新表述了一番："倘若物种的灵性褪去、自发的乐观消失，我们只能靠数学上的期望值维持生计，那么一切事业也将消失殆尽。"[20] 比起微观经济上的创新驱动力，凯恩斯更关心大萧条背后的宏观经济因素。在他看来，（非数学的）期望值，即"置信水平"是导致难以实现或恢复古典经济学家描述的均衡的原因。

然而，凯恩斯和奈特却未能成功将极端不确定性置于经济学分析的核心（我们将在第5章具体解释）。今天，大多数经济学家顶多在口头上承认风险和不确定性之间的区别，极端不确定性的问题恐怕早已被概率推理征服，这种观点还侵袭了包括统计学、社会学、心理学甚至法学在内的其他社会科学领域。

因此，银行和企业不会承认极端不确定性，不会采取那些比其他选择更胜一筹的政策和战略，而是选择依赖模型维持运作——这些模型声称掌握了未来信息，但实际上我们根本没有且永远不可能掌握这些信息。为了应对不确定性，这些模型试图将商业和金融风险分析比作轮盘赌。我们不知道转动一次轮盘的结果是什么，但如果我们反复操作轮盘就能知道转一次的可能结果及其频率。然而，不确定性形式多样，没有多少能通过反复操作的方式表达出来。

本书主要包含三个观点。第一，经济学界、商界及金融界是"非平稳的"，不受永恒不变的科学定律的主导。这些领域中的大部分重大挑战属于特殊事件，因此智力上的反应即是一种判断，反映出对某一具体情形的解读。不同的个体和群体会做出不同的评估，得出不同的结论，无论是在事件发生之前还是之后，问题通常都没有客观正确的答案。由于我们观察的不是一个平稳过程①的结果，我们很少能用上传统的数据工具，预测产生的基础通常也千变万化。

第二，独立的个体无法做最优选择，也不会这么做。他们并不是非理性者、"偏见"的受害者、偏离"理性"行为者。理性行为的含义取决于具体情境，而且理性在总体上有多种不同的表现形式。我们区分了经济学家使用的公理型理性和人们践行的演化型理性。许多所谓的"偏见"是对极端不确定的复杂世界的回应。在这个不确定的世界中，进化使得

---

① 在数学中，平稳过程是一种特殊的随机过程，在其中任取一段时间或空间里的联合概率分布，与将这段时间或空间任意平移后的新时间或空间里的联合概率分布相等。这样，数学期望和方差这些参数也不随时间或空间的变化而变化。——译者注

本属于适应性的特征变成了人类推理的理所当然。人类虽然能够适应他们所处的环境，但尚未进化出针对明确问题进行快速计算的能力，计算机才擅长快速计算。因为无论是在晚餐聚会的谈话中博人眼球，还是进行国际贸易谈判，人类面临的问题都不是能通过快速计算解决的明确问题。

第三，人类是群居动物，沟通在决策过程中扮演了重要的角色。我们依靠对事件的叙事形成自己的看法。无论是在商界、政界还是在日常生活中，有才干的领导者在面临个人和集体抉择时，都会与他人交谈，听取意见。人类是唯一能制造精密复杂艺术品的物种，而且只有成功构建起信任、合作和协调的网络才能获得成功。市场经济只有在嵌入社会的大环境中才能运转。

要想得到合理的、能适应复杂情况的公共政策和商业战略，靠一伙专业建模者利用概率推理给政策和项目做量化评估是行不通的。在本书中，我们揭示了为什么那么多聪明人误入歧途以及他们犯错的原因。我们重申了风险和不确定性之间的区别，并提出，如果我们能掌控风险，就不仅能处理不确定性，而且绝对可以享受其中。如果你觉得这么说有些自相矛盾，不妨读下去。

第 2 章　谜题与奥秘的区别

我们对今天最清晰的判断，
都比不过最差劲的历史学家对自己所研究的历史时期的认识。
最难理解的时代是今天。
——罗伯特·路易斯·史蒂文森[1]

2004 年 8 月，NASA（美国国家航空航天局）在美国卡纳维拉尔角发射了信使号水星探测器。尽管水星与地球的平均距离"仅有"6 000 万英里[①][2]，但是火箭以每小时 84 500 英里的速度行驶了 49 亿英里，才终于在 2011 年 3 月按照预定计划进入了水星的轨道。[3]

这种非凡的计算壮举之所以能实现，是因为：

---

① 1 英里 ≈ 1.6 千米。——编者注

- 自17世纪以来，人类对行星运动方程有了更全面的理解，这要归功于开普勒等人；
- 行星运动方程是平稳的，在开普勒发现行星运动规律前，这些方程式似乎已经控制着它们数百万年来的运动，而且自那之后继续控制着它们（"平稳"是数理统计学领域的术语，与行星本身的运动无关，但与行星运动的潜在决定因素有关，不随时间的推移而改变：本书会经常讨论这种意义上的"平稳"）；[4]
- 行星的运动没有明显受到人类行为的影响[5]，或完全不受人类关于行星运动的意念影响。

当潜在过程基本上被充分理解，不随时间的推移而改变且独立于我们的行为和信念时，便有条件进行精确计算，正如NASA的科学家所做的。这种极其详细的前瞻性规划，例如绘制以火箭速度移动的探测器未来数年的轨迹，也就成为可能。信使号在NASA预定的位置分毫不差地进入了水星轨道，比计划提早了6年半。

谜题与奥秘

NASA是那个时代的产物。我们生活在启蒙时代，这也是科学推理取代宗教和世俗权威的时代。科学证据是新的权威。注重分析的研究方法促进了自然科学的极大进步，但这种方法能不能推广到其他学科领域？有没有类似于物理定律的人类行为规律？

物质世界或政治世界中的事情真的是随机发生的吗？爱因斯坦认为"上帝不会掷骰子"，世界从根本上说是确定性的。[6]在某个深刻而难以想象的理解维度上，这可能是真实的。但是，无论宇宙的剧作家计划如何书写，我们这些剧中人都因为自身的无知或潜在过程的瞬息万变，面临着不确定性。

高盛的风险管理经理，以及我们第1章中提到的政策顾问，都使用概率进行评估。尽管出于不同的原因,他们的评估其实都是劳而无功(高盛过于依赖概率评估,而白宫则过于轻视这一点)。这两种概率评估都不能为决策者提供所需信息。当构造概率缺乏充分依据[如曼哈顿西街200号[7](高盛)或宾夕法尼亚大街1600号(白宫)的情况]时,我们便面临着极端不确定性。

金融机构和情报机构的概率论者认为,这种极端不确定性是很少见的,而且他们可以估计大多数相关概率事件。17世纪以来,用概率来表达不确定性变得越来越普遍。"概率转向"在20世纪加快了步伐,在过去的20年中,概率推理几乎主导了不确定性下的决策描述和分析。

对于拉姆斯菲尔德描述的"已知的未知"和"未知的未知",其他作家也做了类似的区分。格雷戈里·特雷弗顿是奥巴马任内的美国国家情报委员会主席,也是屹立于美国情报界多年的资深人士,他强调"谜题与奥秘"的区别。[8]谜题具有明确的规则和唯一的解决方案,我们能感知到自己解开了谜题。谜题带来的满足感源于明确的任务和正确答案。即使找不到正确答案,你也知道它存在。谜题可以解决,因为有答案。不过解决方案可能很难找。经济学家致力于精确地解决复杂的经济模型,正是因为他们受到的训练是如何解决定义明确且有标准答案的问题。并且,解决最困难的谜题,才能拿到(诺贝尔经济学奖之类的)荣誉。

奥秘没有这样清晰的定义,客观上也不存在正解[9]:奥秘充满了模糊性和不确定性。我们问道,"究竟发生了什么",借此来接近奥秘,并意识到即使问题得到解决之后,我们的认知可能也只是局部的。面对奥秘,我们得不到回答"正确"的舒畅和欢欣。哥伦布还以为他登陆的地方是亚洲呢。即使是今天,无论是在全球金融危机中,还是在本·拉登潜藏于巴基斯坦期间,关于"究竟发生了什么"也有激烈争议。中东的未来会怎样?或者移动计算的发展会怎样,汽车工业的发展会怎样?银行会像我们所认知的一样生存吗?资本主义或民主的未来是什么?奥秘不能像填字游戏一样解决。我们要框定奥秘,只能识别关键因素,尝试理解这些因素过去的相互作用,并推测它们现在或未来会如何相互影响。谜题可能更有趣，但现实生活中，世界总是源源不断地制造奥秘——要么是因为结果未知，要么是因为问题本身就不好定义。

政治学家菲利普·泰特洛克 30 年来一直在研究"专业"预言家的表现，而结果大多令人沮丧。[10] 为了找到预言准确与否的客观衡量标准，并识别判断好坏的决定因素，泰特洛克需要具体说明研究问题本身，并且问题结果也要能够核实。在 2010 年和 2011 年，他提出的问题都是这样的："2011 年 12 月 31 日之前，塞尔维亚会被正式授予欧盟候选成员国资格吗？""意大利在 2011 年 12 月 31 日之前会出现债务重组还是债务违约？"[11]

但这些定义明确的短期问题并不是执政者真正渴望答案的问题。更重要的问题在于了解中美能否和平解决日益加剧的贸易和军事矛盾，或者欧盟是否会继续扩张，5 年后的货币联盟会是什么样子。用正误分明的谜题代替复杂的奥秘，限制了问题和答案的趣味性与相关性。尽管有些问题想得到解决，量化概率是不可或缺的，但是商业、金融、政治和个人发展方面的大多数决定及后果很复杂，难以定义，因此不能用这种方式来解决。这些问题受限于极端不确定性。

极端不确定性和实用知识

特雷弗顿明确区分了谜题与奥秘，它们的显著差别在任何需要实际决策的地方都会重现。1973 年，城市规划师霍斯特·里特尔和梅尔文·韦伯观察到，尽管社区对道路、卫生设施等明确定义的需求已经得到满足，但是客户仍然不满意。他们还要求更多，但规划者不知道人们到底需要什么，民众也无法清晰表达自己的诉求。里特尔和韦伯将已经解决的"驯良"问题（可清晰定义的问题）与可能永远无法解决的"抗解"问题（棘手问题）区分开来，这些术语现在多见于社会政策和医学领域。[12] 断腿是一种驯良问题，但许多患者带来的是抗解问题，从他们的症状无从诊断病因，治疗效果尚不明确。工程师们也要区分谜题与奥秘，并给它们起了专有名称，分别是"随机不确定性"和"认知不确定性"。譬如气象记录会描述可能影响桥梁的规律性潮汐和风（随机不确定性），但由于每座桥各不相同，位置有异，人无法完全知晓这些条件对桥体结构的影响（认知不确定性）。潮汐和风是已知频率分布的客体（表格显示某些潮汐和风速值出现得尤为频繁）；不确定性仍然存在，因为复杂结构都必然是独一无二的。可以用概率来描述的不确定性和任一项目或事件的不确定性，二者的区别在所有实用性知识的应用中都很重要，也是本书的核心观点。

拉姆斯菲尔德并不是第一个描述"未知的未知"的人。英国科学家在二战前发明了喷气发动机，到1944年，英国和德国都能够生产喷气式战斗机；第一批商业喷气式飞机是由英国德哈维兰公司在伦敦郊外制造的彗星客机。喷气式飞机的提速预示并推进了国际旅客旅行的变革。《美国航空》杂志评论说："不管我们喜不喜欢，英国人在喷气式航运方面痛击了美国。"[13] 但是1954年，一架英国海外航空公司（现英国航空公司）的彗星客机从罗马机场起飞后不久就在半空中解体了。彗星客机停飞了近三个月，在此期间进行了维护，以"排除所有能想到的导致这场灾难的隐患"。[14] 航班恢复两周后，祸不单行，又一架南非航空公司的彗星客机恰好也在离开罗马后不久遭遇了同样的厄运。坠毁飞机的残骸是从地中海打捞出来的，并在英国法恩伯勒的皇家航空研究院接受了彻底检测。这两宗意外都是方形窗角产生的金属老化所致。在这种事情发生之前，没有人预料得到。这次冗长的调查明确了击溃千里之堤的蚁穴，却使德哈维兰公司的竞争对手美国波音公司吸取教训，设计出了一款飞机，其窗户像所有现代飞机一样是椭圆形的，而不是方形的。波音707成为喷气式航运的主力军，量产了近1 000架。制造波音707的工程师将导致彗星客机停飞的问题描述为"未知的未知"，这比拉姆斯菲尔德使用这个词的时间早近50年。[15]

自那以后，波音对"未知的未知"始终重视，居安思危精神长存于公司理念中。颇具讽刺意味的是，60多年后的2019年，波音在与彗星客机相似的坠机事件中损失了两架最新的飞机。工程师们可以解决空气动力流动和高空高速飞行的压力问题，但要知道金属管在35 000英尺[①]高空以每小时500英里的速度飞行时究竟发生了什么，方法唯有尝试。

丘吉尔所了解的

从任何意义上讲，战争行为都是一个抗解问题。1939年9月二战爆发后的几个月被称为"虚假战争"（战争期间并未真正交火）。在此期间没有重大的陆地军事行动。1940年4月，英国首相内维尔·张伯伦在一次保守党会议上说，"希特勒错过了最佳时机"[16]。在张伯伦发表错误判断演讲4天之后，德军越境进入丹麦，并转战到挪威。英国在挪威北部纳尔维克的出征迫于无奈以撤退告终。这场惨败让张伯伦引咎辞职，丘吉尔当上了首相。就在丘吉尔受国王邀请组建政府的时候，纳粹闪电战开始了。德国铁骑踏过荷兰和比利时，与英法军队交战。不到一周，一场法国保卫战就宣告失败。

1941年6月，纳粹德国袭击苏联。德国军队朝莫斯科前进，但没能抵达莫斯科，可能的原因是德军将关注点错误地放在了南部的油田，而非北部的政府所在地。1941年12月7日，日本飞机在珍珠港击沉了一支美国舰队。次日，美国国会向日本帝国宣战。三天后，希特勒向美国宣战。

历史学家们仍然在争论1940年的关键不确定性。如果按照丘吉尔的竞争对手哈利法克斯勋爵的提议，英国人寻求通过谈判实现和平，会发生什么？一些人认为，如果英国解除武装，德国本可以在欧洲取得全面胜利。其他人则认为，希特勒入侵苏联和日本偷袭珍珠港这两起关键事件无论如何都会发生，最后结果也会是一样的。我们不知道希特勒为什么放弃入侵英国，转而入侵苏联。开启第二条战线，大大减小了他的成功机会。

---

① 1英尺≈0.3米。——编者注

德国和日本的袭击让斯大林和罗斯福都大吃一惊。尽管两位领导人都提前收到了预警,但事发突然,他们没能做好准备。他们不相信事情真的会发生,因为这些袭击显得太过愚蠢。这确实是愚蠢之举,因为苏联和美国一旦卷入战争,结果很可能是侵略者随之而来的粉碎性失败。

丘吉尔性情急躁、固执,他的判断经常出错。他早期的政治生涯以1915年达达尼尔战役的失败起步,在1924—1929年担任英国财政大臣期间,他做出了英国经济史上最糟糕的决定之一——在1925年回到战前水平的金本位制。但丘吉尔在政治家中的杰出地位是不可否认的,因为在希特勒上台之初,他就了解"究竟发生了什么";当他看到战争不可避免时,他不仅展现了鼓舞人心的领导力,对重要的战略性问题也运筹帷幄。

丘吉尔认识到,英国要想生存,就需确保美国参与对希特勒的战争,但他也认识到了美国参战的难度。和罗斯福一样,他没有预料到日本会袭击美国,也没有预料到希特勒会对此做出回应。虽然他是最没耐性的人,但他等待事态进一步发展,历史证明他的等待是正确的。和奥巴马一样,尽管情况要复杂得多,丘吉尔也不认为重大决策中涉及的不确定性可以用概率来表示,也没有人向他暗示这些不确定性可以用概率来表示(但有人告诉奥巴马这些)。环境极端不确定;他面临的问题是"抗解的",而不是"驯良的"。

军事行动是复杂的,其发展也变化莫测。二战5年半的历史伴随着无数意想不到的曲折,而信使号探测器耗时6年半,沿着一条高度复杂但完全可预见的路线前往水星,二者之间的区别立现。不过,再怎么血腥,战争行动也是对既定目标的回应,通常会朝着解决方案前进。二战是由纳粹的侵略引发的,问题在于如何遏制那次侵略,并且1945年人们就迎来了决定性的结果。相比之下,商业、金融和政治中的许多问题都定义不清,从无定论。如果硬要下个定论,那就是它们比军事战略问题更抗解。

史蒂夫·乔布斯所了解的

小托马斯·沃森接替他的父亲老沃森担任 IBM（国际商业机器公司）总裁后，沃森父子的管理让 IBM 在半个世纪后睥睨全球计算机市场，从 20 世纪 50 年代开始，直到 80 年代的个人计算机革命。据称，小沃森认为全球市场只需要 5 台计算机就够了。小道消息不足为信，不过这些 IBM 计算机体形确实过于庞大。20 世纪 70 年代，一所大学或一家大公司只有一台计算机。本书两位笔者始终记得，曾经把一箱箱的穿孔卡搬到牛津大学计算机那儿去，这台计算机占据了班伯里路上一间带空调的大型地下室，后来，我们又把它们搬到了剑桥大学的计算机博物馆。

肯·奥尔森当时是美国第二大计算机公司 DEC（数字设备公司）的首席执行官。1977 年，奥尔森称："不可能所有人都想在家里放一台计算机。"[17] 奥尔森预计计算机会被广泛应用，但和很多人一样，他所设想的仅仅是人们通过连接到几个巨型中央设施来获取算力，而非人们像使用家电那样从大型发电站的电网获取电力。

对数字化未来的另一种愿景催生了一系列更小的特定用途设备。20 世纪 80 年代初，大多数专业办公室用上了文字处理器，让文档修正、剪切及粘贴资料变得更方便，还可以将其连接到高质量打印机。文字处理器颠覆了打字员的工作，几乎淘汰了电动打字机。王安计算机公司当时是文字处理器市场的龙头。小型可编程计算器取代了工程师的计算尺。惠普和卡西欧生产的专业计算器可以计算赎回收益率或期权价值，让交易员不再仅凭直觉下交易指令。

但是，这个行业并没有朝着特定用途设备的方向发展，这些针对具体问题设计的特定设备后来逐渐被淘汰。1971 年，英特尔开发了一款通用芯片，也叫微处理器。这样，一台小设备就可以兼具多种功能。英特尔的创新为制造小型计算机铺平了道路。1972 年，巴特勒·兰普森在美国施乐帕克研究中心制造了阿尔托计算机，这台机器在外观上与现代台式机几乎没有什么不同。兰普森的团队往阿尔托计算机上添加了许多我们今天认为理所当然的特点。施乐直到几年之后才正式在市场上推出商用计算机。不过，施乐还是没能在计算机行业站稳脚跟。

正当施乐设法改进阿尔托计算机的性能之时，不少业余爱好者也在试着开发个人计算机。1974年12月，牛郎星台式机首次在《大众电子》杂志上刊登广告，标价400美元一台，需要自行组装。西雅图两个年轻的高中生保罗·艾伦和比尔·盖茨为牛郎星写了一个简单的编程语言BASIC。传统计算机行业以外的一些大公司认识到了小型计算机的潜力。曾有盒式磁带厂家为家用计算机生产存储设备，还曾有电视厂家想为其生产显示器。AT&T（美国电话电报公司）和索尼都曾销售过台式机。但上述尝试均以失败告终。

后来，到1981年，IBM推出个人计算机（PC）。IBM的声誉高涨，市场占有率前所未有，该公司主打的所有产品都得到了广泛认可。许多用户认为个人计算机的性能不如市面上已有的机器，但这并不重要。当软件开发人员决定软件编写格式时，IBM格式成了不二之选。几个月后，PC就成了小型计算机的通用叫法。

为了避免决策太过缓慢，也为了绕过那些担心创新威胁自己地位的公司经理，IBM将个人计算机的大部分开发工作外包出去。对于操作系统，IBM交给了微软开发，当时微软还是一家由盖茨和艾伦经营的小公司。二人于是以5万美元的价格购买了一款现成的操作系统，稍做修改，做出了一个新系统。计算机巨头IBM没有意识到它引发了一场变革，也没有意识到MS-DOS（微软授权IBM使用的操作系统）所有权仍在微软手中。后来，IBM试图用一个更复杂的新操作系统OS/2重掌市场，但一切为时已晚，MS-DOS（视窗操作系统Windows 3.1的基础）已无处不在。

与此同时，史蒂夫·乔布斯和史蒂夫·沃兹尼亚克于1976年开始在乔布斯的车库里组装苹果计算机，那里现在已经成为历史景点了。[18]尽管盖茨和微软也意识到简便的操作和技术精细程度对商业成功一样起重要作用，但乔布斯进一步推进了这一愿景，并构思了一种不需要对计算机原理有任何了解就可以使用的计算机。为了实现这一目标，乔布斯借鉴了施乐的另一项发明——图形用户界面。苹果计算机的屏幕上有桌面图标，还有鼠标和回收站等用户友好的辅助图标。这些创新对当时占用户主体的计算机发烧友来说似乎是噱头，但它打开了计算机市场，受众变得更加广泛。苹果计算机比别的计算机更好玩。

不过，你只有购买苹果的集成软硬件才能获得这些功能。面对IBM个人计算机更开放的使用标准，苹果维持其专有系统的努力失败了。Windows操作系统将苹果的图形用户界面与微软无处不在的MS-DOS结合，风靡世界，几乎将苹果挤出了市场。到20世纪90年代中期，苹果濒临破产，市场份额不断下降，革新失败。

但是，1997年，乔布斯再次回归（他在10年前被董事会赶出了公司）。乔布斯重返他20年前创立的公司，重振了"果粉"的热情，但商界几乎没人对此抱有很高的期望。1998年，我们在第1章中提及的加利福尼亚大学洛杉矶分校商业战略教授鲁梅尔特就乔布斯的计划采访了他。这位苹果首席执行官回应说，"我在等待下一个大事件"[19]。事实证明，"下一个大事件"是音乐。音乐出版商抵制数字下载，宣称它们是盗版。他们试图保护现有业务，也就是在唱片店销售光盘。Napster（一款可以从网络下载MP3文件的软件）和其他非法文件共享服务蓬勃发展。苹果的策略是，保护出版商在iTunes（苹果的数字媒体播放应用程序）商店销售音乐版权的权利，允许它们在平台上以每首99美分的价格售卖数百万首可下载曲目，并于2002年推出了便携式多功能数字多媒体播放器iPod。乔布斯的口号是："一千首歌，一个口袋，一机掌握"。

iPod的出现为更大块头的掌上计算机奠定了基础。面向商务人士的高端便携设备自21世纪初就已问世，奔迈的Pilot掌上计算机被黑莓手机取代。但苹果将其产品瞄准消费者，随后开放系统，使开发者能够提供应用程序。将音乐播放器与日益不离手的手机相结合，加上一个屏幕，就可以为一个口袋机设计出几乎无限的应用程序。当iPhone（苹果手机）问世时，微软首席执行官史蒂夫·鲍尔默对其嗤之以鼻，他问：谁会花500美元买一部手机？[20]

事实证明，很多人愿意花这笔钱。10年过去了，苹果已经售出了超过15亿部iPhone。智能手机不仅改变了娱乐的性质，也改变了商业交流的性质。到2011年乔布斯去世时，苹果已经超过微软，成为世界上最有价值的公司。盖茨和他的继任者鲍尔默面对苹果移动设备的流行乱了阵脚，芬兰公司诺基亚也是如此，诺基亚是那时世界上最大的手机供应商。2014年，微软收购诺基亚手机部门的剩余部分，抱团抵御苹果的热潮。奔迈被惠普收购，黑莓则大势已去。

但是，奥尔森对家用计算机是否有需求的怀疑也许没错。我们不再需要或不想要家用计算机，因为走到哪里，我们都会随身携带一台计算机，并使用云端的大型服务器的无限内存和处理能力。但奥尔森的公司没有从他迟来的成功预言中受益。陷入困境的DEC被并入康柏，康柏又被惠普收购，惠普在2015年被一分为二，现在主要以打印机制造商而闻名。曾普及文字处理器的王安计算机公司则于1992年破产。

个人计算机发展史由满足消费者需求的成功和预测行业发展趋势的失败交织而成。DEC无福享受该公司在小型计算机市场的领先地位，也没有受益于即将经历指数级增长的市场的红利。王安、卡西欧、奔迈、黑莓和诺基亚迅速走向辉煌后又迅速衰落。IBM开辟出的全新业务反而摧毁了其当时的自营业务。苹果对其专有系统的坚持虽然在20世纪80年代遭遇失败，但20年后大获成功。微软没有预见到移动计算的重要性，而施乐的创新和努力虽然使移动计算成为可能，但也没能从市场获利。计算机行业的先驱建造了一个又一个超强的解谜机器，却没能理解计算机市场商业战略的奥秘。

从未知的未知到已知的未知

奥秘有时可以通过知识的进步解开。恐龙统治地球长达1.3亿年（人类统治地球的时间仅为大约10万年），但大约6 500万年前，地球历史上一起空前绝后的事件导致了包括恐龙在内的大多数物种灭绝，也就是白垩纪-古近纪灭绝事件。学校里的老师告诉我们，恐龙灭绝是因为它们的大脑相对于躯干来说太小了。这是无稽之谈，但这种说法可能激励我们继续解开这个谜题。恐龙灭绝的奥秘长期以来悬而未决，但随着科学知识的积累，这个奥秘变成了一个谜题，它的解决方案正在逐渐拼凑起来。在过去的30年里，科学家已经提出了一个可信的解释：一颗直径至少6英里的小行星撞击了地球，落在现墨西哥尤卡坦半岛附近，小行星撞击后形成的碎片留在大气层，遮盖天空多年，从根本上改变了气候条件。[21]由此导致的物种灭绝改变了进化的进程，这就是为什么我们和其他哺乳动物今天生活在地球上，而恐龙已经灭亡。

1908年，一个物体落在了西伯利亚通古斯卡某处，幸运的是那里无人居住。这是有记载以来撞击地球的最大物体，撞击产生的能量是广岛原子弹所释放的能量的1 000倍。如果它击中曼哈顿，纽约将被夷为平地。尤卡坦小行星的毁灭力可能比这个物体强1万倍以上。

许多历史性的灾难，如黑死病或旧金山地震，现在都可以避免或使损失最小化。随着医学知识的进步，导致欧洲近一半人口死亡的原因不再是奥秘，而变成了谜题，得到了解答。我们现在更了解地震学，可以建造更抗震、更防火的建筑，但下一次地震何时发生仍然是无解的奥秘。"人们将永远铭记，在1879年的最后一个安息日"，刚完工不久的苏格兰泰桥在强风中轰然倒塌，它原本连接着从法夫到邓迪的北不列颠铁路。[22]事故发生时，桥上正行驶着一列火车，90人在灾难中丧生。[23] 19世纪的地铁和铁路都在扩建，许多桥梁是那时兴建的。那时人们对相关的物理知识知之甚少，导致了许多事故。这次事故发生的三年前，美国经历了俄亥俄州阿什塔比拉铁路桥的倒塌，这座桥还是莱克肖尔与密歇根南方铁路的总负责人亲自设计的。

更为谨慎的铁路高管则会寻求工程师的帮助。北不列颠铁路公司还有一个更大的工程：跨越爱丁堡和法夫之间的福斯河的铁路桥。在福斯桥完工之前，工程师做了大量实验来确定风对金属的影响。1890年，外形壮观、构造有些复杂过头的福斯桥终于完工。可是，构造与之相似的魁北克大桥在1907年施工时还是倒塌了。在众多桥梁倒塌事故中，塔科马海峡大桥事故被改编成了电影，这座桥横跨西雅图附近的皮吉特湾。1940年，人们对风暴应力虽然有所了解，但对空气动力可能造成的影响尚不明确。如今，类似构造的桥梁都需要在设计阶段进行风洞测试。在一个世纪的时间里，桥梁构造的奥秘已经大大缩小了其范围，天气对桥梁和其他建筑物的影响如今基本可以被视为能够解决的谜题。

一些奥秘将继续存在，因为解决方案永远找不到。1872年12月5日，弃船"玛丽·赛勒斯特号"在亚速尔群岛附近的大西洋被发现。船体完好无损，供应充足，它的日志还在船上，但是救生艇和船上的文件都不见了。同样消失的还有船长夫妇和他们的女儿，以及7名船员。从此再也没有人看到或听说过他们的下落。

没有哪个航海奥秘如这艘弃船一样受关注。海盗或者船员暴动之类的假设看似合理，但又与证据不符，人们不禁产生了不着边际的猜测，比如海里的怪兽。这起事件之所以闻名，一部分是因为神探夏洛克·福尔摩斯的创作者阿瑟·柯南·道尔对所发生的事情进行了虚构的（完全不可信的）描述。[24]但他的理论是众多怪谈中的第一个。[25]几乎可以肯定的是，一代又一代的犯罪小说家努力将它当作一个谜题来解，"玛丽·赛勒斯特号"到底遭遇了什么其实仍是一个奥秘。即使有答案，我们也永远不会知道是什么。现代科学中的决策论主张，大多数奥秘可以采用概率推理归纳为谜题。不过，概率推理可以解开谜题，却不能解开奥秘。如何思考和应对奥秘是管理现实世界生活的精髓，也是本书的意义所在。

第 3 章　无处不在的极端不确定性

> 所临到众人的，是在乎当时的机会。
> ——传道书 9：11

预测是一项困难的工作。但如我们所见，NASA 的物理学家和工程师能够异常准确地预测信使号探测器的位置。这是因为 NASA 所要解决的问题十分明确稳定，且被人们全面理解。而且进入水星轨道后，即使人们与之交互，信使号的运行体系也不会改变。它的运行方式不受人类对其理解的影响，也不受人类行为的左右。如果经济学问题和 NASA 遇到的那些问题一样，那么经济学家也可以像 NASA 那样精准预测。

但经济学关系随时间的推移而改变——它具有不稳定性。经济上的波动也反映出我们的预期。社会学家罗伯特·K. 默顿[1]指出，反身性是社会系统特有的属性——社会系统本身受我们对其看法的影响。反身性这一概念由奥地利流亡哲学家卡尔·波普尔发展。后来，芝加哥学派经济学家罗伯特·卢卡斯及其追随者研究宏观经济时所用的方法也包含这一概念，这一点我们会在第 19 章详述。但是卢卡斯等人对反身性及其解决方法的观点和波普尔大不相同。

反身性会破坏事物的稳定性。这是古德哈特定律的精髓——若假定社会经济关系是平稳的，那么在此前提下做出的任何企业策略和政府政策大概率都会无效，因为这些策略的实施本身就会改变施策对象的行为，从而打破这种稳定性。[2]《圣经》中记载了早期社会反身性的例子。约拿得到了来自上帝的内部消息，知晓上帝计划惩罚尼尼微城（他到尼尼微之前曾被吞入鲸腹），因而预见了该城的毁灭。然而在他来到尼尼微后，城里的人民听到他的警告，纷纷悔改，于是上帝赦免了这座城市。这个结果"让约拿大为不悦，且十分愤怒"。他的预言被公然否定，（和许多现代预言家不同的是）这让他十分沮丧。但是上帝说服了他，让他明白这个美好的结局比他失败的预言更为重要。

为了避免惩罚，尼尼微之王身披麻衣坐在灰中，而华尔街的巨头们却没有类似的赎罪机会，即使有，他们估计也不会用这样的方式避免神罚。大多数人没有预料到雷曼兄弟会在 2008 年 9 月 15 日破产，因为大部分人认为，即使雷曼兄弟破产，事情也不应该在那一天发生。要么这家投行会早些倒闭，要么监管机构或银行会自行采取措施，以避免破产或至少将损失降到最低。因为人的想法会影响行为，所以经济系统总是不断变化。

概率推理的范围

"uncertainty"（不确定的形容词）一词在《牛津词典》中的定义为"不确定（uncertain）的状态"，而"uncertain"一词的定义则是"无法依赖、不知道或者无法确定"。[3] 这种不确定性源自我们对世界不完整的认知——无论是它的过去、现在还是将来。这种不确定性之所以会产生，也可能是因为我们不完全了解行为和结果之间的关系。但是，只有在不完整认知引发我们的怀疑时，我们才会去考虑事情的不确定性——有人明明非常无知，却从不产生怀疑，因此他们从来不考虑事情的不确定性，我们周围这样的人实在太多了（比如某些政客）。

一个人可能不知道宾夕法尼亚州的首府是哪个城市，或者误以为费城是宾夕法尼亚州的首府。但若他不想面见该州州长，那么知不知道州首府在哪里或许并不重要。就像这个例子一样，有时我们可以通过查阅参考书或者上网搜索的方法解决不确定的问题，也可以询问知道答案的人。这些可解决的不确定问题是不确定问题中的一个极端。对于这类问题，我们可以通过进一步调查来解决疑惑。其他可解决的不确定问题则源于平稳概率分布，比如抛硬币或布朗运动（悬浮在液体或气体中的微粒所做的无规则运动）。这些不确定问题的方方面面都为我们所知，且可以被量化。为破解概率游戏，概率推理应运而生。概率游戏基于随机性——扑克牌游戏、轮盘赌和彩票皆是如此。但这些游戏都是人为设计的。游戏的规则、一副牌里都有什么，这些都有明确规定，而游戏中的未知数无论如何都是未知的，比如轮盘赌中小球会停在哪个区域，或者下一张牌会不会是 A。

当然，上述情况属于理想状态。在用随机性博弈的世界里，若玩家用某些方式让自己掌握了比别人更多的信息，这种方式则被人视为"作弊"。这种行为一旦被发现，便会引发其他人的反感，玩家也会被"请"出游戏室。2004 年，一个团队利用激光测量设备来计算轮盘赌小球的运行轨道，通过这种手段在伦敦里茨赌场赢了超过 100 万英镑——当时可以等到轮盘转三次之后再下注。他们被逮捕了，但经过 9 个月的调查之后，警察断定他们没有犯法：虽然英国 1845 年《赌博法》的第 17 节禁止使用"非法设备"，但是嫌疑人并没有影响游戏的结果。[4] 可他们确实破坏了"游戏场地的公平性"，在公平的游戏场地中，客观频率分布必须透明，且对每个玩家来说，该频率分布必须相同。

许多赌徒以为自己有一套制胜的方法。让里茨赌场的那群人鹤立鸡群的，是他们的方法真的有效。同样博彩有方的还有麻省理工学院的数学教授爱德华·索普。在 20 世纪 60 年代，他曾用统计学分析法设计出一套二十一点的制胜方案。因为上了赌场经营者的黑名单，为了进入拉斯维加斯赌场，他不得不戴着假胡子，并乔装打扮一番。最终他发现，他的才能在华尔街赚钱更容易，赚的钱也更多。[5] 证券市场的监管者会限制那些有内部消息的券商，这看起来和赌场有所不同，但这些券商和赌徒受限的原因本质上是相近的。

未知的未知

在不确定问题的另一个极端，和真正意义上的随机事件正好相反的是未知的未知，即我们确实不知道我们是否知道这件事。塔勒布用"黑天鹅"作比来形容经济和金融领域的未知的未知，这些问题和航空领域的未知的未知同样重要。该比喻源自欧洲人当时的错误想法。当时欧洲人认为所有的天鹅都是白色的——当时欧洲的天鹅确实都是白色的，直到澳大利亚殖民者发现了黑色的天鹅。在一个世纪前，人们无法想象会发明一部能装进自己口袋里的手机，可用来拍照、计算一个数字的平方根、使用导航前往陌生的地方以及阅读百万部小说中的任何一部。但它们不发生不代表这些事情永远不可能发生，只是这些事情超越了当时人们的想象力范畴，或者超过了当时可能性的范围。公元前 3500 年左右，苏美尔人（古伊拉克人）发明了轮子，在此之前，没有人可以估测人类发明轮子的可能性有多大，而轮子被发明之后，发明轮子这件事情也就不存在不确定性了。换句话说，未知的未知变成了已知的已知。若想知道人们究竟有没有可能发明轮子，那就必须发明出轮子。因此，对这类事件来说，我们无法问出"该事件发生的可能性有多大"这样的问题。[6]

真正的"黑天鹅"是那些我们因无法想象而无法言说其可能性的状况。恐龙就是未知的未知的受害者——它们到死都不清楚究竟发生了什么。人类的灭绝很可能并非如此。剑桥大学科学家兼英国皇家天文学家马丁·里斯创立了生存风险研究中心，其目的是找出人类面对的潜在威胁以及消除此类威胁的对策。里斯曾提出诸多此类风险，包括极端气候变化、世界性流行病、失控的人工智能和机器人等。这些是我们至少可以预见到的威胁。但发现一只黑天鹅这件事并非一起低概率事件，在当时欧洲人对天鹅的认知中，它是一起之前无法想象的事件。当那些因犯罪而被流放到澳大利亚的殖民者登上第一舰队的船时，没有人会打赌说"我敢打赌，澳大利亚天鹅都是白色的概率为1‰"，当然也不会有人接下类似的赌局。较之社会现象，自然现象更有可能是平稳过程的结果——物质世界不像国际贸易、金融和政治领域那样无常无定、千变万化。然而，对流行病造成的危害来说，人类的医疗水平和疾病病原体的影响不相上下，甚至可以说前者带来的影响大于后者。黑死病不会卷土重来——鼠疫已经可以轻易被抗生素治愈（虽然抗生素的有效性已经受到威胁），同样地，在发达国家中霍乱也几乎不可能大规模流行。但是，某种之前不存在的病毒有可能会席卷全球，我们也要为此做好心理准备。无论是灾难性的大流行病，还是自然灾害或核灾难，抑或是机器人潜在的威胁，若我们分析这些事件的发生概率，那在误导自己的同时也会误导他人。我们只能从叙事的角度去谈论这些问题，即哪些事情有可能发生。导致我们面临世界末日的，可能不是某些"长尾"事件，即在已知概率分布模型中位于概率分布尾部的事件，甚至可能不是里斯和他的同事们假设的某起不测事件。导致世界末日的，有可能是一起我们甚至无法想象的事件。

1896年，当时最伟大的物理学家之一开尔文勋爵曾写道："除了热气球，我对航空事业连一个分子大小的希望也没有，我也不认为我们听闻的那些试验会有什么好结果。因此，你应该理解我为何无意成为航空学会的一员。"[7]他发表这番言论之后，在短得令他尴尬的时间里，首次可控航行成功完成，在不到一分钟的时间里飞机飞行了300码（274.32米）。未曾料想会发现黑天鹅的英国第一舰队到达澳大利亚植物学湾距今已有两个世纪，时至今日，一架重达360吨、载客量达550人的空客A380飞机横跨9 000多英里，从英国飞往澳大利亚。有些事情在百年前人们根本无法理解，而距今百年之后，也会发生许多这类我们根本不确定的事情。

镜中如晦

50多年来，有一种在不确定情况下做出合理决定的方法在经济学领域独占鳌头，这种方法也成为"决策科学"这门课的基础。这门课在许多大学和商学院教授。做决策者受某些条件约束，在此前提下做出最优决定。他们列出所有可能的行动方针，预测每种方针带来的可能结果，最后对这些结果进行评估，以此选出最佳方案。若有必要，他们还会预估他人对此决定的可能反应。人们穷其一生都在为自己的开销做规划，为自己的教育开销规划，为抚养孩子的费用规划，为退休后的经济状况规划。企业为了让股东价值最大化，会选择它们认为的最优方案。政府为了社会利益最大化而选择相应的政策。

但仔细想想，显然个人、企业和政府都无法找到自己想要的最优方案。因为他们不可能得到做出最佳决策所需的信息，也不可能尽知所有可能的方案，更不确定每个方案所致的结果。他们甚至不知道自己今天想要的东西，在明天得到它之后，自己还想不想要了。年轻人不知道自己的职业生涯会如何发展，或者在未来的40年中，他们会学到什么，之后何时会结婚，何时会离婚，或者他们退休的时候都需要什么，甚至能不能活到退休。任何首席执行官都不知道究竟做什么能使股东价值最大化，或者做完之后，股东价值究竟有没有被最大化。至于政府能够找出社会利益最大化的方法，这一想法更是可笑至极。决策和行动导致结果的不确定性实在太大了。

现实生活中的家庭、企业和政府是不会试图找到最优方案的，它们会不断解决问题，顺势而为。它们所做的决策是递进的。它们不会直达最高点，而是会不断寻找比现在更高的地势。它们会试图达成更好的结果，规避更糟糕的结果。本书大部分篇幅都在讲人们是如何适应一个极端不确定的世界的。

为什么极端不确定性这个看似如此明显的问题，却被那么多人忽略？正因为人们忽视了极端不确定性，所以才会有"决策的目的是最优化"这一主流想法。概率推理成功地在概率游戏中发挥了作用，在此基础上，决策理论的方法论将不确定事件分为两种：未知且不可知的和未知但可以用已知的概率分布模型进行推算的。这种方法论的践行者对前者置之不理，将其未知且不可知的事件定义为"变动"和"冲击"，认为它们和撞击尤卡坦半岛的小行星一样无法料想。其他的不确定事件被认为是可解决的。在这套理论里，极端不确定性并未占据一席之地。

但人们通常需要在信息不完整的情况下做出决定。现实生活中，人们需要解决的问题一般位于随机事件和"黑天鹅"这两个极端之间。我们掌握一定的信息，但掌握得不够多，而人类集体掌握的信息高度分散，且分散得相当不均匀。监管部门和缔约方（那些和那家已经倒闭的银行签约了的公司）可能知道雷曼兄弟管理不力、投资不当，投资不当这一点甚至成了当时争论的话题。它们甚至可能知道这家银行很有可能倒闭，但对于其如何倒闭、何时倒闭，它们一无所知。我们确实能看到前方，但得透过一面镜子，光线昏暗。

我们可以理解为何经济学家和统计学家为了寻找清晰全面的解决方案而试图不断扩大概率推理的应用范围。概率推理背后的数学有一种简洁感和美感，且在实际应用方面，人们只需掌握少量必要的知识和技术便可进行操作。保罗·萨缪尔森和罗伯特·索洛可以说是二战后最伟大的经济学家。50多年来，二人在麻省理工学院的办公室一直比邻。萨缪尔森曾说："他（索洛）年轻时经常会说，如果你不把概率推理理论当作世界上最有趣的课题，那么我为你感到惋惜。我一直都同意他的观点。"[8]

概率推理理论的魅力是可以理解的。但正如我们之后会见到的，我们怀疑这门学问直到17世纪才发展起来的原因，是它无法充分解决现实世界中的大部分问题。用概率推理解决问题，若想让人信服，那么这些问题需要具备以下条件：人们清楚所有可能结果，导致这些结果的过程随时间推移的变化很小,以及之前可供人们掌握的信息量足够大。你每天通勤的时长就是一个例子,类似的例子还有那些诸如交通事故的意外,这些意外的发生概率是可以被保险市场估算的。数千年来,农民都会遵循天气变化来从事农业活动,他们知道天气变化遵循以一年为周期的某种规律,即便他们并不知道规律背后的原理是什么。但现在,有了翔实的记录和计算机模拟技术,天气预报变得更为准确,预报天气也成了一笔颇为成功的生意。

可是气象学家和他们的预测一样,都不能改变明天是否下雨这个事实。当人类行为能够影响事情结果时,概率就变得没那么有用。我们可以用统计学手段计算出过马路时被车撞死的行人数量,或者估算一名65岁男性的预期寿命,但这些数据无法帮我们决定到底该不该过马路,或者该为退休生活存下多少钱。我们出车祸或者长命百岁的概率不仅取决于全人类相关数据的汇总,还取决于一些我们可能并不清楚的个人因素。而且这些相关数据本身就受我们想法的影响:虽然现在我们的交通更加繁忙,但较之20世纪20年代,出车祸死亡的行人已经少了很多,这是因为现在的我们已了解马路的危险性。[9]

汇总数据容易让我们忽略个人因素的重要性,但我们该不该过马路还是取决于道路状况以及我们的反应、听力和视力。我们可能有充分的理由相信我们明天绝对不会死,或者我们可以活到120岁,但这种想法几乎无法帮我们确定这个问题的答案:我们将来有多大概率会活到分文不剩?所有这些"令人头疼"的问题都在极端不确定性的范畴内。人们无法完全知晓这类问题背后的产生过程,这些过程本身也瞬息万变,且其运作方式不仅取决于人的行为,也取决于人的想法。概率推理看似美丽诱人,但可惜的是,它在现实生活中的应用范围十分有限。

有时即使真相是事实存在的,决策者用尽全力也无从知晓它们,比如,那栋建筑物里被击毙的那个人究竟是不是本·拉登?有时过去或现在事实存在的真相,不仅是某些决策者,世界上所有人都无从知晓,比如,幽灵船"玛丽·赛勒斯特号"上究竟发生了什么?再如一个对现代社会来说更重要的问题：在 2000 年美国总统大选中，小布什和戈尔究竟在佛罗里达州各得了多少票？

有的问题人们已知，但其答案的范围无边无际。对这类问题来说，若用数学的手段计算概率，其方法令人质疑，其结果更是模糊不清。如果问题已知，但这些问题本身就不可能有明确的答案（比如"中东未来 5 年会发生什么"或"20 年后私有财产在社会中将占据何种位置"），那么我们就无从就这些问题给出合理的概率。

诠释不确定性

大部分医疗的结果是不确定的。医生们的概率分布模型都是从自己和整个行业的经验中总结而来的，但即使医生们可以获得大量相关数据，患者的情况也因人而异。当下医疗行业对患者知情同意的要求，使得医生不得不向患者解释治疗的不确定性。但他们的患者通常想要的是定数。他们十分信任医生的判断，而且相信医生懂得比他们多。一名伦敦的医生给一群患者发放了一本小册子，小册子是关于某项重症监护患者可以参与的试验，其目的是测试不同抗生素的功效。该医生收集了患者对该册子措辞的反馈，而反馈结果如下：这些未经医疗训练的患者不喜欢"因医生不确定哪种抗生素治疗效果最佳，所以需要进行本次试验"这样的措辞，更喜欢的措辞是"本次试验的目的是确认何种抗生素治疗效果最佳"。一名患者如此评论道："在重症监护病房里一切都是未知数，彼时我最不想要的是一名不知道该做什么的医生。"对此，医生的反应是，"有时向患者表露不确定性对患者没有好处，但最后还是要依情况而定"。[10]

没有证据表明哈里·杜鲁门说过"给我一位只有一只手的经济学家"这样的话。杜鲁门深知极端不确定性的重要性，因此我们也不认为这位精明的美国前总统会放出这样的言论。但即便事情并无定数可言，某些政客也会苦苦寻求定数。笔者之一曾任英国央行副行长。在任期间，他曾被要求在下议院教育与就业遴选委员会面前为英国是否该加入欧洲货币联盟提供证据支持。当时议员们问道:"我们该怎么知道英国和欧洲大陆的经济周期何时交会?"正确的答案应该是,因为经济周期以10年为一个周期,而为了得出结论,我们至少需要观察20或30个这样的周期,所以没有200年以上,我们无法得到结果。议员们之所以会问出这样的问题,是因为他们以为驱动商业周期的过程是稳定的,只要假以时日,我们就能得到足够的信息,最终给出答案。但若有人说经济周期自工业革命伊始就未曾改变,那么这说法简直荒唐至极。我们不能假装自己可以守株待兔,通过长时间的观察了解一个既定的过程,这没有任何依据。笔者之一是这样说的:"你永远不可能完全确定两个商业周期是否真正交会,这永远都是一个个人判断的问题。"[11]诸如此类的极端不确定性是无法被解决的。

经济发展和经济波动无法长时间保持稳定,因而人们无法对经济学变量的概率做出有用的预测。至于那些最有趣的宏观经济问题,比如英国脱欧带来的经济影响,或者下一次经济危机的特征和发生时间等,我们无法轻易判断所有可能结果的概率,甚至对这些可能的结果是什么,我们都没有一个模糊的概念。"未来10年里是否会发生另一场全球金融危机?"这个问题的正确答案应该是"我不知道"。无论是专业经济学家还是经济从业人士,无论是企业还是家庭,都在努力解决这样一个问题:"究竟发生了什么?"当专家们宣称自己掌握了某些自己并未掌握且不可能掌握的信息的时候,人们自然就会抱怨,说他们"受够了专家"。

现实生活中的决策

不确定性有诸多维度,这意味着我们处理危机和不确定因素的策略取决于我们面临的具体问题。我们在书中编出的很多问题(比如宾夕法尼亚州的首府是哪里)和世界上绝大部分人都没有关系,若不知道问题的答案,多数情况下也没什么影响。二位笔者对"2020年肯塔基德比赛马会上哪匹马会赢"这个问题毫无兴趣。他们并不知道参赛的有哪些赛马以及它们的骑手是谁,更不清楚比赛的形式和时间。他们也无意赌一把比赛的结果,或者等结果公布之后看看赢家的名字。

当决定确实至关重要时,理性的人将会委托别人做决定。这些受委托者要么已经得到了足够的相关信息,要么愿意在搜寻相关信息上下功夫,且这些人也有能力解读这些信息。虽然近期有人大肆宣扬"群众的智慧",二位笔者还是更愿意乘坐由技艺娴熟、经验丰富的飞行员驾驶的航班,而不会去乘坐由乘客的共同意见来操控的航班。[12]

世界上没有有关如何做最好决定的总体理论,大部分相关的学术文献试图把在不确定性条件下做决策这项挑战描述成一个可解决的谜题。这些文献认定所有决策都可以用数学问题的形式表达出来,而这些问题最终都可以在计算机的帮助下得以解决。你的智能手机可以告诉你附近都有哪些餐厅以及这些餐厅该怎么走,它甚至还知道你昨晚吃了什么,但是它不知道你现在想去哪里吃饭、想吃什么。有一个真实性存疑却很有启发性的故事,它讲的也是同样的道理。一位研究决策理论的学者正在犹豫到底要不要接受对家大学给的工作机会时,他的同事劝他用自己论文中提到的方法来做决定,即在不确定条件下做出理性的决定,使自己的效用最大化。面对同事的建议,他愤怒地说道:"别开玩笑了,我现在要处理的可是正经问题。"[13]

在不断发展的过程中,人们逐渐习惯于解决那些概率推理无法解决的问题——这一点我们在第9章还会详述。和计算机不同,我们的大脑有适应机制,能够把事物联系起来,也能发现规律。好的决策通常源自跳跃性思维和想象力。创造力就是那个苏美尔无名氏在发明轮子时所展现的特质,也是爱因斯坦和乔布斯等人用以造福人类的能力。正如奈特和凯恩斯所强调的一样,创造力和不确定性密不可分。究其本质,创造力无法被程式化,它只能在创造性事件发生之后被人描述,而这种描述可以借助程式,也可以脱离程式。

加利福尼亚的建立

约翰·苏特尔是一个想经商的人。1834 年，为了躲债，他抛家舍业离开了巴登（现属德国）。他游历了很多地方，随后于 1839 年在美国西海岸用约翰·苏特尔这个名字重现江湖。怀着建立一个农业帝国的野心，他在如今的旧金山湾区定居下来。彼时旧金山只是一个名不见经传的海港和货物集散地，那里只有约 1 000 名居民。

1848 年，美墨双方签订了《瓜达卢佩-伊达尔戈条约》，结束了墨西哥战争，美国也因此吞并了加利福尼亚。同年，苏特尔的某名员工在他的地产上发现了金矿。得知此事后，苏特尔试图封锁消息，他这样做一方面是为了独享金矿带来的利益，另一方面是因为金矿的发现有可能对农场的生意不利。但事实证明，封锁消息是不可能的。1849 年，《旧金山观察家报》刊登了有关加利福尼亚金矿的传言。此后，曾有 10 多万人先后来到加利福尼亚淘金。有些人因此发了财，但大部分淘金者并没有。在此过程中，有人发现了另一条没那么冒险的致富之路，那就是为那些淘金者提供各种服务。这些人中就有利兰·斯坦福。斯坦福的生意做得非常成功，并且曾在这个刚建立的州担任一届州长，任期时长两年。但最让他出名的，是他在 1861 年修建中央太平洋铁路时所扮演的角色。当时中央太平洋铁路建了一条从萨克拉门托到犹他州海角点的新线。这条铁路在 1869 年成为联合太平洋铁路的一部分，美国也因此建成了第一条连接东西海岸的铁路。斯坦福在落基山山顶铁路汇合处钉入了一根黄金轨钉，以纪念此壮举。

那么约翰·苏特尔呢？他之前的担忧确实是有道理的，他的土地上确实淘金者横行。他的农场事业苟延残喘，还欠下了债务。为了还债，他只好卖掉自己的土地产权。雪上加霜的是，法院不承认他得到的政府赠地，因为那块地是在西班牙治下赠给他的。他最后撤回东海岸以自我疗愈，并向美国国会申诉，要求补偿。他至死都在和美国国会打那场官司。

但时至今日，提到斯坦福这个名字，人们一般想到的不是那个镀金时代的强盗资本家，而是那个以他的名字命名的大学。斯坦福为了建立一所农学院捐赠了一笔相当可观的资金，这笔钱可能相当于现在的10亿美元。一个世纪过后，斯坦福大学教学研究的领域已经远远超出了农学，其教学研究对硅谷的发展来说至关重要。

苏特尔和斯坦福二人都未曾料到自己决策的结果，这正是极端不确定性的精髓所在。在他们之后，仍有无数探险家和企业家不得不在不确定性的迷雾中做出决定。在美洲淘金热和铁路投资热的初期，《经济学人》曾在1853年写道："当下社会的发展速度令人惊异……但社会发展会将我们引向何处，这种发展的终点为何（除了上帝的怀抱，这种发展源自何方），这些问题都是人类的想象所无法企及的。"[14] 那么概率推理难道就可以替代人类的想象吗？

我们会在下一章讲述人类思想开始"向概率论转变"的过程，以及概率论思想的范围是如何迅速扩大的。21世纪初，不仅是银行高管，其他人也发现概率模型的估算和现实中事件的结果毫无关系。银行高管和监管者之前以为可解决或者已经解决的问题，到头来还是未解之谜。无论是普通百姓还是政治家，无论是消费者还是企业高管，所有人在日常生活中都会发现，生活中无法解决的问题永远比可解决的多。

第二部分
概率的诱惑

第 4 章　用概率思考问题

苏格拉底：不过还有提西阿斯，他是你反复研究过的，他口中的可能性，除了符合多数人的意见外，还有没有其他意义呢？

斐德罗：真的，还有什么其他意义呢？

——柏拉图《斐德罗篇》[1]

人类推理的"概率转向"据说始于这样一个故事：一名叫作"梅雷骑士"的赌棍向数学家兼哲学家帕斯卡求取计算赌博结果的方法。帕斯卡转而求教一位声望更高的法国博学家费马。帕斯卡和费马于1653—1654 年的书信来往被认为是首次正式的概率学分析。[2]

历史学家和数学家都曾思考过这个问题：在人类思想史中，为何帕斯卡和费马的发现出现得如此之晚？古代雅典曾有世界上最早且最优秀的数学家，且雅典人也赌博。为什么这些数学家没把将他们的专业才能用在日常消遣上呢？毕竟就如数学家们所说，概率论不是很难。

柏拉图不断寻觅，最终发现了逻辑的真理。对他来说，真理和可能性之间相差甚远，前者不证自明，后者只是人们的观点而已。前现代思想中没有可能性这个概念，因为当时人们认为事物的发展全部遵循神明的意志，虽然人们不知道其发展的轨迹，但这种轨迹是既定的。这意味着当时的人们为了消除事物的不确定性，不会去使用数学的手段，而是祈求神祇的垂怜。因此，他们经常会做出现代人看来滑稽可笑的事情，比如用祭品的内脏来占卜，或者通过祈祷取得神谕，这些做法曾持续数千年。当下我们依然可以寻得这类做法的延续，现在还有人相信占星术，用茶叶占卜或者迷信那些据说可以预见未来的大师的预言。

由此可见，不仅用数学来表达概率这种做法历史短暂，概率成为一个现代化的概念本就没过多久。现在的概率，指的是在多种可能结果中某一结果出现的可能性的量化表达。即使到 18 世纪，爱德华·吉本在描述汉尼拔穿越阿尔卑斯山时还这样说过："李维的叙述更倾向于历史可能的情况，而波里比阿则更倾向于历史实际的样子。"在提到朱维安皇帝的败军曾接受过胜利的波斯军队的补给时，他曾写道："这种情况可能发生，但不是真相。"[3]

吉本说的究竟是什么意思呢？"证明"（prove）、"可能"（probable）和"认可"（approve）这三个单词的词根相同。我们今天对这三个词的用法让我们很难看出这层关联，但对中世纪的作家来说（对吉本来说也是如此），这层关系非常明显。因为对他们来说，"可能"的意思是"被大多数头脑正常的人认可"。在那个真理由神权和世俗权威掌控的时代，所谓头脑正常的人，可能会拒绝用伽利略的望远镜进行观测，因为教会宣称伽利略声称自己通过望远镜看到的东西并不存在。[4]

1660 年，英国头等科研机构皇家学会建立，并将"口说无凭"（nullius in verba，现在人们私下里将其译为"不要听信任何人的言论"）作为自己的格言，这句话强调了实验的重要性，并告诫人们要勇于挑战权威。现代关于概率的概念很可能源自17世纪科学推理的发展，这种推理是工业革命的先决条件，也为工业革命推动经济迅速发展奠定了基础。概率论的发展促成了市场风险的诞生，因而进一步促进了经济发展。

风险管理的先驱是伦敦的咖啡店。彼时咖啡刚从阿拉伯地区引入欧洲，喝咖啡成为绅士贵族的新风尚，咖啡也成了他们社交和谈生意时的流行饮品。在历史悠久的伦敦城里，保险行业在汤姆咖啡屋诞生，而乔纳森咖啡屋则做起了证券业务——这家咖啡屋被认为是伦敦证券交易所的前身。斯图亚特王朝复辟后，清教徒的统治结束，他们的清规戒律也不能再约束英国人，因此赌博在英国国内一时盛行。

怀特夫人的巧克力店位于圣詹姆斯，离皇宫很近。它后来发展成伦敦第一批绅士俱乐部之一，并主要提供各类赌博游戏。（这样看来，时尚新潮的圣詹姆斯变成伦敦对冲基金中心并不是毫无理由的，而更多面向商务的金融活动则发生在伦敦城。）最有名的咖啡店是爱德华·劳埃德咖啡馆，在这里，保险经营者会预测海上的天气、潮汐的情况和航船的安危，商人则可以减少部分外贸风险。自1688年创立以来，伦敦劳合社在全球航海保险领域一直独占鳌头。历史的影响实在深远。

死亡率表和人寿保险

在帕斯卡和费马鸿雁传书的时候，一位英国布匹商人约翰·格朗特正在搜罗伦敦各大公墓的记录。格朗特将墓地死者的死因记录下来整理成数据，而通过这些数据，即便无法防止瘟疫的暴发，至少也可以观察到瘟疫扩散的规律。他将死亡记录按不同年龄段整理出来，他对这些数据的分析后来发展为精算师用来计算年金和人寿保险合理价格的表格。格朗特受到了资助人兼好友威廉·配第爵士的协助。后者曾撰写《英格兰统计账目》，它是英国国民经济核算的前身，而国民经济核算由统计学家编制并被经济学家大量引用。[5]

英国皇家学会迫切地想要进一步发展格朗特的研究，于是收集了大量波兰布雷斯劳市（今弗罗茨瓦夫市）市民出生和死亡的记录，这些记录特征分明，对研究也大有助益。分析这些数据的任务落在了埃德蒙·哈雷的肩上。提到哈雷其人，人们更耳熟能详的是以他的名字命名的彗星，哈雷彗星每75~76年就会出现一次。[6] 哈雷编制了世界上首张死亡率表，人们可以用此表格推算预期寿命。

英国公平人寿保险公司创立于1761年，这家公司之所以如此命名，是因为它是首家用科学算法来计算保险金额，以保证投保人能够被平等对待的公司。该公司用的死亡率表是用英国北安普敦的人口死亡数据制成的。[7] 该公司的做法是最早的概率转向尝试之一，这些尝试让概率论不再局限于赌桌，而是应用于那些非偶然事件随机产物的产生过程。

之所以可以这样使用数据，是因为人们假定人口死亡的决定因素是稳定的——导致人们死亡的事件每年变化很小。现实中的事件会时不时地打破这个假定，例如17世纪的大瘟疫、20世纪的西班牙流感和艾滋病。此外，由于卫生条件、公共健康和医疗水平的改善，人口死亡率在20世纪大幅降低。近年来，全球人口的预期寿命年均增长约3个月。[8] 虽然多数人已经知道，在我们撰写本书时，这种增长在美国已经暂停了，但其实欧洲的情况和美国相同，只不过没那么广为人知。[9] 这种情况究竟是一个持续过程中暂时的停顿，还是一个根本性的变化？是一个随机的偏差，还是一个大变动？现在我们无法回答这些问题——或许我们永远都无法回答。有些事情是我们未知的，有些事情是我们不知道自己未知的。有的事情是我们以为自己已知的，但事实并非如此。[10]

变为概率的不确定性

亚伯拉罕·棣莫弗也是一位法国数学家，他在帕斯卡和费马的基础上进一步发展了应对概率游戏的数学方法。与许多和他信仰相同的人一样，17世纪80年代，棣莫弗在路易十四清洗胡格诺派时逃往英国。他在那里结识了哈雷，并逐渐了解了哈雷的概率分布研究。棣莫弗将他故国同僚的概率论数学和英国新知的实验调查法相结合。他问出了这样的问题："若多次进行概率游戏，那么游戏结果的概率分布将会如何？"打一个比方，如果你抛 1 000 次硬币，平均算来，你应该抛到 500 次正面，但如果你真的这样做了，一般很少能正好抛到 500 次正面，那么你抛到正面次数为 499 或者 510 的概率又是多少呢？

棣莫弗发现，这些问题的答案若要转化成数据，那么这些数据就会汇成一条钟形曲线，也就是现在所说的正态分布。正好抛到 500 次正面的概率为 2.523%——约等于 1/40。如果你抛 1 000 次硬币，然后数一下抛到正面的次数，之后多次重复这个过程，那么得出的结果就取决于正态分布给出的理论概率。当然，头脑正常的人都不会这样身体力行，但现在你可以让计算机或者机器人替你完成这项工作。每进行约 40 次这样的实验，你都会得到一次 500 次正面的结果。抛到 499 次正面的概率比抛到 500 次稍微小一点，略小于 2.517%，因此你每进行约 40 次这样的实验，也会得到一次抛到 499 次正面的结果，抛到 501 次正面的结果也是一样。抛到 485~515 次正面的概率约为 2/3，而如果你只抛到 100 次正面，那么你遇到的事件，其概率甚至小于温尼亚尔先生所说的 25 个标准差事件。你可以总结说，事情并非如其设计者所愿，当初温尼亚尔本也应该这样说的。

如果事件的过程是平稳的，那么人们通常可以将其套入某个概率分布模型——每年气温或降水量的变化就是案例。[11] 这些案例展示了抽象理论给出精确预测的能力，这种能力是如此惊人，以至我们不难理解为何之后的研究倾向于夸大这些理论的应用范围。20 世纪初，概率论被用来预测概率游戏以及分析平稳过程产生的数据，从而证明了自身的价值。那个时代伟大的经典统计学家们不断探索，取得诸多成就，这些成就为自然科学和社会科学的诸多领域提供了许多有用的工具。统计学家也因此在科学领域安居一席之地。人类思维的概率转向让经济学家和其他社会科学家坚定地在概率论这条路上走了下去。

点数分配问题

梅雷骑士问帕斯卡的问题被称为"点数分配问题"，这个问题是现代概率论的开端。假设骑士的沙龙里某个概率游戏被打断了，既然结果是不完整的，那么游戏的奖励在玩家之间如何分配才算公平？举个例子，假如两名玩家一共下注 100 个金路易，并约好赢者通吃，A 公爵赢了 3 局而 B 侯爵赢了 1 局，但是玩至中途，公爵受国王召见，这场夜晚的娱乐活动也不得不匆匆结束。

在帕斯卡之前，人们普遍认为应该把奖金的 3/4 给 A 公爵，因为已经玩了的 4 局游戏中他赢了 3 局。15 世纪末，会计学的始祖之一、意大利数学家卢卡·帕乔利曾详细阐述过这种解决方案，且这种方案乍看来似乎公平可行。[12] 但骑士怀疑帕乔利没能给出正解，之后帕斯卡和费马这两位伟大的数学家也证明他的怀疑是有道理的。如果游戏继续，那么侯爵要想赢，就必须赢下剩下的 3 局。如果每名玩家赢得 1 局的概率各为 1/2，那么侯爵最后 3 局全赢的概率只有 1/8。这种情况下公爵获胜通吃的概率为 7/8。因此，帕斯卡和费马认为奖励应该按照这个比例分配。

帕斯卡和费马在给出结论的过程中，提出了三个对后续所有研究都至关重要的概念。首先是"概率"这个数学上的概念——指赢得任何一场游戏的可能性。其次是一种计算方法，叫作"复合概率"——用复合概率，我们可以通过一局游戏的获胜概率计算连胜 3 次的概率，也就是 1/2 的三次方。最后是期望值——如果某场游戏多次重复，每位玩家可能赢到的钱数。时至今日，我们可以用计算机编程来模拟这个场景，让其不断重复，以此确认我们算出的期望值是否就是当晚情况不断重演后的结果。（在骑士的沙龙里，估计同样的情况确实会一遍遍重复。）

早在当时，在解决点数分配问题的过程中，概率分析的力量就得以展现。帕斯卡给出的答案看似和人的直觉不符，但若你明白了他的思维逻辑，这个答案便十分令人信服。概率分析的重点不在于分析已经发生的事件，而在于预测未来。如果公爵和侯爵打算赌 100 局，那么公爵一开始和侯爵 3∶1 的优势就变得微不足道。但如果两人只打算赌 5 局，那么侯爵就败局已定——因为第五局的胜负不会改变最终结果，甚至届时两人都不会赌第五局。

贝叶斯的妙处

概率论发展的最后一棒，落到了一个意想不到的人手上——18 世纪的一名英国乡村长老会名不见经传的牧师。巧合的是，托马斯·贝叶斯牧师被葬在了现在伦敦金融区的中心。在他的诸多论文中，贝叶斯给世人留下了当今统计学最为广泛传授的理论之一。[13]虽然生前不为人所知，但时至今日，他的名字已家喻户晓，统计学和经济学的某些分支都以他的名字命名。"贝叶斯"一词代表的不仅是一种统计技巧，而且是一个学派，它是一名在肯特郡郊区独自钻研的学者留下的学术遗产。

通过贝叶斯定理，我们可以计算条件概率：在事件 B 已经发生的前提下，事件 A 发生的概率是多少？虽然帕斯卡和费马没有像这名肯特郡牧师一样得出一个普遍性结论，但梅雷骑士的点数分配问题其实也是一个条件概率问题。[14]我们很难想象贝叶斯牧师的交际圈里会有类似梅雷骑士的沙龙里那帮人一样的贵族赌徒，但现在让我们的思维发散一下，假设贝叶斯牧师就在那场沙龙里，用摆在精美壁炉台上的贝叶斯表盘记录赌局的情况。表盘上的指针会指示出每位玩家获胜的概率，表盘刻度的一端是获胜概率为零，另一端是获胜概率为 100%。因为这场游戏是公平的，所以表针的初始刻度为 50%。当公爵赢了第一局游戏时，牧师用自己的定理迅速进行运算，随后表针倾向公爵一方——其刻度约为 67%。当侯爵赢得第二局游戏时，表针又回到了 50% 的初始位置。但后来公爵又连续赢了第三和第四局，表针又开始转动，因此当国王叫走公爵，游戏中断的时候，表针在公爵的一方，刻度为 87.5%。

上面提到的贝叶斯表盘将贝叶斯推理可视化。在处理不确定因素时，我们会用先验概率去衡量不确定事件。因为骑士的赌桌上人人获胜的概率相等，所以每人获胜的先验概率就是50%。但随着游戏的进行，玩家不断提供新的信息，先验概率也不断改变。表针第一次转动的时候，它记录的是A公爵的获胜概率，而此获胜概率的前提是公爵第一局赢了。之后A公爵的获胜概率不断调整，但之后的所有调整都以A公爵第一局获胜但B侯爵第二局获胜为条件。获胜概率的先验条件以此类推，随着游戏的进行而不断叠加。

蒙提·霍尔

蒙提·霍尔悖论[15]充分体现出贝叶斯定理的强大。这个悖论和20世纪60年代的美国智力问答节目《来做交易吧》有关，它由该节目的主持人蒙提·霍尔的名字命名，节目的嘉宾需要猜出藏在幕布后面的奖品在哪里。蒙提·霍尔悖论最初由美国统计学家史蒂文·塞尔温提出，此后该悖论一直被后续的研究和文献提及。节目中，参与者会看到三个盒子，主持人已经在其中一个盒子里放入车钥匙，而另两个盒子是空的。如果参与者选择了那个装有车钥匙的盒子，则他们获胜。参与者做出选择后，蒙提会打开另两个盒子中的一个，他打开的那个盒子必定是空的，以此排除一个错误选项。之后参与者可以维持原来的选择，也可以改选剩下的那一个盒子。

凭直觉来说，一开始钥匙在任何一个盒子中的概率都是相同的，现在只剩下两个盒子可供选择，而这两个盒子中有车钥匙的概率也应该是相同的，因此没必要改变主意。但这种纯凭直觉的判断是错误的。蒙提知道哪个盒子里装有车钥匙。如果车钥匙在你最初选的那个盒子里（这种情况的概率有1/3），那么蒙提打开哪个盒子都不要紧。但你如果做出了错误的选择（这种情况的概率有2/3），那么蒙提必须小心地辨认哪个是空盒子，哪个是不应该打开的装有车钥匙的盒子。所以看起来车钥匙更可能在你没选的盒子里（概率为2/3）而不是在你选中的盒子里（概率为1/3）。蒙提在不知情的情况下，已经向你透露了一条信息：你没选的那个盒子里有车钥匙的概率是 2/3，因此你应该改变主意去选那个盒子。

如果你觉得这种说法难以置信（对大部分人来说都是如此），那就想象一下，如果供人选择的盒子不是 3 个，而是 100 个。当你做出选择时，蒙提会打开 98 个空盒子。虽然车钥匙还是有可能在你选中的盒子里，但与之相比，车钥匙在蒙提没有打开的那个盒子里的概率要大很多。如果这依然无法让你信服，很多网站上都可以找到计算机模拟的蒙提·霍尔游戏，你可以玩一下试试。[16] 很快你就会发现，改变你的选择胜算会更大一些。点数分配问题和蒙提·霍尔的电视节目中体现出了概率论数学的价值。这两个例子中，人们都通过概率推算，为不可预料的结果提供了令人信服的推论。

无差异原则

解决点数分配问题和蒙提·霍尔悖论所仰仗的原则后来被称为无差异原则——如果我们没有办法证明一件事发生的可能性大于另一件事，我们就可以认定两件事发生的概率相同。我们假定公爵和侯爵在剩下的游戏中的获胜概率是相同的，这可能是因为我们知道此类游戏结果的概率分布模式，因而得出这个结论。至于蒙提·霍尔悖论，我们知道那把车钥匙可能在任何一个盒子里，因此每个盒子里有车钥匙的概率为 1/3。[17]

在两次世界大战的战间期和二战期间，凯恩斯因其对英国乃至全世界公共政策所做的贡献而为世人所知。然而鲜为人知的是，一战之前，就读于剑桥大学国王学院的凯恩斯为申请奖学金完成了一篇论文——实际上也是他的博士学位论文。这篇论文成了凯恩斯于 1921 年发表的《论概率》的基础。文中有一章讲的就是无差异原则。凯恩斯坚决拒绝该原则的大范围应用，其态度可以总结如下。

举个例子，如果我们对世界各国的地域和人口信息一无所知，那么某人是大不列颠人的可能性就和他是爱尔兰人的可能性一样大，因为我们没有理由相信一者的可能性大于另一者。这个人是爱尔兰人的可能性也和他是法国人的可能性一样大。那么同理，他居于不列颠群岛的概率和他居于法国的概率也相同。但这些结论前后矛盾。因为我们通过前两个结论，可以得出如下结论：此人是不列颠群岛人（大不列颠和爱尔兰同属不列颠群岛）的可能性是他是法国人的两倍。如果我们可以证明，只有在知道不列颠群岛由大不列颠和爱尔兰组成的情况下，一个人来自法国的可能性才更小，若是不知道这个信息，情况就不是如此，那么三个结论的前后矛盾便不复存在。但我不认为我们可以做此证明，因而三个结论的前后矛盾是无法解决的。[18]

如果我们对世界地理一无所知，那么如果有人问起"一个人住在法国的可能性有多大"，唯一合理的回答则是"我不知道"。

谈及无差别原则时，凯恩斯写道："任何逻辑理论、方程公式，其力量和无差别原则相比都不足为奇。因为该原则在一无所知的前提下证明了上帝的存在。"[19] 凯恩斯这里显然是想到了"概率论之父"帕斯卡的著名"赌注"，帕斯卡曾言："上帝要么存在，要么不存在。人们无法以理性确认这一点……因此你必须下注，不能不下……让我们衡量一下赌上帝存在与否的利弊得失吧。这场赌注有两种情况。你若赌对，则将赢得一切；你若赌错，那你也没什么损失。那么不要犹豫，赌上帝存在吧。"[20] 帕斯卡的此等计算首次将概率和对可能结果的主观衡量相结合，以此来应对最根本的不确定性。

点数分配问题和蒙提·霍尔的游戏都是人为设计的问题，这些问题的规则、细节和答案都十分明确。例如，我们知道公爵和侯爵一共打算玩几局游戏；我们也知道，或者说已经能猜到，蒙提·霍尔知道哪个盒子里有车钥匙。这些问题的答案很大程度上受这些预设前提的影响——在这两个例子中就是如此。电视节目里选盒子的结果，其前提是蒙提知道哪个盒子里有车钥匙（虽然有时候观众对此并不知情）。如果他不知道，那么问题就大不相同了。蒙提可能打开有车钥匙的盒子，使得参赛者最后一无所获。如果蒙提不知道哪个盒子里有车钥匙，那么他是否打开那个空盒子就全靠概率；对获奖概率的最初判断是正确的，三个盒子里有车钥匙的概率确实相同。但观看该节目的乐趣所在，就是参赛者面临选择时的焦虑——到底该不该改变自己最初的选择，同时现场的观众也会大喊着给出建议。（或许现在我们很难理解现场观众喧闹声的吸引力，但当年，在《来做交易吧》这个节目里，现场观众的热情参与也是其吸引电视节目观众的元素之一。）

如果每个人都知道了其背后的原理，那么这个节目还会像之前那么有趣吗？观众还能相信最初的规则仍未改变吗？现实生活永远是复杂的。很多财经评论员和教师都会引用蒙提·霍尔悖论，他们想借这个例子说明只有在详细列出所有假定的前提后，才能"解决"人为设定的问题或模型。他们的观点是正确的。但在一个极端不确定的世界里，很难找到条件详尽、前提十分清晰的问题。在概率论数学中，所有可能事件的概率之和必须是1。所以，如果我们知道车钥匙可能在两个盒子中的一个里，那么每个盒子里有车钥匙的可能性则为1/2；如果共有三个盒子，概率则为1/3。如果车钥匙在一个盒子中的概率为另一个盒子的2倍（且第三个盒子必须是空的，钥匙只在这两个盒子中的一个里），那么这两个盒子里有车钥匙的可能性分别为2/3和1/3。但在一个极端不确定的世界里，如果我们无法将所有可能事件全盘列出呢？如果这样尚且无法做到，那我们就更不可能计算出所有事件发生的概率了。在随后的章节里，我们会向读者展示这个问题对概率的广泛应用来说有多么重要。

贝叶斯和诊疗室

蒙提·霍尔悖论是轻松的娱乐活动，但癌症的诊断事关生死。医疗健康组织正努力促进乳腺癌和前列腺癌的大排查。这些排查癌症的检测不可能是完美的：有时检测的结果是假阴性，这就给了患者错误的保障；

有时检测的结果是假阳性，让患者白白担忧。假设通过乳腺 X 线摄影，可以查出 90% 患癌女性身上的乳腺癌（这个数据被称为检测的灵敏度），也可以准确排除 90% 未患癌女性身上患癌的可能（这个数据被称为检测的特异度）。实际上，乳腺 X 线摄影的有效性可能还达不到上述数据。[21]

当然，大多数女性并未患有乳腺癌。如果全世界女性患乳腺癌的概率为 1%，那么女性乳腺摄影结果为阳性且真的患有乳腺癌的概率又是多少呢？这个问题的答案让包括许多医生在内的人都大吃一惊。每 1 000 名女性中，大约有 10 名女性可能患乳腺癌，其中通过癌症检测，有 9 名女性的癌症可以被查出来，但剩下的 990 人中，有 99 人（也就是 1/10 的人）的检测结果会呈阳性。所以 1 000 人中会有 108 人的检测结果为阳性，其中 9 人确实患有癌症，其余 99 人并未患癌。那么某位女性检测结果为阳性且患乳腺癌的条件概率则为 1/12，也就是说，一个阳性检测结果的准确率只有 1/12。[22]

前面的一系列计算是基于德国心理学家格尔德·吉仁泽举的一个例子。十多年来，吉仁泽掀起了自己的运动，其目的是反对那些促进排查常规化的运动。乳腺癌和前列腺癌的随机排查，其害处可能远大于益处。因为这些病情的过度诊断有可能让患者产生不必要的担忧并做多余的手术。排查检测要想更为有效，一种方法是把排查对象局限在比总体人口更容易患癌的人群当中，另一种方法就是提高检测的灵敏度和特异度。吉仁泽收集的证据表明，有的从医人员对贝叶斯定理一无所知，因而会严重夸大患者患病的风险和此类检测结果的可信度。[23]这些医生只着眼于因及时检查而救下的寥寥患者，却忽视了那些接受多余治疗并深受其害的大批患者，后者的数量可是远超前者。

在对乳腺癌排查的分析中，吉仁泽充分展现了自己的判断力和经验。在这个案例中，通过一个概率模型，他把患癌率的计算转换为一个人为设置的问题并使这个问题得以解决。当然，吉仁泽并没说自己记录的是乳腺癌的真实患病情况，也没有澄清案例中癌症排查检测结果的真实性。但他的分析强有力地证明了一件事情：那些只懂医学不懂概率学的专家很可能会严重误导患者。

这些强大的概率模型很难应用到现实生活中——现实中，相比不易患乳腺癌的女性，容易患乳腺癌的女性更可能去拍乳腺摄影，这一点不难理解。无论是让梅雷骑士思考点数分配问题的那场赌局，还是蒙提·霍尔悖论，在这些概率游戏中，所有的因素要么是已知的，要么是未知的，要么是确定的，要么是随机的。但在大多数情况下，已知和未知、确定和随机这种二元对立在现实中并不存在。我们知道某些事，但总是了解得不够透彻。这就是极端不确定性的本质。

在分析癌症的随机排查时，吉仁泽并没有误以为非实物实验得出的概率可以应用到现实生活中。他没有声称自己计算出了现实中任意女性患乳腺癌的概率。但正如我们在第 1 章中所见，温尼亚尔在声称自己发现了一件 25 个标准差事件时，就犯了这样的错误。他误将模型中得出的概率应用到了该模型所代表的现实事件之中。

若想计算现实生活中事件的概率，那么不仅要用该事件的模型计算概率，还要计算该模型在现实中真实性的概率，最后将这两个概率相结合。但我们无从得知模型在现实中的真实性，我们甚至很难理解"世界的代表即为世界的概率"这个概念。很多人难以分辨何为"运气不好"（即在一个模型范围内可能性极小的事件），何为模型本身存在问题，关于这一点，我们在之后的章节中可见一斑。我们会将模型本身存在问题的情况称作温尼亚尔问题，以此来纪念这位高盛前高管。[24]

第 5 章　被遗忘的争论

> 这便是我所看到并困扰我的。
> 我环视四周，只能看到黑暗。
> 自然展示给我的都是疑虑和不安的东西……
> 正确的做法是拒绝下注。
> ——**帕斯卡《思想录》**[1]

20 世纪初，用概率论来理解概率游戏已成了一种既定做法，比如扑克牌、轮盘赌或《来做交易吧》。事实证明，在分析一个大致的平稳过程生成的数据时，该理论也很有价值，比如死亡率，就有大量的相关频率数据。各地以及包括保险公司在内的私人机构都开始以系统化的形式记录信息，不必再像格朗特那样仔细研究墓碑以获取知识。如果产生结果的过程平稳且很好理解的话，比如抛硬币，那就可以从概率推理中推断出频率分布。

从最早的概率思维开始，人们就尝试将这种推理应用到概率游戏和人类死亡等可观测的频率范围之外，用概率语言和数学来描述一些诸如小行星撞击尤卡坦半岛和突袭本·拉登的特殊事件。一开始，这种尝试遭到了诸多反对，而且反对者长期占上风。英国哲学家约翰·斯图尔特·密尔在其1843年出版的《逻辑体系》中批评法国数学家皮埃尔-西蒙·拉普拉斯将概率论"应用于我们完全不知的事物中"[2]。另一名法国数学家约瑟夫·伯特兰德的批评更甚。[3] 他谴责他的同胞将概率论应用于概率游戏之外时做出的假设十分荒谬。他说，我们相信明天太阳会升起，这是因为"天文学定律的发现，而不是同一概率游戏中的再次成功"[4]。即使是这种信念，也取决于天文学定律是否一直保持不变。如果我们不能依靠这些定律的稳定性，那么就不可能用过去的频率来推断未来事件的概率。伯特兰德想到大卫·休谟一个多世纪前的著作："认为明天太阳不会升起和确认明天太阳会升起，同样都是不难理解的命题，也不意味着更多的矛盾。因此，我们想要证明其虚假性，也是枉然。"[5] 这也可能是休谟对归纳问题著名公式的回应，他认为贝叶斯执笔描述了条件概率，而后表示即使没有充分理解基本的过程，也可以从数据中得出推论。[6]

主观概率

到19世纪末20世纪初，罗纳德·费希尔、耶日·内曼和威廉·戈塞等杰出的统计学家极大地发展了概率论数学，使人们对其有了更深的理解和掌握，因此，扩大概率论数学的应用范围已经势不可当。于是一些人试图用概率推理来分析一些独特事件，比如分析肯塔基德比赛马会的结果，这并不是任何平稳过程的结果；一些人会利用概率推理来应对广泛的不确定性，例如高盛的风险敞口。要在概率游戏以外的领域大范围应用贝叶斯推理，这些尝试的确是必要的。

如果我认为多宾很有可能赢得肯塔基德比赛马会，我可以说我认为它第一个跑过终点柱的概率为90%。这句话是什么意思？一种解释是，如果在相同的天气和赛道条件下，完全相同的参赛者和赛马进行100次比赛，那么多宾将赢得90次比赛。但是在任何一年中，赛马会都只举办一次，在之前或之后的比赛中，会有不同的参赛者和赛马、不同的赛道条件与不同的观众。因此，"多宾获胜的概率为90%"这句话并不是一个关于概率的推断，认定多宾将赢得90%的比赛，而是表明说话者相信多宾的竞争力很强。

在白宫会议上，当中央情报局代表约翰说"那栋建筑物里的男人是本·拉登的概率为95%"时，他并不是说100次类似情况中95次都能在建筑物里找到本·拉登。当人们谈到一个尚未完全理解的历史事件时，可能会说"我90%确信是小行星撞击尤卡坦半岛事件造成了恐龙灭绝"，这并不是说在100次恐龙灭绝的情况中，90次都是因为小行星撞击了墨西哥湾的尤卡坦半岛，而是表明说话者对自己的观点很自信。以上这些基于自信或信念的断言在今天被称为主观陈述或个人概率陈述。在本书中，我们将统一采用"主观概率"这个词。"主观"或"个人"这两个词都说明这些评价并不客观，而是一种个人判断，并且不同的人可能在不同的时间对发生在过去、现在或将来的同一事件赋予不同的概率。

主观概率的胜利

正如我们在第1章中所描述的那样，凯恩斯和奈特强调了极端不确定性的重要性，并否认概率可以应用在轮盘赌、对死亡以及天气情况的观察等已知或可知的频率分布范围之外。尽管二人都是极端不确定性的支持者和主观概率应用的反对者，但他们的性格对比十分鲜明。[7]凯恩斯是英国上层中产阶级的自由派接班人，在哲学和文学中游走自如。奈特毕业于美国田纳西州的一所小型基督教会学院，之后进入州立大学攻读硕士学位，接着在康奈尔大学获得博士学位，最后在艾奥瓦州任教。由于政治上的保守，他于1927年移居芝加哥大学。奈特经常被描述为芝加哥学派的创始人，该学派的关注点为个人理性选择和自由市场。

然而在当时，有一个与他们地位相当的人却持相反的观点。他就是弗兰克·拉姆齐，他是哲学家、数学家，也是凯恩斯在剑桥大学国王学院的朋友和同事，曾为经济理论做出过许多贡献。[8]拉姆齐26岁时因术后并发症去世，他辉煌的职业生涯也于此中断。尽管主观概率这一概念已经隐性地存在了很多年，但拉姆齐是第一个以更正式的方式提出"主观概率"这一名词的人。[9]他进一步提出，用于分析基于频率的概率的数学方法也适用于主观概率。意大利统计学家布鲁诺·德菲内蒂也进行了类似的分析，他将关于概率的学术研究与个人对法西斯主义的支持怪异地联系在了一起。[10]

在那场关于不确定性本质的论战中，拉姆齐和德菲内蒂取胜，而凯恩斯和奈特落败。结果导致极端不确定性的概念几乎从经济学主流中消失了半个多世纪。[11]主观概率和相关的数学方法的使用似乎使极端不确定性的奥秘变成了可计算出解的难题。也就是在芝加哥大学，人们才能最热烈地庆祝主观概率击败极端不确定性的伟大胜利。

许多伟大的经济学家为创建芝加哥学派做出了贡献，但最广为人知的还是米尔顿·弗里德曼，他是一名经济学教授，是20世纪最具影响力的经济学家之一。弗里德曼的《价格理论》可以被视为芝加哥学派教义的入门书籍。他在其中写道：

> 富兰克·奈特在其著作中对风险和不确定性做出了明显区分，风险是指受已知或可知概率分布影响的事件，而不确定性是指无法被赋予数字概率的事件。我没有提到这种区别，因为我认为这是不正确的……我们可以假设人们为每起可能发生的事件都赋予了数字概率。[12]

弗里德曼的追随者至少在这方面远离了奈特的思想。他们甚至解释说，这位受人尊敬的学派创始人说的话不可能是这个意思。在1987年发表在芝加哥学派内刊《政治经济学杂志》上的一篇文章中，斯蒂芬·勒罗伊和拉里·辛格尔说道："对于奈特的风险与不确定性的经典区别，大家普遍认同的解释是这取决于人们是否有主观概率，但这其实是对奈特的误读。恰恰相反，奈特与当代的观点一样，认为可以假设人们一直运用主观概率去采取行动。"[13] 但考虑到奈特对不确定性和企业家精神的描述，这一论断是不可接受的。勒罗伊和辛格尔称："否认主观概率的存在就是否认人们能够在买彩票时做出前后一致的选择。"[14] 但这正是凯恩斯和奈特所反对的。我们现在将看到他们的充分理由。

双子塔受到攻击的概率

"我们可以假设人们为每起可能发生的事件都赋予了数字概率。"那么，恐怖分子在 2001 年 9 月 11 日驾驶客机撞向世界贸易中心的概率是多少？纳特·西尔弗是美国著名政治专家，也是主观概率和贝叶斯推理的拥护者，他曾试图回答这个问题。根据西尔弗的说法，"我们 11 日早上醒来时，大多数人认为恐怖分子驾驶客机撞向曼哈顿建筑的概率几乎为零……假设在第一架飞机撞上之前，我们估计在曼哈顿的高层建筑中发生恐怖袭击的概率仅为 1/20 000"[15]。但是，这个数字能回答什么问题呢？是那天早上发生恐怖袭击的概率吗？还是那一整天？那一年？抑或是任何时候？这些问题的答案应该有很大的不同，9 月 11 日上午发生恐怖袭击的概率一定远低于某个时刻有人企图进行这种袭击的概率。我们是在估计"恐怖分子驾驶飞机撞向曼哈顿建筑的概率"还是"恐怖分子袭击任何高层建筑的概率"呢？有很多种不用飞机也能对高层建筑进行恐怖袭击的方式，例如 1993 年北塔地下室遭受炸弹袭击。所以，如果没有明确的问题，就不可能有对于概率问题的一贯回答，即使回答了，答案也没有意义。

西尔弗继续指出一架飞机意外撞到世界贸易中心的概率，他断言"这个概率实际上可以凭经验估算"，并将这个概率值定为 1/12 500。他指出 2001 年之前发生了两次飞机与曼哈顿大楼撞击事故，分别在 1945 年和 1946 年。因此，1946—2001 年，大约有 25 000 天没有飞机坠落到曼哈顿摩天大楼。在此期间，飞机的起降架次有了几个数量级的增长，不过空中交通管制已全面升级了。尽管我们了解西尔弗的计算公式，但我们并不知道他如何能从引用的数据中得出任一特定日期发生此类事故的概率为 1/12 500。西尔弗用的是 2（1945 年至 2001 年 9 月 10 日涉及曼哈顿高层建筑的空难事件数）除以 25 000（1946 年至 2001 年 9 月 10 日之间的天数）。[16]

二孩性别谜题

在没有其他任何信息的情况下，孩子是男孩或女孩的概率差不多相等。因此，在这种情况下，史密斯夫妇的第一个孩子是男孩的概率为 1/2，是女孩的概率也一样。而且，在这一情况下，第二个孩子是男孩或女孩的概率也各为 1/2。这些判断并非基于无差别原则，而是生物学研究的发现，并已经被观察到的频率证实。在现代发达经济体中，二孩家庭非常普遍，而两个孩子性别顺序为男男、女女、男女和女男的频率也差不多一样。这是生物学问题，家庭中孩子的性别或多或少呈独立性，这也是观察得出的结果。

男孩和女孩的出生人数大致相等。尽管英国和法国每年的新生儿人数差不多（约 70 万），但二孩家庭中第一个孩子是英国人，第二个孩子是法国人的概率比较低，远低于两个孩子都是英国人或都是法国人的概率。英英和法法很常见，法英和英法则比较少见。这显然说明了为什么如果不理解生成数据的过程，谈论概率总是很危险，许多人也从全球金融危机中惊讶地发现了这一点。

现在假设你得知史密斯夫妇有两个孩子，并且其中一个是女孩，那么另一个孩子也是女孩的概率为多少？这个问题似乎最早是由美国著名数学科普作家马丁·加德纳于 1959 年提出的，并且一直没有发布解法，作为一个作者，这样做可不太地道。[17]维基百科上有这个问题的词条，其中提到几乎每个做出解释的人都坚信他们的答案是正确的。

按照出生顺序，一共有四种序列，概率相同：男男、女女、男女和女男。如果其中一个孩子是女孩，就要排除男男序列。其他三种序列的概率保持相等。在剩余三种序列中，这个女孩有姐妹的情况只有一个（女女）。因此，其概率为1/3。这似乎能令人信服。

但我们也可以用另一种方式看待这个问题。假设你对第一个孩子的性别一无所知，这样就很容易推断出另一个孩子是女孩的概率为1/2。但是，由于第一个孩子同样有可能是男孩或女孩，并且第二个孩子的性别与第一个孩子无关，因此，知道两个孩子中一个是女孩对你推断出另一个也是女孩的概率并没有任何帮助。因此，另一个孩子是女孩的概率为1/2。这种说法似乎也很有说服力。

但是，最多只有一个命题是对的。那么女孩有一个姐妹的概率是1/2还是1/3呢？答案可能恰恰取决于你是如何得知其中一个孩子是女孩的。如果不知道相关信息，就无法充分定义问题。你邀请新邻居史密斯一家来喝茶，他们说将带来两个孩子，第一个跑过来的是女孩。在没有其他信息的情况下，可以合理地假设这一观察结果不会告诉我们第二个孩子的性别信息，就像第一胎的性别对第二胎的性别没有任何影响一样。因此，女孩有一个姐妹的概率还是1/2。

但是，假设你在招募童子军或女童军，你要参加一个女童军的集会，并邀请那些只有一个兄弟姐妹的女孩，如果该兄弟姐妹是女孩，就邀请其加入女童军。这些女孩有一个姐妹可供招募的概率是多少？现在，你只查看有至少一个女孩的二孩家庭，这不包括任何有两个男孩的家庭。在没有其他信息的情况下，有一个姐妹可供招募的概率为1/3。但问题还是没得到完全说明。有两个女孩的家庭可能占比重较大。让我们想一想，女孩们加入集会是为了躲避兄弟或姐妹，还是因为她们听到了同胞积极的评价？这两种情况会相互抵消吗？也许会，也许不会，我们根本不知道。而且，如果你在某个意料之外的场合遇到了孩子怎么办？这可

极端不确定性　　062

能类似于先看到第一个孩子的情况,也可能不类似。也许父亲更有可能带儿子参加足球比赛,母亲更有可能带女儿购物,但也有可能不是。在极端不确定的条件下,主观概率必然会受琐碎信息和问题描述细节的影响,因此,推断出主观概率或者采取相应行动几乎是没有意义的。

不必永远都在挥棒击球

勒罗伊和辛格尔写道:"否认主观概率的存在就是否认人们能够在买彩票时做出前后一致的选择。"自从主观概率被首次采用以来,有一种观点就时不时地冒出来,那就是观察者可以通过向人们展示不同的下注机会来推断主观概率。菲利普·斯梅茨创造了"博弈概率"(pignistic probability)一词,用来描述从观察到的下注行为中推断出主观概率的过程。[18] 该词源自拉丁语"pignus",意思是赌注。如果我说"我认为多宾赢得肯塔基德比赛马会的概率为 90%",那就意味着:如果概率高于 90%,我就押注多宾会赢;如果概率低于 90%,我就押注多宾不会赢。有些读者听到一个相信多宾会赢的人竟然押相反的注,不禁感到十分吃惊,而更令他们感到沮丧的是,这个人竟然还说拒绝押反注是不合理的。这表明许多人不能自然地看待主观概率,而且"合理性"的含义也受到了质疑。[19]

肯塔基德比赛马会是美国最著名的赛马比赛,每年夏天在路易斯维尔市附近的丘吉尔园马场举行,有 20 支队伍参加。2019 年 2 月,米尔顿·弗里德曼的一位追随者找到我们,他一直寻求为每一起可能事件赋予主观概率。他问道:"多宾今年赢得肯塔基德比赛马会的概率是多少?"当我们表示不想回应时,他却变得更加坚持。你会下 5 倍赌注赌多宾获胜吗?我们表示不会,于是他加到 50 倍。我们接受了这个数值,但是他又往下降了一些,所以我们一直讨论,直到最后他将数值确定为 20 倍。对于这个数值我们其实不太关心,接不接受都可以。基于这个数值,他使用了博弈的方法来推断我们认为多宾获胜的主观概率为 4.7%。[20]

我们和他都不知道全部的参赛队伍，但是他讨论了一些其他的可能性。比如他问道：你们愿意下 100 倍赌注赌赫尔克里士（另外一匹非常厉害的赛马）赢吗？我们一直持续这样的讨论，直到他确定我们对每匹可能参赛的赛马的主观概率。于是，他用电子表格统计出所有的主观概率，并进行相加。和我们想的一样，总和正好为 1。

拉姆齐和德菲内蒂如果还在世的话，应该会为我们感到骄傲，或者至少松了一口气。拉姆齐战胜凯恩斯的论点是，如果下注的时候没有给所有不确定事件一一赋予一致的主观概率，那么最后肯定会赔。[21] 如果我们对多宾、赫尔克里士和所有其他赛马获胜的主观概率之和小于 1 或大于 1，这位弗里德曼的追随者就可以从我们这里赚到钱。如果总和小于 1，他就可以对每一匹赛马下注，并且肯定能赢回赌注；如果总和大于 1，他就可以接受我们对所有赛马获胜的赌注，肯定也会再次获利。但是，由于它们加起来恰好等于 1，他只能祝贺我们理性地保证了所有主观概率的一致性。

当然，这种情况实际上并没有在现实中发生。就像我们认识的大多数人一样，我们会早在询问者编辑电子表格之前就请他离开了。这个思想实验并没有显示出在面对不确定性时拉姆齐的理性行为这一概念的力量，而是揭示了，认为人们给每起可能事件都赋予概率这一想法是多么荒谬。当自己持有的信息并不完善且可能与他人持有的信息不对称时，理性人会拒绝下注。帕斯卡可能正确地注意到，如果事件是上帝的存在时，根本没有下注这个选项。不过是否要投注肯塔基德比赛马会还是可以选择的。我们不了解将要参赛的赛马的名字、相关信息以及它们的状态，也没有进一步跟进此事的兴趣。我们的主观概率之和等于 1 是极不可能的，因为我们没有合理的依据来推算概率，而我们也压根没打算去寻找这种依据。

"我下 2 倍赌注赌史密斯夫妇的两个孩子都是女孩。""不，你下 5 倍注我就跟你玩。""你是一个赌徒，丘吉尔先生。"实际上，丘吉尔经常玩概率游戏，但是总不太成功。"我押 1 英镑赌德国会胜。"丘吉尔不太可能优雅地回应这个赌注。如果我们打开一本有关史密斯家族的书，就不会期待有什么下注的人。因为这类下注并不属于正常情况，除非是用来开玩笑。

这类下注不属于正常情况或是让人难以接受的原因之一就是它被用在了金融市场的分析中。愿意接受此类下注的人很可能拥有与我们不同的且更全面的信息，在日常生活中，我们认为他们利用这一优势谋取经济利益是可耻的。但如果下注者相信自己了解的信息比实际要多，或者对自己的判断盲目自信，那么他们就太傻了。即便是美国电影《红男绿女》里的老赌徒斯凯·马斯特森和内森·底特律也拒绝胡乱押注蛋糕销量和内森领带的颜色。正如斯凯的父亲曾警告过他的那样，如果你在信息不对称的情况下押注，"最后只会被喷一脸苹果酒（指输了）"。[22]

当我们超车、坐飞机或通过吃药来控制新陈代谢时，我们就是在拿生命赌博。但是，我们并没有借助主观概率的某种一致的底层结构来做出这些选择，这可以通过各种各样的赌注来说明。家庭和企业为我们构建了观察或做决策的环境，以此来应对极端不确定性。家庭成员将他们对史密斯家族的了解结合在一起，政治家和历史学家把他们对二战演变的观点结合在一起。在对自己创建的环境有足够的信心之前，他们不会采取行动。他们可没有贝叶斯表盘的帮助。

如果许多经验丰富且见多识广的观察员对"那栋建筑物里的人是不是本·拉登"这个问题给出截然不同的回答，那么没有其他具体信息的老实人会回答"我不知道"。我们从未听过有人说"史密斯夫妇的两个孩子都是男孩的概率为60%"，也从没这样想过。但是，我们经常听到人们说"我认为他们的孩子是女孩"或"我不知道他们的孩子是男孩还是女孩"之类的话。如果这个问题很重要，那么我们通常可以采用一种简单的办法，即开展进一步的调查。如果出于某种原因不能展开调查，并且答案仍然很重要的话，就只能选择对两种可能性都适用的办法。如果明天我们必须招待孩子，我们就准备男孩和女孩都能玩的玩具或都感兴趣的视频。

观察人们如何赌博能帮助我们洞察在不确定情况下的理性行为，这一观点多少有点奇怪。毕竟，赌注登记人和赌场一直都从客户身上赚钱。大多数人只是花点小钱找个乐子才偶尔下个注。他们去赛马场玩一下午，在乡村宴会上参加抽奖活动，也会梦想着自己能赢得英国国家彩票。谨慎的投资者只会买卖一小部分可用证券，因为他们觉得自己没有充分了解该领域大多数证券的特征，因此无法好好观察，这个理由倒是合理。聪明的投资者进行买卖时会思考本杰明·格雷厄姆提出的价格与价值评估之间的"安全边际"。[23] 格雷厄姆是一位出生于英国的美国投资人，他的著作使基于长期基本价值的投资策略远近闻名。其追随者沃伦·巴菲特是有史以来最成功的投资者，他风趣地说道："我认为投资是世界上最棒的生意……因为你不必永远都在挥棒击球。你站在场上，投手向你投来了47元的'通用汽车'！又投来了39元的'美国钢铁'！没有人要求你挥棒击球。如果不出手，除了会丧失机会，你不会受到任何惩罚。你可以一直等待你中意的投球，当防守球员都已经等得睡着时，你可以一个箭步冲上去，击中目标。"[24]

这也是为什么当巴菲特被问到如何回应投行进行的企业拍卖时，他以乔治·琼斯的一句歌词作为答复："如果你的电话没响，那是我。"[25] 如果"我们可以假设人们为每起可能发生的事件都赋予了数字概率"，并且这些概率构成了他们经济决策的基础，那么你确实得"挥棒击球"，人们的确会选一边下注。但如果预测说这是人们的日常行为，那就大错特错了，一个谨慎的人根本连想都不会这样想。

有那么一小部分职业赌徒获得了成功，那是因为他们观察到了不规则的现象，或者特别仔细地研究了概率游戏的整个过程，比如爱德华·索普和里茨赌场的常客们，赌场的管理者们非常希望能快点找出这些专业选手并把他们赶出去。然而大多数赌徒很可悲，有些嗜赌成性，有些则一直对自己的技能抱有妄想，痛苦不堪。如果要求实验对象使用这些博弈方法去推算出主观概率，因为他们一边受着来自教授的压力，一边想着好好配合之后能得到的微小经济补偿，最后可能会答应。但是，因面对愚蠢要求所表现出来的礼貌并不能让我们相信这样的实验得出的数字会是一套一致的主观概率。我们将在第 7 章中看到,实证表明它们的确不是。

一旦人们认识到大多数人不会随便下注,也不愿意就任何赌注选一边支持,拉姆齐反对凯恩斯的论点就失败了。在一个极端不确定的世界中,大多数人不买彩票,而且有很充分的理由不去赌场。他们不会将自己的命运和扑克牌的掉落、骰子的投掷或旋转中的轮盘赌挂上钩。他们回避随机性,也不愿在不了解的情况下做出承诺,尤其是在有其他人更了解情况的时候。精明的商人会意识到极端不确定性的重要之处。当然,有人会就任何事情打赌,但这只是凸显了他们的怪异而非理性。恩里科·费米是一位杰出的物理学家,他的工作对曼哈顿计划来说至关重要。据传,他读过一本书,这本书探索的是 1945 年 7 月在沙漠中进行的试验爆炸是否会点燃大气层,如果点燃的话,是仅仅会摧毁新墨西哥州还是会摧毁整个地球。这可不是诺贝尔物理学奖得主的高光时刻。[26]

第 6 章　有误导性的模糊与歧义

> 胖墩儿带着几分轻蔑的语气说:"我要用一个词的时候,
> 我让它是什么意思它就是什么意思——不多也不少。"
> ——刘易斯·卡罗尔《爱丽丝镜中世界奇遇记》(1871 年)[1]

高尔夫球是一项风靡全球的运动。2019 年,新高尔夫球规则手册出台,旨在简化规则,加快比赛节奏。[2] 其中有几条新规定要求某一件事是"基本确定"的。例如,"只有在已知或基本确定(即至少有 95% 把握)的情况下,球员才会被认定导致了球的移动"。这个数字是什么意思?规则手册中提到"基本确定的意思是……所有可获得的合理信息表明,该事件发生的可能性至少有 95%"。这个解释没有提供任何新信息。BBC(英国广播公司)高尔夫球记者评论道:"这是 100% 的主观。"[3] 球员要么动了球,要么没有。

皇家古典高尔夫俱乐部落入了一个常见的现代伪量化陷阱。上述规则的制定者认为，给判断加上一个数字，就能让判断拥有客观性和科学精确性，这是定性评价做不到的。芝加哥学派的富兰克·奈特对极端不确定性有深刻见解，他对此有不同的观点。

开尔文勋爵的一段话常被人引用[4]……在你无法用数字衡量的领域，你的知识是极度匮乏的。就好比心理学和社会科学，这些学科是具有误导性的，并不像物理等学科。心理学和社会科学只能通过伪造来成为那样的学科。坚持具体定量的经济学意味着我们要把物理量运用于经济学，但事实上，经济学数据都是不确定、不可信的……在经济学领域，开尔文的至理名言的意思很有可能就是，在实践中，如果你不知道如何衡量，那么想怎么衡量就怎么衡量！[5]

虽然在话中未有提及，但奈特不可能没注意到，开尔文勋爵的这句名言已经被刻在了芝加哥大学社会科学学院的大楼上。

上文提到的高尔夫球新规则混淆了两个概念：一是裁判对自己判断的信心，二是判断正确的可能性。这套规则将结果描述成了概率。关于不确定性的讨论涉及几个不同的概念：频率——我相信抛一枚硬币，其正面朝下的概率是50%，因为理论和反复的观察均支持这一说法；信心——我非常肯定小行星撞击尤卡坦半岛事件导致了恐龙的灭绝，因为我已经查阅了相关证据和权威人士的观点；可能性——詹姆斯·乔伊斯和列宁不太可能相遇，因为他们一个是爱尔兰小说家，另一个是俄国革命家。从我对世界的了解来看，尤其是在全世界精英齐聚达沃斯论坛之前，国籍、背景和志向迥然不同的两个人是不大可能相遇的。

在从平稳分布得出的频率范围内，概率具有明确且客观的意义。当人们表示对自己判断的信心时，经常会用概率，但是他们所提供的数字与费马和帕斯卡确定的频率派概率有何关系还暂不清楚。当有人问你乔伊斯是否见过列宁时，使用数字概率是毫无意义的。

第二部分　概率的诱惑

哈里斯堡还是费城

费城是宾夕法尼亚州的首府吗？圣安东尼奥和圣迭戈这两个城市哪个人口更多？在最近的一次调查中，约 2/3 的受访者认为费城的确是宾夕法尼亚的首府[6]，这些人中的 2/3 对自己的答案十分自信。那些认为费城不是宾夕法尼亚州首府的少数派也同样自信——他们中也有 2/3 的人确信自己是对的。

然而，在答"是"的组和答"不是"的组之间有两个显著不同。第一个不同是，那些认为费城是州首府的人相信大多数人会同意他们的观点，而持不同意见的人却并不期待其他人与他们看法相同。第二个不同是，那些答"不是"的人是正确的，答"是"的人错了。费城虽然是宾夕法尼亚州的最大城市和经济中心，但该州首府是哈里斯堡。可能很多答"不是"的人都知道这一点，或者至少有理由相信，那个"显而易见"的答案是错的。同样的一批受访者，当被问及哥伦比亚是不是南卡罗来纳州的首府时，又有 2/3 的人回答"是"。然而，这次答"是"和答"不是"的人都没第一次那么自信了，但答"是"的人还是更倾向于认为其他人会同意他们的观点。

更严重的是，在同一个调查中，当皮肤科医生被要求评估病变是恶性还是良性时，约有 2/3 的人的回答是正确的。但是，以皮肤科医生的自信程度来为其评估意见加权，并不能提高评估的准确性。那些认为同事会给出不同意见的医生，更有可能做出正确诊断。一些人反对"显而易见"的答案，是因为他们了解得更多、考虑得更多，但也有可能他们只是犯了个错误。

圣安东尼奥的人口比圣迭戈更多吗？（是的，得克萨斯州大约有 150 万人口，而加利福尼亚州只有 140 万人口）。当被要求在几对美国城市中选择哪个更大时，美国学生和德国学生的表现几乎没有差别（一般我们都会假设德国学生对美国地理了解得更少）。把美国城市换成德国城市，结果也一样。[7] 太小的信息量对答案正确率影响甚微，甚至会降低正确率。

在这些实验中，面对诸如"南卡罗来纳州的首府是哪个城市"或者"圣迭戈比圣安东尼奥大吗"这样的问题，受访者不允许给出一个对他们中大多数人来说最合适的答案，也就是"我不知道，如果有必要我会去查一下"。当然，这种问题的答案并不重要。但是，对皮肤科医生的患者来说，他们的病变是恶性的还是良性的就非常重要了，无论临时判断是什么，一个称职的医生都会对任何可疑的病变进行活检，以便做出确定的判断。当额外的数据很容易获取时，聪明人不会对他们所不了解的事做出重大决定。任何酒吧间的谈话，或总统的推特，都会提醒你，表达一个主张的自信程度与该主张为真的概率是不一样的。

因此，概率和信心是有区别的。我对"巴黎是法国的首都"比对"多宾会赢得肯塔基德比赛马会"更有信心，但如果说我对前者的信心多50%，又意味着什么？而且，在日常用语中，可能性还意味着一些不同的东西。乔伊斯和列宁不太可能相遇，但1917年两人在苏黎世现身是英国剧作家汤姆·斯托帕德的戏剧《戏谑》的核心内容（乔伊斯在中立国瑞士的避难所里写下《尤利西斯》时，列宁正在等待开往芬兰车站的火车）。也许这些信息把贝叶斯表盘上的读数从百万分之一变成了1‰；也许乔伊斯和列宁曾在同一个报刊亭驻足，这样的话，表盘上的读数可能会变成1%。但是乔伊斯烟瘾很重，而列宁讨厌抽烟——表盘上的指针又开始转动了。

但这样做很荒谬。这些数字是任意的——为什么概率不是1/123 456或者1/1 387呢？所以这些数字毫无意义。"费城是宾夕法尼亚州首府的概率是70%"这一说法是荒谬的。费城要么是宾夕法尼亚州的首府，要么不是，正确答案是一个可以确定的事实。但是，不太了解美国政治和地理的人可能会合理地认为并表达，"费城很可能是宾夕法尼亚的首府"，这是采用了"一个国家的首都或一个地区的首府通常是其主要城市"这样的一般规律。巴黎是法国的首都，慕尼黑是巴伐利亚州的首府，波士顿是马萨诸塞州的首府，但是纽约这样的大城市甚至不是纽约州的首府，更不用说是美国的首都了。我们对世界的了解会使我们认为列宁更有可能遇到罗莎·卢森堡（德国 1918 年共产主义革命的领导人），而不是遇到詹姆斯·乔伊斯（如果你感兴趣的话，1908 年在柏林，列宁和他的妻子换乘火车时确实遇到了罗莎·卢森堡）。[8] 费城不是宾夕法尼亚州的首府，任何对这一问题的答案开出赌注的人都是无赖（任何接受这样赌注的人都是傻瓜）。你最终只会输得彻头彻尾。

"琳达问题"是行为经济学中最常被报道的实验之一。丹尼尔·卡尼曼在他的畅销书《思考，快与慢》中这样描述道："琳达 31 岁，单身，直来直去，非常聪明，主修哲学。作为一名学生，她非常关注歧视和社会正义问题，并参加了反核示威活动。下列哪一种表述的可能性更大？'琳达是一名银行出纳员'还是'琳达是一名银行出纳员，并积极参与女权运动'？"[9]

最常见的答案（来自几所重点大学中 85%~90% 的本科生）[10]是，琳达更有可能是一名支持女权主义的银行出纳员。从概率角度而言，这个答案是错的，因为事件 A 和事件 B 同时发生的概率不可能超过事件 A 单独发生的概率。由于一些银行出纳员不是女权主义者，所以女权主义的银行出纳员出现的概率必然比银行出纳员要低。但是，令卡尼曼和他的同事惊讶的是，许多人仍坚持认为第二种描述更有可能，即使是在他们的"错误"被指出之后。我们的经验是，即便是拥有应用概率专业背景的精算师也会这样选择。他们不承认他们所谓的"非理性"。

究竟发生了什么？受试者没有被问及概率，而是可能性，他们回答的是卡尼曼提出的考题，而不是卡尼曼自认为向他们提的问题。当我们问乔伊斯是否有可能遇到列宁或者费城是不是宾夕法尼亚的首府时，他们不会用概率来推理，而是根据他们广泛的背景知识来解读这个问题，这是斯凯·马斯特森的父亲传授给他的经验，卡尼曼的受访者也深谙此道。人们不会从频率的角度来思考琳达问题，也不会把它当作概率推理的练习，他们认为对琳达的描述是一件真人真事，而且认为在这段传记式语言中只把琳达描述为一个银行收纳员，再无其他信息，不怎么令人满意。在现实生活中，面对这样的叙述，人们会寻求进一步的解释，以解决这样明显的不一致。他们不愿意相信所提供的信息，更不会采取相应的行动。在后面的章节中，我们将会描述在处理不确定性时叙述和背景推理的重要作用。

《伽卜沃奇》[①]

刘易斯·卡罗尔的《爱丽丝镜中世界奇遇记》中，有一篇名为《伽卜沃奇》的诗，诗中第一行就提出了概率的难题。

> 布里列格时分，黏柔的三不像怪兽
> 围着日暑草坪转悠钻地洞：
> 蓬头垢面的高脚鸟脆弱、发抖，
> 绿猪迷路，又吼叫又吹哨又打喷嚏。[11]

三不像怪兽在夜间活动的概率是多少？它们是哺乳动物的概率是多少？对于这些有关其天性和习性的问题，只有一个合理的答案，那就是"我不知道"。任何富有想象力的读者在读完这首诗后，都会有自己的解读，这也是一个多世纪以来它一直受欢迎的原因，但是它通常被认为是一首无意义的诗。即便这些单词很难让人理解，但它们并不只是随机排列的字母。事实上，有人说，它们是卡罗尔童年时代的一种私人语言。[12]

我们预计，较真的同事会因我们竟从《爱丽丝梦游仙境》这样经久不衰的儿童读物中汲取社会科学方法论的经验教训而责备我们。[13]对此，我们是不同意的。卡罗尔创造了一个简单的、独立的、与现实相似却又更滑稽夸张的世界，在此过程中，卡罗尔进行了一次与最近的经济模型发展非常相似的实践。来自芝加哥的"现代宏观经济学之父"罗伯特·卢卡斯阐述了他认为自己和同事们所从事的工作。

[①] 伽卜沃奇，是《爱丽丝梦游仙境》中的恶龙，在《爱丽丝镜中世界奇遇记》中有一首同名诗。——译者注

我们是讲故事的人，大部分时间在虚构的世界里运作。我们并不认为想象和思想是对现实的替代或逃避。相反，这是我们找到的认真思考现实的唯一途径。在某种程度上，这种方法不过是保持了一种信念，那就是想象力和想法很重要……没有其他东西可以替代。[14]

这个有明确规定的虚构世界的创造，与刘易斯·卡罗尔或是描述中土世界的托尔金（或者《权力的游戏》的现代制片人和计算机游戏《堡垒之夜》的制作者等）的做法十分相似。通过创造他们自己的语言和人物，卡罗尔和托尔金让读者相信，他们的模型与现实世界之间的任何关系都只能是一种类比。的确，孩子们不用建立任何这样的联系就能阅读这些书籍。但是卢卡斯和他的追随者们使用了"产出""通货膨胀""货币"等看起来在现实中有对应的词，而不是"三不像怪兽"和"高脚鸟"这样的词，由此他们模拟的世界和复杂的真实世界之间的区别似乎消失了，而他们的许多读者也被误导了。

数学滥用

人们常认为数学推理比语言推理更严格准确，因为语言推理常被认为易受模糊与歧义的影响，这种观点在经济学中非常普遍。芝加哥经济学家约翰·科克伦曾攻击诺贝尔经济学奖得主、《纽约时报》专栏作家保罗·克鲁格曼。科克伦写道："经济学中的数学可以保持逻辑清晰，以确保'那么'确实跟在'如果'的后面，但如果你只是写散文，通常就不是这样了。"[15] 但有一个难题在经济学中似乎比在自然科学中更为棘手，即把数学模型中记录和操作的变量与现实世界中可以识别和度量的事物联系起来。这是2018年诺贝尔经济学奖得主保罗·罗默提出的"数学滥用"的一个方面，应该也是主要方面。[16] 罗默指出，"特定投资技术冲击"和"工资上涨"等概念与"三不像怪兽"和"高脚鸟"等概念一样，不容易被观察到，也没有明确的定义。它们只存在于模型中，而模型和

《伽卜沃奇》这首诗的严谨程度是一样的,每个术语的含义都是作者定义的,论证的逻辑也是对这些定义的重复论述。

在《爱丽丝镜中世界奇遇记》中,爱丽丝明智地得出结论,如果她想了解自己的处境,就必须知道得更多,并且很幸运地得到了神谕。

"先生,你似乎很善于解释文字,"爱丽丝说,"你能告诉我《伽卜沃奇》这首诗的意思吗?"

"让我听听,"胖墩儿说,"我可以解释所有被创作出来的诗歌——很多还没有被创作出来的也可以。"

于是爱丽丝开始朗读。

"好了,这几句就足够我开始说的了,"胖墩儿插嘴说,"里面有许多难以理解的词汇。'布里列格'的意思是下午4点——你开始准备晚餐、烤东西的时候。"

"现在我明白了,"爱丽丝沉思着说道,"那什么是'三不像怪兽'呢?"

"嗯,'三不像怪兽'有点像獾,有点像蜥蜴,也有点像螺旋形开瓶器。"

"它们一定是非常奇怪的动物。"

"是的,"胖墩儿说,"它们还在日晷下筑巢,以奶酪为食。"[17]

如果爱丽丝陷入了个人概率的世界里,那么她就会参考人们对三不像怪兽习性的先验概率的评估,她的贝叶斯表盘就会根据胖墩儿的建议来回转动。如果"布里列格"指的是下午4点,那么三不像怪兽就不太可能是夜行动物了。胖墩儿的解释如何帮助爱丽丝判断三不像怪兽是不是哺乳动物还尚不清楚,事实上,他的描述令人难以置信,这让人对胖墩儿提供的所有信息的真实性产生了怀疑。我们知道,现在在经济学教授描述一个与任何现实世界都密切相关的模型的内在逻辑时,他们的许多学生都会产生类似的困惑。

不可避免的模糊

但并不是所有数学滥用的例子都像罗默的例子那样极端。例如，在许多宏观经济模型中，产出是一个变量，通常也是主要变量。一般来说，总产出在经验上对应的是 GDP（国内生产总值）。[18] 相比温度或速度，GDP 是一种非常不同的度量指标，温度或速度是可以通过适当工具观察到的经验事实，任何能力正常的观察者都会得出相同的答案。[19]

总产出实际上并不存在，统计学家所记录的总产出是以商品和服务的市场价格加权计算的多个单项商品和服务的产出之和。在计算过程中，一个明显的困难是，许多商品和服务根本不存在市场价格。警察和消防服务、国防以及地方道路都是免费提供给大多数人的，脸书、谷歌和 Spotify（音乐播放软件）等现代服务也是如此。在许多国家，健康和教育也不是通过市场提供的。从最早的国民收入核算开始，人们就认识到，金融服务是一个非常棘手的问题。

有史以来最大的季度增长之一，发生在 2008 年第四季度的英国金融部门，那正是政府出手救市的时候。[20] 此外，产出的构成每年都在变化，有时变化很大，这意味着人们相当关注的某经济体 GDP 增长率，是对一个按基准数量和价格计算的指数进一步计算的结果。[21]

各国央行都以通货膨胀指标作为目标，那么什么是通货膨胀？统计机构每月会计算购买"一篮子商品和服务"的成本。根据对家庭支出的调查，这个篮子代表了人均消费，但每个人所购买的东西都不一样，富人和穷人的消费模式与人均水平有很大的不同。[22] 每一年都必须对篮子进行调整，以反映当前的消费模式，有时甚至更频繁。以前篮子里没有智能手机，但现在有了。当然，篮子的调整总是会滞后于消费模式的变化。

货币是一个基本的经济学概念，但各国央行报告了许多不同的"货币供应量"量化指标，数学模型中的符号 M 就像很多大众读物中胡乱描述的"货币供应量"一样不准确。"货币"的具体含义要看时间和地点，在美国是美元，在欧洲是欧元。不久以前，货币还是黄金和白银。对加罗林群岛上的雅浦岛岛民来说，货币是雅浦岛石币，是一种很重的石灰岩石圈，中间还有个洞。还有些人认为像比特币和以太币这样的加密货币是"货币"。数字是经济分析的基础，但经济数据和经济模型描述的从来都不是"世界真实模样"，经济解释始终是社会背景或理论的产物。

表达不确定性

当我们想知道那栋建筑物里的人是不是本·拉登，"玛丽·赛勒斯特号"发生了什么事，史密斯夫妇的第二个孩子是不是女孩，又或者乔伊斯是不是遇到了列宁时，概率是没有用的。任何对概率的表达都需要对相关问题的了解，而由于这些问题在本质上就是不确定的，人们不可能对其有足够的了解。在这些情况下，用非概率的方法来描述不确定性的程度通常是合理的。因此，说"费城很可能是宾夕法尼亚州的首府"是合理的，尽管事实并非如此；同样地，说"这个证据比之前更可能证明那栋建筑物里的人是本·拉登"也是合理的，尽管在决定行动之后，我们也确认了那栋建筑物里的人是本·拉登；再如，说"当我知道费城、匹兹堡、哈里斯堡或其他城镇是宾夕法尼亚州的首府时，我不会感到惊讶，但如果听到旧金山是宾夕法尼亚州的首府，我会感到惊讶"也是合理的。"我不确定那栋建筑物里的人是不是本·拉登，但我确信他不是猫王"，"我几乎可以肯定，'玛丽·赛勒斯特号'上的船员没有被海怪吃掉"，这些都是合理的。

这些关于可能性、信心、惊讶和确定性的描述，在日常用语中经常与概率互换使用，但它们不是概率。它们给我们的排名，代表的是一种顺序，而不是一个数字尺度。在美国电影《十全十美》(*10*)中，达德利·摩尔艳遇宝黛丽，给了她一个第"11"的排名，这恰恰说明了男主角评价女性美的套路及其愚蠢武断的本质。男主角可以认为一个女人比另一个女人更可爱，但仅此而已。

模糊与歧义

许多实际问题的定义都不明确。信息需要放在获取信息的背景之下来解释。不同的人对同一问题可能会有不同的解释，即使是在非常简单的情况中，如二孩性别谜题。也许这给经济学家带来的最大困难是"预期"的含义。在一个不确定的世界里，家庭和企业的预期在明确经济产出方面起着关键作用，更不用说金融市场的参与者了。因此，"预期"是许多经济模型的核心。但预期到底是什么呢？该如何度量它？又是如何确定的？在第19章和第20章中，我们会讨论经济学对这些问题给出的不太令人满意的答案。

只有当语言中的词汇对说话者和听众具有相同的意义时，语言才是一种有用的交流手段。事物是否可以被理解，本身就是不确定的。"今天下午下雨的可能性有多大？"唯一合理的回答是"我不知道"——除非你是世界上说苏格兰盖尔语的极少数人之一，你才能回答今天下午很有可能会下雨。只有当你已经知道或相信相关信息时，一个问题才能被理解。

在二孩性别谜题中，人们就算已经了解事实，也可以对各种可能的情况继续争论，官方答案并没有让我们就此罢休。在蒙提·霍尔悖论中，你可以通过多次重复来验证"正确"答案，得出一个客观的常数概率，但二孩性别谜题不可能用类似的办法解决。任何数字估计的精确性都只是错觉。若得不到进一步的信息，对"史密斯夫妇的另一个孩子是女孩吗"这个问题，唯一令人满意的答案就是"我不知道"。当然，你可以随时询问史密斯先生或史密斯太太，你也可以问问琳达她在银行的职务是什么，对女权主义是不是感兴趣。

在描述世界的未来状态时，往往存在模糊或歧义。当一个概念无法满足"排中律"（即"要么是这样，要么不是这样"）时，这个概念就被认为是模糊的。今天要么是周六，要么不是。但我们不太确定天气是暖和还是不暖和。这种模糊并不一定是某种不严谨的草率推理。许多描述都是有用的，但在这个意义上，它们也必然是模糊的。"战争"或"衰退"是有用的概念，但它们在本质上是定义不清的，因为战争和非战争或衰退和非衰退，都是无法准确定义的。越南战争不是美国国会按照美国宪法所要求的方式宣布的战争（美国海军舰艇"马多克斯号"受袭后，美国通过《东京湾决议案》，授权总统使用武装力量抵抗侵略，但其实这次袭击可能从没发生过），但很少有人对这场战争是战争提出异议。[23]那么乌克兰和叙利亚的冲突是"战争"吗？

模糊可以通过准确的定义来减少或消除，但这种定义本身是武断的。世界银行将高收入经济体与低收入和中等收入经济体区分开[24]，但又会时不时地改变定义（在笔者撰写本书时，它指的是每年人均国民收入超过12 056美元），许多人会惊奇地发现，与挪威、瑞士和美国一样，巴巴多斯、波兰和塞舌尔是高收入经济体。虽然"歧义"一词经常被用来描述多种不确定性，但我们倾向于用它来描述语言层面的歧义。"bank"（河岸、银行）这个单词有不同的含义，这取决于上下文是在说钓鱼还是金融监管。亨利·基辛格的"世界上只有一个中国，台湾是中国的一部分"是一句十分高明的外交辞令，有些听众会自行解答。当圣亚大纳西的追赶者问他"叛徒亚大纳西在哪里"时，他给出了一个正确却带有误导性的答案："离这里不远。"

如果不是因为经济学中所用的词语有语言歧义，语言歧义在当下的语境中其实并不重要。"歧义"这个词本身就是有歧义的，"随机"这个词也是如此——它的意思取决于对随机选择的人群的精确说明，这就是为什么一个"随机选择"的孩子不一定是随机的。但是，无论是模糊还是歧义，如果对所讨论的世界的状况的和描述它的语言没有共同的理解，就不可能对主观概率进行理智的讨论。

模糊与歧义不仅体现在描述问题的词汇上，还体现在行动和结果之间的联系上。蒙提·霍尔悖论有一个明确的解决方案，一旦游戏的隐含规则和明确规则都被阐明，这一方案就可以被明确地识别出来（并因此可以通过计算机复制）。只要完成了足够多的棋局，计算机（或人类）就可以推断出国际象棋的规则。它之所以能做到这一点，是因为国际象棋的规则有精确的定义和客观的共识。计算机和人类也可以选择学习规则手册来完全了解所有规则。但奥巴马的问题没有类似的规则，它在本质上是不明确的。肯·奥尔森或史蒂夫·乔布斯面临的抉择也是如此，根本没有规则可循。

在人们想方设法逃避极端不确定性的背后，是一个信念，即相信科学真理真实存在，相信对"世界真实模样"的描述存在，人们相信随着新信息越来越多，科学真理就会被发现。数据可以帮助我们将一个初始或先验概率分布更新为一个新的"后验"概率分布。但先验分布的本质是主观的，因此后验分布也必须是主观的。正如杰出的美国计量经济学家爱德华·利默所强调的那样，"统计推断是一种观点，也必须永远如此"[25]。决定哪些信息与决策相关是一个观点问题——或者，我们更愿意称其为"判断"。

沟通不确定性

人们想知道明天天气如何，但天气是不确定的。现代天气预报员会说"明天下雨的概率是40%"，这有时候是有用的信息。但人们真正想知道的是，他们是应该带雨伞出门还是可以计划一次野餐。本书两位笔者的经验反复证明，很多人不愿意接受"根本不可能完全了解未来"这一事实。与其被告知"一方面……另一方面……"，他们更愿意咨询那些"知道"答案的江湖骗子，就算后续发生的事情与江湖骗子预测的不同，这些骗子照样有办法自圆其说。

气候系统是复杂的、非线性的。时速80英里的风的破坏力是时速40英里的风的两倍以上。并且结果对初始条件非常敏感，而这些条件是永远无法确切知道的。这些特性创造了一个混乱系统，对这个系统真正准确的预测是不可能有的：40%本质上是一个频率的表述，最好解释为"在40%的情况下，德高望重的气象学家会说，明天会下雨"[26]。天气预报是经验、信心和判断的产物。

但还存在一个问题。"明天会下雨"这一表述是"模糊的"，对气象学家来说，这意味着在天气预报所适用的相关地区，在相关时间段内，在某个时间点会有一些降水。英国气象局解释说："我们所说的'任何降水量'指的是至少 0.1 毫米，这是我们测量范围内的最小量。"[27] 但是，即便有人肯定地告诉你，明天英国某个地方会下雨（可能降雨量会小到你根本注意不到），也无法促使你决定明天是带雨伞还是取消女儿的婚礼。

如有必要（在本书中，我们经常会使用"如有必要"这个短语），你可以召集一群人，为举行你女儿婚礼的最佳方式提供建议——他们可能是婚礼策划师、天气预报员、你未来的亲家母。奥巴马在策划阿伯塔巴德的突袭时就召集了各领域的相关专家。紧张的新娘父亲甚至可以投保，以防一场倾盆大雨突然降临，但他无法消除不确定性。用概率来描述这场雨也解决不了他的问题。他可以保护自己免受不确定性的不利影响，并希望能享受因对未来的不完全了解而产生的意料之外的快乐。他希望婚礼能如期进行，事实上，他希望婚礼能比计划的更好。但是，深思熟虑的婚礼策划师依靠的是稳健和有韧性的适应策略，而不是预测。

天气和经济一样吗

与天气系统一样，经济和社会系统也是非线性的。因此，经济的演变就像天气一样，是很难预测的。预测经济必然比预测天气更难，因为构成天气系统的基础是平稳的，而构成经济系统的基础却不是。经济发展没有固定的运动规律。

天气预报很重要，因为农民和未来岳父的决定取决于他们对天气的预期。如果天气预报像现在这样准确，农民和其他人对天气的预期会与气象学家大致相同。经济预期会影响企业、家庭和政府的行为，但是经济主体对经济预测一点都不重视。因此，经济预期便不是一种"共识性的预测"（如果这种预测确实存在的话），我们也无法在此基础上开展工作。

我们需要做的是直接衡量预期，或是为预期形成的过程建模。

尽管经济预测的质量仍然十分低下，但对未来经济的规划还是很有必要的。企业必须为投资做决定。各国央行必须在当下为利率做决定，虽然影响只有在一段时间后才会显现。当下的决定必须基于对未来不同结果出现的可能性的判断。在过去，各国央行往往会尽可能少地透露其决策的理由——事实上，在1994年之前，美联储甚至不会公开任何决定。但是，在当今，沟通被赋予了极高的重要性，因为它不仅是关于决策的沟通，也是关于决策理由的沟通。金融市场的行为取决于人们对央行将如何应对未来事件的预期。这种沟通有多种形式，如决策机构的会议记录和成员发言，这些会创造出一种叙述，外界可以在此基础上解读关于利率的决策。

就像英国气象局一样，央行必须向那些渴望获得确定性但又无法获得的人传达无法避免的不确定性。英国央行采用了可视化手段，呈现其对消费物价年度通货膨胀率所做的决定将产生的影响的不确定性，它也是第一家这么做的央行。英国央行的货币政策委员会负责设定利率，以使通货膨胀率尽可能接近其每年2%的目标。英格国央行将某一特定利率水平下形成的通货膨胀趋势的不确定性绘成"扇形图"。

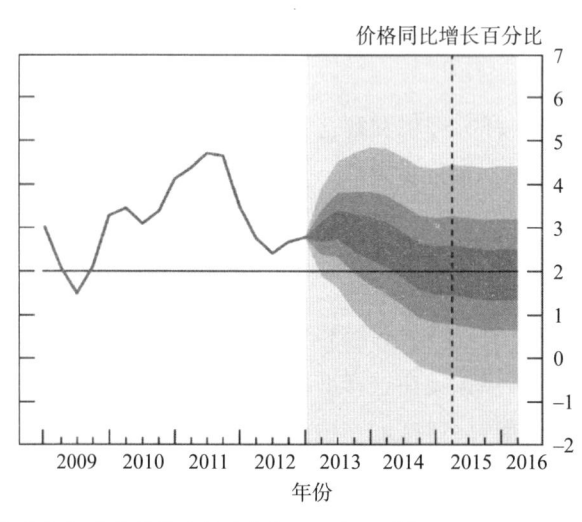

资料来源：英国央行《通货膨胀报告》（2013年5月）。

从频率的角度看，英国央行对扇形图的描述，与英国气象局对其自身表达概率的描述是类似的。

如果有100次与今天相同的经济环境，货币政策委员会的最佳集体判断是，在任一季度，通货膨胀情况将会有30次位于颜色最深的中央区间内。扇形图中除了颜色最深的中央区域，上下两侧还有若干个颜色逐渐变浅的区域，每一对浅色区域都覆盖了30次通货膨胀。因此，在预测期内的任一季度，100次通货膨胀将会有90次落在扇形区内。[28]

扇形图的目的是将人们的注意力从宏观经济预测中占主导地位的点预测（如"明年通货膨胀率将为2.3%"）转移到对不确定性的叙述上面。在金融危机期间，这个扇子被开得更大，以传达更大的不确定性，尽管央行没有准确量化出不确定性到底扩大了多少。扇形图中没有一条中心预测线，这是故意的——目的是让读者对不确定性的程度有一个直观的视觉印象。至少在最初阶段，金融媒体甚至电视都使用扇形图来强调未来经济事件的不确定性。如果把扇形图理解为用来讲故事的图片，而非对数字概率的陈述，那么扇形图就会是一种广泛受众传达不确定性的有用方式（正如各国央行所认为的那样）。

如今，概率被用于经济、科学和日常会话。但是，极端不确定性并不能被概率推理准确捕捉。正如凯恩斯所言："关于'概率'的含义，或是关于我们如何确定任何特定命题的概率，很难找到清楚的解释。然而，研究这个问题的论文却还是层出不穷，声称要得出最精确的复杂结果，展现最深刻的实际意义。"[29] 一个世纪后，凯恩斯一定会对有这么多这方面的论文感到震惊。

第 7 章　概率与最优选择

许多人直言，在面对概率的结果时，
不禁对其逻辑基础表示怀疑。
——**凯恩斯**[1]

在研究概率论的伊始，数学家们意识到，需要更具逻辑性的理论来指导人们何时该一掷千金，何时该按兵不动。期望值就是费马-帕斯卡系统解决点数分配问题时提出的概念。如果赌注是 100 个金路易，而公爵在赌博半途中断之时的获胜概率为 7/8，则他赢钱的期望值为 87.5 个金路易。在赌注所有可能结果的值和概率已知的情况下，它的期望值可以计算出来，这也是判断赌注是否吸引人的一个出发点。如果赢 200 美元和输 100 美元的机会相等，那么这个赌注的期望值就是 0.5×200 美元 + 0.5×(-100 美元)，即 50 美元。

期望值问题

你有两个信封可以选择，已知其中一个信封中的钱是另一个信封中的两倍。你选择了信封一，发现其中有 100 美元。现在你可以选择要不要打开信封二。你不知道自己打开的信封中的金额是大还是小，但由于一个信封中的钱是另一个信封中的两倍，你可以推断信封二中有 200 美元或 50 美元，因此交换信封后你有可能赚取 100 美元或损失 50 美元。根据无差别原则，每个结果出现的概率均等，这笔交易听起来就很划算——预期值为 25 美元。因此，你会愿意选择信封二。

但是，假设你最初选择的是信封二，里面有 50 美元或 200 美元。如果是 50 美元，那么交换之后你会赚取 50 美元或者损失 25 美元；如果是 200 美元，那么交换之后你会赚取 200 美元或者损失 100 美元。在这两种情况下，可能的收益都是可能的损失的两倍。所以，如果你一开始选择了信封二，现在就会想换成信封一。但是，这样下结论其实不妥。你最初的选择是随机的，不可能存在选择信封一就想换成信封二，选择信封二又想换成信封一的情况。但是，没人提出过清晰而简单的解释来说明为什么换信封是错的。其实这里存在一个隐含假设：不管信封中的金额是多少，换信封产生盈利或者亏损的机会均等。那么在现实生活中一定如此吗？是谁出钱，财务来源又是什么？即便已经充分描述了这个难题的规则，似乎还是无法合理地确定问题出现时的可能状态，因此无法合理地分配概率。

这样的问题也可以通过假设的方式来定义，并找到解决方案。例如，我们可以假设更大的金额出现在 1 美元和 100 万美元之间的概率相同，但这样的假设除了数学方便外毫无意义：可能出现的结果不会有限制范围，所有结果出现的可能性也不一定相等。到底换不换？我们实在无法确定。两个信封问题很好地诠释了在无法完全了解可能出现的结果时，即极端不确定性下，想要应用概率推理有多么困难。

此外，决策者不关注期望值可能还有别的理由。保罗·萨缪尔森曾经给他的同事下赌注，他有50%的机会赚取200美元，同时也有50%的机会损失100美元，问他赌不赌。同事说他不赌，但如果重复100次的话可以考虑。从期望值的角度来看，他的同事不该拒绝，因为这个赌注的期望值为50美元。

萨缪尔森同事的回答其实很容易理解。[2] 单次下注有50%的可能性损失100美元，我们不知道这对下注的人而言是否算得上一笔大数目，不过我们推测即便输了也不太可能让他一家连晚餐都吃不上。重复下注则可能会输1万美元（100美元×100），大多数人肯定会后悔。但是，这样的结果不太可能发生——此时标准差将近25。下注100次时的期望值是5 000美元，而输钱的概率小于1%。单次下注和重复下注是完全不同的命题：前者将大概率造成即时损失，但损失可控；后者会大概率带来获利，损失概率很小，造成重大亏损的概率更是极小。拒绝一种赌注而接受另一种，这样做真的很不理性吗？事实上，判断面对风险的态度理性与否，不应看其是否符合任意一套公理。损失的概率极小并不等于没有风险或损失，获胜的概率很大也不等于一定获胜。人们对此类赌注的态度可能且的确存在差异。

我们还需要更多的背景和个人信息才能断定萨缪尔森的同事是不是不理性。英国经济学家乔治·沙克尔关于不确定性的论述挑战了美国战后时期人们的共识。他认为，宫廷警卫在考虑是否参加革命时知道，如果他尽职保卫宫殿而革命成功，他将面临死亡；如果他加入叛乱而革命失败，他也会死亡；如果他保卫宫殿且革命失败，则他可能会收到丰厚的回报。对他来说，知道历史上革命成功的概率没什么用[3]，只有这次革命是否成功才有意义。

在不确定事件中，我们所做的选择往往比这些在简单博弈中能观察到的复杂得多。产生了深远影响的温尼亚尔问题说的就是，人们总是错误地以为通过模型得到的结论能够反映出现实世界的全貌。

"美国学派"的胜利

19世纪的经济学是在英国哲学家杰里米·边沁和约翰·斯图尔特·密尔的功利主义基础上发展起来的。人们追求个体效用的最大化,道德行为则致力于个体效用之和的最大化,致力于实现"最大多数人的最大幸福"。在19世纪后期,将数学推理应用于经济学的先驱、牛津经济学家弗朗西斯·伊西德罗·埃奇沃思创造了像温度计一样的快乐测量仪,用来将快乐和痛苦可视化。可是,这种思想实在过于极端,世界上其实没有人会相信快乐测量仪,也没有人会在购物时用手机仔细计算如何使效用最大化。

但是,一种功利主义本质的理论仍旧通过其他方式融入了现代经济学。这种理论的代表人物萨缪尔森认为,如果每个家庭在选择商品时都遵循一套公理,他们就仿佛是在数学中最大化某些目标函数,亦即效用。在这些公理中,选择的一致性至关重要。这种方法在理解许多实际问题上卓有成效,能够帮助经济学家分析价格变化(反映供给条件或经济政策变化)如何影响市场经济中的资源分配问题。经济学教科书中也有很多成功案例。但是,要把这一思想应用于不确定条件下的决策,还需要对理论进行延伸。萨缪尔森起初反对将理论进行延伸,但随后又表示支持,站到了批评同事前后矛盾的立场上。根据选择的一致性,如果你接受(或拒绝)一次赌博,那么你就应该每次都接受(或拒绝)同样的赌博。就像如果你今天选择坐汽车而不是火车去上班,那么你今天、明天和后天都应该做出同样的选择。

诚然,把投注比作通勤的确不是很令人信服。然而,运用公理做出理性选择赢得了广泛的(最终几乎是普遍的)认可,人们并没有意识到这个理论的假设根本不现实,而且脱离了实践经验。在超市购物的人往手推车里装满商品,自以为在将效用最大化。决策者面对极端不确定性,自以为能够将主观期望效用最大化。

将公理从分析消费选择扩展到指导不确定条件下的决策,主要依靠的是几位美国学者。其中一位是约翰·冯·诺伊曼，一位科学全才，曾参与曼哈顿计划，后来还负责氢弹的研制。冯·诺伊曼和普林斯顿大学的同事奥斯卡·摩根斯顿在他们的经典著作《博弈论与经济行为》中力图论证，概率推理可以为不确定条件下的理性决策提供一个连贯而严谨的框架。吉米·萨维奇曾担任冯·诺依曼的研究助理，他于1946年前往芝加哥大学，并于1954—1960年在芝加哥大学担任统计学系主任。[4] 他充分发展了将公理推理等同于期望效用最大化的应用条件，他将两者等同所依赖的是理论与不确定性世界之间的类比。[5] 萨维奇还是一名年轻学者时，在芝加哥大学遇到了同样年轻的米尔顿·弗里德曼。他们合著了经济学领域处理不确定性的经典之作，该著作由弗里德曼执笔，是基于萨维奇的观点写成的。[6]

萨维奇认为，人们应像看待赌博或彩票一样看待未来。但这里说的彩票不是简单的私人赌局或者概率游戏。无论决策者是在预测下周天气、职业发展、中国经济崛起还是技术的进步，他都可以把所有可能的结果可视化，并用概率来表示。萨维奇知道，这在现实世界中很荒谬。在他于1954年发表的经典著作《统计学基础》中，他将这种分析方法描述为"三思而行"原则，并写道：

> 在极端情况下，"三思而行"原则要求人们根据大量不可知的状态，尽可能详细地为政府构想每一种可行的政策（至少从现在开始），并在当下决定选用哪一种政策。这很荒谬……因为这么做根本就超出了人类能力范围。即使人为地将世界可能的状态和可行的政策缩减到最小的合理范围之内，人们也无法在遵循该原则的条件下准备好一次野餐或者下好一盘棋。[7]

萨维奇的本意是想探索个人主观概率存在的基础，并没有暗示该方法对决策具有普遍意义甚至一般意义。实际上，他强调他的理论仅适用于小世界。[8] 在小世界里，人们通过最大化期望效用来解决问题，而人们实际上生活在大世界里。这二者的区分至关重要，我们也会在之后的章节中多次提及。萨维奇继续解释道，如果能够将注意力范围人为地缩小成一个足够小的世界，三思而行原则就可以适用，他的方法就可以用来解决相对简单的决策问题。

萨维奇在表述时非常小心，保证其理论只被应用于他所定义的小世界。点数分配问题和蒙提·霍尔悖论都属于小世界问题，因为这些都是可重复且已经重复过无数次的概率游戏。然而，其他经济学家却并没有像萨维奇一样保持对适用范围的谨慎态度。他们认为在不确定的情况下，个体也会通过最大化期望效用来优化决策。不仅如此，他们还声称，该模型可以直接用来制定真实世界中的政策。

在与萨维奇合作时，弗里德曼受到了萨维奇对分析风险和不确定性的合适工具的选择的影响，进而又影响了自己的一大批同事和学生。最初，萨维奇对其理论的适用范围保持着谨慎态度，但与此同时，弗里德曼从未对该理论提出过质疑。我们之前提到过，弗里德曼的《价格理论》是芝加哥学派教义的前身。在书中，弗里德曼解释道："就像我们可以假设个体似乎在每起可能发生（即便尚未发生）的事件上都赋予了明确的效用，我们也可以假设个体似乎对每起这样的事件也赋予了明确的概率。我认为，这样一种'个人概率'也遵循一般的数学运算规律。"[9]

弗里德曼没有遵循萨维奇理论的字面含义，更没有遵循其精神内涵。萨维奇将自己理论的适用范围限制于小世界，弗里德曼却没有这么做。不过，弗里德曼违背其理论适用范围，萨维奇也有一定的责任。萨维奇在自己的著作中把概率推理的局限性解释得相当清楚，但在与同事打交道时，他又大放厥词，大肆鼓吹主观概率和贝叶斯分析。他甚至说："如果一个人不同意他的观点，这个人就是敌人、笨蛋，至少可以说，对这个重要的科学发现漠不关心。"[10] 萨维奇与同事之间的私人关系逐渐恶化，他于 1960 年离开芝加哥大学去往密歇根大学。弗里德曼的支持者也因此疏远了萨维奇。

1976 年，弗里德曼从芝加哥大学退休，加里·贝克尔成了芝加哥学派的学术带头人。贝克尔与弗里德曼一样野心勃勃。他写道："所有人类的行为都可以看作参与者通过稳定偏好最大化效用，并在各种市场中积累最佳数量的信息和其他投入。如果这个论点是正确的，那么这种经济学视角就可以为理解人类行为提供一个统一的框架，这正是边沁、孔德、马克思等人一直苦苦追寻却没有找到的。"[11] 由此可见贝克尔的野心。

从期望值到期望效用

18世纪，丹尼尔·伯努利[12]试图解决其堂兄尼古拉·伯努利[13]提出的圣彼得堡悖论。之所以如此命名，是因为他的解决方案最初是在《圣彼得堡帝国科学院院刊》上发表的。问题如下：有这么一个"掷硬币掷到正面为止"的游戏，第一次掷出正面，你就赚1元；第二次掷出正面，你就赚2元；第三次掷出正面，你就赚4元……以此类推，直到掷到正面为止。问题是：你最多肯花多少钱参加这个游戏？

不难算出这场游戏的期望值：第一次掷出正面的金额乘以概率（$1 \times 1/2 = 0.5$），加上第二次掷出正面的金额（$2 \times 1/4 = 0.5$），以此类推并求和。奖金的增长速率与概率的下降速率相同，因此每一项近似等于0.5。求和结果无限大，因此奖金的期望值也无限大。这意味着赢得巨额奖金的可能：只要掷31次硬币你就有可能成为亿万富翁，掷40次就能成为全世界最富有的人——之后的盈利更是节节高。不过你也有50%的可能只得到1元，75%的可能得到不超过2元。但是，如果你只想实现收益最大化，你"应该"愿意为此付出所有。可在现实生活中，人们连一小笔钱都不愿意花。天文数字般财富的吸引力远远无法抵消几乎可以确定的损失。在我们看来，没有任何一个理性的个体会为了这种游戏押上他们全部或大部分的家底。

通常情况下，你拥有的东西越多，无论是金钱、食物还是喜欢的电影，新增一单位该物品能带给你的乐趣就越少。很少有人会认为杰夫·贝佐斯[14]比亿万富翁幸福100倍，或者比百万富翁幸福10万倍。效用不如财富增长得快（两者的关系是非线性的，新增收益带来的快乐也不如等额损失带来的痛苦那么多）。伯努利解决圣彼得堡悖论的方法就是区分期望效用与期望值，只有能最大化期望效用而不是期望值的赌博才值得。如此，概率推理决策便等同于期望效用最大化。帕斯卡赌注中就蕴含着这种思想，赌注中衡量收益或损失的标准并不是金钱，而是幸福。

在现实生活的抉择中，期望值和期望效用之间的差异可能取决于你本身有多少钱。如果你承受不起100元的损失，你就不会参加可能输100元的赌局，即便有同等可能赢200元。同样的一盘赌局，富人可能很乐意下注，但穷人不会冒着让全家挨饿的风险参加。对富裕的公爵而言，赢利只是锦上添花，期望值和期望效用之间几乎没有区别，但一位落魄的侯爵可受不了竹篮打水一场空。

除此之外，不同的人性格也有所不同，有些人贪婪，有些人不那么贪婪。对圣弗朗西斯这样清修的圣人而言，只要有衣蔽体、有食果腹就足够幸福。这些俗世的事物越来越多，给他带来的满足感会变得没有那么强烈并趋于平淡。但是，对一位贪婪的银行家来说，他的满足感完全来自银行存款余额，此时他的期望效用就等于期望财富值。对一次下注的期望效用和期望金钱收益之差可以用来衡量一个人的风险规避——风险规避越高，这个人就越不愿意下注。

然而，即使是在小世界中，主观期望效用最大化模型似乎也无法有效解释我们的行为。行为经济学实验的被试（主要是美国学生）因为酬劳或应他们的教授的要求而走进了人为创造的小世界中，并一次又一次地打破了主观期望效用的规则。

学校里的贝叶斯表盘

2016年，哥伦比亚大学著名宏观经济学家迈克尔·伍德福德及同事发表了检测学生响应新信息的实验结果。[15]学生随机从盒子中取出绿色环或者红色环，所剩绿色环和红色环的比例随之变化。他们已知抽到绿色环的概率会时不时发生变化，而红色环则不会。学生需要估算下一次抽到绿色环的概率，并用鼠标在计算机屏幕上移动滑块汇报结果。这个实验最重要的发现也许是，学生参与者在长时间、无意义、低回报的任务上可以多有耐心。[16] 他们的行为并不符合伍德福德的预期。他以为，滑块的每次移动都应该与贝叶斯公式一致，但事实并非如此。"我们的被试系统偏离了贝叶斯公式……在一段时间内，尽管接收到许多新信息，（他们）还是会在此期间保持决策变量不变。我们的结论是，这种误差……反映出注意力不完善、记忆力有限或其他相关的认知限制。"[17] 伍德福德简单地认为贝叶斯公式就是标准答案，因此还需要额外的假设辅助，从而让实验结果与模型吻合（伍德福德将这种误差解释为"理性疏忽"，相信大家很容易共情）。

哲学家安东尼·阿皮亚发明了"认知天使"一词，用以描述理想中能够正确地最大化期望效用的人，并将其与现实生活中花时间计算且有时还会算错的人进行对比。无独有偶，2017 年诺贝尔经济学奖得主理查德·塞勒也对比了"经济人"和"社会人"。[18] 我们不认为在极端不确定的世界中还追求期望效用最大化是"天使"的特征。从任何意义上说，哥伦比亚大学的学生都不是天使，而是人类。他们在课堂上了解了贝叶斯推理，但在生活中很少用，因为它很少有用——在规划自己的生活和职业时，他们根本就没有计算期望效用所需的信息。[19] 伍德福德不能把"理性疏忽"当成错误决定，他只能批评学生没有使用贝叶斯推理。

美国总统办公室里的贝叶斯表盘

我们可以设想奥巴马坐在美国总统办公室里，身后是一个巨大的贝叶斯表盘。会议开始时，任意设定表盘上的读数为 50%，代表在任何信息都未知的情况下，本·拉登就在这栋建筑物里的概率是 50%，但五五开的设定其实是不正确的。[20]

一份又一份新的情报送到白宫，表盘上的读数也跟着来回摆动。有些情报人员很有信心，有些则没有，有些报告比其他报告更具说服力。最后，时间已到，会议必须结束。包括总统在内的所有人都抬头看着表盘。50%的先验概率被一个个后验概率取代，可能是31%，也有可能是72%。

总统要求顾问判断，巴基斯坦军方对美国直升机的到来会做何反应。这是一个新的难题，贝叶斯表盘上的读数被重置为50%。根据大家的不同意见，表盘上的读数跟着来回摆动。针对巴基斯坦方的不同反应，美国也有许多不同应对措施。

总统继续发问：如果设备出现故障怎么办？这个问题曾直接宣告吉米·卡特营救德黑兰人质行动的失败。如此便萌生了更多的可能性，助手们不得不再用上一块大白板来记录以指数级速度增加的所有可能结果。在确定了所有可能性的组合之后，总统还需要在此基础上考虑他的主观期望效用，计算社会福利。这些都完成之后，通过快速计算即可得出该行动的期望值。

当然，事实并非如此。没有人能像美国总统那样拥有如此强大的情报搜集网络，也没有这么多专家告诉他可能需要知道的信息。即便拥有这些资源，也不可能这样做决策。奥巴马不是在优化，他并没有试图将自己或是国家的主观期望效用最大化。因为他根本就不可能拥有优化所需的全部信息——想想他要面对这么多不确定性，怎么可能呢？

史蒂夫·乔布斯无视了贝叶斯表盘，他在等"下一个大事件"的到来。丘吉尔也在玩一场"等待"的游戏——等到美国逐渐陷入战争，然后尽最大的努力加速这个过程。我们不知道在会议开始前奥巴马是否已经有一个先验概率（希望没有）。他坐下来听取了相互矛盾的说法和证据，感觉自己已经掌握了充足的信息（他很清楚只能得到有限且不完美的信息），然后就做出决定。在极端不确定的世界里，决策者在充分考虑"究竟发生了什么"之后，就是这样做出好决策的。

相比之下，银行高管更依赖风险专业人士的判断，风险专业人士的判断则反过来又依赖贝叶斯公式，所以结果往往并不令人满意。伍德福德的学生熟悉贝叶斯推理，但在实验中并没有使用——哪怕这个实验本身就在有意引导学生用上贝叶斯推理。不能说这些学生做出了错误的决策，他们只是没有用贝叶斯推理来处理新信息而已。对这个实验结果的另一种解释是，受试学生发展出了一系列新的叙事，并在实验过程中以不规律的间隔不断检验和修正新的叙事。他们这么做不是出于系统性的偏见，而是不愿对自己发展出来的叙事善罢甘休，不愿像正常人一样向极端不确定性妥协。（或者，也可能只是在等实验结束拿到 10 美元的报酬。）

我们的确对贝叶斯表盘的实用性表示了怀疑，但这并不是建议人们在面对新信息时无动于衷。我们认为，在极端不确定性中，人们应该像奥巴马那样做——不断听取利弊分析，鼓励对主流叙事的挑战，并最终做出经过深思熟虑的决定。当然，奥巴马也可能像卡特一样因计划执行时出现意外而被迫改变原先的决定。不过，幸运的是，刺杀本·拉登成功了。

风险的含义

《牛津词典》将风险定义为"发生不愉快或不受欢迎事件的可能性"，这种定义对各类人群都适用，不管是摩根大通董事会、普通家庭、赛车手还是登山家。[21] 一般来说，风险涉及不利而非有利的事件。

风险具有不对称性。人们不会说"我有中奖的风险"，因为人们不会用"风险"来描述"中奖"。人们也不会说"我有中不了奖的风险"，因为中奖根本不在人们的现实预期之内。风险通常是指有悖家庭或机构现实预期的不良事件。因此，风险与该家庭或机构的计划和预期有关，因人而异，不可一概而论。风险对摩根大通董事会、滑翔伞运动员、登山家、为退休和子女教育而储蓄的家庭而言意义显然不同。

1979 年，在美国工作的以色列心理学家丹尼尔·卡尼曼和阿莫斯·特沃斯基提出了展望理论（也称前景理论）。他们因迈克尔·刘易斯的畅销书《思维的发现》名声大噪。该理论作为对不确定情况下人类行为决策的另一种解释，挑战了传统的弗里德曼-萨维奇理论体系中的理性人假设。该理论认为，人们根据参考点"编码"不确定性，面对同样数量的收益和损失时认为损失更加令人难以忍受。此外，卡尼曼和特沃斯基又引入了决策权重的概念，认为人们会高估发生小概率事件的可能性。这也解释了为什么人们明知彩票中奖率低，但还总是想要碰碰运气。然而，也有别的小概率事件我们几乎完全不考虑，比如小行星坠落。

通常，让我们担心的并不是现状面临的风险，而是我们改变现状的计划面临的风险。我们制订商业战略和退休计划；我们储蓄，投资度假区、办公楼等新项目。我们对这些事情的结果都有自己的预期——通常是叙事性的，而不是以概率的形式出现。人们不会说"今年的假期有70%的概率比预期高出100英镑的价值"，而经常说"希望今年的假期是有史以来最好的假期"，或者在度假结束后抱怨很失望。

参考叙事

我们认为，要想理解人们对风险的态度，最好是用上参考叙事的概念，也就是一个表达我们现实预期的故事。对摩根大通来说，最重要的参考叙事是银行持续赢利增长。要想实现这一叙事，摩根大通在不同的业务领域会有很多不同的策略，各业务部门也会有自己的参考叙事，有的可能有风险，但只要保证不影响公司整体即可。

家庭同样也会区分主要叙事和次要叙事。最主要的可能是幸福与安全，次要的包括买房、子女教育、颐养天年等。一级方程式世界冠军面临的风险可能是无法夺冠，没那么厉害的车手面临的风险则可能是战绩不佳，而对本书笔者来说，风险可能是在第一个弯道就偏离赛道。登山者面临的风险是可能造成无法登顶的种种因素。由此可见，风险对每个个体、家庭或是机构的含义都不相同。

在奥巴马决定命令海豹突击队前往阿伯塔巴德的会议中，参考叙事主导着全过程，那就是，要让直升机降落到目标建筑物上，然后让突击队队员冲进去。我们猜测，也仅仅是猜测，这次行动未宣之于口的叙事是，要让本·拉登在袭击中丧生。不管是活捉还是当场击毙，他都会被美军从巴基斯坦驱逐出境。不管怎么说，这个参考叙事确实是在描述实际发生的情况。

但其实有很多事情可以让叙事失效。设备和后勤可能出现故障，就像1979年营救德黑兰人质任务出现的状况那样；本·拉登可能不在那栋建筑物里，可能是情报有误或是抓捕行动当晚他正好不在。总统和顾问针对这些风险不断讨论、商量对策。最棘手的情况是巴基斯坦军事当局迅速侦测并发动武装反击。最主要的目标是确保参考叙事的鲁棒性和韧性，风险管理的关键也是如此。

由于不同的人有不同的参考叙事，因此面对相同的风险时可能有不同的反应。比如相同的风险对职员与对股东的意义就不一样。20世纪70年代，那些反对开发小型计算机的IBM高管，由于自身地位和专业知识都是基于公司已有的商业模式，因此面临着个人参考叙事贬值的风险。

风险即基于现实的叙事未能如期进行。参加女儿婚礼的幸福父亲心中有一个参考叙事，希望一切都顺利进行。对他来说，这场婚礼的风险有许多，包括准新郎临阵脱逃、下大雨等。他对风险的评估中存在着隐含的风险度量——最终结果与预期的差距可大可小。风险规模可能可以量化，也可能无法量化，可能在事件发生前就可以量化，也可能要等到事后才能量化。但是无论如何，这种对风险的理解与量化金融、主流经济学和决策理论截然不同，后者认为风险可以等同于结果的波动性。

风险规避和风险胃纳

这种将风险视为波动性的观点颇为流行，原因之一便是它符合期望效用和期望值之差能定量测量风险规避的理念。将风险视为波动性，再加上对风险规避的测量，就可以计算风险的成本。如此一来，风险就可以作为商品定价，并且在不同偏好的人们之间买卖，就像对水果有不同偏好的人们买苹果或是梨一样。

期望效用和期望值之间的差异的确能够解释不确定情况下的部分行为。比如为什么富人会投资投机企业，而没那么富有的人则不会，或者为什么给房屋上火灾保险：期望负效用（大火带来的经济和精神损失乘以发生火灾的小概率）大于保险成本。因此，即使保险的期望值为负，期望效用也为正。相反，对保险公司而言，这笔交易的期望值为正，再通过风险汇聚（相当于重复萨缪尔森的赌注 100 次）便有很大的概率赢利。

但是，这种观点无法解释全部风险行为。弗里德曼和萨维奇一直无法解释为什么人会一边投保一边赌博。[22] 此外，以上对保险的解释应该仅适用于较大损失。否则，期望效用和期望值之间没有区别。因此，人们不该为可承受的损失投保。然而现实却是，即使人们完全有能力换一个行李箱或者一部手机，许多人还是会选择投保。在法律明令禁止前，英国的电器零售商通过保修险大赚了一笔。[23] 贫困家庭可能付不起修理洗衣机的费用，但富裕家庭同样会购买这些保险服务。含有超额损失险和免赔额的保险单很便宜，理应受到欢迎，但保险公司发现这种保险单其实很难推销。亲身经验也告诉我们，朋友们并不会因为我们的经济学解释而改变非理性行为。笔者之一花了 40 年的时间劝说母校不要给它的银器投保，但还是失败了。虽然很显然，即便银器丢失也不是什么重大损失，学校甚至都不会买新银器。

保险不是基于期望值的计算，而是为了保护投保人的参考叙事。参考叙事是，度假时我们的行李箱安然无恙，手机还在我们的口袋里，洗衣机正常运转，学校的银餐具可以用来举办宴会。那些赌博的人思考的也是叙事，而不是概率或者期望效用。他们可能做着中大奖的白日梦自娱自乐，也可能黏在老虎机上不走或是在彩票投注站摩拳擦掌。完全理性的人也有个中百万大奖的梦，虽然他们没有真的寄希望于此。他们也知道，如果不买彩票，这个梦就永远无法实现。买彩票和抽奖一样，也可能是一种社交行为，无论是在乡村狂欢派对上还是在有对冲基金经理出席的正装晚宴中。这些交易中可能会存在一些误解，比如我们怀疑有些人没有意识到，保险公司找不回运输途中丢失的行李箱，只会付钱让你可以买几身新衣服。然而，投保动机很容易理解：人们并不是在购买额外的期望效用，而是在减少参考叙事的偏差。

保险保护的参考叙事常常是员工的，而不是其工作的组织的。大学财务委员会成员知道，如果未投保的银器被盗，人们不会感谢他们节省了保险费，而是会指责他们没有投保。笔者之一回想起与英国一家大公司的高管讨论公司投保，该公司的资产负债表比大多数保险公司的还长。他们认为，保险能够在灾难来临时保护公司，防止董事和股东一时头脑发热造成无可挽回的后果。事实表明，他们投的保可能还不够——这是一家石油公司，与墨西哥湾密切相关。风险管理保护的参考叙事主要还是组织内个体而非组织本身的。

风险规避

期望效用理论无法完全解释人们的风险行为。奥斯卡·王尔德与男妓发生性关系，并以刑事诽谤罪对昆斯伯里侯爵提出诉讼，赌上并牺牲了自己的社会地位和文学生涯。这只是成功人士寻求风险的诸多例子中的一例，有的人从登山运动和滑翔伞运动中寻求快感。这明显与贝叶斯推理的结果不符。人们在不同的领域寻求风险，有的喜欢在山顶上，有的喜欢在赛车里，有的喜欢在商场上……然而在一个领域寻求风险并不代表在别的领域也会如此，比如一个喜欢开赛车的人并不一定有着激进的投资计划。

期望效用理论告诉我们，圣弗朗西斯的需求很容易得到满足，因此会厌恶风险，不像那些被金钱蒙蔽双眼的银行家。然而大多数人会认为，像他一样放弃财产而全靠陌生人救济过活有很高的风险。事实也的确如此。埃里克·布莱尔原本在伊顿公学读书，毕业后却选择以乔治·奥威尔的身份成为巴黎街头的流浪汉和餐馆的洗碗工。在如此恶劣的生存环境中，他两次险些丧生于重病，而后又在西班牙内战战场和政府党派倾轧中与死神擦肩而过，最后死于结核病，享年 46 岁。奥威尔寻找风险，在颠沛流离中不断丰富对自己和他人的理解。圣弗朗西斯也对他基于信仰的参考叙事很放心，相信自己的所作所为符合上帝的旨意。

相比之下，那些贪婪的银行家可能一方面贪得无厌，另一方面在有可能承担风险时小心谨慎。那些在 2008 年全球金融危机中导致金融机构走向崩溃的高管的确大赚了一笔，然后潇洒离开，但他们与埃隆·马斯克及他的特斯拉和 SpaceX（太空探索技术公司）相比简直不值一提。当时，马斯克可以从特斯拉净赚 550 亿美元——他目前的身家为 200 亿美元，这对大多数人来说已经是天文数字了。但是，马斯克是我们这个时代最大的冒险家——不仅用自己的钱冒险，还用他人的钱冒险。

风险预测

在一个不确定的世界中，我们能掌握的可能性是有限的。我们不可能对所有不太可能发生的事都有所准备，因此我们只能从中做出选择。选择的方式并不是考虑所有可能性并计算出其相对重要性，而是通过我们的判断和经验。这种选择有时能反映出事件在生活中的重要性：每周我们都会听到有新的幸运儿中大奖，但我们很少读小行星坠落的报道（反正就算读了我们也无能为力）。这种行为可以看成人们主观上使得相关概率高于或低于客观概率——如果真的可以计算出客观概率的话。但是，这种解释未能认识到，理性的人也可以从实际上根本没有发生的事件中获益（幻想彩票中奖）或受伤（担心小行星坠落）。恐怖分子显然深谙这一点，这也是为什么他们造成的伤害远远不只是生理层面的，还有心理层面的无形伤害。

我们对风险的态度远远无法全部用期望效用理论来解释。乔治·勒文施泰因是少数对风险行为进行实证研究的经济学家之一，也被视为神经经济学的奠基人，研究大脑对经济决策的反应。他提出"风险即感受"，强调个体在预测和决策时会体验到希望和恐惧。中彩票大奖的梦，登山家攻破珠穆朗玛峰的最后一道屏障（埃德蒙·）希拉里台阶时百感交集，费米和他的同事在新墨西哥州洛斯阿拉莫斯的沙漠里等待第一次核爆炸时心中五味杂陈。我们踏上希拉里台阶时（这只是个假设，我们俩没有这个打算），一边担心失败甚至死亡，一边为即将登顶兴奋不已。费米和他的同事在原子弹最初研制成功时的感受也与得知原子弹投入战争时的感受截然不同。风险是所有人都能感受到的情绪，第9章会进一步解释其进化意义。

一旦我们离开了充满重复事件、频率分布已知和收益相对较小的小世界，就没有理由认为理性决策者应该最大化主观期望效用。由于极端不确定性，消费者决策不可能推广到一般意义上的在不确定情况下做出决策。我们无法确定所有可能的结果。我们并不完全了解世界当前和未来的状态，即使我们赋予每起事件主观概率，在有其他更好的信息和理解时还根据这些概率行动就是不理性的表现。优化模型的确能够解释一些常见的人类行为。在小世界中，比如简单的概率游戏中，期望效用最大化可以指导我们应该如何行事。但即便是在这样的世界里，个体也可能有自己的目的，而没有最大化期望效用。公爵 A 认为赌博是一种不错的打发时间的方式，而侯爵 B 则经常从这把可能获胜的希望中获得快乐。彩民明白中大奖的可能性不大，但还是喜欢这种能够通过彩票改变人生的想法。萨缪尔森与同事之间的争论，其实也没有一个更"好"或者更理性的答案。

我们举的有些例子看起来很极端（事实也的确如此），也加深了奈特式理论中极端不确定性和企业家精神之间的联系。如果说圣弗朗西斯、乔治·奥威尔和埃隆·马斯克都违背了期望效用理论所描述的理性，那么我们可能会希望这种非理性更多一些。从普通人的角度来说，我们喜欢和崇拜的人也买彩票、开快车、登高山，也买保险以防行李箱丢失、银器被盗、油井井喷。我们不会说他们不理性。这就引出了一个更普遍的问题：在一个极端不确定的世界中，到底什么才是理性？

第三部分
认识不确定性的意义

第8章　宏大世界中的理性

之所以很少有人了解自己，
是因为作家总是教人们应该成为什么样的人，
而很少告诉他们自己本来是什么样的。
——伯纳德·曼德维尔《蜜蜂的寓言》[1]

20世纪40年代，冯·诺依曼和摩根斯顿最先提出，弗里德曼和萨维奇进一步阐释了在不确定条件下进行决策的理论框架。他们提出的"理性"概念并非基于以往的观察和内省，而是基于先验公理。我们将这种思维方式称为公理型理性，即每个理性人在做决策时都希望将主观期望效用最大化，而这种符合先验公理的行为就被称为理性行为。这种定义理性的方法虽然并非最为清晰，当然也不是唯一的，但自提出以来一直在经济学界占据统治地位。

然而，也有一些人从一开始就反对上述观点。法国经济学家莫里斯·阿莱在20世纪50年代早期就向这种观点开炮。阿莱对美国经济学家日益上升的主导地位持怀疑态度，他于1953年公开发表了自己的研究成果《对美国学派假说和公理的批判》。[2] 文章发表在一直都是经济学领域核心期刊的《计量经济学》上，不过是用法语写成的。在此之前（这种情况是极为少见的），挪威期刊编辑朗纳·弗里施还为此（用英语）写了一篇评论。弗里施与荷兰的扬·丁伯根都被视为计量经济学的创始人，二人一同在1969年获得首届诺贝尔经济学奖。[3] 弗里施写道：

> 有一天晚上（即1952年5月的巴黎学术研讨会上），几位顶尖经济学家聚在一个装潢相当精美的地方交谈。然而，他们发现想要消除误解并非易事。阿莱教授的论文（也就是现在已经发表在《计量经济学》上的版本）已经经过多次讨论、修改，也参考了审稿人的意见，如今再继续讨论下去已没有太大意义。因此，这篇文章现在发表，如有问题由作者本人负全责。本刊编辑坚信，这篇文章能有效防止各路观点相互混淆。[4]

在学术研讨会上，阿莱进行了彩票实验，结果表明众人的选择违背了先前"理性人会追求最高期望效用"的假设。在那场研讨会上，阿莱和弗里施得到了德菲内蒂的支持，那时他可能已经后悔崇拜墨索里尼了。此外，二人还得到了来自美国的米尔顿·弗里德曼、保罗·萨缪尔森和吉米·萨维奇的支持，这也让那场会议成了极具意义的时刻（详情见附录）。一时间，阿莱的观点让支持"美国学派"的人至少开始停下来反思。

其实，美国本土也存在对这种观点的批评。20世纪60年代早期，哈佛大学的丹尼尔·埃尔斯伯格发现，比起追求主观期望效用的最大化，人们可能更喜欢确定性。他将这一发现称为"模糊厌恶"。（埃尔斯伯格更为人所知的身份其实是美国国防部前官员，他向《纽约时报》和《华盛顿邮报》的记者提供了一份揭露许多越南战争秘密的"五角大楼文件",为此名声大振。)⁵ 1978 年,卡内基-梅隆大学认知科学家、人工智能先驱人物赫伯特·西蒙凭借他"对经济组织内部决策过程的开创性研究"获得诺贝尔经济学奖。西蒙的确开创性地研究了人们在极端不确定的世界中做决策的方式,但正如下文提到的一样,主流经济学所吸收的其实是对他的理论的严重误读〔虽然乔治·勒文施泰因(上一章介绍过他在神经经济学领域的研究)在卡内基-梅隆大学的教职就是以西蒙命名的〕。

在埃尔斯伯格偷偷给《华盛顿邮报》寄送文件时,卡尼曼和特沃斯基开始了合作。迈克尔·刘易斯在大约 50 年后称,他们的合作"改变了世界"。这一言论或许过于夸张,但两人的合作的确改变了理论经济学。2002 年卡尼曼获得诺贝尔经济学奖后(特沃斯基在 6 年前去世,享年 59 岁),两人的研究得到了更广泛的关注,而后被称为行为经济学。这种研究揭示了许多人们行为中广泛存在的偏见。比如,人们总是乐观主义、过度自信,倾向于高估出现有利结果的可能性;人们会犯锚定的错误,在开始分析问题时过度关注已知却有限的信息;人们有损失规避的倾向,在面对相同数量的收益和损失时,认为损失更难以忍受。

阿莱、埃尔斯伯格和西蒙的发现驳斥了弗里德曼和萨维奇提出的在不确定条件下进行决策的理论模型,而卡尼曼和特沃斯基则采取了截然不同的视角。他们批评的对象并非决策模型本身,而是做决策的人。他们认为,如果世界的运行没有遵照模型,那么有问题的并不是这个模型本身,而是这个世界,或者更确切地说,是这个模型本来想要描述的人。

理性行为

"偏见"的存在只能通过反事实的无偏见或"理性"行为衬托出来。"理性"一词很有分量,因此在使用时要谨慎。那么,什么叫理性行为呢？通常来说，理性判断或理性行为有两个特点。首先，要基于一种合理的世界观。合理，并不一定要求正确——在一个极端不确定的世界里，我们甚至可能在某件事发生之后还无法得知世界的真实状态。但是，像"公交车将在10分钟后到达车站"这种观念，即便事实并非如此，它也是合理的。

其次，要有内在逻辑或是一致性。在世界观合理的情况下，基于此的判断或行为就是恰当的。这个命题成立与否还需谨慎判断，因为推理过程中犯的逻辑错误与观念本身的错误有时是很难分辨的。美籍荷兰裔决策理论家保罗·休梅克[6]讲过一个有可能是杜撰的故事：有个人赢得了西班牙有名的彩票埃尔戈多大奖，他说是因为他连续7次梦到了数字"7"，7乘7等于48，也就得到了他的幸运数字。退一步说，即便他背对了乘法口诀，他的行为也是非理性的。

可能有人不同意我们对"理性"的阐释，即便这与许多前人的论述不谋而合，最早甚至可以追溯到2 000多年前亚里士多德对实践理性和理智德性的阐释。[7] 然而，正是这种不同意见才更说明了一个问题：在不确定情况下做出选择的公理并没有垄断对"理性"一词的阐释。如朗纳·弗里施在文章中提到的，巴黎学术研讨会上参与莫里斯·阿莱实验的众人所表现出的倾向就与公理不符。这些人已经是全世界最聪明的人了，我们又怎能认为他们没有"按照理性或逻辑"行事呢？因此，哪怕这些公理是由像约翰·冯·诺依曼和米尔顿·弗里德曼这样伟大的思想家提出的，理性行为也并不是由是否遵守了公理来定义的。

推理方式

19世纪末，美国实用主义哲学的创始人查尔斯·桑德斯·皮尔士将推理方式划分成三大类。

演绎推理从给定的假设中推出符合逻辑的结论。比如，"福音派基督徒是共和党人，共和党人为特朗普投票，福音派基督徒为特朗普投票"。

这个三段论所描述的只是小世界，而只要在"福音派基督徒"或"共和党人"前面加上"大多数"，这个结论就会因增添了现实世界中一定会存在的模糊性而变得没有那么绝对。

归纳推理以这种形式出现："对选举结果的分析表明，人们通常在经济运行良好的情况下青睐执政党，而在经济运行糟糕的情况下选择反对党。"2016年，美国的经济运行情况既非良好，也非特别糟糕，因此我们或许能得出两党旗鼓相当的结论。归纳推理指的是把观察到的事实、规律归纳总结为结论的过程，而这个结论可能会基于后续的观察得到支持或遭到驳斥。

溯因推理是为特殊事件提供最佳解释的过程。比如，运用溯因推理可能会推出：特朗普之所以能赢得2016年总统大选，是因为个别摇摆州对美国经济形势和特朗普白人身份的关注，此外还因为特朗普的竞争对手更不受欢迎。

演绎、归纳、溯因推理都有助于人们理解世界。随着我们探讨的世界越来越宏大，归纳推理和溯因推理相对于演绎推理而言会起到更大的作用。极端不确定的世界里经常会出现特殊事件，此时溯因推理便不可或缺。虽然人们可能很少听过"溯因推理"这个词，但其实可能经常使用这种推理方式，为事物寻找最合理的解释。比如，"我觉得公交车之所以晚点，是因为牛津路出现了拥堵"。不过，我们在前几章中所描述的决策分析方法几乎都是通过演绎推理得来的，这种推理方法只适用于小世界。

理性人有时候会犯错误。但是，当他人指出他们在想法或逻辑上存在的错误时，理性人通常会承认自己判断失误。以色列经济学家伊扎克·吉尔伯阿对"非理性"的定义就非常通俗易懂。他认为："如果决策者在分析后本应改变主意，或者在以后类似的情景中做出不同的选择，却没有这么做，那么他的行为就是非理性的。"[8]假如有一个人一直在公交站等车，因为他认为公交车会按照时刻表准时到达车站，结果却被告知今天是公众假期，公交车暂停服务，那么他可能会觉得自己很倒霉甚至很愚蠢。但如果他知道了这个消息之后还选择继续等车，那么他就是非理性的。

即便是在小世界中，人们也常常迟迟无法反思自身的处境。蒙提·霍尔悖论仍是未解之谜，对二孩性别谜题"正确"答案的争论仍然没有结束。马丁·加德纳等人甚至专门以设计这种谜题为生。有的谜题有趣且富有挑战性，因为我们都知道有一个正确答案，要做的只是去找到它。诸如二孩性别谜题等其他问题则比较困难，因为这些问题本身不够明确，也没有唯一的答案。人们在生活中遇到的大多数问题其实和后者一样，问题本身不够明确，即便在分析后也常常得不到唯一的答案。

然而，从合理的前提中产生的逻辑只有这么大的作用了。在极端不确定下，人们展开推理所依赖的前提条件永远无法呈现世界的全貌。基于不同的世界观，人们可能将截然不同的行为视为"理性"。因为一旦某事的概率计算或其结果评估的过程中存在主观的成分，就不可能存在任何客观上正确的答案。

看不见的大猩猩

美国心理学家丹尼尔·西蒙斯和克里斯托弗·查布利斯曾做过一个著名的实验。实验的视频短片中，有两组分别穿着黑、白色衣服的人相互传递篮球，实验的被试要回答穿白色衣服的人的传球次数。[9]我们建议你也观看这个视频，数数穿白色衣服的人的传球数，注意不要被穿黑色衣服的人干扰。[10]

你看到一个打扮成大猩猩模样的人了吗？他缓缓走进画面，捶了捶胸口，大约9秒后离开。如果没有，你并不是一个人——大约70%的被试都没注意到大猩猩的出现，大部分人在第二次看视频时都为自己之前没有看到大猩猩而感到震惊。卡尼曼认为，这个实验揭示出人类"看不到显而易见的事物，也看不到自己的盲目"。[11]但是，我们该如何解释这个结果？这是人类的缺点还是优点？不可否认，在完成一项特定任务时，排除无关的外部干扰不失为明智之举，这个实验也显示出人类的专注力有多强大。

在这个纷繁复杂的世界里，为了更好地集中精力处理手头上的事，我们最好忽略许多外界的刺激。的确，"看不见"现象远非一种缺点，而可能是一种优点。美籍匈牙利裔心理学家米哈里·契克森米哈赖发现，人们在获得"心流"时是最快乐的，这时他们能全身心投入困难却有意义的活动。[12] 这也是运动员超常发挥时所说的"化境"。现已成为顶尖精神分析学家的英国前板球运动员迈克尔·布里尔利曾经描述过这种经历："一旦进入这种状态，就会感到解脱，摆脱了所有不重要和琐碎的小事，摆脱了个人性格及日常生活中的束缚和复杂，也摆脱了无关的思考。"[13] 布里尔利是出色的英格兰板球队队长，一部分原因在于他不过分关注观众，不去考虑晚餐要吃什么，不去想之后去见丈母娘要做什么，也不去担忧撒切尔夫人激进的经济政策。他只处理手头上的事情，而且干得出色。他把全部的精力都集中在了眼下要解决且能解决的问题上。

情境中的偏见

要想找出人类行为中的偏见，首先得知道什么是无偏见行为。行为经济学家声称他们的实验有正确答案，只是有些被试答不对而已。但是，只有在小世界中才有清晰的对错之分。行为经济学所描述的大部分"偏见"，其实只有少数是由于人的观念或逻辑出现错误而产生的，多数是因为人们在尚未准确、全面地认识世界前就必须进行决策。人们生活的真实世界和行为实验中的小世界是截然不同的。

在小世界中，实验者永远有一个自己认为"正确"的答案。卡尼曼用与下页图类似的一张图片举例说明偏见。[14] 大部分被试在被问到图中三个人哪个最大时，选择了距离最远的那个。实际上，这些人像大小一致。但大家很容易明白为什么几乎人人都会选错。这是因为我们把二维的图片当作三维的现实加以解读，即便有明确要求不让我们这样做——因为这就是我们在现实生活中会做的事情。一个情境中的认知错觉在另一个情境中就变成了合理的反应。类似的视错觉还有很多，但几乎都是由情境造成的。只要改变情境，原本的错觉可能就不再错误。有的经济学家给某些行为贴上"认知错觉"的标签，可能是因为没有注意到，他们观察的人群并不生活在他们自己想象的小世界（或他们用来建模的小世界）里。

在很久以前，人类就开始思考小世界的二维与真实世界的三维之间转换的问题。希腊人和罗马人擅长几何学，懂得透视原理，而埃及人和文艺复兴以前的中世纪画家则不懂这些道理。他们绘画时只注意还原物体的外表特征，而没有画出从某一透视点出发人眼观察到的景象。在 15 世纪早期，布鲁内莱斯基同其他文艺复兴艺术家和建筑家重新发现了透视法。布鲁内莱斯基为佛罗伦萨圣斯皮里托教堂画的规划草图就是当时早期的透视图图例。后来，教堂依据他的草图建设完毕。500 年后摄像技术的发展也让我们看到，他的草图多么准确地预示了人们走入教堂后看到的情景。我们也能从草图展现的立体效果感受到布鲁内莱斯基的智慧：距离越远，柱子看起来就越小；柱子越高的部分就越窄，而且好像微微向外倾斜。但是，视觉感受是复杂的，要想真实还原，恐怕还得靠天才艺术家通力合作。

被试被要求读出下方三角形中的文字。

　　结果许多人都没留意到其中有两个"the"。这究竟是谁的问题？主试还是被试？对有个别错误的文本进行修正是我们经常做的事，这种反应到底是否理性完全取决于具体情境。如果你在剧本试镜时看到重复出现的定冠词，这有可能是一个排字错误，此时你应该忽略这个重复的单词，从而保证文本的意思正确，争取拿到角色。然而，如果一个验光师让你读出墙上挂的文字来测试视力，此时合理的做法便是逐字照着读。这也正是为何验光师会把毫无意义的文字挂出来。在行为实验中，具体情境是不得而知的，实验者其实和被试一样无法判断什么是对、什么是错。没有什么是绝对的对错，一切都由具体情境决定。

卡尼曼和特沃斯基曾做过一个跟英语单词有关的实验，他们问被试："字母 K 在一个单词中更有可能作为首字母出现还是作为第三个字母出现？"[15] 卡尼曼认为，大部分人错以为 K 更经常出现在单词首字母的位置，是因为想出一个以固定字母开头的单词要比找到第三个字母是这个固定字母的单词更容易一些。卡尼曼和特沃斯基把这种现象称为"可得性启发"，指的是人们做判断时选择走捷径。

但是，这个实验的目的其实根本不是寻求问题的答案，它甚至都没有准确定义这个问题。正常情况下，大部分人可能会回答："我不知道，但如果这个问题很重要，我会努力搞清楚。"不过，接着他们可能会问："在此之前，你们能更准确地描述你们的问题吗？"

问题中的"英语单词"到底是什么意思？答案并非看上去那么显而易见。比如"kaama"这个单词（有时写作 caama）来自班图语，指一种南非才有的大羚羊，但在大部分英语世界里，这个单词出现的频率极低。那么，提问者指的到底是词典中单词的数量还是语境中单词的频率？后者是由其使用程度决定的。一篇发表于 1965 年的文章列出了字母 K 在两万个英语单词中的出现次数。[16] 在现代搜索技术的协助下，基于拼字词典汇编的网站"最佳词汇表"显示，以字母 K 开头的单词的确是第三个字母为 K 的单词的两倍，这个结论与卡尼曼的恰恰相反。[17] 因此，对卡尼曼提出的这个本身就含混不清的问题而言，我们的回答依旧是"不知道"。正如有逻辑的理性人会拒绝赌博一样，在现实生活中如果他们不知道问题的答案，那么他们根本一开始就不会作答。

但是，参与卡尼曼和特沃斯基实验的被试没有选择，他们不允许因为对题目内容或情境所知甚少就不作答，而是必须在问卷上打钩。可事实上这些问题要么缺少情境，要么缺少合理的情境。大多数行为经济学的实验没有告诉被试为什么要回答那些问题。实验者也并不是真的想了解第三个字母为 K 的英语单词到底有多少——也很难想象会有人真的想知道这种事情，即便是玩拼字游戏的人也不一定感兴趣。由于缺乏合理的情境，这些实验其实很难反映出真实世界是怎样的。

在真实世界中，行为是由目的驱动的。是该数传球数，还是该找大猩猩？这个测试是要考察对英语的掌握能力，还是要测视力？为什么要知道第三个字母为 K 的单词有多少？卡尼曼认为，在"人像大小"或"在手之鸟"的实验中，被试没有完全听从他本就荒谬的指示，这是人类的缺点。但他避而不谈这个结论的前提，也就是："接下来我要问一些愚蠢的问题来证明，人们常常运用复杂心智能力来推断情境（比如用三维解读二维，或是从拼写错误的文本中揣摩作者的意图），而不是机械地听从命令"。被试自然而然地认为，他们要做的是看懂一部动画片或是弄懂一段文字，而不是严格按照字面意义完成那些奇葩的指令。

如果理性被定义为合理世界观和内部连贯性，那么上述行为就不是非理性的。卡尼曼和特沃斯基认为，他们的实验揭示了大部分人思维方式中存在的系统性错误，并认为这与 20 世纪 70 年代社会科学提出的"人们普遍是'理性的'"的假设恰恰相反。然而二人没有考虑到，真实世界中的问题其实缺乏明确的解决办法。虽然二人也承认，正常人类行为通常受到直觉、印象和情绪的引导，但接着他们回到自己的那套理论上，认为"人们犯的错存在特定的模式。系统性错误又称偏见，在特定的情况下，偏见的出现是可以预见的"。[18] 如果这种偏差真的普遍存在、可以预见，那么这是不是一种错误还未可知。

我们经常会使用溯因推理，通过我们的知识和经验理解复杂的情景。人们公认夏洛克·福尔摩斯是演绎推理的大师，BBC 迷你剧《神探夏洛克》的主题网站以前就叫作"演绎的科学"。然而，真正围绕演绎推理著书立说的不是福尔摩斯的创作者阿瑟·柯南·道尔，而是亚里士多德。他在书中探讨了演绎法——从已知前提中进行逻辑推理的方法。其实，福尔摩斯很擅长溯因推理，擅长从截然不同的证据中寻找最佳解释。当我们判断视点、解读无意义文字的时候，我们会采用溯因推理。这种技能让人们在处理含糊不清的问题时充分发挥想象力，这种问题经常出现在科学发现及像布鲁内莱斯基和同时代其他艺术家所做的艺术创作之中。

通过观察人们的实际行为，行为经济学让人们得以理解商业、金融和政府的决策过程。然而，和那些概率推理的狂热拥护者一样，行为经济学的从业者和支持者提出的主张已经远远超过研究所能得出的结论。

卡尼曼曾解释过为何早期的决策理论虽然有缺陷，但仍然存在了很长一段时间。他认为，这是由于"理论导致的盲目性：一旦你接受了一个理论，并把它当作思考工具，那么你就很难注意到它的缺陷"。[19] 行为经济学也不例外。我们认为，是时候摒弃"偏见"这种带有主观色彩的分类方式了，因为它建立在标准的人类行为模型之上，而这种模型依据的先验原则根本不可行。相反，我们应该关注人类在无法得知全部信息的真实世界中究竟是如何行事的。

助推

人们总是努力在极端不确定性中寻找理性，如果无法理解这一点，就会以为人们犯的"错"应当通过政策干预纠正。理查德·塞勒就提出过类似的建议。塞勒使用"理性"一词时很谨慎，"理性的"或"理性"在他的诺贝尔获奖演说中出现的次数并不多，却在诺贝尔奖委员会给他的颁奖词中出现了 47 次。[20] 然而，塞勒很清楚他所说的理性行为的限度。他在他的工商管理课上鼓励学生"追求最高期望效用"，避免那些需要助推才能做出合理选择的人的偏见。

塞勒提出的一些助推人们走向理性的措施是合理的。比如，自动将所有人纳入养老金计划，同时给予人们退出的权利，而不是让人们自己报名加入。这有助于简化本来可能会过度复杂的决策过程，防止人们犯大错。[21] 我们在某种程度上对这种政策表示赞同。大部分人在被问到是否应该增加储蓄、参加锻炼、控制饮食、减少饮酒时，会说出他们认为对方期望听到的回答，虽然事实可能并非如此。

回顾吉尔伯阿对非理性的定义，我们可能会问：人们真的认同助推后的行为满足了自己的最大利益吗？如果人们得知何为"正确"的决策，人们真的会认为原来未经助推的行为是非理性的吗？可能许多人会承认，虽然说起来容易做起来难，但他们确实应该多吃蔬菜、骑车时戴安全头盔。但是，助推哲学的风险在于：助推者认为自己比事实上以及比被助推者更了解或更能了解不确定的世界。正如我们在第1章中所揭示的，我们很难确定一个人到底该在养老金计划中投资多少。大部分行为经济学著作中的命令式口吻恰恰暴露出善意的反自由主义危险。特沃斯基对他所谓的"先天的愚蠢"很感兴趣，认为他的反对者身上就有这种"特质"。

有限理性

由于现实生活中的活动具有复杂性，想要评估所有可能的结果再从中选择最优项是不可能的。基于此，经济学家赫伯特·西蒙提出了"有限理性"的概念。[22]我们无法评估所有潜在选择的结果。像上一章所说的那样让奥巴马事事依靠贝叶斯表盘，或是让他在做决定前先写满一整个白板的概率计算，这永远只是一个假想，而不可能成为现实。在真实世界中，要想做出良好决策，难点并不在于通过已知前提计算结果——在这方面，计算机已经超过人类了。真正的难点在于情境——人们无法得知所有可选项，也无法得知让这些选择生效的情境到底是什么样的。由于人脑并不像计算机一样只会机械地执行公理型决策，因此在许多复杂的情况下反而能做出更好的决策。西蒙认识到，极端不确定性让人们无法做出基于先验公理的最佳选择，因此他认为"目前的最优化理论亟须修正"。如此，他并未影响后人继续在此基础上开展大量研究，反而预测了未来研究的走向。[23]

西蒙在个人兴趣和研究上都表现出极强的跨学科性，他同时也是人工智能的先驱。他认为，人类在极端不确定中进行决策的方法之一就是通过经验法则寻找"足够好"的结果。这种决策的依据也被称为"满意度"，在现实生活中往往会产生比最优化决策更好的结果。这是因为要想在极端不确定中追求最优选择，就必须将人对真实世界的假设简单化。如果这些假设本身错了（在极端不确定的世界中，这一点几乎是铁定的），最优化行为就会产生错误结果。这就好比一个人找钥匙只在路灯下找，因为他觉得那里最亮。这个人错就错在，他把自己实际遇到的问题替换成了一个虽然明确但其实没有任何关系的问题。高盛的温尼亚尔与大多数金融界从业者和监管者都犯过这种错误。

西蒙将"有限理性"描述为极端不确定性的结果，但不少经济学家赋予了"有限理性"截然不同的意义。他们认为"有限理性"描述的是处理信息的成本，进而成为最优问题需要额外考虑的限制因素。从这个意义上说，有限理性将获取信息的成本和收益也纳入最优计算的范围之内。当然，这种解读并非西蒙的本意，也确实难以应用于实践。有限理性的作用并不在于给最优化问题增添计算成本，而在于揭示在极端不确定中做出合理决策有多少困难。西蒙曾经开玩笑说，他要对那些误用术语、忽视他的理论根基的人采取法律行动。[24]

美国心理学家加里·克莱因最初是美国空军军人，后来才开始研究经验丰富又务实的决策者，包括军人、消防员、医护人员等常常需要在短时间内顶着压力做出决定的人。在这种职业活动中，有些人能力非凡，他们是全军愿意跟随的指挥官、受人尊敬的消防队长、人们出现意外时希望他在场的医护人员。克莱因的核心发现用他自己的话来概括最合适不过了。

> 对有经验的决策者来说，决策的重点在于如何评估当下情形、回忆类似经验，而不在于比较不同的选择。他们评估决策合理与否的方法是看行动具体如何实施，而不是依靠形式分析和比较。决策者通常会寻找他们可以找到的第一个可行而非最佳方案。由于他们想到的第一个方案通常都是可行的，所以他们不必再列出一长串其

他选择来锁定最佳的那一个。他们一次只想出、评估一个方案，而不会多此一举，比较其他方案的优劣之处。[25]

克莱因描述的是复杂情形下的决策过程，此时需要的是可行的解决办法，而不是最优化的过程。我们都曾因为总想着或许有更好的选择而迟迟无法做出决定——"最好是好的敌人"。人们在现实生活中不会寻求最优解、计算主观概率、追求最高期望效用，这不是因为人们懒惰或没有时间，而是因为他们知道自己无法获得这种计算所需的全部信息。尽管如此，优秀的决策者依旧凭借自己的英明决策获得了他人的尊敬，比如克莱因提到的消防员和护士、沃伦·巴菲特、史蒂夫·乔布斯等。与卡尼曼和特沃斯基同时期开展研究的，还有德国心理学家格尔德·吉仁泽，只不过他获得的关注度和赞誉没有那么高。吉仁泽带领一群研究人员在柏林的马克斯-普朗克研究所工作。[26] 比起"偏见"，他们更关注真实世界中的人们是如何在信息有限的前提下做出实际决策的。他们强调简单启发法（或经验法则）在帮助人们应对极端不确定性时发挥的作用，还推广了快速节俭启发式决策规则。

进化使得人类不断发展、应用不同的技能来面对这个极端不确定的世界。人类对此应该心存感激，因为时至今日，极端不确定性比以往任何时候都要广泛。启发式方法的选择不仅取决于问题的具体情境，还取决于进化的优胜劣汰。从这种思路来看，有限理性可以被看作生态或进化上的理性，是一种能够在极端不确定性下提高人类生存概率的方法。自然智能不是由最优化能力衡量的，而是人类处理复杂、不明确问题的能力特点进化的结果。运用复杂模型做最优化的专家在面临新挑战时往往连普通人都不如。长期资本管理公司倒闭了，而伯克希尔·哈撒韦公司则成为世界上最大的投资公司。生态理性看起来比最优理性更好，这是怎么一回事？

第 9 章　演化和决策的需要

> 计算不是思考……若论相似程度，
> 你会更像你家的猫，
> 而不是 Siri（苹果智能语音助手）。
> ——布鲁斯·斯特林[1]

行为经济学发现了许多人类有悖于公理型理性的行为方式，并把这些行为称作"偏差"，它们是人类失灵的迹象。这种观点认为，人类高度发达的认知能力具有普遍且常见的缺陷，就好像上帝给了我们两条腿，使得我们可以奔跑或行走，但又让其中一条腿比另一条短，使得我们无法好好地奔跑或行走。一个有智慧的造物者不会那样去做，人类演化也不是那样进行的。

同时，行为经济学还有另一种主张：这些被行为经济学称作偏差的人类推理行为，虽然在为经济建模与实验心理学所创设的小世界中有时候会产生误导，但其许多特征实际上是适应我们现实所生活的大世界的，有利于人类的生存。这种解释用公理型理性代替了演化型理性。

应对存在于各种情况下的不确定性，一直是人类进化的重要组成部分。在过去充满极端不确定性的几千年中，人类已经学会了许多应对策略，并发展出了决策能力，让我们能在尚未完全了解新处境的情况下做出决定，这些新处境也可能是我们遇到一次之后永远不会再遇到的。为了应对现实世界，人类发展出了一些思维流程来处理那些定义不明确、模棱两可和极端不确定的问题。人类思维处理问题的方式与计算机截然不同，不同之处尤其在于，计算机能够高效解决那些清楚、明确的问题，而人类却擅长解决开放式的谜题。讲故事的能力是人类解决开放式谜题的关键，而且人类乐在其中。

我们应对未来的方式就是根据参考叙事来安排自己的生活。这些参考叙事不一定包括具体细节，它为我们的生活规划提供了基础，也为我们的日常选择提供了框架。正如克莱因研究中的消防员或是伍德福德的学生一样，在参考叙事无法应对某些事件时，我们会改变叙事，但这种情况很少见且不会连续出现。人们并不会独自去构建这些叙事，而是会与亲友一起讨论，以及听取专业人士的建议。在我们生活的各个社区中聚集、存在着集体智慧，我们正是其中的受益者。我们不是计算机的瑕疵版本。计算机是被训练以最优方式解决小世界问题的工具，但我们不是。我们是历经数千年演化，拥有个人指挥、集体智慧的人类。

生物进化比经济学家更聪明

进化论的发现是人类思想史的一大创举。但在达尔文发表进化论后的整个世纪里，进化论在生物学甚至其他领域的应用都缺乏严谨性。直到20世纪60年代，在弗朗西斯·克里克和詹姆斯·沃森发现了DNA（脱氧核糖核酸）的结构，以及威廉·唐纳·汉密尔顿和约翰·梅纳德·史密斯等人构建出更加完备的生物进化过程数学模型后，生物进化的机制才被赋予了更加充分的解释。进化是基因变异、选择和复制的结果，那些能够增强基因自我复制能力的突变会在种群中传播。理查德·道金斯受此启发而提出比喻——"自私的基因"，将进化论的观点带入大众的视野之中。

在道金斯的比喻中，自私的是基因，而不是个人，明确这一区别很重要。显然，基因没有意识或方向，但是从进化所带来的结果来看，基因好像能够"自私"地进行扩张，达到生存的目的。"自私的基因"是个发人深省的"仿佛"假设。[2] 由于我们与自己的后代和亲属共享了一些基因，亲属选择让我们表现出利他行为，即使这些行为需要牺牲自身利益。汉密尔顿阐明了关于"自私的基因"的数学依据，并以一种开玩笑的方式讲述了其理论蕴含的深意："我们会发现没有人会为任何人牺牲自己的生命，但是当一个人能够通过自我牺牲来拯救超过两个同胞兄弟或是四个半同胞兄弟或是八个堂兄弟的生命时，他们便愿意这么做。"[3] 但随着血缘关系的疏远，人们互帮互助的意愿也会降低。

利他主义、亲属关系、相互关系

假如你来到一个自己不熟悉的地方，不知道如何抵达目的地。这时，你向一个路人寻求帮助，希望他会给你指路，一般情况下你会如愿以偿[4]，如果没有的话，通常是因为那个人也不知道。为什么陌生人会给我们指路呢？毕竟，我们和他再次遇见的可能性很小，更别说他会得到我们对其指路的回报了。花时间去给毫不相关、素不相识的人指路到底有什么好处？非经济学家不会觉得解释这一行为很困难，用常识来回答就是大多数人善良且乐于助人，在这样一个大家互相帮助的社会中生活更加愉快。只要你帮助一个陌生人所需付出的代价不是很大，你通常会帮助他。

但是进化论好像无法支撑这种日常现象。人类的善举为什么可以帮助基因实现复制并延续生存呢？如果基因选择这一生物学机制是进化的唯一机制，那么进化论就可以为经济学的理性人模型多少提供一些支撑，就能够解释个体追求自我利益最大化的原因。从"自私的基因"到"自私的个人"似乎只有一步之遥。而且，从进化论提出开始，这个理论的应用就明显超出了物种发展的范围，即超出了达尔文在《物种起源》中的主要研究范围。如今几乎被人遗忘的社会哲学家赫伯特·斯宾塞是19世纪后期的知识分子领军人物。斯宾塞创造了"适者生存"一词，他的10卷本《综合哲学体系》试图解释进化的概念能被如何应用于几乎每一门学科。在当代，将进化论应用于经济学的例子，来自20世纪50年代初期芝加哥学派的成员阿门·阿尔奇安，他声称，即使公司无意于实现利润最大化，它也会那样做。[5] 他认为，"适者生存"的规则是竞争市场与生俱来的。进化机制不单存在于生物界，竞争市场可能也有这样的机制，这一说法是正确且重要的。

优生学曾是纳粹、白人至上主义者和其他种族主义者选择相信的一种伪科学，直至今日，推崇使用进化论解释社会行为的人仍遭强烈抵制。生物学家爱德华·威尔逊一直致力于研究蚂蚁等社会性昆虫，并主张将生物科学与社会学结合起来。[6] 他的理论遭到强烈反对，在他发表演讲时，甚至有示威者在他面前挥起万字旗（纳粹标志），还有人往他头上泼水。

生物进化与人类的善良之间的联结点，在于基因可以在（善良的）群体中实现复制、扩张，这种情况下，基因"仿佛"是自私的，但这并不意味着个体是自私的。一群善待彼此的人可能会比一群互相损害的人更能成功地生存下来，所以善良的基因会扩散、延续。但是，英国数学遗传学家约翰·梅纳德·史密斯表示，在群体中，有时候"互相损害"会比"善待彼此"更能占据上风。[7] 2007—2008年的全球金融危机事件便体现了这个问题，同时也暗示了问题的解决方案。投行集团贝尔斯登和雷曼兄弟以牺牲"好人"（客户）的利益为代价，让"恶人"（员工）赚钱，直到集团内部的"恶人"行径以及它们早先对其他集团的恶举最终导致了它们破产，在它们需要帮助的当时，几乎没有人会同情或帮助它们。[8] 如果适者生存法则在金融机构中的存在感没有那么弱的话，许多其他公司可能就在金融危机中被淘汰了。"恶人"大获成功，但他们的行为使得他们与"好人"共同存在的世界几近崩溃。人类是群体动物，群体内部的成功及相对于其他群体所取得的成功会影响基因复制的结果。一旦我们承认个人离不开群体（这些群体既包括雷曼兄弟公司，又包括全身心信仰上帝的封闭修道院），我们就必须承认，人类衡量自身进化时喜欢用的"适者生存"定义其实是更加广泛的，"适者生存"涵盖的不仅仅是生殖方面的成功。

我们人类与其他物种的区别在于我们有交流和使用语言的能力，有通过社交互动改变个体行为困境的能力，这是仅靠自私的基因所不能解释的。讲英语的父母的孩子也讲英语，讲法语的父母的孩子也讲法语，这种现象与基因遗传无关。群体合作会带来巨大的经济优势，因此，有利于社交互动的品质，如"语言本能"和其他乐于助人的品质，便受到了基因和文化的偏爱。

古生物学家推测，社交上互相亲近的群体，即彼此间的亲缘关系不见得密切但相互支持的群体，在5万—3万年前的旧石器时代晚期就已经出现了。[9]这些群体中出现利他主义的主要原因之一，是它能给群体带来一个优势——应对极端不确定性的能力。这些群体的文化渐渐发展出惩恶扬善的特点。乐于助人的社群越大、越多样化，个人和家庭就越不容易受到意外事件的冲击。

我们对旧石器时代人类群体行为的了解显然还很有限，我们的认知仅源于人类学对远古部落的研究。至少从当前看来，这些部落的生活方式与我们的远古祖先并没有很大的差异。东非讲马赛语的游牧民族用一种风险分担的机制——osotua 来应对不确定性，这种机制与现代的债务、保险概念有关联，但并不相同。他们的 osotua 机制建立在互惠承诺的基础之上，即承诺在未来某种情况下有义务互相帮助，并且这些义务是代际继承的。

osotua 机制有多种启动方式，最常见的启动方式是部落成员对一件物品或一次帮助的实际且迫切的需要，该成员所求也必须是其实际需要的数量……一旦 osotua 关系建立，部落成员就必须将其永久延续下去。osotua 也是永恒的，关系一旦建立就无法摧毁，若关系双方成员去世，osotua 会由他们的孩子继承。[10]

osotua 的隐性契约关系由社群规范来维持，社群规范旨在确保社群的参考叙事安全可靠。在极端不确定的情况下，人类对世界的未来状态和自身行动所带来的后果无法充分了解，这就意味着，涵盖所有可能结果的契约是无法被草拟出来的，即使人类有机制来制定和执行它们。将亲近关系扩展到血缘关系之外所带来的经济利益很大。降低风险管理成本不仅会带来直接效益，而且由于创新存在风险，这么做还有利于鼓励创新。人类能够在更大的群体中进行生产活动，就会产生更多劳动分工的机会，这些分工是通过生产专业化和资源交换实现的。接下来的历史大家就都很熟悉了——现代世界已经将创新、风险分担和专业分工发展到了前人无法想象的水平。1800 年以来，美国的人均国民收入增长了 25 倍以上，英国的人均国民收入增长了近 20 倍，预期寿命翻了一番。[11] 世界的经济和社会生活发生了翻天覆地的变化。如果没有集体的智慧来推动科技与业务流程的不断进步并扩大劳动分工，这一切都不可能实现。举个例子，如果没有先进的公共和私人医疗，没有帮助人们度过个人不幸和自然灾害的社会风险分担机制，上述历史进步都是不可能实现的。现代人类依靠社会关系网络来缓冲许多风险（重病、事业失败、关系破裂）。而且，自从 19 世纪末俾斯麦在德国建立社会保险，政府就扮演了帮助人们管理这些风险的角色，此举进一步扩大了互惠互助的规模。

因此，把进化论与极右理念（如种族主义、极端市场原教旨主义、激进利己主义等）联系在一起，简直是大错特错。人类的进化赋予了我们相互交流、相互学习、相互说服的能力，我们的这种能力在所有物种中是独一无二的。人类是群居动物，一些群居的灵长类动物多多少少具有一些利他、合作和同理心的特质，同样地，这些特质是公理上难以解释的。灵长类动物学家理查德·兰厄姆曾讲道，在黑猩猩中，雄性黑猩猩也是好斗且自私的，只有喜爱性交的倭黑猩猩才会表现出像人类给陌生人指路那样的友善。[12] 或许，人类的语言沟通能力才是让我们有别于其他物种的最重要因素。人类对沟通的重视强化了一个观点：虽然我们作为个体在解决确定的问题时存在偏见，但这种偏见能帮助我们作为群体去解决不确定的问题。

苏格拉底式对话历史悠久，它通过呈现各方相互对立的论点来寻求真理。对话的目标在于通过群体互动找到一种所有人都认同的叙事，并根据那个叙事来设定未来的行动指南。对话参与者的观点源自其存在的语境，这些观点有助于共同叙事的形成。[13] 进化赋予我们推理的能力，但正如法国认知学者雨果·梅西耶和丹·斯珀伯在2017年出版的著作中所说，这种能力"不是个人独享的"。[14] 进化让我们拥有了集体智慧、社会规范和制度，这是"我们成功的秘诀"，这些社会能力正是人类能够主宰地球的原因。[15]

进化选择的多种层面

社会群体如果能够发展出劳动分工和风险共担，并在之后的数千年将它们发展至极致的水平，这个社会群体便会达到极致的繁荣。这种广义上的亲近群体的出现还会带来许多其他经济社会效益。若人与人之间没有一定程度的信任，现代生活将寸步难行，经济活动也无法开展。《世界价值观调查》显示，各国人均收入与一个问题的答案是强相关关系，这个问题就是"你认为可以信任大多数人吗"。一个国家的受调查者中，回答"可以"的人越多，该国人均收入就越高。[16] 早在达尔文提出进化论之前，人们就认识到了社会演化及文化演化的重要性——苏格兰启蒙运动思想家亚当·弗格森1782年的作品中就有所体现。他写道："各国误打误撞建立了新的政治制度，那是人类行为的结果，而不是人类主动设计实施的成果。"[17] 同一时期的亚当·斯密认为："一双看不见的手引领着人们，去达成一个并非出自本意的目的。"[18] 如今，许多即使对经济学一无所知的人都会引用亚当·斯密的这一观点。这些 18 世纪苏格兰启蒙运动的思想家已经意识到了社会与文化实践本身就是人类演化的产物。

社会建立了道德规范和宗教习俗来遏制人类不合作的行为。社会创建了各种机制，从社会排斥到监狱，用来惩罚不合作的人。企业及其他机构、组织也只有在适应社会的情况下才能取得成功。竞争性市场遵循修正、复制、选择的过程，甚至宗教和道德规范也在其中运作，这些过程是演化的特征，但这种演化与我们的基因无关。

因此，演化有许多不同的种类，自然选择的产物无处不在。我们观察到了共同演化的现象，即多种机制并行运作的演化。举个例子，很多成年人无法消化牛奶，但在奶牛养殖普遍的地区中，大多数人对乳糖耐受，因为基因遗传和文化习俗是共同演化的。有人这样推理——"因为我是新西兰人，新西兰的牛比人多，所以乳糖耐受性有利于我生存"，这样的推理虽然也算正确，但不是大多数新西兰人对乳糖耐受的原因。原因其实是，大多数新西兰人是欧洲移民后裔，他们遗传了能促成乳糖耐受的基因突变，再加上欧洲移民将奶牛养殖技术带到了新西兰。欧洲移民发现新西兰非常适宜发展奶牛养殖业，便将奶牛带了过去，这些奶牛就是现在新西兰 500 万头奶牛的祖先。在波利尼西亚裔或亚洲裔新西兰人中，乳糖不耐受依然常见。[19] 但随着时间的推移，不同族裔间通婚和自然选择会让这些基因差异逐渐消除。

演化造成了人类的各种倾向，如倾向于食用奶制品、倾向于信任他人，这些倾向会影响行为。这些倾向也可以被我们下意识地努力克服，就像下面这则蝎子和青蛙的寓言中所描述的。

> 蝎子让青蛙背它过河，青蛙害怕被蜇，犹豫不决。但蝎子说如果自己蜇了青蛙，那么它们都会被淹死。青蛙听到蝎子这么说，便答应了背蝎子过河。但就在河的中间，蝎子还是蜇了青蛙，导致它们都被淹死了。青蛙问蝎子为什么要那样做，蝎子回答说这是它的天性。[20]

有欧洲基因的人爱喝牛奶，世界各地的人都乐于帮助陌生人，因为"这是他们的天性"，而不是因为他们事先计算过这样做对他们有利。人们构建并传授道德规范，惩罚违反道德规范的人。大多数行为既是先天又是后天的产物。主张"一切归于基因"的生物决定论者和主张大脑是"一块白板"的行为主义者的观点都是站不住脚的。[21]

"出于个人利益"去做某事与"出于自己的天性"去做某事，两者之间存在区别。"假装真诚就可以让你成功"，但装出来的真诚是不长久的。[22]沃特利大主教的说法更有道理，那就是"诚实是上策，可是照此去做的人不见得都是老实人"。[23]心理学家及人类学家勒达·科斯米德斯和约翰·托比夫妇认为，人类有感知欺骗的机制，用来识别装出来的真诚和诚实。他们的观点虽然仍有争议，但我们大多数人早已学会了避开寿险推销员，不去相信二手车经销商。[24]我们选择不相信推销，或是选择相信同事不会偷我们的钱包，这些行为通常是（但不见得总是）符合我们的最佳利益的。在一个极端不确定的世界中，我们并不知道自己的行动是不是最优行动，毕竟保险推销员可能提出了一个很有吸引力的产品，或者同事可能因为赌博或吸毒上瘾而极度缺钱。不确定性，极端不确定性，无处不在。被行为经济学家称作"天性"的人类非理性"偏差"行为，并不是一般意义上的非理性。在赌场和心理学实验室的小世界之外，这些"偏差"是对我们有利的特征，它们源自人类的演化。

损失规避

演化使得人类能够应对在大世界中遇到的多种极端不确定性。面对不确定性的不同态度影响着个体及群体的生存机会。在某些环境中，如商界、体育界，行事谨慎、拒绝冒险等于放弃成功的机会，相反，高估自己的胜算甚至可以成为优势。在其他环境中，规避风险则非常合理。人类得以生存至今的原因之一，就是我们的祖先没有被掠食者吃掉，而笔者之所以能够写下本书，是因为我们过马路时没有出车祸。在现代社会中，我们不需要躲避狮子和老虎，但促使我们避开黑暗的街道、躲开迎面而来的车辆、逃离恐怖分子的这些反应，通常是明智且合理的。这些反应有化学和神经生理学的基础，又经过小时候来自父母给我们的教育、警告加以强化。规避重大损失的倾向是一种实用的属性。

这些行为不是计算的结果。不进行计算的原因不单是我们没有足够的时间或信息来计算主观预期效用（我们确实没有足够的时间或信息），还有一个重要原因是，正如塔勒布所强调的，进化偏爱幸存者，而且这些幸存者并不一定是追求预期价值最大化的人。[25] 也许经济学意义上的理性人绝后的原因，是没有人愿意与他们交配。

如果我们生活在简单、平稳的小世界中，解决小世界问题的最优化知识和技巧便会是成功进化的关键。然而，在大多数情况下，我们并不生活在小世界中。在现实中，极端事件（即处于分布尾端的事件）与人类存亡息息相关。在庄稼歉收或瘟疫流行时，适者才能生存，但在平淡无奇的日子中，只有最倒霉或最粗心的人才会遇上坠机事故或被伴侣蓄意谋杀。普通人死于黑死病的可能性大[26]，但死于交通事故的可能性小。

进化赋予了我们特定的特征和制度，让我们能够生存、交配，并将同样的特征和制度传给下一代。有时，这种对生存的需求会指引我们达到最好的结果。有时，这个最好的结果是平均水准达到最好，有时是避免最坏的事情发生。但在大部分情况下，最好的结果是蒙混过关。克莱因所钦佩的消防员们并没有找到最适宜的解决方案，但他们一次又一次找出了足够好的方案，罗斯福和丘吉尔也是如此。

对个人来说，选择最优策略可以将成功最大化，但若一个群体中的所有人都这么做，这个群体就会面临灭绝的风险。最后生存下来的，其实是那些采用"混合策略"，适时更换栖息地的群体，他们的基因最终取得了主导地位。[27] 美国政治学家詹姆斯·斯科特在"科学"林业史中讲到了这一现实：种植"最好的"树木会导致单一栽培，而这些单一栽培的树迟早会被未知的寄生虫消灭。[28] 马铃薯晚疫病曾经摧毁爱尔兰农业，导致至少 100 万人死于疾病和饥饿，且在后来的很长一段时间内爱尔兰人口大量外移，这都是因为马铃薯在当时被认为是最适合在该国种植的农作物，爱尔兰的粮食生产却也因此缺乏多样性。[29]人类之所以能过得更好，是因为有着形形色色、各不相同的人，因为并非只有一种行为方式才是理性的。我们现在拥有的一切要归功于圣方济各、奥斯卡·王尔德、史蒂夫·乔布斯以及千千万万各有所长、没有陷于日常事务中的人，我们要感谢这群人。

自信与乐观

公理型理性的支持者和行为经济学家认为，乐观精神是一种"偏差"，会导致人们在计算主观期望效用时出现错误。我们对此却不太认同。美国海军上将詹姆斯·斯托克代尔在战争中受到监禁和折磨[30]，他充分证明了自信和乐观的演化价值。战俘对外部世界发生的一切一无所知，他们除了要承受肉体上的痛苦，还要经历极端不确定性所带来的精神痛苦。他表示："你不可以把信念和自律混为一谈。信念使你相信痛苦终将结束，没有信念你就不可能坚持下去。自律使你愿意忍受现实，不管现实有多么残酷。"[31]斯托克代尔作为幸存者的经历与其他战俘的命运形成了鲜明对比。那些战俘幻想会有特殊事件发生，他们会被释放，但幻想最终破灭，他们的精神也随之崩溃。

1940年，正值英国面临德国入侵威胁之时，丘吉尔在议会上发表了他最著名的演讲之一："我们将坚持到底，我们将在法国作战，将在海上作战，将在空中作战，并且越战越勇，越战越强。我们将不惜一切代价保卫我们的祖国，我们将在海滩上作战，在敌人的登陆点作战，在田野和街头作战，在山区作战，我们决不投降！"[32]就像斯托克代尔一样，丘吉尔充满了乐观精神，但他无法也不愿说清这种乐观精神从何而来。丘吉尔在面对逆境时能发表如此铿锵有力的反抗宣言，是因为他有非常坚定的信念与自信，而不是因为他有审慎的逻辑推理。有时，这种自信是合理的，但并非总是如此。丘吉尔的自信正是他在布尔战争、加里波利之战中失败，以及总是在赌博时输钱的原因。在政治领袖的身上，过度自信有可能是一种危险的特质。但在恰当的时机（比如1940年），丘吉尔的乐观和自信至关重要。

史蒂夫·乔布斯也不符合"理性"行为的传统定义。就像丘吉尔刚接任英国首相时对战争局势要如何发展没有具体计划一样，乔布斯当时再次回到苹果公司，也仅满足于等待"下一个大事件"。乔布斯的传记作者沃尔特·艾萨克森写道，乔布斯身上有"现实扭曲力场"。这个词是苹果最早的软件设计师从《星际迷航》中借用过来的。这位软件设计师认为乔布斯的"现实扭曲力场""融合了极具魅力的修辞风格、不屈不挠的意志，以及对'扭曲'、改造现实来达成目的的强烈渴望"，这些特征与丘吉尔的传记作者所提到的特质很类似。[33]然而，有一点非常令人惊讶，"现实扭曲力场"一词在传记的上半部分，即讲述乔布斯1997年重返苹果之前的时期，出现了16次之多，在下半部分仅出现了3次。《纽约时报》在乔布斯去世时这样评论道："1985年被迫离开苹果之前，乔布斯先生是出了名的凡事亲力亲为、频繁干涉细节、动不动斥责同事的一个人……重回苹果之后，他开始放手让同事去做事，倾听他的设计和业务团队，并信任他们。"[34]

显然，乐观能够创造价值，但要加以控制和引导，这样所创造的价值才更大。在赌桌上，过度自信是灾难，但这一特点对需要激励队友、商业伙伴或军队士兵的领导者来说至关重要。丘吉尔1940年的演讲将其性格和观点发挥得淋漓尽致。那场演讲的听众不仅仅是议会议员，还有广大民众。在那个关键时刻，丘吉尔成功说服了他的内阁大臣继续战斗是必要也是可能的，成功激励了英国民众，并向其他国家（包括敌对的德国和表示出同情的美国）证明了英国的决心。

维珍集团创始人理查德·布兰森是一个自信满满、热情洋溢的人，也是个比丘吉尔更成功的赌徒。传记作者汤姆·鲍尔指出，布兰森初次创业时曾陷入财务危机，可他本人对企业现金流和预算细节不闻不问。[35]布兰森和一位同事从他们开的诺丁山唱片行的收银台取走了500英镑，并在帕克街上的花花公子俱乐部赌了一晚。在那天凌晨 5 点之前，布兰森自鸣得意的成功学似乎还缺乏根据。后来，他把身上剩余的筹码全数押在最后一笔赌注上，不仅全部回本，还多赢了不少钱。再后来，布兰森的商业帝国就此诞生。[36]

当然，布兰森的行为是鲁莽的，丘吉尔的自吹自擂很愚蠢，乔布斯的职业生涯也充满了坎坷。但是，如果他们学会掌控自己的"偏差"、抑制自己的"不理性"，他们自己以及整个世界就不会变得更好。由此可见，公理型理性概念存在局限性。丘吉尔、乔布斯、布兰森活在大世界而不是小世界中。在小世界，理性行为可以简化为数学运算，这些运算只能在问题界定清晰且人们对所处环境有充分认识的情况下进行。布兰森、丘吉尔、乔布斯的成就让我们想起了奈特在一个世纪前提出但已被遗忘的洞见：极端不确定性与企业家精神之间的联系。正如凯恩斯所言，当人们只相信数学期望值时，企业家精神就不复存在了。冒险行为看似与公理型理性相悖，却是资本主义社会的核心动力，是"资本主义成功秘诀"的关键。

双系统

行为经济学代表人物丹尼尔·卡尼曼提出"系统一"和"系统二"，用以区分直觉反应与有意识思考的理性过程。在系统一的指挥下，我们的行为就是行为经济学中所谓的"偏差"，会被更偏向理性的系统二否决。在大众所认为的心理学中，左脑和右脑会产生不同的影响。目前，我们还不清楚系统一和系统二之间的区别是一种比喻的手法还是对实际心理过程的描述。现代神经心理学大体上已经否定这种二元论。[37]大脑的不同部分看似在我们的思考和决策中扮演着不同的角色，有些部分在我们冒险时变得比较活跃，有些部分在我们做爱时变得比较活跃，但是认知的过程只有一种，不仅涉及大脑，而且涉及身体。20 世纪 80 年代，神经生理学家本杰明·利贝发现，有些时候，在大脑下令指挥行动之前，我们的身体早已开始行动了，比如我们将手抽离很烫的炉子的时候。[38] 由此看来，大脑是一个实体，而不是负责决策的委员会。

在一项著名的研究中，神经科学家安东尼奥·达马西奥提到，有一位患者因为大脑损伤而无法感受到情绪。[39] 结果这位患者并没有成为大世界中一位超级理性的居民，而是只能生活在小世界中。在日常生活中，他根本无法做出任何决定。他会为一些无关紧要的事情苦恼很久，比如下次约会的时间。他的问题在于，对他来说，与决策可能相关的信息几乎是无限多的，而试图去处理所有这些信息导致他无从做出决定。

我们所有人都可能面临类似的问题。如果我们试图去分析所有可能行为的所有可能结果，我们将一无所成，因为极端不确定性意味着贝叶斯推理树状图的分支无限地倍增扩散。下周三天气如何？公交车会准点到达吗？这些问题看上去还算是简单的，我们还没问到2025年的股价水平或2030年的中美关系。这就是极端不确定性的本质，也正是因为这一点，人类才不会在系统地评估完所有可能结果后才做决定，而是演化出了其他办法。

我们会使用反射、本能、情感和直觉等字眼来描述以下行为：手碰到热炉后抽开，急于帮助一个受困的孩子或受伤的陌生人，不信任新员工或潜在的商业伙伴。这些行为并不是我们应该抑制的"非理性"反应，而是演化过程中人类发展出来并经由社会学习强化的行为，使得我们能够应对一个极端不确定的世界。人类受益于演化型理性，这种理性与公理型理性不同，而与我们身处的大世界更加相关。

尽管如此，系统一和系统二之间的区别还是有一定道理的，我们将在第15章中回过头来讨论。在第15章中，我们将对演化型理性与沟通型理性做出区分，前者是我们做出判断和行动的基础，后者是我们用来向他人解释我们的判断和行动的语言。人类与其他哺乳动物的区别在于，我们有沟通和协调能力。[40] 我们具有的相互合作的倾向虽然并非仅为人类所有，但人类合作的规模和程度在自然界中着实罕见。"真社会性"指的是动物对繁殖与养育后代进行共同分工的行为，这些动物的几个世代生活在一起并共同抚育后代。真社会性促进了劳动分工的出现，亚当·斯密在《国富论》的头几页就肯定了劳动分工对经济发展的重要性。真社会性物种的生产力水平很高，能够承担复杂的任务，能够制作精美的手工艺品。

真社会性出现在了两条不同的演化路径中，一是在人类中，二是在一些其他的哺乳动物中。在后者中发现的真社会性程度较轻，仅仅是交流沟通的产物。相比之下，在人类社会中，高度复杂的语言使得我们的劳动分工能力倍增。真社会性也存在于一些昆虫物种中，特别是蚂蚁、白蚁和蜜蜂。在蚁群中，所有工蚁都与专门完成繁殖任务的蚁后有亲缘关系。蚂蚁的遗传机制与哺乳动物的完全不同，但劳动分工广泛存在于蚁群中。蚂蚁会把受精卵带到蚁穴中照顾，受精卵孵出的幼虫在那里由工蚁负责喂养。其他工蚁负责收集或管理资源，兵蚁则负责捍卫它们共同的蚁穴，避免受到敌人的侵害。

人类智慧与机器智能

演化理性让我们有能力制造出计算机，而不是成为计算机。计算机可以比人类更准确、更快速地执行计算，就算是最擅长数学运算的人也比不过它。如今，计算机可以下国际象棋或围棋，并且比任何人类棋手都厉害。在顶尖程序员的帮助下，计算机可以在金融市场上执行能够获利的交易策略，还比大多数放射科医生更擅长解读疾病诊断扫描图。但对于所有这些任务，计算机需要一个庞大的数据库，以供其从中学习，比如所有国际象棋和围棋游戏记录、证券市场价格的海量数据和成千上万张已有的扫描图及其最终诊断结果。

人工智能就是让计算机从经验中进行学习。许多人相信，通过这种方法，所有的谜团最终都会变成可解的。人工智能公司 DeepMind 开发出了一个程序，击败了人类的围棋冠军，这可是一种棋子在棋盘各个位置的潜在组合比宇宙中的原子还多的游戏。DeepMind 之所以能够打败围棋冠军，是因为它通过让程序跟自己对弈来创建一个庞大的棋局数据库。因此，DeepMind 的计算机不需要获取任何历史数据。但是，人工智能在围棋上能够打败人类，只是因为围棋虽然很复杂，但它仍是一个固定存在的问题，拥有定义全面而精确的规则。依靠自学的 DeepMind 围棋程序可以获取围棋规则，判断双方胜负。迄今为止，人工智能的所有成果都是因为计算机能够以这种方式进行自我训练，且计算速度非常快，这意味着它在很短的时间内能够下的（国际象棋或围棋）棋局比一个人一辈子下的棋局还多。

奥巴马所面临的问题则完全不同。他所能接触到的信息十分有限，他的决策结果取决于许多已知和未知的因素，这些因素发生的概率也几乎无从算起。不管是使馆人员，还是巴基斯坦政府或军队，他们的反应都没有规则可循。奥巴马面临的这些情况是独一无二的，他无法通过观察数千次不同的决定所带来的结果来训练自己。他顶多可以拿自己和其他政治领导人曾经遇到过的情况进行粗略的类比，但任何历史类比都会很牵强。1938 年，安东尼·艾登从张伯伦的内阁辞职。1957 年，他辞任英国首相，因为他错把埃及总统纳赛尔类比作希特勒，发动战争欲占领苏伊士运河但最后失败。奥巴马或许可以类比历史，大概了解其决策会有何后果，但在大多数重大政治或商业决策中，后果往往是很难预料的。奥巴马面临的难题是计算机无法解决的。如果把奥巴马换成一台计算机，它也不一定能当机立断，决定刺杀本·拉登。

况且，即使是会下国际象棋和围棋的计算机，它们的设定也不是每一步都追求最优化。正如赫伯特·西蒙在 20 世纪 50 年代所设想的那样（当时他大大低估了人类制造出能够击败国际象棋大师的机器所需的时间），这些机器追求的是"满意即可"，它们不是找出最好的走法，而是一个足够好的走法即可。原则上，国际象棋有一种"最优"的棋步走法，也就是在一盘完美的棋局中，无论白棋还是黑棋都已经无法做得更好的这一状态。那将会是国际象棋博弈的终极"解决方案"（经济学家以其特有的方式将那个状态描述为子博弈完美纳什均衡）。但我们并没有（也许永远也不会有）功能强大到足以下出那样一盘完美棋局的计算机。[41] 如果连2019年的国际象棋世界冠军芒努斯·卡尔森和深蓝超级计算机都无法下出一盘完美的国际象棋，那么普通人和企业想在经济博弈中追求最优化就更是异想天开了。

卡尼曼认为，在理解人类行为时，"噪声"（即随机性）甚至比"偏差"更重要。他期待未来人工智能可以消除人类先天的愚蠢："如果有了足够多的数据，很难想象还会有什么事情是只有人类才能做的。"[42] 因此，他认为"尽可能用算法来取代人类"是个好主意。[43] 这样一来，就可以避免经济学家所说的"偏差"和"噪声"，进而避免人类行为系统性、随机性地偏离公理型理性。

但是，数学推理只适用于小世界，而不适用于我们实际生活的大世界，并且我们还不清楚在这样一个世界中计算机要如何判断什么是"理性"。计算机可以比人类更快速、更可靠地去执行许多任务，我们应该让计算机来完成这些它们擅长的任务。但计算机无法解决拿破仑和奥巴马面临的问题，也无法在温尼亚尔问题中给出正确的答案。长时间以来，人们低估了应对极端不确定的世界所需的智力资源，而且目前我们在这方面的资源也是匮乏的。当我们从一般理论的角度看待偏差和噪声这两个行为经济学基础概念时，我们发现，它们与极端不确定性、人类演化以及人类决策的集体属性并不一致。

在一个极端不确定的世界中，凡事都需要判断。记住那句老话：只做只有你能做的事情。在这样一个世界中，我们得把这句老话应用于人类思维推理上。我们没有必要害怕计算机，我们应该善用它们，而要做到这一点，需要人们有良好的判断力。这种良好的判断力无法被归纳为"生存的12条法则""高效能人士的7个习惯""21世纪的21堂课"。

人类智慧与人工智能不同，人工智能会增强人类智慧，而不是取而代之。到目前为止，还没有任何一台计算机可以写出所有人都想读的诗歌或小说。2018年，计算机创作的《埃德蒙·贝拉米肖像》在佳士得拍卖行以432 500美元售出。这幅画之所以能拍出如此高的价格，是因为人们觉得它十分新奇，而不是因为它很好或者很有创造力。计算机翻译也无法完全保留原文的意思，更不用说保留原文的风格蕴意了，因为计算机不能"理解"文本所指的语境。[44] 我们的行为除了反映我们所处的情境，也反映我们对那种情境的一些共同叙事。计算机正是因为缺乏对那种情境的认知，所以很多事情都做不到，例如与中国外交官谈判、制定击败恐怖主义暴动的战略等。这也就是为什么"奇点"（人工智能最终取代人类自然、文化、社会进化产物的时间点）只不过是一个遥远的白日梦。人工智能可能会让我们更快地解决有明确定义的谜题，但它永远无法解决没有明确定义的奥秘。

宇宙赋予了我们能够轻易迅速获取生存技能的能力，让我们能应对意外和特殊事件。如果快速进行大量计算的能力对于在现实大世界中生存非常重要，那么演化可能早就帮助人类发展出这种能力了。可是，人类并没有演化出那种能力，而是获得了其他技能，比如综合量化和质化的信息的技能、弄清楚定义模糊且复杂的情况的技能，以及通过文章和故事来激发自己和他人思考人类行为和未来可能性的技能。

第 10 章　叙事范式

叙事本身会在无形之中引导读者,这种引导的威力超乎所察。
——托马斯·霍布斯《修昔底德的生平与〈历史〉》[1]

人类通过交流和学习获取知识,而黑猩猩,甚至类人的倭黑猩猩,则无上学一说。本书第 1 章讲道,加利福尼亚大学洛杉矶分校安德森管理学院的理查德·鲁梅尔特教授会组织全班同学一起探究"究竟发生了什么",他在 MBA 班采用案例研究法教学,要求学生在每周集中讨论之前阅读材料,了解某家公司的一项决策,学生事先对这家公司一无所知。准备案例的助教会提前摸清案例的来龙去脉。全班就阅读材料展开讨论,在教授的指导下,围绕"究竟发生了什么"达成一致,并形成一份行动方针建议。这些案例一般都发生在过去,决策已经为各公司带来了或好或坏的影响。

做任何决策都要先问"究竟发生了什么",这个道理似乎显而易见,不值一提,然而有着几十年相关经验的鲁梅尔特教授却立刻发现并非这么回事,贝叶斯表盘分析模式就截然不同,这种模式依靠决策者提取先验知识,随着表盘指针来回转动获悉新的信息。有的学生从为数不多的经历中总结出先验概率,或者求助于机场商业类书籍里的陈谷子烂芝麻,但一堂好的 MBA 课不吃这一套,不让学生张口就提应采取什么行动、有哪些可行的办法,而是让他们先确定"究竟发生了什么",最后再下结论。

在现实生活中,我们不仅有幸在商界、政界、金融界见识到或好或糟的决策者,而且可以看到,糟糕的决策者普遍依靠先验经验下结论,他们故步自封、傲慢自大,说得多,听得少,往往不明白"三人行,必有我师"的道理,也认识不到知识的局限性——无论是个体还是全人类,在复杂多变的形势面前都有知识盲区。他们坚信自己有能力判断所有不确定的情形,不同于巴菲特,他们对每个扔过来的球都会挥棒。

好的决策者正相反,他们擅于倾听,并且总是在广泛征集相关建议、了解事实情况后才会初步形成看法。就算有了看法,他们也会积极听取不同意见,最后才会组织讨论,形成结论。商学院的案例分析法教学正是为了训练未来的管理者采取这样的思维模式。类似的训练也存在于法学院的课程体系和医学生的实习环节中。

鲁梅尔特教授的学生很幸运,能与这样一位顶尖教授面对面,而大多数学生就没有这么好的运气了。诸多咨询公司的员工也湮没在先验经验之中,无论什么展示,来来回回都是那几个 PPT(演示文稿),无非改个标题。所谓商业战略构建在现实生活中往往与弄清楚"究竟发生了什么"相去甚远,实在令人喟叹。

战略周末

战略周末富有仪式感,公司高管集体入住一家乡郊酒店,期望团队在美酒珍馐的滋养下更客观地思索公司的未来。镶板房里悬挂着许多古老的画作，也不知真假。笔者之一坐在长桌的一侧，另一侧则坐着公司的策划经理和某一主营业务的主管。主管拿起一叠厚厚的战略计划，对策划经理发起了脾气："整整三年时间，全拿来给这个文件补充信息了，我就从没见过咱们讨论文件内容。这里面的数字都是什么意思？到底是预测还是目标？"策划经理早已脸红脖子粗，气冲冲地说："你管着整整两万人的公司，可不能凭着感觉来。"后来两人在酒吧里双双承认，对方说的有理。主管确实需要从大局出发，看得更远，而策划者递交的文件满足不了这一点。

镜头一转，来到另一家公司的讨论现场，这家公司的画风截然不同，讨论场所不再是宁静的英格兰乡间，而在主要机场近旁，塞满房间的不再是古画，而是视听设备。公司安排了一位"推进人"从美国飞过来，精心策划当日的讨论。他在台上大摇大摆地晃荡，想引起大家的注意，颇有些像夜店门口揽生意的皮条客。他说道："咱得问问自己，究竟想成为什么样的公司。咱们想不想成为欧洲业内领先的公司？"听众陷入了沉思。"来投票表决吧。"一些人已经尴尬地看向了地板。于是就投票了，结果如何，各位读者可以想见。

然而，公司刚开始为"成为欧洲业内领先的公司"的决定制订计划，就碰了钉子。公司只占有2%的德国市场，早先打入德国的计划并未成功。要想成为欧洲业内领先的公司，德国市场占有率至少要达到15%，这显然意味着要收购德国的公司，只有两家公司规模足够大，其中一家很快被排除掉了，仅剩一家公司。

公司不到半小时就做出了一项有效决策，收购某家德国公司，之后也付诸实践了，其间完全没有讨论收购成本、潜在收益、能为公司关系带来什么价值等。他们生动演绎了20世纪80年代的主流商业思路：以愿景和使命为基础，采取愿望驱动战略，不从公司的实际情况出发，只考虑公司想成为什么，就像是小孩辩论未来要做脑科医生还是火车司机。

镜头转向另一个战略周末，主角换了一家公司，观众在观看《品质是免费的》视频，视频里说，更好的品质会带来更高的需求，这样单位成本更低、收益更多，能增加利润，以供进一步改善质量，构成良性循环。这里的主角是一家供水公司，展示结束后，笔者之一找到播放视频的咨询师，想提一些建设性的批评意见，他指出，供水行业的品质一般指饮用水质量，但饮用水在消费用水中占比不到2%，在温布尔登，大部分水其实用在洗涤、冲厕、工农业、高尔夫球场保养上。[2] 所以，就算提升饮用水质量能让需求增长一倍，消费增长也只有不到2%，能不能增长还不好说，毕竟基本上没有人会因为自来水好喝就要"再来一杯"。

另外，在供水行业，单位成本不会随着消费增长而降低，反而会提升。供水公司会优先使用最便宜、最可及的水源，所以需求越大，水费越高。而且供水公司的大部分客户，包括全部饮用水客户支付的水费，不取决于他们自身的用水量，因此品质提升既不能降低单位成本，也不会提高单位收益。提质的良性循环并不适用于供水行业，这种模式和这家公司不相干。

但是咨询师不愿意争论这些细节。他们没有辩驳那些关于成本、需求、收益的论断，而是觉得笔者之一较真得讨厌，他们不过是想展示一些象征性、启发性的东西，并不是在讲这家公司，或者任何一家具体的公司。笔者之一把视频内容当作对真实世界的论断，评判论断对错，是误解了练习的本质。

这就是这些管理者的遭遇。公司出了高价，只为了听到最好的建议。他们诚挚地前来求知，得到的却毫无价值。三个常见的问题害了他们，不单是商业战略出了问题，更是分析和解决问题的宏观思路出了问题。

与古画仿品为伴的第一家公司误把量化当成了解，误把预测当成计划，没起到实际作用，只是造了一堆数字出来，这是20世纪70年代常用来制定商业战略的办法，如今大多数公司早就不用了，就像是许多国家不用五年计划了。但公共板块旋即充斥着模型、度量标准，信奉"只要能算清楚就有意义"，"只有能算清楚才有意义"，"有意义的都能且必须算清楚"，这些观念影响了公共及商业政策的各个领域。

收购德国公司的第二家公司混淆了志向和战略，这种情况下大家自然会抱怨：制定战略容易，实施战略却难。实践中有很多更糟的例子。起码这家公司的争论促使他们采取行动了，哪怕是欠考虑的行动。如今或大或小、或公或私的组织机构，几乎人手一套假大空的愿景和使命，你可能看一眼就过去了，但可别小看了他们浪费在遣词造句上的时间，也别忽略这些花拳绣腿侵占了他们正经讨论的时间，导致他们对自身特色、目的以及如何加以发展实现的讨论远远不足。

第三家公司的高管看了半小时《品质是免费的》视频，忽略了视频内容与供水行业毫不相关。这家公司没有意识到，激励性地劝导员工（这是有专人负责的）与董事会辩论是有区别的。在议会和公众面前，丘吉尔是一位卓越的演说家，但很难想象他的内阁大臣会对类似的夸夸其谈有什么积极的反响，毕竟他们要独自对战无所不能的对手，面对的是无穷无尽的实际困难。

诊断

鲁梅尔特指出，探究"究竟发生了什么"是一种诊断，诊断是医学常用词。作家兼执业医师杰若·古柏曼写了一本书叫《医生如何想》，试图探明医生的思维，他描述了自己和同事在诊断过程中犯过的错，认为很多错误是由各种各样的"偏差"引起的，常读行为经济学的朋友应该很熟悉这个概念，但是大多数错误其实是因为过于关注先验概率——"他走进诊室的时候看上去挺健康的"，"这种我见多了"，"我那些有 X 症状的患者大多患有 Y 病"。好的医生会倾听、检测、提问，最后才会形成临时诊断意见，他们能分清什么是准确判断症状从而得出临时诊断，什么是想当然从而妄下定论。所以好的医生会和同事一起讨论棘手的病例，许多医疗机构也将这种讨论制度化了。

谁想要一个不能自信而慎重地问诊的医生呢？谁又想要一个坐在贝叶斯表盘底下，依据表盘指针来回转动问诊的医生呢？有的医生张口就说"我不确定"，"大部分人过几天就好了"，就算这些话可能没错，又有谁敢请这种医生？有的医生不愿意分享或是选择性分享诊断推导，有谁想要这样的医生？好医生的核心在于沟通，很多人可能不愿意让计算机给自己看病，与此类似，哪怕开飞机的实际上是计算机，人们看到穿制服的飞行员也安心些。要是一群鹅把引擎翻出来了，乘客就会发现，在极端不确定面前，人类的处理比计算机有效得多。

计算机及其使用的算法能推动医疗实现巨大飞跃。每年有几十亿人寻医问药，人工智能可以基于这些数据进行大量训练。如同下国际象棋和围棋的机器会在与人类的对战中获得反馈，患者情况的改善也能给诊疗程序提供反馈，只是速度和清晰度落后于前者。计算机还能比顶尖的医学人士更好、更快地掌握及查询庞大的医疗知识库。这些力量会助力人工智能改善并加快诊疗过程，从而取代常见病症医生。

但我们认为，那些水平高、经验足的医生有了算法和数据驱动诊疗方案的辅助，依然可以保住饭碗。笔者之一幸存下来，有赖于某位他起初并不看好的医生，这位医生很传统、凭直觉做事，但经验丰富，他给笔者之一看病时深究"究竟发生了什么"，从而发现之前的诊断虽准确但有所欠缺，因为先前那位训练有素的年轻医生漏掉了一个重要问题。正是这个发现救了笔者之一的命。

历史叙事

第4章提到，关于汉尼拔翻越阿尔卑斯山，吉本说了这样一番话：李维"更倾向于历史可能的情况，而波里比阿则更倾向于历史实际的样子"。他的话不仅说明概率的含义变了，而且为研究历史指了条新路。李维本着编写罗马全史的初心，将为罗马的特色和文化做出贡献的神话编织成完整的作品，成就了文学造诣极高的巨著，2 000年后还有学生与学者在研究这些神话。李维不大可能真的相信罗马的建立和得名是因为被遗弃在台伯河里又被母狼救起来养大的双胞胎之一，但事情有没有真实发生、叙述是否准确，都不影响李维达成目的。

神话、传说、对真实历史事件的选择性陈述，共同构成民族的根基：阿尔弗雷德大帝烤焦了蛋糕，英格兰国王哈罗德在黑斯廷斯战役中眼部遇刺，《大宪章》奠定了民主制度的基础。可能如此吧。笔者之一在学校里学到的苏格兰历史将一群土匪之间的小规模冲突升级为剿灭英国敌人的胜利之战，却只字不提苏格兰的启蒙运动。启蒙运动对苏格兰历史和世界历史都具有开创性意义，但会削弱浪漫主义和英雄民族主义的主流民族叙事。另一位笔者则学到，英格兰人顽强抵抗野蛮凶残的苏格兰人长达几百年，直到18世纪初苏格兰经济崩溃，为苏格兰高地的和平铺平了道路，为和平、繁荣、民主的英国诞生提供了条件。

在《二战回忆录》中，丘吉尔以他独特的笔法写道："我们是否应当继续战斗，这个最重要的问题从未在战时内阁的议程上占据一席之地，它被视作理所应当，自然而然……我们过于忙碌，没有时间浪费在这种不切实际的学术问题上。"[3] 同时期的历史记录显示，他的说法是完全错误的：战时内阁曾激烈辩论过要不要继续作战。

波里比阿的目的和李维截然不同，与丘吉尔也大相径庭。波里比阿是为数不多强调实质性证据高于权威的古典作家之一，另一位是希罗多德。丘吉尔写的是李维风格的励志叙事，而非波里比阿风格的纪史。启蒙运动之前，伏尔泰的历史写作中更多地呈现法国国王的生活，但他并不局限于记录他们的胜利、歌颂他们的生育能力。伏尔泰对于他所记录的时代的经济、文化、社会都很感兴趣。吉本自身也在《罗马帝国衰亡史》中展现了不同的纪史风格。

19世纪早期，德国历史学家利奥波德·冯·兰克创立了著名的现代历史学术目标——"还原历史的本来面目"。兰克的现代编辑格奥尔格·伊格尔斯强调这样的纪史无法充分传达本真的德国精神，他结合具体情境点评兰克的观点："叙述之所以成为历史叙述，不是因为讲了事实，而是因为强调了重要部分。'还原历史的本来面目'无异于'断定历史的情况'，而非'描绘世界的原貌'。"他还说道："兰克是典型的19世纪德国思想家，强调历史和文化科学与自然科学有本质区别，前者关乎价值、动机与侵略，后者要求运用独特的方式具体理解历史现象，而非运用抽象的因果说明。"[4]

从这个角度看，历史有两个重要的特征。第一，强调价值、动机与侵略，相关概念难以用数学语言表达，尽管也不是完全做不到。第二个特征更重要，历史首先离不开独一无二的事件。沙克尔强调过，革命结果的频率分布与宫廷卫兵不相干，卫兵只能被处决一次。有一些棋牌游戏再现激烈的历史战役，比如葛底斯堡战役和滑铁卢战役，要不是因为罗伯特·李将军和拿破仑有机会在游戏里翻盘，这些游戏就无人问津了。如果这些战役可以重复许多遍，能像棋牌游戏一样建立一个结果频率分布的话，我们也许就能推断李将军或者拿破仑的获胜概率了，但是葛底斯堡战役和滑铁卢战役只发生了一次，李将军和拿破仑都战败了，所以美国终结了奴隶制，英国也逃过了说法语的命运。

人类学

一群经济学家和一群人类学家见了面，想从彼此身上学到点什么，二者的区别很快便显而易见，人类学家在巴布亚新几内亚、亚马逊盆地、英格兰警局都做过实地研究，而经济学家觉得去趟工厂或者交易大厅就算出远门了。人类学家观察并倾听，而经济学家则询问各类数据。之后人类学家把实地研究带回家中，撰写一篇记叙文，而经济学家早在见到数据集前就已经拟好了模型。即便如此，正如佛罗里达州前共和党州长（现在是参议员）里克·斯科特所说："佛罗里达州的经济健康发展能用得上多少人类学？"[5]

这行人到了酒馆，有人买了一轮酒，话题自然而然地转向了这种社会现象的起源和原理。人类学家将其视为巩固社会关系、带有互惠期望的礼尚往来。他们从非洲马赛语系居民的 osotua 机制讲到美国西北部土著部落的夸富宴（大规模的互赠礼物盛宴，有时甚至具有破坏性），又讲到现代美国人和欧洲人求婚必买昂贵婚戒的习俗。经济学家对买一轮酒的解释则完全不同，认为这种做法最大限度地降低了交易成本，减少了通过吧台付款的次数，降低了酒吧服务生找零的频率。他们用罗纳德·科斯的著名分析进行了类比，即什么时候适合通过市场交易，什么时候最好在公司内部进行交易。[6]

这时有个经济学家提议，针对某一假设情形做个实证检验：如果你买的酒比其他人买给你的多，你会怎么想？根据人类学家的解释，你应该感到高兴，就像是一位准新郎送出了礼物，期待着对方礼尚往来，欢欣不已。经济学家则会感到懊恼，觉得今晚亏了。

但检验没有定论。人类学家的感受就像人类学研究预测的那样，而经济学家的反应和经济学理论也是一致的。教训是，人类学家（可能别的人也一样）不应当和经济学家往来，否则经济学家是快乐的，但人类学家对礼尚往来的期望多半要落空。一项广为人知的研究题目是"经济学家搭便车，其他人也这样吗"。[7]（经济学家喝的酒让别人买单，同行把这种行为叫作"搭便车"，其他人用的词可能就没这么温和了。）笔者的结论是，非经济学家大多数时候不占便宜，但经济学家以占便宜为主。在深入探究双方逻辑推理的过程中，笔者发现"跟经济学研究生做比较很难，超过 1/3 的经济学家要么拒绝回答'什么是公平'，要么回答得晦涩难懂，好像所谓的'公平'对这个群体来说很陌生"。[8]

互惠与互换

当晚，笔者意识到，人类学家和经济学家差别不大。亚当·斯密在《国富论》开篇写道："互通有无、物物交换、互相交易的倾向为人类所共有。"[9] 马塞尔·莫斯 1925 年的著作《礼物》是有关人类互惠的经典人类学研究，书中，莫斯问道："物件蕴含着什么力量，促使受赠方回礼？"[10] "物件与拿它交换的人从未完全分开。"[11] 这部著作可以用一句耳熟能详的谚语概括："天下没有免费的午餐。"半个世纪后，这句谚语成了一本书的名字，作者是米尔顿·弗里德曼。

爷爷奶奶宠爱孙子孙女，送上一份礼物，也会期望得到回馈，但不会期望收到等价的回礼。所有人都明白，赠礼是巩固社会关系的一个步骤，社会关系服务于经济目的，也服务于社会目的。（可能有几个经济学家是例外：乔尔·沃德弗格在《美国经济评论》上发表短文，主题是"圣诞节无谓损失"，他指出，受赠者眼中礼物的货币价值远低于礼物的实际成本。大家本来觉得这篇文章是闹着玩的，起码笔者是这样想的，但沃德弗格随后写了整整一本书详细展开文中观点。）[12]

莫斯解释道，礼物一般都带有互惠需要，但社会关系或亲缘关系越疏远，交换就越有必要做到等价，最疏远莫过于纯粹的商品交换：交易匿名进行，双方互不认识，不存在任何其他关系。这类交换需要某种记账系统，记录借项与贷项。动物会互相梳毛，但斯密观察到："我们从未见过两条狗公平审慎地交换骨头。"[13] 计算并精准记账的能力是现代商业生活的产物，有了这样的能力，遥远的各方之间才能形成冗长的交易链。

但现代经济里鲜有匿名的交易。我们购买信赖的品牌，依赖朋友推荐及网站评论，超市、医生等都试图和我们建立关系，即使在最可怕的现代资本主义越轨情况下，社会关系及互惠互利也相当重要。汤姆·沃尔夫的小说《虚荣的篝火》典型地反映了20世纪80年代的纽约，书中有一章题为《人情银行》，做债券买卖的"反英雄"的律师汤姆·基利安说："所有人都会帮别人的忙，他们只要抓住机会，就会往人情银行里存上一笔。"[14] 操作LIBOR（伦敦同业拆借利率）和其他伦敦债券市场的交易员的往来邮件十分恶臭，充斥着诸如"我欠你的"之类的话。[15] 就连他们合伙诈骗，团伙间互动也基于人类学家所谓的礼尚往来。看过电影《教父》的人对此应该见怪不怪了。

这种社会群体内部的松散互惠尤为重要，因为具有极端不确定性，无法基于频率概率分布精算计算风险公平价格。现实生活中，我们通过亲友及亲和团体、其他互助机制以及基于某种社会保险概念的国家机构的松散互惠机制来应对大多数风险。

单一事件与多重解释

刚刚我们描述了商学院学生、历史学家、人类学家如何回答"究竟发生了什么",他们的讲述包罗万象,各有千秋,体现了吉尔伯特·赖尔的追随者、人类学家克利福德·格尔茨提出的"深描"要求:需要对社会现象,包括经济现象,做多个层面上的解释。门铃响了,是因为电路闭合致使小锤敲击金属,是因为有个人按了门铃按钮,是因为某位人类学家邻居想请我们喝点什么,这些都构成解释要素。

有关按轮买酒的经济学和人类学理论是互补关系,而非竞争关系。关于互换礼物的研究明显与酒吧好友社会互动的本质相关,同时,若按轮买酒效率低下,就不可能会存在了。1884 年,加拿大政府规定举办夸富宴违法,认为这严重破坏了部落经济。被广誉为"现代人类学之父"的弗朗兹·博厄斯强烈抗议这条法律,认为即使法律本身适当,也无法执行,因为夸富宴在部落文化中根深蒂固。[16] 加拿大政府和博厄斯讲的都很有道理。

沃德弗格讲的圣诞节无谓损失也很有道理。我们都收到过自己不想要的礼物,也曾默默心疼过赠礼的花销,哪个成年人没有过这种体验呢?但我们不支持为互换圣诞礼物定罪,甚至不认为要督促人们不送礼物。送礼者和收礼者之间的价值转移只是一小部分,要回答"究竟发生了什么",还需要进行深描。

理解 2007—2008 年全球金融危机之类的经济事件需要"深描",解释这类事件,如果不带上对当时证券交易活动不正常风气的人类学评价,则解释不清金融机构为何会做出既有损资产负债表又破坏名声的事情。同样地,也得留足空间解释为何宏观经济发展会允许银行借贷与交易过度扩张。

无论是夸富宴、圣诞节、家庭生活还是金融危机,合理的解释都要从分析"究竟发生了什么"开始。不同领域的诊断阶段不尽相同。看医生是因为觉得自己生病了;工程师接到的咨询都和具体项目有关;一位历史学家一般只研究某一个历史时期或历史的某一个方面，生涯方向取决于其博士生导师的兴趣；类似地，人类学家也只针对一项具体独特的实地研究打磨专业技能；航天工程师承接工程，把人送上月球，或者建造能载 500 名乘客去澳大利亚的飞机。

战略周末的参与者对胡言乱语持怀疑态度，是因为他们并不认为有问题要解决，在外参与辩论，不过是因为现代公司要求服从安排罢了，就像是成功学著作的读者一样，这些参与者还等着周一一早回到办公室继续工作呢。企业领导经常说"我们想要你这样的人对我们的想法提出意见"，根据个人经验，这种话基本上是假的，他们有时需要意见，但从不想要意见。

法律稍有不同，前来咨询律师的人可能并没有要解决的问题，当然通常情况下是有的。这些人是带着事实情况来的。很多大学教法学生遵照 IRAC 结构，即事实（issue）、法规（rule）、分析（analysis）、结论（conclusion）。[17] 顶尖律师的惊艳技能在于厘清事实，将一系列杂乱的事实结构化，一般带着倾向性呈现出来——"究竟发生了什么"。诊断部分完成，余下的部分就水到渠成了：法规——确立相关法律原则；分析——弄清法律原则与案件本身的关系；结论——客户应该怎么做，或者法院应当怎么判。通篇的语言应冷静沉稳，不带感情。

IRAC 结构适用于任何实践知识梳理。在法律背景下，它自然衍生出实践推理的两个后续阶段——交流叙事、质疑主流叙事。出庭律师是最会讲故事的人。

第 11 章　不确定性、概率与法律之间的关系

> 若想像律师般思考，
> 最困难的恰恰是在面对不确定情况时，
> 克服对理性的渴望。
> ——杰弗里·利普肖[1]

　　法院需要在各种极端不确定的条件下做出决定，数千年来皆是如此。所罗门王就曾在两名妓女都声称是同一个孩子的母亲时做出判决。所罗门王断两女争子案或许是最早有记载的法律判决了。在现代，有观点认为，概率数学和贝叶斯推理对法律实践的指导意义可不止一星半点。这一观点固然有其道理，但反过来说其实更有道理——法律实践中值得概率推理借鉴的智慧还有很多。

萨莉·克拉克和 O. J. 辛普森

1999 年 11 月，英国律师萨莉·克拉克因涉嫌谋杀自己的两个儿子受到审判。克拉克的第一个儿子于 1996 年 9 月出生，却在几周后突然夭折。1998 年 12 月，她的第二个儿子也以类似的方式夭折。控方在庭上呈交了顾问儿科医生罗伊·梅多教授提供的统计证据。梅多解释说，有克拉克这样社会背景的家庭中，婴儿猝死综合征发生的观测频率约为 8 500 分之一，因此有两个婴儿死亡的可能性为（8 500×8 500）分之一，即约为 7 300 万分之一。梅多还重复："一个婴儿突然死亡是悲剧，两个是可疑，三个是谋杀。"[2]

根据梅多的统计证据，控方声称，同一家庭中两个婴儿猝死的概率低到一个世纪只能发生一次。于是，复杂而矛盾的医学理论指向了夸张但明了的统计数据，在这样的推波助澜之下，陪审团不做出有罪判决才怪。最终，克拉克被判处无期徒刑，还因社会舆论而名声尽毁。2003 年，她在赢得上诉后被释放出狱，但她胜诉的主要原因是审判程序问题，而不是审判中统计信息的不当使用。但是，英国皇家统计学会还是正式表达了对审判中错误使用统计数据的担忧。[3] 克拉克受尽磨难，以致其后来饱受精神病折磨，并于 2007 年因酒精中毒去世。

由于克拉克以及其他几起类似案件的影响，2005 年英国医学总会以严重失职为由，将梅多教授从医疗登记册中除名（但他又在 2006 年官复原职，理由是某法院认为其对统计信息的误用并未构成严重失职）。[4] 现在，回到本案的关键，也就是记者杰弗里·万塞尔所说的"现代英国司法史上最大的错误之一"。[5]

橄榄球传奇人物 O. J. 辛普森拒绝配合警方调查其妻子妮科尔的谋杀案，后遭警方汽车追捕并最终被捕，CNN（美国有线电视新闻网）还现场转播了这次行动。其后续的审判和无罪释放判决也在电视上转播。可以说，这起刑事诉讼是现代历史上最受关注的。审判中最难忘的时刻是控方请辛普森试戴在犯罪现场发现的沾满鲜血的手套。辛普森巧舌如簧的辩护律师约翰尼·科克伦插话道："如果手套不合适，您必须无罪释放他！"手套确实不合适。

其实，案件的关键似乎在于 DNA 验证结果。当时使用 DNA 作为法医证据的做法仍不成熟，不过法院还是被告知，两个随机选择的人 DNA 匹配的概率是 500 万分之一。控方利用这一数字辩称，辛普森的 DNA 出现在案发现场本身就已经可以排除合理怀疑后认定其有罪。被告方则指出既然洛杉矶区域居住着 3 000 万人，那么光在洛杉矶就有 6 个人可能与案件有关联。双方各执一词，陪审团又该如何判断呢？

法律推理

当概率推理在 17 世纪得到发展时，许多研究这一前沿方法的数学家与哲学家强烈认为该理论可以且应该应用于法律。诚然，许多法律问题，包括对合同的解读、证人证词的可信度与合议庭的设计，都是概率新理论的主要应用领域。[6] 最先构思出圣彼得堡悖论的数学家尼古拉·伯努利（本书第 7 章描述了其堂弟丹尼尔·伯努利解决该悖论的方法）撰写了一篇关于数学概率应用于法律的论文。[7] 同样地，三位著名的法国统计学家和概率学家孔多塞、拉普拉斯和泊松也花了大量精力提出法律体系应如何基于明确的概率推理运行的理论。[8] 1762 年，一名来自图卢兹的新教商人被人诬告为弑子凶手，被法官错误处决（其实是因为他曾试图掩盖儿子的自杀）。后来，伏尔泰为他申冤平反，他才被证明无罪。这就是臭名昭著的卡拉斯事件。受到类似冤案的启发，这些启蒙运动的代表人物认为概率可以用来改革法国的法律制度。

孔多塞将丹尼尔·伯努利的论文以注释的形式翻译成了法文，并借此阐释了如何通过设置司法法庭规模和满足有罪判决所需的多数票数标准来最大限度地减少司法错误的风险。他的标准是，一个无辜者被判有罪的可能性不应该高于正常生活的人发生意外致命事故的可能性。孔多塞根据横渡英吉利海峡时死亡等事件发生的统计数字估计，这种可能性的概率为144 768分之一。通过假设每位法官以90%的概率做出正确的决定，孔多塞认为一个法庭应由30名法官组成，定罪需要23张"有罪"票。[9]

如此精心设计的提案对法律的执行实际上几乎毫无影响。法国大革命期间，孔多塞是吉伦特派的重要人物，也是其宪法草案的起草者，还曾任国民议会秘书。在因批评山岳派制定的新宪法而被控叛国罪后，他明智地决定不信任革命法庭，躲藏起来，但最终还是被捕。据说，他为了逃避处决自杀了。尽管概率论者认为法律体系是对概率卓有成效的应用，但事实证明，概率方法的问题比看起来多得多。

复合概率

孔多塞计算法庭最佳规模时想当然地认为，30名法官都各自独立做出判断，不受同事或其想法的影响。同样地，梅多教授在将两个8 500相乘得出复合概率7 300万分之一时，忽略了两起事件必须彼此相互独立。如果说孔多塞的计算还能算一厢情愿，那么梅多的假设简直就是一派胡言。无论是什么环境或遗传因素导致了婴儿猝死，对一个家庭中同一对父母的孩子们来说概率理应都是一样的。在20世纪90年代末的英格兰和威尔士，在发生过婴儿猝死的家庭里，其婴儿遭受同样命运的可能性是另一个家庭的婴儿的10~20倍。[10]类似地，一个母亲如果能够杀死自己的一个孩子，那么她杀死自己另一个孩子的可能性也会超过平均值。这两种持久性因素彼此的相对强度我们尚不清楚，但梅多仍坚持用"两个是可疑，三个是谋杀"的论断认定谋杀意图比其他导致婴儿死亡的因素更经得起推敲。然而在法庭上，这个论断并不成立，而且使其成立的证据很难找到，也很难解释。无法认知的事情就无法证实。尽管梅多提供了不利于克拉克和其他丧子母亲的证据，但是婴儿有时没有任何疾病或意外的迹象就夭折的原因依旧是个谜，也没有数据库可以提供可靠的信息。

在辛普森的审判中，控方和辩方对概率的陈述都存在严重误导。控方声称，犯罪现场的DNA与辛普森的相符，证明他有罪。辩方辩称，仅在洛杉矶地区就有 6 人可能犯罪并在现场留下 DNA，辛普森只是其中之一。这两种计算方式都没有考虑到辛普森是死者丈夫这一关键事实。大部分被谋杀的女性，凶手往往是其丈夫或伴侣——像本案这样存在家暴史的情况更是如此。因此，女性谋杀案中的法医证据不能独立于这一事实。陪审团可能已经考虑过这个问题："一个与妮科尔·辛普森的丈夫有着相同 DNA 却不是她丈夫的人将妮科尔谋杀的概率是多少？"由于这种可能性很小，因此辩方提出的"现场血迹可能来自辛普森以外的行凶者"的说法并不能构成合理怀疑。[11] 虽然 DNA 的匹配可以决定性地否决辩方的一个辩护点，但如果没有其他证据，DNA 就不能作为定罪的依据。

辩方还对警方在拘留期间对法证材料的处理提出了质疑。欧洲警方花了多年时间寻找一个假想的国际连环杀手，此人的 DNA 出现在 40 多个犯罪现场。最后发现这些 DNA 测试使用了受污染的拭子，而所谓杀手的 DNA 其实属于制造这批拭子的厂商的一名员工。[12]

检察官谬误

梅多教授、使用了其证据的律师以及允许该证据出现在陪审团面前的法官都在萨莉·克拉克的审判中犯了许多错误。然而，这些错误中最根本的错误出现的频率高到人们给它起了个名字，正是"检察官谬误"。控方认为辩方必然有罪，因为两起婴儿意外猝死事件发生的概率非常小。但是一位母亲接连杀害她的两个儿子的可能性非常低，这一点也没有错。[13] 忽视后一种可能性，并认为前一种可能性暗示着排除了合理性怀疑后的有罪，这犯的是统计推理的错误。幸运的是，任何足以导致刑事诉讼的事件发生的概率本身就很小。

每个叙事都有诸多元素，如果按照统计学的要求，将这些元素的概率相乘，那么叙事中一系列事件按照所叙述的顺序发生的概率会逐渐递减。如果弄皱一张纸，它会形成某种形状，但是它形成某个特定形状的可能性微乎其微。[14] 以标准差来量化"所发生的事"，比如认定某事件的标准差为25，往轻了说是吹毛求疵，往重了说是荒谬至极。犯罪本身就已经是罕见且独特的事件。

在第5章中，纳特·西尔弗没有弄清楚，在我们知道某件罕见且独特的事已经发生后，"这件事发生的可能性是多少"这个问题的意思。西尔弗具体指的是对世界贸易中心的恐怖袭击。温尼亚尔在事后分析全球金融危机发生的可能性上也遇到了类似的困难。我们可以说，刚刚已经正面朝上落下的均匀硬币可能正面朝上落下的概率是50%，因为掷硬币是一个定义明确且频率分布平稳的概率事件。但是，大多数事件并非来自定义明确且概率分布平稳的随机图。因此，西尔弗的概率计算毫无意义，温尼亚尔的说法在高盛的模型中可能是正确的，但在由诸多复杂金融工具构成的定义模糊且概率分布不平稳的世界里，这一说法是不成立的。对于大多数有争议的法律程序所涉及的问题，同样的概率推理也无法适用。

当法律案件中的一个狭义问题属于小世界问题时，概率推理和贝叶斯定理是有用的，甚至是必不可少的。反过来，在辛普森生活的现实中，世界不可能真的这么小，其他人留在犯罪现场的DNA几乎不可能与自己的匹配。法庭对概率的使用却常常把小世界和现实搞混，让人摸不着头脑，甚至在一些审判中造成了灾难性后果，例如萨莉·克拉克案。

尽管如此，一些概率推理拥护者还是继续提议，让律师对复合概率进行详细的计算。在萨莉·克拉克案和其他不当使用概率的案件发生后，英国皇家统计学会与一些经验丰富的律师商议，准备了一系列描述统计专业知识应如何在法庭上使用的报告。[15]但是撰写这些报告的专家只是想当然地以为个人概率和贝叶斯推理能够恰当地处理许多不确定情况。他们完全将法律案件中概率的不当使用归咎于法律对相关数学理论的无知（而不是该数学理论是否完全适用于法律）。

他们的分析认为，案件判决就是决定两个穷尽且互斥的论点的相对概率——要么控方或原告的叙事是正确的，要么被告的叙事是正确的。蒙提·霍尔悖论就有这样穷尽且互斥的结构：车钥匙要么在这个盒子里，要么在那个盒子里，不管是否运用贝叶斯推理，相对概率都要纳入考虑。但回到辛普森案，由于控方和辩方提供的叙事都太模棱两可，因此很难把二者的关系也归纳到这一结构中。辛普森作为辩方也的确利用了其不需要提供任何其他解释而仅需要怀疑控方叙事合理性的权利。克拉克案中，考虑到克拉克的两个儿子都死于不明原因，那么克拉克谋杀了两个孩子（控方论点）的概率相对于两个孩子都猝死（辩方论点）的概率是多少呢？[16] 从这个角度来看，或许相对概率适用。相反，审判克拉克的法庭可能把问题定性为条件概率："考虑到克拉克两个婴儿都夭折这一不太可能的事实，克拉克谋杀他们的概率是多少？"但是，这样的算术困难重重。婴儿的死亡，除了谋杀外还有很多种解释，况且婴儿猝死综合征并不是对死因的解释，而是在缺乏证据的前提下被提出来的名头。由于能确定的事实太少，我们根本无法合理地按照概率标准定性克拉克案。

但至少在这类问题如蒙提·霍尔悖论中，贝叶斯推理是有帮助的，因为最终的决定会以小世界的形式呈现，而小世界问题是有明确的解决方法的。这样的思考方式有助于我们理清对案件某一方面的思考（比如DNA证据的相关性），但是并不能帮助我们理解案件全貌。就像小说《玫瑰的名字》里从小沙弥变成侦探的阿德索所说，"凡事皆有度，过犹不及，逻辑亦然"，意思是数字、概率等固然重要，但法律判决必须有一个总领叙事。[17] 每个案件都是独一无二的，而法庭的职责永远是弄清"究竟发生了什么"。这不是数字问题，而是叙事问题。

概率推理与法律推理之间的区别

当我们所掌握的是不完美的知识，即对过去有些许无知，对未来更无知时，法庭诉讼程序就是做出判断的最具系统性的过程了。这一过程所遵循的推理风格与经典统计学方法大不相同。

英国、美国以及一些其他国家法庭的运作体系是普通法，这些国家对民事（当事人之间的私人纠纷）与刑事诉讼案中的证据有不同的标准。

在英国，民事案件的要求是证明盖然性权衡，在美国则是优势证据，二者本质上而言有相近的意思。但是在刑事案件中，被告的罪行必须被证明是"排除了合理怀疑"的。

对像笔者这样在大学里学过经济学和统计学的人来说，这些词语的意思似乎很明显。盖然性权衡的意思是一件事情更有可能是正确而非错误的，且其正确的概率必须超过50%。但是，要证明某件事已经"排除了合理怀疑"，就要求它正确的概率非常之高——或许至少95%。然而与律师们交流后，我们发现事实并非如此。当被问到满足"优势证据"至少需要多大的概率是正确的时，美国法官们的回答也与我们预期的不同，他们的回答非但不统一，大部分还更高——有时甚至远高于50%。美国陪审团的回答就更不同了。[18]

到底多大的不确定性才能构成"合理怀疑"？普通法体系下的法官无论是宣判还是向陪审团提意见时，都坚决不会提供任何具体数字做答案。[19]刑事证据的标准十分严苛，因为对无辜者定罪所造成的不公被认为大于放走有罪者所造成的不公。但是具体大多少？在《圣经·创世记》第18章，亚伯拉罕问上帝索多玛城要有多少正直的人才能让其免于毁灭。尽管亚伯拉罕争取把要求降到10人，但只有罗德家族的4人满足正直的标准，因此索多玛城被毁灭。上帝当时需要在两类错误——冤枉好人（拒绝真相）和相信小人（接受错误的假设）之间做出平衡，现在的统计学家也面临同样的问题。医学检测同样区分其程序的灵敏度（避免假阴性）和重要性（易受假阳性的影响），并尝试对其进行测量——请参阅第4章吉仁泽对乳腺X线摄影的评论。那么，为什么律师会抵制类似的量化方法？

许多经济学家和统计学家对其中一种解释情有独钟：律师根本就缺乏对统计方法的适当理解或知识。这有一定的道理。在统计证据扮演重要角色的案件中，比如克拉克案和辛普森案，法庭很难做出令人满意的判决。当然，类似的案件中统计证据本身就是混乱的，也容易让人绕进去，而法官是没有统计学专业知识的，更不用说陪审团了。但那些急于归咎于律师们数学不好的人未能认识到，概率推理在法律判决中的作用有限，还有更重要的理由。

英美两国的法律制度都为控方（或原告）和辩方提供了陈述其案件的机会，但法庭的依据是两方叙事成立的各自概率，而不是双方在100%的比例里各占多少：相对于一方的叙事，另一方叙事有多少可能是真的。牛津大学哲学家乔纳森·科恩在1977年提出的"牛仔竞技问题"，或美国法律学者劳伦斯·特赖布所描述的"蓝色巴士问题"，都提到了这一点。[20] 牛仔竞技问题是这样的：牛仔表演竞技场有1 000个座位，499张门票已售出，但是栅栏上有一个洞，结果表演当天座无虚席。牛仔竞技比赛组织者起诉了1 000名观众中的每一个人，最终因盖然性权衡赢得了每一场诉讼。

没有法庭会做出这样的判决，相信大部分人也会认为法庭不应该做出这样的判决，但这不妨碍法学专家对此问题展开长达40年的争辩。[21] 正如科恩所言，"长远来看，真相的进步不一定等同于每个案件的判决都伸张正义。为了让法律系统整体上符合随机概率的分布而宁可牺牲个别无辜者的利益，比如牛仔竞技问题中买票的人，让他们输掉官司，这对他们的打击是沉重的。如果法律系统的存在是为了维护每个个体的利益，而不是反过来……这个观点就不成立了"[22]。特赖布提出了类似的观点："尽管陪审团的所有人都倾尽全力保证犯最少的错误，在此基础上，我们去容忍100个被审判的人里有一个无辜者被错判和刻意指示陪审团朝着1%（甚至0.1%）的目标错误率努力，两者是截然不同的。"[23]

统计推理的局限性

科恩和特赖布所发现的问题本身比其在司法程序中的应用有着更为广泛的意义。统计歧视指的是根据一个人所属群体的整体特征将人分成三六九等。比如西方曾经盛行将某片区域用红线画出来，在为其中的居民提供贷款等服务时收取更高的费用，哪怕有些人本身的信誉情况良好。

后来，美国又在1977年《社区再投资法案》中将这种画红线的行为设定为违法。

任何统计歧视都伴随着对某些个体的歧视。即使红线区的违约率的确高于普通民众，但是住在那里的一些人（或许是许多人）依旧是可靠的贷款对象。此外，画红线也可能带有歧视非洲裔美国人的意图，不管其意图如何，对黑人的歧视是真真切切发生了。有些政策公开实行是违法，统计歧视实际上可以充当间接执行这类政策的机制。我们当然希望警察破案更高效，但我们又不希望警察通过"围捕惯犯"来破案。[24] 一个文明的司法体系应将人看作个体，而非统计分布图。[25]

大数据让我们找出了许许多多事情之间的关联，但大数据不一定会告诉我们这些关联背后的因果关系。不过，这已经足以为统计歧视的应用创造新机遇，同时也会带来新的危险。[26] 机器学习的发展就导致了相关的问题——根据历史数据训练出来的计算机会根据过往的选择规律生成算法，不管那些规律是否适用或恰当。[27] 哪怕已经禁止直接使用性别、种族等信息，基于历史数据的算法还是有可能重蹈覆辙——即使没有人在有意识地歧视任何人。

然而，要摒弃统计歧视是不可能的。雇主需要从数百份申请中选择候选人，大学需要从成千上万的考生中做选择。他们根据过去与成功相关的标准来筛选简历：雇主看重应聘者的相关经验，大学看重学生的高分。犯罪侧写、嫌犯拦截与搜查等调查手段可能效果并不理想，却没有人能够提出合理的质疑阻止警方这么做。

笔者之一还记得，以前听过这样一个抱怨（当然，是在大学里听到的）：招聘广告中要求招募有资质的会计是歧视行为。大部分人应该认为，有会计资质的人确实比没有的人更有可能具备所需技能，尽管在某些情况下，有资质的会计可能不够好，而没有资质的会计却不差。遇到健康问题时，大部分人倾向于咨询有资质的医生，而不是先随机采访一群人来判断他们的医学知识是否足够解答。让一些比我们更有资格考核从业人员的专业知识和能力的专家先替我们筛选出有资质的从业人员，这对我们有好处。但是，随之而来的问题是：考核别人的专家们又是怎么被选出来的？歧视是无法避免的，问题在于如何避免不恰当的歧视。尽管人们对其定义意见不一，且会随着时间的推移而改变，这个问题依旧重要。

看来反驳"应聘者应具备会计资质"属于歧视比想象中难，虽然这确实属于歧视，历史上，在招聘"有资质的"会计时也确实存在过不恰当歧视。但是，就这么去掉一条本就不可能引起社会争议的招聘要求，不仅浪费了预约面试的人的时间，也浪费了会在面试中被淘汰的人的时间。此外，当初提出"有资质的"这一需求的人压根也没想排除少数族裔。总之，除了根据每个候选人的具体情况做出具体判断，几乎别无他法。在对具体情况进行具体分析时，统计数据和概率推理确实是有必要的，但这并不代表有了统计和概率，我们就不再需要思考"究竟发生了什么"。我们会在第 18 章讨论极端不确定性对保险的影响时再次回到这个问题。

法庭中的法官头上不会悬着贝叶斯表盘。审判第一天就带着先验概率走进法庭的法官不会是个好法官。陪审团也会被明确警告，应舍弃任何先前持有的先验概率，在听完双方所有证据和陈述前不要急于做出决定。对于可能左右审判结果的辩论，法庭希望能够把控它们的性质，这非常有道理。深思熟虑的决策者在生活的其他方面也应如此。

认为被告有罪的合理先验概率是不小的，毕竟谁也不会无缘无故出现在被告席，但正义的执行按具体情况具体分析，而不是采用统计，因此法律遵循无罪推定。这和听取证据之前应给予有罪与无罪同等先验权重非常不同。诚然，在审判开始时，很难将无罪推定转化成任何具体的数字概率，包括零。案件必须根据实情判决。贝叶斯原则下，先提出有罪的先验概率既与无罪推定不匹配，也与民事诉讼中原告需承担举证责任不匹配。

最佳解释

由于正义的执行不是往一个平均的模板里套,而是具体案件具体分析,因此仅仅有统计证据,没有叙事是绝对不够的。大部分被谋杀的女性,凶手是其丈夫或伴侣。这就是警方调查死者伴侣下落的理由——应该很少有人会把这种倾向算作统计歧视的不恰当使用。频率或许可以解释某件事发生的概率,但是没有叙事提供上下文,这样的统计证据是无法形成定罪的依据的。我们需要的是一个故事。当人类(无论是法官、陪审团还是芸芸众生)要理顺思绪、弄懂眼前的证据时,叙事是我们惯用的方法。[28]

法律的推理风格本质上是溯因,该推理模式要求寻找"最佳答案"——一个能解释案件来龙去脉且有说服力的叙事。伟大的法学家、美国最高法院大法官小奥利弗·温德尔·霍姆斯在解释法律哲学时写道:"法律的生命从不在逻辑,而是在经历……法律包含的是一个国家数百年发展流传下来的故事,它不是一本只有公理和推论的数学书。"[29] 寻找最佳答案始于将举证责任强加给控方或原告,他们则必须提供一版相关事件的叙事,并证明其满足法律定罪或判定责任的要求,有足够的说服力。辩方可以提供不同版本的叙事、挑战控方或原告叙事的真实性,或者干脆否定举证责任得到了满足。[30] 因此,叙事推理是法律决策的核心。控方或原告需要提供一版相关事件的叙事,结果如何则取决于这一解释的好坏。在民事诉讼中,原告的叙事必须足够好,比其他任何一个版本更好,这样就能使原告在盖然性权衡上胜诉。在刑事诉讼中,叙事必须足够令人信服,以至不存在任何一个与该叙事有足够实质性不同的叙事可以被认真考虑,如此,才能确认已排除不合理怀疑。

"好的解释"应符合可信和连贯的双重标准,并与(大多数)现有证据以及法官和陪审团成员所掌握的常识相一致。法官和陪审团都知道,很少有人会用刀刺穿自己的胸膛,或者在夜间进入房屋将失物物归原主(虽然法官告诉陪审团必须仅凭证据做出裁决,但这种"常识"作为背景知识的应用是陪审团审判的基本原理和运作核心）。好的解释是内在连贯的，它作为整体可以呈现一个言之有理的叙事。最佳解释则能从其他解释中脱颖而出，并且与它们无法匹配。只有能够被整合到总体性叙事或最佳解释之内的统计推理，才有资格在法律审判之中占据一席之地。

极端不确定性意味着人们几乎无法穷尽所有可能的解释。如果"最佳解释"很难与证据吻合，即使它是现有的最佳解释，那么无论民事还是刑事诉讼都不可能胜诉。鉴于此，盖然性权衡或证据优势的进一步要求是，最佳解释应明显优于任何其他解释。"排除了合理怀疑"的内涵则是，陪审团对某一事件已经没有其他合理的解释。

只有在所有可能的解释都已知的情况下，排除法推理才成立。因此福尔摩斯的名言"如果排除了所有不可能的情况时，剩下的情形，无论多么令人难以接受，也一定是真相"不能用来指导法院判决。[31]在现实生活的其他场景中做决定时参考这句话也是不明智的。实际上，福尔摩斯说出这句话没过几分钟，小说里的医生詹姆斯·桑德斯爵士就揭晓了谜底，真相并非如福尔摩斯所推断的，而是一个更美好的结局：一系列令人费解的事件的原因是一种福尔摩斯并不知晓的疾病。"难道冥冥之中就没有我们未考虑到的力量在作祟吗？"桑德斯总结道。[32]虚构的角色参透了极端不确定性，可真是了不起啊。

最佳解释是法律推理的基础，这一认识解决了比较法学者一直感到困惑的问题。法国和德国这样的大陆法国家不承认民事和刑事举证责任的区别，而这在英美普通法系中却是至关重要的。从概率的角度来看，这种明显的程序差异是没有意义的：定罪杀人犯所需的证据比解决合同纠纷所需的证据标准更严格，这一点所有人都认可，无论在法国和德国（大陆法国家）还是英国和美国（普通法国家）皆是如此。普通法国家强调程序的对抗性，即双方提供各自版本的叙事，并挑战对方的叙事。法官聆听了双方的叙事后可以审理，或请陪审团做出判决，因此法官本身的角色是比较被动的。著名的英国法学家威廉·布莱克斯通爵士就曾这么描述陪审团——由12个善良正直的人组成的审裁庭。[33]这一方式至今仍用于英美法律。大陆法国家则赋予法官调查和询问的职责，其中调查和询问的程度取决于法官认为案件有多严重。比如在法国，只有在最严重的刑事案件中才会召集陪审团，并且在法庭中，陪审团必须有三位专业法官的陪同。因此，在大陆法国家，举证责任对合同纠纷和谋杀案而言是截然不同的。

冒着过度简化的风险，我们或许可以做出如下总结：在普通法国家，原告或控方提供事件的解释，法院决定其是否满足必需条件；在大陆法国家，法官负责提出最佳解释。但并不意外的是，这两种程序之间的实际差别并没有它们派系上的差别所暗示的那么大。

在对普林斯顿大学学生的一次演讲中，曾在奥巴马政府任职的著名美国国际律师安妮-玛丽·斯劳特说道：

> 像律师般思考意味着你可以为任何问题从任何角度进行辩解。你们许多人排斥这样的教导，认为我们剥夺了你们的个人原则与信念，从而把你们变成金钱驱使的辩护机器。事实恰恰相反，学会从问题的不同角度辩解，你就会明白每个角度都有自己的故事，进而就会聆听这些观点。这是容忍作为自由价值的核心，也是创造一个以言语而不是武力参与纠纷的社会秩序的前提。聆听各个角度的故事，才最有希望实现理性思考，才能以不消除纠纷而是高效地引导纠纷为目的一起解决问题，利用一切可能合作的机会。[34]

在理性思考的过程中，统计推理可以辅助，但永远无法取代叙事推理。我们利用叙事向对方娓娓道来，说服对方接受我们的观点。在极端不确定的世界里，起主导作用的不是概率如何分布，而是每一个独一无二的人和事，而正义需要的恰恰是能够尊重这一独特性的法律推理。法庭，形形色色的故事讲于斯、评于斯、判于斯，法庭之外则更是如此。

第 12 章 好故事和坏故事

没有人会因一个数字而做出决定。他们需要一个故事。
——**丹尼尔·卡尼曼**[1]

无论是二战的跌宕起伏，还是计算机产业发展的迂回曲折，当我们讲述这些事情时，用的不是统计学家概率论的手段，而是像历史学家一样，用的是叙述的方式。概率推理是近代才产生的推理形式，只有几百年历史。相反，叙事推理已存在上万年，并至今仍为我们所用。和数学、自然科学一样，文字中亦存真理。迈克尔·刘易斯在试图解析卡尼曼和特沃斯基实验的结果和意义时曾总结道："那些我们编造出来的故事，一旦根植于我们的记忆，就能很有效地取代概率判断。"[2]

我们在第 9 章讲过旧石器时代的大型社会亲缘群体是如何形成的。人类合作行为刚刚开始出现的时候，出于自我保护以及对劳动分工的利用，狩猎-采集者组成诸多集体。人类开始相互交流时，便聚在篝火旁讲故事——我们从拉斯科等地的洞窟壁画中可以窥见两万年前人类叙事的开端。旧石器时代晚期的部落曾绘声绘色地讲述英雄们的史诗壮举，也会为了解释他们无法理解的自然力量而编造出绚烂的神话传说。人类学家波莉·维斯纳编纂了布须曼人对话的详细记录，而布须曼人被认为是行为最接近旧石器时代社会的现代社群。在白天，他们1/3的交流和经济问题有关（争吵花的时间也差不多，这和现代办公室没什么两样）。但是，"饭后暮色已至，白天恶劣的情绪缓和下来……经济上的问题和社会上的烦恼被置于一旁，谈话的重点也迅速转移。此时81%的多人长谈都是在讲故事，这些故事一般都是名人逸事和风趣幽默或惊险刺激的冒险故事"[3]。

讲故事是人们试图解释复杂情况的常用手段。这种讲故事的方式是全人类共有的。当年的布须曼人聚于篝火旁，而现在的曼哈顿人和伦敦人拼命抢购音乐剧《汉密尔顿》的门票。讲故事是人类与生俱来的技能。人们用这些故事进行类比，以此来做出决定，用这些故事去验证论点、理解世间的事实和事物的运作过程，用这些故事得到别人的配合，从而让自己做出好的决定，并付诸实践。叙事对理解和劝服皆有所助益。多数人偏好具体而非抽象。作为年轻教师或者说经验较为丰富的讲述者，我们很早就明白了一个道理：一个好故事可以深深吸引听众，而几组数据和一个公式会让我们失去这些听众。

那怎样才算"好"的叙事呢？叙事表述的质量给我们的印象最为立竿见影。对布须曼人来说，"不论男女都讲故事，尤其是那些年龄稍长、表达娴熟的人。部落酋长一般都是讲故事的好手，虽然这不是绝对现象。20世纪70年代最具代表性的两位杰出讲述者都是盲人，但他们因幽默风趣和言辞巧妙而备受尊重……听众既获得了乐趣，又不花任何直接代价就获得了他人的经验"[4]。在西方，我们被简·奥斯汀的小说吸引，欣赏皇家莎士比亚剧团和《汉密尔顿》演员的演出，皆因为这些作品制作精良、演员表现杰出。辛普森案辩护律师团的领军人物约翰尼·科克伦不过是历史长河里能言善辩、巧舌如簧的诉讼律师中离我们最近的例子。叙事的力量取决于它能否帮助我们理解复杂难懂的世界。科克伦对概率的掌控可能并不强，但他之所以能够成功，是因为在以黑人居多的陪审团面前，他将辛普森案置于一个更广的叙事，即洛杉矶警方和非洲裔美国人之间持续的矛盾之中。

表现力诚然能为叙事添彩，但即使表现力对叙事来说或许至关重要，就像其之于艺术品那样，叙事的上下文仍是全面理解的关键。比如《皆大欢喜》，即使由在校生来演这部剧，它依然是一部佳作。可信度是指叙事和人类经验的一致性，这种经验既可以是真实的，也可以是想象的。由此可见，可信不一定等同于事实。《傲慢与偏见》讲的不是事实，但可信。《爱丽丝镜中世界奇遇记》显然不是在叙述客观事实，却因卡罗尔的幻想与现实现象的联系而拥有一定的可信度。因不进则退而必须加速奔跑的红皇后就是经济学中的经典比喻，而《伽卜沃奇》也并非毫无意义，虽然我们恰如其分地称其为荒诞诗。可信度和连贯性密切相关：如果一个叙事的各个组成部分内部一致，那么这个叙事就是连贯的。如果在某本书第 5 章提到一位挂在悬崖边上的少女，那么这位少女若想在第 7 章再度登场，她就必须在第 6 章被人营救。再如莎士比亚喜欢在第 5 幕把伏笔交代清楚。读完这些连贯的作品，我们十分满足，因为我们觉得自己知道了"事情的来龙去脉"。可信度和连贯性是衡量强有力解释的标尺。

叙事并不仅仅是言语交流的同义词，而言语交流的"科学性"也不亚于数字或其他符号语言的交流。为了应对极端不确定性，我们需要针对"究竟发生了什么"这个问题给出一个连贯、可信的答案。这种对叙事的有效利用和下面的观点形成鲜明对比：叙事是孤陋寡闻、充满偏见的人所借助的手段，相比精确的计算，这些人更喜欢讲故事。

多数人心中的难解谜题对少数人来说可能是可以解决的问题，比如 NASA 探索水星的任务或者《福尔摩斯探案集》中的案件。在一部经典犯罪小说中，解谜所需的所有线索都可以在文中找到，但只有优秀的侦探才能看破假象，找到线索，解开谜题。和填字游戏类似，犯罪小说是由作者设计出来的。读者知道作者会在结尾给出答案——除非你和托尼·汉考克在BBC广播节目中一样，翻到末尾，发现最后一页被撕掉了。[5]但无论从日常生活中的个体角度还是公众决策中的集体角度出发，我们遇到的问题通常不会船到桥头自然直式地在最后一章给我们现成的解决方案，要么最后一页还没完成，要么我们可能永远翻不到最后一页。

《爱丽丝镜中世界奇遇记》一书展现了这样一个道理：人们无法依靠主观概率推定叙事的复杂性，现实生活中亦是如此。即便掌握了进攻将至的信息，罗斯福还是没能料到珍珠港受袭，斯大林也没能为德军入侵做万全准备，二人当时遇到的事件和偶遇虚构生物差不多稀奇，却远比后者重要。罗斯福和斯大林并非错在对事件发生的可能性有所误判，而是错在缺乏对即将发生情况的想象。开尔文勋爵无法想象未来会出现飞机。达·芬奇已经构思出载人飞行的蓝图，而开尔文，一位货真价实的科学家，却无法预测达·芬奇的构思该如何实现。科幻作品是对未来的想象得以驰骋的大道，无人能够合理推定这些构想实现的可能性。科幻作品的存在，说明叙事可以挑战有关世间万物运行之理的已有观念。

我们赖以生存的隐喻

我们如此需要叙事，以至有人觉得自己需要一个涵盖一切的总领性叙事——一个能够整合一切、解释一切的主题，或者一系列相互联系且适用面宽泛的主题。这些大叙事可以让他们相信复杂性是可控的，让他们相信世上有讲述"世界真实模样"的叙事。任何新体验或新信息都可以用那个囊括一切的大叙事解释。

即使在理论物理这样尖端的科学领域，科学家也用了20年的时间专心研究备受争议的弦理论，试图寻找一个能解释一切现象的统一理论。[6]物理学有可能给出一个对"（物质）世界的本质是什么"这个问题的综合性描述，这个观点或许备受争议，但并不可笑。但这个观点若是被用在人类行为上，显然是荒诞不经的。

错误的叙事可能仍会对社会产生积极的影响。住在卡拉哈里沙漠的布须曼人，和近代科学出现以前的诸多文明一样，认为电闪雷鸣源自诸神的怒火，但这种错误的想法再不济也制止了容易惹诸神发怒的行为。在几乎所有被研究过的近代科学出现以前的文明中，迷信且经常十分夸张的叙事往往被用于"解释"人们无法理解的自然现象。相信死后往生，恰如为避免恶劣天气而平息神明怒火的行为，总体来说，对人们行为规范起积极作用，对濒死之人及其亲朋好友来说，这种想法也是一种慰藉。但这种叙事若是细化到自杀式炸弹客可以进入天堂，那么死后去往极乐世界的说法也可能相当有破坏力。

在多数社会里，宗教曾一直是涵盖一切的大叙事的来源。对很多人来说，现在也是如此。宗教现在总体上是一股良性力量，它规范皈依者的道德，为信徒指明方向。在宗教信仰逐渐淡化的地区和社会群体中，许多思想填补了信仰淡化后留下的空缺，先是马克思主义，近些年来还有市场原教旨主义和环保主义。迂腐而自大的爱德华·卡苏朋自以为发现了解读世上所有神话的关键，而乔治·艾略特对他的讽刺至今仍为佳话。[7]

我们的个人生活总是以个人叙事为中心，即"我们赖以生存的喻指"。[8] "叙事范式"一词最先由美国传播学学者沃尔特·费希尔提出。在他有关叙事作用的开创性著作中，他主要研究了阿瑟·米勒的《推销员之死》和弗朗西斯·斯科特·菲茨杰拉德的《了不起的盖茨比》。这两部著作都是 20 世纪美国最优秀的作品，它们都描述了主人公为自己创建的虚假叙事的崩塌。[9] 戏剧《推销员之死》和小说《了不起的盖茨比》也都描绘了叙事崩塌后主角心灵的满目疮痍。石黑一雄也在他的小说《长日将尽》中酸楚地表现了这一主题。

正确的判断

美国政治学家菲利普·泰特洛克收集了近 20 年来所谓专家的预测并评价其准确性，这些预测内容基本都和地缘政治事件有关。该评价的前提是，预测人回答的问题必须具体，并且问题必须有明确的时间段，否则预测人就可以轻易利用问题的模糊之处，为自己的预测失败开脱。预测失败的"大师"们可能宣称他们的预言本质上是正确的，只是人们看待预言的方式可能有所不同，或者他们也可能说自己预言成真的日子还没有到。这就是为何泰特洛克问的问题都是非此即彼的二元问题，且问题都是可量化的，例如"2014年4月1日，联合国难民署报出的叙利亚已注册难民数量会不会少于260万？"[10]正如我们在第2章中所述，这种对最终认证的需要，排除了许多我们渴求答案的问题。泰特洛克认为如果多回答这种通常很无趣的小问题，我们就可以对我们真正关心的问题进行评估。但一些重要的大问题，比如美国该如何应对叙利亚内战带来的地缘政治变化，其答案不仅仅是小问题答案的总和。

泰特洛克对历史上预测的评估，让我们进一步了解可靠预测者和不可靠预测者的特征。泰特洛克在最初的研究中就发现他的研究样本并不是很好的预测者；他们最多比扔飞镖的黑猩猩强一点，这一点多数读者应该感到不足为奇。[11]真正令人震惊的是，他发现判断预测人优劣的最重要因素居然是预测人的知名度。一个人越有名，他的媒体曝光率越高，政客和商业领袖向他咨询的频率越高，人们就越不应该相信这个人的预测。

泰特洛克对此现象的解释引人入胜，他在解释中以"刺猬"和"狐狸"之间的不同类比。这一类比最先由古希腊诗人阿尔基洛科斯提出，由托尔斯泰继承发展并因以赛亚·伯林而闻名于世。刺猬知道一件大事，而狐狸知道许多小事。刺猬相信那些能包揽一切的叙事，而狐狸对每个这样的叙事的能力都心存怀疑。刺猬往往用事先假设的方式来处理不确定事件，狐狸则会在判断"究竟发生了什么"前不断搜集证据。两位笔者都有与广播和电视节目调研员打交道的经历：如果你提出一个毫不含糊的（最好是十分极端的）观点，那么他们会派车来接你去制作公司访谈；如果说这个问题很复杂，他们会感谢你的建议并说之后会给你回电，事实上他们基本不会再给你打电话。可以理解的是，人们喜欢清晰的观点，但事实是，很多问题不可避免地需要从多方面考虑。

刺猬和狐狸都能对世界做出贡献。丘吉尔和史蒂夫·乔布斯这样的人是刺猬，但如果你需要精准的预测，那你最好聘用狐狸。泰特洛克目前创立的好判断计划旨在建立这样一支团队，他们不仅善于预判，而且能随经验的增长而增强自己的预判能力。该项目的目的就是培养狐狸。

有关未来的叙事

法国人皮埃尔·瓦克是一名前记者和东方神秘学学者，他曾是一名不寻常的石油公司经理。20世纪60年代，他在壳牌公司组建团队，该团队负责构思公司未来经营中可能出现的各种情景。人们所熟知的是，他在1973年年初给公司高管提供了一种可能发生的情况，即中东石油供应商组成垄断联盟，对石油进行垄断。当年10月，以色列和其邻国间的赎罪日战争爆发。美国以及其他西方国家被视为以色列的支持者，因而被阿拉伯国家施以贸易禁令。油价急剧上升，即便第二年禁令放松，油价依旧继续上涨。

瓦克和他的团队因为帮壳牌公司预判了这场石油危机而受到赞扬。自此以后，情景规划一直是壳牌公司的战略核心，其他公司也纷纷效仿。壳牌公司的情景规划大量使用量化数据，并着重考察这些数据间的内部一致性，但究其本质，这些数据还是叙事。一个有用的叙事可能是一篇枯燥无味的文章而非文学杰作（它可能是洗衣机的使用说明而非《傲慢与偏见》），但瓦克的想法得到重视的原因之一，确实是他与众不同的出身。

情景规划是应对不确定未来的有效方式，但人们不能确定每一种情景在未来发生的可能性。两位笔者都曾在描述多种不同未来情景时被问到这个问题："那么你觉得哪种情况会变成现实？"问这个问题的人，内心往往不会料到正确答案会是这样的——"我觉得很可能哪种情况都不会以我刚才描述的方式发生"。情景规划是一种理顺对未来想法的方式，而不能预测未来。

每个新创业者都会被要求拟订一份商业计划书。一般情况下，该计划书会涵盖公司未来 5 年的行动以及预计成本和收益。如果你需要向银行申请贷款或者从天使投资人那里争取投资，他们一定会看你的计划书。你可以按照商业数据表里的指示填写商业计划书中的数据，会计和商务顾问也乐于给予帮助。

商业计划书被当作对企业未来的预测，但它们并不能预测未来。实际产量和计划书上的数据哪怕有一点相似的企业都屈指可数。拟订商业计划书的目的不是预测，而是为所有企业必须面对的问题提供一个解决方案的框架，这些问题包括确定市场、面对竞争、雇用员工、解决用地、购买设备。虽然商业计划书中基本上都是数据（许多人会以商业数据表为模板），但它实质上更像是一个叙事。商业计划书的撰写人必须将企业发展的展望转化成文字和数字，以此来讲述一个连贯、可信的叙事。

那些初出茅庐的企业家中，不能讲述连贯、可信叙事的人不值得拥有（通常也不会得到）他人的支持。

向小说学习——文本之外无他物 [12]

能给人启示的叙事不一定必须是真实的。比如夜晚没有吠叫的狗，这个比喻意义重大，尤其是在科学领域，因此已经成为约定俗成的说法。

> 格雷戈里探员："案子还有什么我需要注意的点吗？"
> 福尔摩斯："当晚的那条狗，是件怪事。"
> 格雷戈里："当晚那条狗什么也没做。"
> 福尔摩斯："这本身就是件怪事。"[13]

柯南·道尔在此做出了引人深思的论述，该论述与狗和侦探都没有关系。简·奥斯汀对她创造的虚拟人物的生活进行删减，编写成书，让数百万永远不会读相关社会历史学术文献的人了解当时的社会风貌。《傲慢与偏见》是一部极度现实的作品，但前往英国的游客若是问起，"我可以参观班奈特夫妇的故居吗"，那么他显然是误解了。

至于那些在贝克街221b门前排起长队，准备参观夏洛克·福尔摩斯居所的人则不会产生误会，以为真的能在那里见到那位伟大的侦探，他们只想参与这个有趣的虚构故事。澳大利亚哲学家马克·科利万曾问过这样一个问题："夏洛克·福尔摩斯沿古奇街行走整整7次的概率有多大？"[14]因为福尔摩斯是虚拟人物，所以他沿古奇街行走的次数无从查证。有关福尔摩斯的信息也只能从柯南·道尔写的有关福尔摩斯的故事中寻找，虽然之后也有其他作者续写了福尔摩斯身上其他可能发生的故事，但是查证也就更困难了。

在英语文学学者之间，确实曾有因误将文学作品和"世界真实模样"混淆而衍生的诸多问题，但早在近一个世纪之前，莱昂内尔·奈茨就在他著名的《麦克白夫人有多少孩子》一文中批判了这些问题。[15]《麦克白》中探讨了野心的本质和局限性，而不是一部描述苏格兰历史的作品（相反，它歪曲了苏格兰历史），更不是麦克白家族的族谱。

在读小说、看莎士比亚戏剧或者听寓言故事时，我们可以从多个不同方面理解"发生了什么"。当被问起对《理查三世》的看法时，患自闭症的神童杰迪代亚·巴克斯顿说那部剧共有12 445个词（他是对的）。[16]有的读者可能会去寻找文中的讽喻，分析它们超越作品本身的更广泛的深意，或思考这部小说在自己架构的文学网络中的位置，或仅是想想这部戏剧带给他们的感受。若继续深挖，他们可能会研究作品的背景：作者的生平、当时的历史环境、那些据说是源自该作品的思想。对作品的解读永远因人而异，也永远和背景脱不了干系。

爱尔兰文学批评家丹尼斯·多诺霍解释了文学解读的过程："理论……总有一丝实用主义的味道……当理论有用时我们会利用它，当它不再有用时我们就会将其抛弃。"[17]弗兰兹·卡夫卡的《审判》是20世纪最具影响力的小说之一。故事的主人公约瑟夫·K.某天无缘无故被逮捕，小说描述了他拒绝判决结果以及试图弄清自己究竟犯了什么罪的过程。这部小说究竟是对当时昏暗的奥匈帝国官僚体系的批判，还是卡夫卡对生活艰难和对生活恐惧的表达，抑或仅仅是一部黑暗阴郁的荒诞主义悲喜剧？以上解读皆适用于这部小说，而每种解读都为我们提供了欣赏该作品的新方式，却没有任何一种解读告诉我们这部作品究竟是"讲什么的"。加夫列尔·加西亚·马尔克斯说过读卡夫卡的《变形记》改变了他的写作观："我当时觉得，我之前不知道人还可以写这样的作品。如果我早些知道的话，可能早就开始写作了。"[18]虚构故事的好坏不是由其真实性而是由其给人带来的启示决定的。和任何文艺作品一样，故事的解读取决于受众而非作者。

看《麦克白》时，起初我们的评价标准是语言和表演的质量，随后当我们更仔细地欣赏这部作品时，我们的评价标准就变为我们从野心缘起和后果中得到的启发。从乔治·奥威尔的《1984》到安·兰德的《阿特拉斯耸耸肩》，无论政治小说讲述的是何种事件，其作品质量都首先取决于行文优美与否，其次才取决于作品含沙射影的效果和说服力。

叙事和情感

人不是计算机。我们用自己对事物的评判、直觉和情感来做出决定。无论是对自己还是对他人，我们解释为何做此决定时，用的基本上都是叙事的方式。正如社会学家和精神分析学家戴维·塔克特所说，我们做出的决定必须让我们"足以相信此举的预期结果"[19]，而我们对预期结果的信任，是依靠叙事建立的。叙事可以强化我们的本体感，让我们能够重现之前所做的决定，并构想未来我们将面临的抉择。情感和人类认知不是彼此割裂的独立过程。在发展他的信念叙事理论时，塔克特提出，做决策的人必须控制好"叙事模拟时激起的情绪"，这样才能让模拟出的决定有充足的说服力。[20]塔克特上述论点的来源，是金融市场的参与者们有关他们如何做决定的长篇大论。这些参与者很少提到计算概率的贝叶斯公式。

成功的企业围绕叙事发展。奥尔森曾认为人们家中并不需要计算机，但比尔·盖茨和史蒂夫·乔布斯不认同这一想法，并围绕私人计算机发展出一套新的叙事。后来乔布斯接受了将计算机带向手机甚至带向云端和人们口袋里的新叙事，而盖茨的接班人史蒂夫·鲍尔默却并未接受这一叙事。连锁超市沃尔玛的创始人山姆·沃尔顿曾回忆道："我当时全身心投入尽我们所能创造最好的零售公司的事业。自己赚大钱从来不是我刻意为之努力的目标。"[21]

比尔·艾伦，一个被迫坐上首席执行官之位的谦逊之人，充分理解叙事能带给人多大的启发。[22]他"寝食呼吸都不曾离开航空界"，从而将波音打造成全球航空航天业的领袖。当他的公司启动世界上最大的商用飞机波音747的项目时，一位非执行董事要求查看该项目的财务预测，却被告知项目在财务上做了些功课，但负责财务预测的经理忘记预测的结果了。[23]艾伦的继任者菲尔·康迪特却注重"价值导向环境"的建立，他在任时，波音遭到来自空客的强大挑战，并且他没有给他的股东创造任何价值。[24]艾伦在任时，波音还制造出了航空史上最热销的飞机波音737。之后波音737又服役了50年，为了和更新式的空客A320竞争，波音没有选择设计一架新飞机，而是给这年迈的空中巨星配备更省油的发动机。事实证明，这项调整比想象中更加困难，它需要对飞机的操作进行复杂的调整。2018年和2019年，波音737发生了两次空难，这让人们不寒而栗地联想起1954年"彗星"喷气式客机的空中浩劫，两者都是旧机型新用引发的不可预料的后果。航空界总会出现未知数，人们对系统的理解不一定跟得上系统的复杂性。

我们观察了1999年互联网狂热时期和当下硅谷初创公司的"商业计划书"。计划书中的企业都想要从投资者那里融资而非从顾客那里赢利。这些商业计划书中很少提到后几轮融资之后的事情，而计划里的公司也很少能撑那么久。一个令人信服的叙事却可以改变一切。年轻漂亮、魅力四射的伊丽莎白·霍尔姆斯成功拿下7.5亿美元的融资，并因她的公司Theranos（一家血液检测公司）而短暂地坐拥亿万美元的个人资产。据宣称，她的公司的产品从一小滴血中就能检测出多种疾病。Theranos通过药房提供服务，最高市值达90亿美元。但这项技术并不存在。2018年，霍尔姆斯用一大笔罚金和不再在美国上市公司担任高级管理职务的承诺，平息了美国证券交易监督委员会提出的诈骗指控，Theranos也被清算。[25] 霍尔姆斯仍因公司血样测试有效性的虚假声明而面临刑事起诉。10年来，霍尔姆斯编的故事一直没有遭到董事会、投资人和监管机构的质疑。直到《华尔街日报》的调查记者用尖锐的问题刨根问底，这场骗局才被揭穿。成功的叙事经得起反复的考验，而失败的叙事则会被取代——只是有时取代得不够及时。

叙事与金融市场

当代金融世界充斥着噪声。汤姆·沃尔夫曾臭名昭著地将交易大厅里的嘈杂声形容为"年轻的白人小伙子们饿狼般渴望金钱的嚎叫声"[26]。交易大厅里到处都是屏幕，它们不停闪烁，宣告着一条条新数据的来临。屏幕下方那条滚动的文字将所谓的新闻播报出来。屏幕前的人们交头接耳，喋喋不休，他们正说出自己的想法或正驳斥别人的想法。"第三季度的利率会上涨。""到年末利率都不会变的。"

现代金融行业的主要特征是相互竞争的叙事之间的相互影响。投行经济学家的工作就是为销售人员提供让客户开心的故事，销售人员再在午餐时用这些故事款待客户。在金融领域，使用叙事最过分却相当常见的情况，是商人为了自己的利益编造出类似"邪恶博士"或"黑武士"这样虚假的叙事，旨在扰乱债券和电力行业中的正当交易。不论真假，叙事都在金融市场中扮演重要角色。美国经济学家罗伯特·希勒最近的记录表明了金融市场中叙事的重要性和易传播性，因而塔克特对商人行为的"信念叙事"分析建立在大量访谈材料之上。[27]

金融和商业领域的叙事可能是正确或错误的，也可能是有害或有益的，但它们很少是无关痛痒的。对打雷的超自然解释和日心说这样错误的观点对股价并无影响，也不会对任何其他经济活动起什么作用。但在金融市场里也有类似邪恶的邪教领袖的存在，他们为达到自己的目的，不惜传播虚假叙事。希勒描述过许多微不足道甚至虚假不实却获得大量关注的叙事。这种虚假叙事可能会传播一段时间。塞勒姆没有女巫，1920年的美国经济萧条不是发战争财的人引起的，而且20世纪50年代也没有其他政治理念来威胁美国民主。然而，即使有些人相信2001年的"9·11"事件是美国政府自导自演的这种荒诞的想法，我们也要清楚，叙事的传播性这么强，最普遍的原因是它们和现实证据以及人们的经验一致。现在那些理性的人相信地球绕着太阳转，相信艾滋病是由通过血液传染的病毒引发的，相信种族隔离不仅不公平而且基于伪科学。但曾几何时，同样理性的人们可能并不相信这些。关于这些问题的主流观点，比如古希腊雄辩家所认为的"概率"已然改变，因为现在新的观点已经有了市场，虽然这个过程不是立竿见影的，但这些观点若合情合理，则有淘汰陈旧错误观点的潜力。知识本身就是一门不断进步蜕变的学问。

当今世界，想要列出所有可能出现的结果及其出现的概率过于复杂，可以说是痴人说梦，因此叙事便成为我们说理的重要部分。但它们不仅是我们给自己提供"最佳解释"的方式，它们对我们的相互交流、达成共同决定都至关重要。随着时间的推移，叙事也在不断改变和演化，并时刻需要被质疑和挑战。在接下来的几章中，我们将探讨如何创造并呈现叙事，以及叙事是如何演化、被质疑并改变的。

第13章　用数字讲故事

当今科学家用数学计算替代实验，
他们在一个又一个公式之间渐行渐远，
最终建立了一个和现实毫无关联的架构。
——尼古拉·特斯拉，《无线电将改变世界》，
《现代机械及发明》(1934年7月)

我们对很多我们一知半解的常识的理解都要归功于概率。第一批计算死亡率的表格是由制表人通过收集死亡年龄的数据制成的。通过这些死亡率表，人们可以计算人在某个年龄死去或活到某个岁数的概率。约翰·格朗特编制的"生命表"就是其中之一。这是一个了不起的发现：我们用寥寥几个数学公式就能描述许多观察到的现象。如果你稍微懂一点分布规律，并且掌握了该类分布规律的合适公式，那么你就可以用这些

信息去计算研究对象分布情况的全貌。在第 4 章中我们提到了棣莫弗的钟形正态分布。这种分布方式之所以被称作正态，是因为它被使用的频次实在太高了。[1] 正态分布首先被用于诸如天文等物质科学，但在 19 世纪，比利时人阿道夫·德·凯特尔发现许多社会现象也遵循正态分布规律。[2] 可以毫不夸张地说，这个发现为社会科学领域打开了应用量化方法的大门。此前量化手段仅是自然物理的基础。

出生于 1977—1987 年的美国男性中，有一半人高于 5 英尺 9.5 英寸（176.53 厘米），且 5 英尺 9.5 英寸也是那 10 年间出生的美国男性的平均身高，即美国男性的身高状况呈正态分布。股价每日百分比的变化也大致呈正态分布（但正态分布法无法用于风险管理，因为它几乎无法描述财务结果极端值，或者说"尾部"）。20 世纪量子力学开始发展时，正态分布对理解基本粒子的位置和势能帮助巨大。

那么我们是怎么知道美国男性的平均身高是 5 英尺 9.5 英寸的呢？我们并不知道。没有任何机构或个人测量过全体美国人的身高，这样做也是不切实际的。19 世纪末 20 世纪初发展的经典统计方法，让人们可以通过样本的特性推断出整体的特性。美国全国健康与营养调查每年为约 5 000 名美国人提供全面体检。美国人口调查局利用所得数据，估算出美国人身高的分布状况以及美国人口的诸多其他特征。

统计学的许多估算都基于较小的样本，而几乎所有刚接触统计学的人都会惊讶于统计学家对此等估算的信任。在任何一年里，每 6 万美国人中只有 1 人会参加全国健康与营养调查，因此有些美国人可能从未接受过调查，这些人甚至不太可能认识参加过调查的人。不过，只要确保受调查的人是随机选出的，那么计算平均身高时产生的误差就可以忽略不计。然而调查不仅难以做到完全随机，确保调查随机性的工作也很艰难。

这种统计分析不仅可以估算平均身高，还可以算出估算平均身高时的误差区间。[3] 美国男性的身高由多种因素共同决定——父母的身高、母亲孕期长短和早期营养状况等。依照概率论的中心极限定理，若一个变量为大量独立随机变量之和，该变量即呈正态分布。通过各个独立加性因素，人们足以推断出决定身高的过程，因此美国人的身高分布状况基本上是正态的。[4]

只有20%的美国男性身高超过6英尺（182.88厘米），还有20%身高低于5英尺7英寸（170.18厘米）。该正态分布的平均值为5英尺9.5英寸，而标准差（一个表示可变性的值）为2.75英寸（6.985厘米）。所有你想知道的关于该时期出生的美国男性身高分布的信息，这两个参数都可以告诉你。[5]在正态分布表的帮助下，你可以估算这个群体里高于或低于某个身高的人的比例。按照正态分布特征，2/3的男性身高都在平均值的一个标准差以内。在美国人口调查局采集的样本中，身高高于6英尺4英寸（193.04厘米）及低于或等于5英尺3英寸（160.02厘米）的男性数量过少，无法估算出一个可信的占比。这些极端值就是分部曲线的尾部。如果你见到了一个11英尺6英寸（350.52厘米）高的人（这是不可能的），那么你就遇见了一个25个标准差事件。就像提出这个概念的温尼亚尔先生当年遇到的对冲基金巨额亏损事件一样，此事十分少见。

但正态分布仅是19世纪诸多统计学分布模式中最常见的一个。俄国统计学家拉迪斯劳斯·博特凯维奇曾分析过被马踢死的受害者分布情况。他的样本取自1875—1894年普鲁士军队中14个不同的军团。正如博特凯维奇所料，死亡总人数和法国数学家泊松发现的泊松分布规律相符。一个军团平均有0.7人被马踢死，只有零星一两个年份里无人因此死亡。得知军团规模后，博特凯维奇可以预测每年每个军团被马踢死的人的数目。[6]包括笔者在内的许多学者都认为，这类分析具有可以改变社会科学的启示。即便是社会上最稀松平常的事情，似乎也可以用科学的方法解决，人类可以用科学来抗衡希腊诸神深不可测的力量。

统计学分布是演绎推理和归纳推理交互的产物。演绎法被用来描述变量产生的过程——比如美国男性的身高或者普鲁士军官的受害人数；归纳法则被用来分析这些数据，并以此构建这些数据形成方式的假设。这些假设可能能够预测数据分布规律。人们可以通过分析数据来确认某假设，或得出新的假设。无论是哪种情况，分析的适用性取决于它所基于的模式是否持续有效。

博特凯维奇所用的模式在1918年后就不再重要了。普鲁士战败后,世间再无普鲁士军,取而代之的是德意志联邦共和国军队。这支军队不再依赖骑兵,因此德军军官也不太可能被马踢死。可能那些强调世事无常、诸神无定的人从某种程度上来说是对的。和自然现象相比,这些分布模式和社会现象之间的关联没那么紧密,且转瞬即逝。物理学家需要的是稳定性——物理定律可以历经上百年而不变,而经济社会现象却不是如此稳定。20世纪的两次世界大战改变了社会的方方面面,普鲁士骑兵的消失只不过是其中一个微不足道的例子。那些对世界经济的根本性改变,就是经济学家所说的结构突变或结构断裂。

幂律

英语中最常用的词是"the"。本书(指英文版)中这个词用了9 742遍,该词占本书总词数的7%。英语中第二常见的词是"of","and"一词位列第三。虽然我们的拼写检查程序也接受像"gadzooks"(温和的诅咒语)、"valetudinarian"(体弱多病的人)和"antidisestablishmentarianism"(反政教分离学说)这样的生僻词,但这几个单词在本书其他地方从未出现,在我们写过的任何其他的书或文章中也找不到这几个单词。

早在计算机可以进行此等工作之前,美国语言学家乔治·齐夫就已经计算了单词的使用频率,并总结出人们现在所知的齐夫定律。[7]若将单词使用频率用对数函数表达出来,那么函数曲线基本上是一条直线,一个单词的使用频次和该使用频次下的单词数量之间存在稳定的关系。使用频率第n高的单词,其出现频率大约是频率最高单词的$1/n$。这个规律所涵盖的词汇不仅限于微软词典里的单词,甚至不限于《牛津英语词典》中的单词。此规律也涵盖很多不常用的单词,比如"kaama",以及那些每天都在产生的新词。

这种分布规律被称为幂律,是另一个被广泛应用的数学公式。它和传统统计学的分布规律迥然不同。正态分布中，平均数、中位数和众数是相同的。如果数据呈对数正态分布，这几个表现集中趋势的参数可能会有所不同。无论是以上哪种情况，都遵循正态分布的基本规律，即所有观察值都向中心聚集。但幂律分布的特征与之明显不同，最显著的一处不同，就是幂律分布中的极端结果更加频繁，且有些幂律分布的平均值无法计算。[8]如果人的身高和单词使用频率的分布方式一致，那么大多数人会是侏儒（大部分词汇几乎都不会被使用），但少数人会身长数百英尺（相当于单词中的"the"和"of"）。

幂律分布的应用范围相当广泛，不仅限于计算单词使用频率。澳大利亚人唐·布拉德曼是历史上最伟大的板球击球手，幂律分布可以让我们估算在下一个布拉德曼出现之前，还会有多少个优秀的球手，或者还会有多少个像二位笔者一样糟糕的球手。我们甚至可以推算，和其他领域的优秀运动员相比，布拉德曼究竟有多优秀（相当优秀）。

我们诚然可以在很多地方用到正态分布。它可以用来计算球手的身高，却无法用来测算球手的能力。如果它能用来测算球手的能力，那么世上就不会有像布拉德曼这般杰出的球手，也不会有上百万在对手第一击下就被打出局的板球新手。正态分布也无法测算地震，如果它可以的话，那么世间就不会存在像1960年智利瓦尔迪维亚大地震那样严重的震灾，那场地震是有仪器记录以来最大的一次地震。地震遵循幂律分布规律——每天都有很多小到人们感觉不到的地震。撞击地球的小行星也是同理——尤卡坦陨石坑就是由我们已知的最大的小行星撞击而成的，但经常有各种天体撞向地球，并没有造成如此大的破坏。1987年10月19日，美国主要股票指数一天内下跌约20%。这相当于金融界的瓦尔迪维亚大地震。极端事件在幂律分布中较为常见，在正态分布中较为罕见。

20世纪60年代，应用幂律分布的领军人物是生于波兰、拥有美法双重国籍的数学家本华·曼德博。他发现棉花价格的波动可以用幂律分布表达。[9]幂律分布具有"尺度不变性"。如果你用精密显微镜观察一片雪花，你会发现构成整片雪花的每一个小部分，其形状和你裸眼看到的雪花的形状相同。雪花美丽的形状符合分形几何的构造。同样地，每分钟证券价格变动的曲线和每天其价格变动的曲线形状相似。和正态分布以及对数正态分布相比，幂律分布处理极端情况和市场波动的能力更强。这对风险管控与对长期经济模式和收益的理解十分重要。幂律分布甚至可能帮助我们解释为什么人们经常用字母 K。

虽然幂律分布应用范围广泛，幂律分布背后的数学原理也相当有美感，但这种分布方式不如正态分布等惯用的传统模式那样受经济学家和统计学家的关注。[10] 有的假设虽然适用于多数情况，但是在金融危机等极端情况下失灵，而这些极端情况的结果才是至关重要的。但人们此前在这类假设中投入过量的智慧资本。然而，处理大量信息的能力的不断增强为分形数学和幂律分布的应用提供了动力，使它们不仅可以描述一般事件，也可以测算极端事件的结果。

虽然幂律分布可以很好地描述地震的频次和震级，但是它对人们真正想了解的方面几乎毫无贡献。地震在何时何地发生？地震会造成多大损害？这些问题只能用地下地质学的知识来解答，且前提是我们能直接观测到地壳之下的地质活动，而现在相关科学领域还没有研发出这样的观测设备。实际生活中的地震我们尚不可预测，科技、商业和金融领域的地震更是难以捉摸。若不能理解现象背后的原理，那么对现象的观察就没有意义，而对原理的认识，若没有理论支撑下的观察分析也是不全面的。

为何民意调查员如此难做

事实证明，概率论数学是研究许多经济社会现象的强大工具。像美国全国健康与营养调查这样对一小部分人健康和营养状况的调查，为我们提供了 300 万美国人身体状况的宝贵信息。我们知道这些数据的质量很高，因为它们每年变化不大，即使有所变化，也是在合情合理的范围内——平均身高随时间的推移而增长，增长的幅度并不大，且这些数据和源自别处的信息是一致的。美国人口调查局努力确保参加全国健康与营养调查的美国人是随机选出的。但"美国人"究竟指的是什么？美国公民？美国居民？还是某天在美国境内的人？对于以上这几种人，美国都没有一个全面详尽的记录。而且因为全国健康与营养调查并非强制参加，所以即使参加者确实是随机选出的，美国人口调查局也不能保证这场调查中每个美国人被代表的概率都相同。从结果上看，全国健康与营养调查的过程似乎没有问题，但是对这种从人口中取样来对整体人口进行估算的调查来说，估算结果的质量取决于取样的方式。在人口中随机抽样调查也可以被用于许多其他方面，近期争议最大的例子就是用民意调查预测选举结果。

民意调查刚兴起的时候，人们并未充分理解取样的难度。在民意调查历史上最大的一场失败就是《文学文摘》对1936年美国总统大选的预测。该杂志认为共和党候选人艾尔弗·兰登会获得压倒性的胜利，它的预测基于一项采访了230万选民投票意向的调查。那年的大选确实有场压倒性的胜利：时任总统富兰克林·罗斯福获得了除缅因和佛蒙特两州以外所有州的选票。该杂志向约1 000万人寄出问卷，这些人都是订阅该杂志的人、电话用户和有车一族。但当时这些人并不能代表全体美国人，尤其是那时大萧条余波未尽，美国经济仍未恢复。并且，人们对罗斯福的评价两极分化。因此，回复《文学文摘》问卷的那230万人中，极度厌恶罗斯福新政的人远超支持新政的人，因为支持新政的人一般经济条件较差。

这次惨败让《文学文摘》一蹶不振，过了不久便停刊了。与此同时，当时还默默无闻的乔治·盖洛普一战成名，他用配额抽样的方式成功预测出大选结果。几十年后，盖洛普这个名字几乎成了政治性民意调查的代名词。配额抽样试图使受访者的特征和美国总体人口的特征保持一致。调查员首先查看那些他们成功联络上的受访者的回答，然后基于配额抽样模型分析收到的回答，再推断出如果样本完全随机，收到的反馈会是什么样子。当代调查员经常需要面对回复率很低的局面，因此他们知道自己的样本从各种意义上来说都不是随机收集的。所以他们现在用复杂的统计模型对结果进行调整，以弥补他们在随机性上的缺陷。但这样一来，调查员和想要使用他们调查结果的人就需要解决温尼亚尔难题：统计模型若想得出可能结果，就必须考虑统计模型本身有多大可能是正确的。我们可以解释说，"这些调查员经验很丰富"或者"这个模型之前是可行的"，比如我们2016年之前都可以这样评价纳特·西尔弗的模型。但这些是我们的主观判断，不是有关可能性的陈述。因此，我们很难证明将统计置信区间和民意调查结果联系起来的行为是正确的。

问题远不止于此。调查员需要把表达投票意愿的回答转化成对投票行为的预测。人们会真心回答某些问题，而对另一些问题则没那么真心；相比酒水的统计销售量，牛奶的统计销售量更能真实地反映其销售情况。[11] 而且调查员还要把预测到的普选票数比转换成预计的选举结果。对公投来说，投票结果仅取决于双方所赢得的投票总数的多少，2016年6月英国的脱欧公投就是一个例子。这种情况下，将票数转换成投票结果直截了当（虽然有很多调查预测的票数就是错的）。但若总统由选举团选出，或者政府官员选拔取决于每个独立选区的结果，则需要对预测的选票数进行调整。2016年有两次重要的全民投票，即美国总统大选和英国脱欧公投。这两次投票中民意调查员没能正确预测结果的原因在于，他们所用的模型无法将原始数据转换成准确的预判，这是温尼亚尔难题的具体表现。[12]

2015年英国大选中保守党推翻了民意调查结果，并赢得了议会的绝对多数席位，此后英国脱欧公投的结果也出乎意料。在此之后，英国的民意调查员进一步调整了他们使用的模型，发现之前自己小瞧了保守派的力量。这种调整的结果就是，在2017年大选活动中，不同的民意调查机构给出了大量不同的预测。最后只有两家公司的预测和最终结果相近。这两家公司是YouGov（舆观调查网）和Survation（英国民意调查和市场研究机构）。YouGov做出了正确的判断：2015年可能提升民意调查准确率的调整和2017年不同的大环境中所需的调整是不同的。和两年前相比，2017年学生以及许多其他年轻或见过世面的群体，以令人意想不到的庞大人数投票反对特蕾莎·梅的保守党。相比其竞争者，Survation没有对自已 2015 年所用的模型做过多更改，得出的预测却比任何其他民意调查机构都更接近最终结果。[13] 由此可见，任何预测都需要以某种统计模型为基础，而预测的有效性和对预测的信任程度都取决于该统计模型的实证相关性。一个问题即使看起来完全属于统计学范畴，就像很多民意调查员认为选举预测完全是一个统计学问题一样，极端不确定性及其导致的非稳定性因素的介入也会让预测和统计学毫无关系。

假故事和虚假数据

2015 年 3 月，英国小报《每日快报》刊登了头条新闻《吃巧克力可以加速减肥，研究表明巧克力可以降低胆固醇并有助睡眠》。[14] 其他媒体上也出现了类似的故事。这些故事都源自《国际医学档案》上刊登的一篇文章。该刊物自称是已经过同行评审的开放获取期刊。随着电子出版物时代的到来，这类刊物层出不穷，有的声誉很好，有的声誉不佳。报告勉强可以说是基于研究。报告中的试验组吃辅以巧克力的低碳水食物，而报告作者也证明试验组的体重相较不吃巧克力的对照组来说确实变轻了。报告中将试验组相对减轻的体重描述为"数据值得注意"。试验也发现了巧克力降低胆固醇和助眠的效用，但其效用低于被经典频率统计学认定为"值得注意"的水平。

这项研究确实准确报告了试验结果，只不过这其实是德国科学家和记者的恶作剧，为的是揭露某些据称科学的刊物同行评审的极低标准，以及报纸记者和编辑有多么容易上当受骗。[15] 这些人的轻信淋漓尽致地展现了概率推理在科学和经济学领域的严重滥用。这项"研究"中，"数据值得注意"的意思是试验中观察到体重减少这一现象的概率小于 5%。但如前所述，任何有关概率的说法都源自一个描述目标数据产生过程的模型，而该说法的有效性取决于模型的有效性。那么这个试验用的模型又是什么呢？

就评测新药安全性和效用的"黄金标准"来说，这个试验是一个很糟糕的随机对照试验。近来随机对照试验在经济研究领域也越来越时髦。[16] 这个试验为控制变量，找的两组人应只有一处不同——这个案例中的不同就应该是他们摄入巧克力的量。但我们很难让两组人在其他方面完全一致，虽然临床研究者为达此目的竭尽全力——比如他们坚持做"双盲"试验，试验中医生和患者都不知道谁服用的是药物，谁只服用了安慰剂。

即使在设计最完美的随机对照试验中，试验对象和对照组之间也不可避免地有很多不同。研究人员发现大量吃巧克力的试验对象睡眠更好，但睡眠良好可能是大量摄入巧克力的结果，也可能不是。有可能总体上来说这些对象都比较放松，容易睡着。该试验的潜在假定是研究对象和对照组之间除巧克力摄入量以外，其他所有相关因素全部相同，这里的"相关因素"是指任何可能影响体重增减的因素。若这个假定成立，那么每20次这样的试验中就可能出现一次巧克力有助减少体重的案例。但我们很难确定这个假定成立，也不知道如何证明这个假定成立。

现实中也有许多大量吃巧克力却无法减重的人，虽然可能没有那么正规，但这些人也算是做了试验。可是这些试验结果，没有一个登上《每日快报》的头条。研究人员倾向于只汇报积极而非消极的结果，因为消极的结果没那么有趣。这种情况不仅限于那项巧克力"研究"，许多更为严谨的科学研究都是如此。就像报纸不会去报道平安无事的街区和没有交通事故的道路一样，若论文的研究显示吃巧克力不会让人变瘦，那么学术期刊也不会刊登这类论文。可以理解的是，化学研究员会强调他们研究的化合物产生的积极效果。制药公司也在利益的驱使下，会宣传自己药物的效能，而掩盖产品的缺陷，处理掉失败的产品，这可谓是字面和比喻双重意义上的掩埋。

这项巧克力"研究"提醒我们，若试验完全随机化，那么即便药物毫无作用，也有平均1/20的概率得到一个"数据值得注意"的结果。若没有报告所有试验结果，宣称数据值得注意就毫无意义。但没有人会报告所有试验结果，因为若试验看起来没什么成功的希望，人们就不会浪费时间和精力一究到底。

为回应这样的批评，有些制药公司承诺在公布正面结果的同时，也加大对临床试验的负面结果的公布力度。制药公司试验更高的开放透明度有助于缓解问题，却不能彻底解决问题。15年前，斯坦福大学医学和统计学教授约翰·约安尼季斯发表了一篇名为《为何大部分已发表的研究结果都是错的》的论文，这篇论文已变成最常被引用的科学论文之一。[17]约安尼季斯认为学术期刊中大部分论文的研究结果在后续研究中都无法重现。

虽然约安尼季斯研究的主要是医学及其相关学科，但他的批判同样适用于类似的金融和经济学研究。经济学家的研究成果多取自大量数据。即使得到了原作者的帮助，使用的是原作者用过的数据，一个大型研究最多也只能重现1.5个已发表的研究结果。[18]一个有关经济学实验发现的小规模研究发现约60%的研究结果可以被重现。[19]但大部分经济学研究不同，实验经济学研究是在实验室条件下进行的，研究人员会问研究对象"字母K在文本中出现的频次是多少"这样的问题。如果用的是和该实验一样的假设"偏差"，换一个实验，得出的研究结果重现率可能会低很多。而现在专有数据集的使用量日渐增大，这意味着研究结果无法重现的问题可能会愈加严重。

显然，巧克力减肥食谱和其基于的所谓"研究"一样毫无价值，但这个恶作剧用极端的方式展示了严谨科学研究中普遍存在的问题。据另一篇发表在重量级心理学期刊上的文章称，宾夕法尼亚大学的本科生在听了披头士乐队的《当我64岁时》后会变年轻。[20]当然，文章的作者从来就不相信这首歌有这种功效，但他们还是走程序将实验结果投稿给那家声誉很好的刊物。经济学和心理学的基本理念相同，都是先确定一个研究试图分析的变量，然后列出可能影响该"因变量"的因素。这里年龄就是因变量，而解释变量是和学生年龄有关的因素（比如学生父亲的年龄）以及与年龄无关的因素，比如学生是否听了那首披头士的歌。随后研究人员用统计学测试来测算不同解释变量对因变量（学生年龄）的贡献值。他们假定和那首歌相关的系数是客观的，并假定对统计学测试来说，这个系数是值得注意的——因为听这首歌让实验对象年龄减少了一岁多。

如果研究人员所用的模型是有效的，即年龄真的和研究人员所列的因素（包括最近所听音乐在内）呈线性关系，那么文章作者得出的结果就是正确的：《当我64岁时》这首歌最准确的预估减龄功效为一年。但研究人员清楚地知道这个模型有多荒谬。有关统计可能性的结论的有效性和其所用模型的有效性相同，而其所用的模型经常十分模糊，或者根本就不存在——比如吃巧克力有助于减肥和听《当我64岁时》减龄这两个案例。至于像高盛风险模型这样的案例，其使用的模型未经实证检验，而是由一系列假定演绎而出。这些假定类似于不确定情况下的选择公理，但不如它精确。

一个世纪之前，经典统计学的奠基人创立了类似于概率游戏的方法来推断小世界问题。人们希望其中一些方法可以帮他们在日常生活中做出更好的决定。这些对概率推理应用范围的积极大胆的期望还没有完全破灭。很有限的一部分问题，因其过程平稳而产生可观察的频率分布。在这种情况下，统计学手段极为强大。但这些成就也会导致看似相似手段的不当使用。

第 14 章 用模型讲故事

模型皆错，但未必无价值。
——乔治·博克斯[1]

1950年，时任普林斯顿大学数学系主任艾伯特·塔克应邀为一众社会科学家做了一场专题研讨会。他当时正与兰德公司的梅尔文·德雷舍和梅里尔·弗勒德在博弈论基础上进行合作。塔克意识到他的听众不会喜欢满是方程式的黑板，所以创造了囚徒困境，阐述了两个重犯分别关押在单人牢房中的故事。[2]重犯们只有互相信任才能逃脱长期监禁。做不到互相信任的话，最佳策略就是通过认罪得到更宽大的判决。如今，太多人忘记了或根本不知道德雷舍、弗勒德和塔克的名字，但他们记得这位狡猾警长的故事。后来囚徒困境的理论化使得它成为最有见地和成果颇丰的经济模型之一。

这种建模的目的是将谜题由大化小，转为一个更简单的问题——这个问题存在可行方案且与实际问题足够相似，进而借此洞察实际问题，得出最优解。我们用萨维奇的说法，称之为小世界模型。从它诞生之初，有价值的经济理论大都属于这类模型。亚当·斯密在《国富论》一书的开篇便通过对一家别针工厂的格式化描述解释了劳动分工的概念。没有迹象表明他描述的是一家真正存在的工厂。19世纪早期，大卫·李嘉图提出了一个基于相对优势的国际贸易模型，这个模型至今仍是经济学的核心观点之一。

在特朗普当选美国总统的250年前，亚当·斯密就反驳了重商主义者把对外贸易当作一场零和博弈的观点。这种博弈把单个国家削弱或愚弄贸易伙伴而获利的行为视为对双方都有利。[3]李嘉图将斯密的观点进一步发扬，认为一个国家即便在生产方面比另一个国家更高效，它仍然可以从与低效率国家的贸易中获益，反之亦然。[4]按当时的风格，李嘉图以数值为例阐述了他的理论。

李嘉图假设，在葡萄牙，80个劳动力可以生产一定数量的酒，同时90个劳动力可以生产若干捆布匹。在气候更潮湿、更缺乏阳光的英国，生产同样数量的酒需要120个劳动力，生产同样数量的布匹则需要100个劳动力。虽然在这个例子中，英国在生产酒和布匹上都比葡萄牙效率更低，但如果葡萄牙专门生产酒而英国专门生产布匹，则对两个国家都有好处。

乍一看，与生产效率较低的国家进行贸易更有利这一主张似乎与直觉相悖，按照直觉应该是与生产效率更高的国家进行贸易才有利。但是李嘉图的模型表明，当个体之间或国家之间的生产能力存在差异时，贸易可以带来显著的利益。一个国家在生产不同商品和服务方面的绝对优势不如其相对优势重要：该国在哪个方面或哪些方面的生产效率相对较高？这个模型并不能帮我们预测贸易额，但它确实有助于我们理解为什么在没有人为干扰的情况下，处于不同经济发展阶段的国家之间的贸易会蓬勃发展，并且对未经训练的人来说，直觉具有误导性。

即便没有受过任何正规经济学训练的人也明白价格是由供需之间的

相互作用决定的。如果商品尚未售出，那么下跌的价格会刺激需求，同时使市场出清。但在某些市场，情况似乎并非如此。有一个原因是卖家可能比买家更了解他们所售商品的质量，而买家也意识到了这一点。1970年，乔治·阿克洛夫指出，在信息不对称的情况下，可能很难找到任何适合交易的价格。[5]二手车的潜在买家并不知道某辆车的质量是好是坏，他们可能愿意为一辆质量一般的车付一个特定的价格。但是，只有那些拥有质量低于平均水平的车的车主才会接受这样的报价。[6]这就导致高质量车的车主退出市场，只剩质量更差的车仍在销售。这就是逆向选择。若逆向选择持续进行，市场可能会完全崩溃。买家和卖家之间的信息不对称意味着没有一个可以平衡供求关系的价格。

逆向选择可能出现在很多市场中。医疗保险靠的是集中风险，健康的人会寻求退出机会，而健康状况较差的人则会急于获得保障。在实践中，只有在有一定的强制力的情况下，医疗保险才会有很好的效果。和许多好的想法一样，逆向选择的问题在解释的时候可能看起来很明显，但事实证明，这个想法对理解许多市场以及解释为什么其中一些市场不能很好运作有很大的帮助。

李嘉图、塔克和阿克洛夫等人的模型是用易于理解的方式论述了几种基本的经济学思想。这些模型可以以方程、数字例子或有趣的故事的形式呈现，事实证明，这些模型在经济学中成效显著。虽然它们不能为经济学问题提供全面或量化的答案，但它们通过类比一个已知答案的小谜题来帮助我们框定论据，以便我们更好地理解大谜团的本质。英国和葡萄牙之间关于布匹和酒的贸易，警长办公室里的遐想，二手车不尽人意的市场，李嘉图、塔克和阿克洛夫通过讲述这些与听众密切相关的故事，改变了人们对市场运作的思考方式。

模型和叙事中的真与假

上述故事都不是真实发生的。事实上，在19世纪初，英国的纺织业生产效率远高于葡萄牙。囚徒困境中的警官无疑无数次侵犯了两名罪犯的宪法权利。我们也可以向听众解释阿克洛夫模型，只不过要面对一个愤怒的零售汽车联合会（英国二手车经销商的贸易协会）代表罢了，因为他会声称这对他们会员的诚信度构成了诽谤。但塔克并不是在讨论美国的刑事司法系统，阿克洛夫也没有暗示零售汽车联合会会员的诚信问题，而关于纺织厂生产成本的任何信息也都无法反驳李嘉图关于相对优势原理的论述。

有效市场假说是经济学中最具争议的模型之一，提出该模型的尤金·法玛与致力于反对该模型的罗伯特·希勒甚至共同获得了2013年的诺贝尔经济学奖。关于有效市场假说本质的一种见解是将公开信息纳入证券价格中。而这看似自相矛盾的奖项（很难相信自然科学领域也会出现这种奖项）并非非错即对。大多数公开信息被纳入证券价格中，此举并不永久也不完美无缺，而后者使得设计成功的投资策略成为可能。有效市场假说的支持者和批评者似乎都犯了同一个错误，他们认为这种模型描述的是"世界真实模样"。其实这种假说只是一种虚拟但具有启发性的模型原型，就像《麦克白》等伟大的舞台剧一样。

小世界模型是一种虚构的叙述，它的价值在于它的广义见解而不是具体细节。经济模型中具有代表性的代理人、消费者或企业不是一个实际的人或企业，而是一个人为的建构体，就像福尔摩斯是作者的幻想一样。这种代理人可能持有的任何期望都是模型的假设，而不是真实的财产，就像福尔摩斯的一系列冒险是阿瑟·柯南·道尔的创作而非对现实的描述。经济学着手于简单的模型，这些模型以叙事展开，有时由虚构的数字组成，比如李嘉图对相对优势的描述。《国富论》的作者曾受到经济史学家约翰·克拉彭的指责，克拉彭写道："很遗憾，亚当·斯密没有从柯科迪到几英里外的卡伦工厂去看他们旋转镗孔的炮台，而是去了那愚蠢的旧时代遗留的别针厂。"[7]事实上，从柯科迪出发到卡伦工厂需要一整天的路程，而卡伦工厂是英国工业革命的第一批著名工厂之一。与斯密同时代的苏格兰诗人罗伯特·彭斯也曾到访并评论道："我们来这里是为了参观工厂，学到经验。但这样我们就会下地狱，真是意料之外啊。"[8]

也许克拉彭说的有道理，古今中外的经济学家都应该多走出去看看他们笔下抽象的东西。但也没那么有道理。斯密写的又不是别针的制造，阿克洛夫也不是在记录零售汽车联合会会员的活动，塔克更没有写美国刑事司法系统是如何运作的。他们是在用这些模型来解释更具普遍适用性的原理。

有了这一系列小世界模型的建立，经济学很快取得了进展。在斯密之后20年，托马斯·马尔萨斯提出了一个臭名昭著的人口与增长模型，我们将会在第20章进一步讨论。除了相对优势原理，大卫·李嘉图还提出了一种经济借贷模型：一份投入所带来的回报超过保证供给的必要金额（体育业和金融服务业中的很多从业者肯定会采用这种模式，以获得比现在更低的报酬）。

用斯密和李嘉图的说明性计算来讲故事已经不再流行。现在我们需要更正式的数学表达方式，有时还需要复杂的数学计算。20世纪50年代初，美国人肯尼思·阿罗和法国人杰勒德·德布勒利用定点定理（来自拓扑学的最新进展），基于一定的假设，证明了竞争性市场经济均衡状态的存在和效率。[9]虽然他们的数学计算非常复杂，但是结论相对简单，即在分散经济中可成功匹配供给和需求，并进一步说明均衡在某种意义上是有效的。对很多人来说，阿罗和德布勒为斯密的"看不见的手"提供了正式的数学支撑。[10]

不只是柠檬

尽管阿克洛夫的工作可能冒犯了零售汽车联合会，但在他之后出现了很多针对信息不对称市场的模型，有些有用，有些则不然。迈克尔·斯彭斯解释了综合性商品的报价并不简单地等同于供求关系，而会被用来标志商品特征。[11]约瑟夫·斯蒂格利茨强调了有效市场假说的内在矛盾：如果所有信息都包含在报价中，为什么有人会为获取信息而投资呢？[12]

这些小世界的类比模型有助于引导我们了解大世界的主要特征。我们中有人回忆起自己曾试图处理房产租赁合同中未到期部分并最终失败的经历。他念叨着经济学家常说的供给与需求，坚持要把价格降下来。后来没能如愿，他就改变了模式。也许价格不仅是使供需对等的机制，而且是一个信号。他用一个小小的激励机制说服了一个感兴趣的买家，买家最终从他手中以原价接过了租赁权。

同样地，李嘉图也运用他的天才大脑取得了实际性的成功。他对金融市场中不对称信息的重要性具有直观把握。李嘉图在债券投机中发了大财，据称他领导了一批交易员迅速抛售债券，以引起市场恐慌，然后再低价买回债券，以便在恐慌情绪平息后再次卖出。[13] 2004 年 8 月，花旗银行的交易员采取了名为"邪恶博士"的类似策略，结果被金融监管局处以巨额罚款，并被该银行的首席执行官批评为愚蠢之举。[14]

进行拍卖有几种方式，最常见的是通过公开竞价。在这种方式下，价格持续上升，直到只剩下最后一个潜在买家。eBay（美国线上拍卖及购物网站）就大量采用了这种拍卖方式。第二种是密封投标拍卖，通常用于公共合同的竞争性招标，竞标者提交投标书，信封会在指定日期打开，出价最低的竞标者将获得合同。第三种也是密封投标拍卖，程序也是将合同授予出价最低的投标人，但中标的价格会定为第二名的价格。这意味着投标人可以透露自己的真实报价，而不用担心自己的出价会影响中标的价格。第四种拍卖程序是荷兰拍卖，之所以如此命名，是因为它是在阿姆斯特丹机场附近的阿尔斯梅尔市场上使用的。该市场是世界上最大型的建筑物之一，来自世界各地的鲜花在此交易。这里会有一个巨大的时钟显示出一个逐渐下降的价格，直到出价者同意购买而停止（如果你在阿姆斯特丹并起得够早，你会惊讶于这口钟卖出大量鲜花的速度之快）。1996 年诺贝尔经济学奖得主威廉·维克里证明，在合理假设下所有四种拍卖方式平均而言都会产生同样的结果。[15] 如果你觉得这是显而易见的，不如问问自己为什么卖家在接受第二高报价和接受最高报价时挣得一样多（这个答案反映了不同的拍卖方式会导致不同的投标模式）。

维克里的方法基本上是推理式的。但当美国政府开始拍卖海上石油区域，而不是以行政方式分配这些区域时，一群石油工程师开始觉得不对劲。因为他们观察到石油公司在拍卖中购买的油田收益率很低。一个归纳推理的例子就是赢家的诅咒模型——最初由石油公司的三位员工推导得出的普遍原则。[16] 在他们的模型中，一个油田的价值与大多数公司的价值相近，但这个价值在钻探工作开始前是很难预估的。在拍卖开始之前，每家公司都会委托调查公司对油田的价值进行估算：如果调查不偏不倚，那么它们的平均估计值应该接近真实价值。但估计值本身就会存在偏差，也许会大相径庭。公司只知道自己的估计值，而估计值最高的公司很可能出价也最高，从而在拍卖会上胜出，然后发现油田的实际价值低于它们的平均估计值。它们赢得的区域是被地质学家搞砸了的区域。这个问题在商业领域和金融领域也会出现：在企业收购中，竞标者往往因为出价过高而成功。2007年，两家英国银行，即苏格兰皇家银行和巴克莱银行，争相竞购荷兰银行，看哪家会出过高的价。当巴克莱银行的股价因股东紧张而下跌时，苏格兰银行在竞标中胜出，然后在2008年被赢家诅咒缠上而失败。[17]

或许拍卖理论最著名的应用是频谱拍卖。在频谱拍卖中，美国和欧洲政府通过向竞争对手的移动电话运营商出售带宽获得了巨额收入。到现在，一代研究生已经在核心模型的基础上发展出了复杂变体。但是对于这些人为小世界模型，人们过分关注对模型的阐述，而不是对这些模型在现实的大世界中如何运作的实证研究。保罗·克伦佩雷尔参与了英国和其他国家移动网络频谱拍卖的设计，他指出："在拍卖设计中真正重要的……主要是良好的经济学基础。相比之下，大多数的拍卖文献对实际的拍卖设计来说是次要的。"[18]

唯一一篇关于方法论的文章

弗里德曼和萨维奇认识到，他们的方法与成功的将军、政治家和商业领袖们描述决策过程的方式不同。但是，他们认为决策过程的理论与观察之间的这种看似不一致实则甚至不是实质性的缺陷，更不是致命缺陷。弗里德曼和萨维奇用专业台球运动员做了一个比喻，虽然这些专业运动员显然没有经过计算，甚至不知道也不理解决定最佳击球的复杂方程，但他们做出的决定和经过运算后的结果几乎没什么不同。所以说他们虽然只是个打台球的，但是精通微分方程，可以准确地预测比赛结果。专业运动员表现得像他们是理性最大化的代理人一样。

这个比喻其实有点问题。也许最明显的问题是它所提出的台球理论在帮助我们预测比赛结果方面完全没用。尽管专业选手们都或多或少地打出了用微分方程预测的理想击球，但存在输赢的原因是，在实际比赛中两个人都跟完美球技略微有些差距。这些小的不完美代表了奈特曾经指出的市场经济运行中的关键现象。尽管大多数的盈利机遇被抓住了，但正是那些没有被抓住的机遇给企业家带来了回报，并推动了技术和商业实践的创新。自相矛盾的是，芝加哥学派对早期强调创新能力产生于不确定环境的观点视而不见，转而把市场经济看成完全竞争性的。市场经济的成功创新并不来自个人或企业的优化，而是源于对这个充满不确定性的世界的一次次试验和错误的尝试。在实践中，成功人士都是想办法解决和管理不确定性，而不是如何优化。

弗里德曼进一步发扬了台球桌上的"假如"论点，他断言把假设当作现实是不恰当的，因为它与理论的有效性无关。[19]相反，弗里德曼认为，一个理论的假设重点不在于该假设是否被叙述得很真实，毕竟它们从来都不是真实的，而应该在于该假设能否足够近似当前的研究目的。而这个问题只能通过判断理论是否有效，也就是看它能否预测得足够准确来回答。[20]弗里德曼的论点在经济学家中影响深远，有人认为其适用范围远远超过了不确定性下的选择。

科学哲学家丹尼尔·豪斯曼曾把弗里德曼的文章称为大多数经济学家读过的唯一一篇关于方法论的文章。对二位笔者来说，多年来一直如此。[21]正如其他许多人做的那样，豪斯曼也迅速驳倒了弗里德曼的观点，他指出，一个理论的前提既是对该理论的预测，又是对这些前提的推论。弗里德曼的文章出现在一段短暂的学术历史时期，这段时期波普尔证伪主义盛行，即只有在有可能被驳斥的前提下，假说才具有科学地位。

这种证伪主义一度在1919年5月的阳光下（或者说在缺少阳光下）盛行，因为一项由弗兰克·戴森设计的实验在西非外海的普林西比岛上被英国天文学家阿瑟·爱丁顿在日全食期间成功实施。爱丁顿认为爱因斯坦的相对论正确地预测了光的路径，而牛顿的引力场则没有。爱因斯坦成了国际名人，并在两年后获得了诺贝尔物理学奖。[22] 但即使是在物理界，这种结论性的测试也是很罕见的。不说其他要求，该实验至少要求将太阳光线完全遮蔽。虽然牛顿力学并没能真实地描述"世界真实模样"，但它在许多情况下都非常有用。我们在自然法则不变的假设下生活才有意义，而在人类相关事宜永远静止的假设下生活则毫无意义可言。

对这种证伪主义观点的决定性否定，被概括为今天的哲学家所熟知的迪昂-奎因假说：这种驳斥很少是确定的，因为任何检验都需要一系列关于这个世界的辅助性假设，而且总有可能论证这些假设没有得到满足。[23] 通过观察羽毛的缓慢下落，牛顿关于自由落体的轨迹定律得以证伪。但是他的定律应该应用于处于真空环境的物体。因此，可以把表面上的证伪视为失败，这不是定律的失败，而是说明普适性定律的应用所需假设的失败。在这种特殊情况下，现实世界显然不是真空环境，尽管在足够接近真空环境时都能用牛顿的方程得出不错的答案。

2007—2008年全球金融危机之后，即便这场危机被少数人预料到了，仍有很多关于它为何不可避免的解释。美联储前主席艾伦·格林斯潘几乎是靠一己之力发现，模型中存在缺陷是定义世界如何运作的关键功能结构。[24] 大多数人也发现这场危机证实了他们一直以来的说法。在许多经济问题上总能有一个关于预期的结果为什么没有实现的解释。除了嘲笑它，这个解释无法反驳。经济学家们曾多次使用这个借口，并因此被揶揄。但是从那时起，证伪主义的变体就给了经济学家们一个借口，使他们能回避关于模型未能正视现实中人们行为模式的批评，并用辅助性假说来反驳对他们预测失败的批评。这种观点更接近宗教而不是科学了。

数字不是政策

笔者之一看了一篇由一位在央行和财政部富有经验的著名宏观经济学家撰写的论文。根据论文中的模型，如果央行今天宣布未来几年中不同日期的利率是多少，就可以实现通货膨胀的目标。[25] 这篇论文的作者被问到"能从这个模型中得到什么启发"，他的回答是政策应依据模型中得到的数字。这个答案只有在经济学家们相信他的模型描述的是"世界真实模样"时才有意义。但是小世界模型并不能做到这一点，它的价值在于为政策制定者提供一个框架，以对大世界问题带来启发，而不是假装它能提供精确的量化指导。你无法从模型中推导出一个概率或是预测，抑或是政策建议。只有在模型的背景下，概率才有意义，预测才准确，政策建议才有依据。

其他学科似乎对这个问题更有发言权。桥梁建设者或航空工程师面对的是更为坚实的知识体系，对于与其先前经验不一致的量化答案，他们会明确地表示怀疑。我们自己在经济学方面的经验则是，如果结果不合常规，就会被普遍解释为有人搞错了。在金融、经济学和商业领域，模型永远不会展示"世界真实模样"。在试图理解和解释模型结果，以及将其运用于任何大世界情况时，永远需要明智的判断。

第 15 章　理性与沟通

必须记住，思想世界不是为了描绘现实而存在的，
描绘现实是一项完全不可能完成的任务。
思想世界是一种工具，让我们更容易在这个世界上找寻方向。
——汉斯·费英格《假如哲学》（1911 年）[1]

奥巴马派遣海豹突击队突袭本·拉登住所是个明智的决定，吉米·卡特授权三角洲特种部队营救德黑兰人质是个糟糕的决定。我们都知道这两件事情的历史结果：在 2011 年的行动中，本·拉登被击毙，没有任何不良后果，且所有美国将士都安全返回；在 1979 年的行动中，不仅人质没有被解救，而且两架直升机发生相撞，导致 8 名美国军人丧生，美国军事能力的声誉因此严重受损，卡特也未能连任总统。但是我们能否就此判定奥巴马做了一个正确的决定，而卡特做了一个错误的决定呢？还是

说仅仅是因为奥巴马比较幸运,而卡特运气不好?我们不知道。在阿伯塔巴德的突袭中,很多事情都可能出错,可出了错的事情并没有对行动产生致命的影响;在伊朗的突袭行动中,也有很多事情都可能出错,但那些出了错的事情都是致命的。在一个极端不确定的世界里,有些事情即使事后回顾,我们仍然无从得知,而另一些事情,我们也只是事后才得以知晓。但是,既然我们不想承认极端不确定性和运气在人类事务中确实扮演着重要的角色,我们就总是会根据事后的结果去评判,歌颂奥巴马的正确判断,批评卡特过于低估风险。

运气

扑克牌到底是靠技术的游戏还是靠运气的游戏?[2] 两者当然都有,结果既取决于玩家的牌技,也取决于抓牌的运气。安妮·杜克说,职业扑克牌玩家会使用"事后判断"一词——从结果反推推理决策的某些特征。[3] 扑克牌是一个小世界问题,规则特定不变,这种问题计算机很擅长。扑克牌计算机冷扑大师的水平如今已与世界领先的职业玩家旗鼓相当,而下一代扑克牌机器的技术可能会更进一步。

英格兰前板球对抗赛运动员埃德·史密斯(现在是记者兼板球运动管理人员)称,球员们会对上场的击球手说"祝你好运",如果他提早被淘汰下场,别的球员会安慰他说"运气不好"。但是,后来他所在的肯特郡队聘请了一位"团建师",他在系统训练之余的几天内研究出了一份"核心协议"。[4] 这项核心协议禁止球员互相使用上述鼓励或安慰话语,否认运气是体育成绩的影响因素,理由是不确定性可以被意志的力量克服。在那个时候,史密斯就已经意识到这纯属无稽之谈,他退役后写出了《运气》一书,解释为何极端不确定性是不可避免的,以及不管是在体育运动还是生活的许多其他方面,运气都扮演着极其重要的角色。[5]

正如第13章中所述,澳大利亚人唐·布拉德曼是历史上最伟大的击球手,他技术超群,但同时也很幸运:第一,新南威尔士州的鲍勒尔队缺一个人，这个空缺给了这个小男孩上场的机会；第二，他选择了板球而非网球（虽然他也很可能成为历史上最伟大的网球运动员）。但不幸的是，二战使他错失了可能是他职业生涯中状态最好的几年。布拉德曼非凡的专注力使他的球技更加出色，很少有其他运动像板球一样对专注力有这么高的要求，且会给予丰厚的回报——1930年在利兹的英国首秀狂砍300分，为新南威尔士州取得单场459分的世界纪录。布拉德曼每一场精彩的击球局，都需要他日复一日的艰苦练习。

在第8章中，我们讲到另一位十分杰出且有文化的板球运动员迈克尔·布里尔利对"心流"这种体验的描述——精通一种有明确定义的（小世界）问题而带来的兴奋感。根据米哈里·契克森米哈赖的调查，这是很多实践性技能高手所共有的特征。[6] 布里尔利职业生涯中最重要的比赛之一是1979年在洛德板球场的世界杯决赛，在这场比赛中，他和板球界传奇人物杰弗里·博伊科特（有史以来在所有运动中注意力最集中的人）利用运气和技巧，成功抵抗住了巴巴多斯队强大的快投手乔尔·加纳的投球。他们坚守了英格兰队全场2/3的时间。但他们不愿冒险，于是快速得分的压力就转移到了英格兰队其余的击球手身上，结果两人一出局，加纳就迅速突破了英格兰队剩下的击球手，为西印度群岛赢得了奖杯。布里尔利规避风险的策略是对还是错？他（以及我们）永远不会知道。

推理与沟通

好的决定常常产生坏结果，而坏的决定有时也会产生好结果。2019年卡迪夫城足球俱乐部刚刚升入英超，但地位仍不稳固，因此他们购买了很有天赋的阿根廷前锋埃米利亚诺·萨拉来提高其门前得分能力。2019年1月，卡迪夫城足球俱乐部为萨拉支付了1 500万英镑的创纪录转会费。两天后，萨拉乘坐一架轻型飞机从南特飞往卡迪夫，与他的新俱乐部一起训练，但飞机在海峡群岛上空消失了。后来萨拉的遗体在海床上的飞机残骸中被找到。卡迪夫城足球俱乐部花了1 500万英镑，却没有买来前锋，赛季末从英超降级。但是，以为 7 乘 7 等于 48 而歪打正着赢得了埃尔戈多大奖的西班牙人有资本嘲笑他们。

我们事后判断时会错误地根据结果来判断一个决策的好坏。足球俱乐部的老板们经常在输掉几场比赛后解雇俱乐部经理，这种事后判断在金融市场上非常常见，正如那句荒谬的格言："你的价值只体现在你的最后一笔交易上。"就像切尔西足球俱乐部老板罗曼·阿布拉莫维奇断然解雇了世界级的主教练若泽·穆里尼奥，任性的足球俱乐部老板解雇一位有能力的主教练往往是个错误。

更好的做法似乎是评估决定背后的推理过程，而不是直接依据结果反推决定的好坏。比如我以为 7 乘 7 等于 48，买了一张彩票，结果赢得了头奖，我可能会告诉自己我做了一个很明智的决定。但这一决定背后的推理是错误的，如果你要把我在这件事上的个人经验应用到你自己的实践中，那是很不明智的。然而，还有一种稍微不同的推理形式也很常见。国际象棋选手（也许这是唯一一项注意力集中程度堪比板球的运动）称这种错误为"根据结果分析"，即根据对可能后果的认知评判决策背后的推理。[7] 例如，风险投资人会仔细审查每项潜在投资的商业计划书，尽管如此，他们只期待少数入选的商业计划书会最终成功，部分失败并不表示评估方法没有价值。

据说，历史是由胜利者书写的，过去是根据后来发生的事件来解读的。我们今天自信地断言，20 世纪 30 年代英国和法国的政治领导人过于疏忽和自满，因为我们知道（而他们不知道）希特勒后来做了什么。但我们对丘吉尔的两党战时内阁的各种辩论赞誉有加，因为战时内阁最终做出了 1940 年夏继续战斗的决策。但是，纳粹德国本可能在苏联迅速取得胜利，就像在法国一样；日本人也本可能不在珍珠港偷袭美国。历史事实是，德国没有取得胜利，日本偷袭了珍珠港，所以丘吉尔是 20 世纪最伟大的政治家之一，而希特勒注定在军事上无能且人性邪恶。

我们对历史的理解很大程度上受到"事后判断"的影响。如果南北战争和二战没有发生，如果皮克特冲锋成功了，诺曼底登陆失败了，林肯、丘吉尔和罗斯福就不太可能像现在一样成为标志性人物。但我们同时会改写历史，否认我们的罪责，将灾难归咎于偶然。2008年将全球金融体系推向崩溃边缘的那些银行家事后肯定地说，没有人能够预见到那场灾难，这是一起25个标准差事件。曾主导雷曼兄弟破产的迪克·富尔德向参议院的一个委员会解释说："我每天晚上都会醒来，想我到底错在哪里了。"[8]这个问题的答案很明显，但富尔德似乎真的说服了自己，认为他本人是受害者，不是他一手铸造了公司的失败。我们所说的好结果是视具体情况而定的，对某些人有益的东西对另一些人却未必。富尔德现在仍然是腰缠万贯，但雷曼兄弟的员工失去了工作，不得不让纳税人掏腰包。要想在不确定的情况下评价决策，我们需要审查的是决策过程本身。

行动不是解释，解释也不是行动

2001年，在英格兰队对希腊队的世界杯比赛中，贝克汉姆在比赛最后阶段收获一个精彩进球，帮助队伍踢平了这场至关重要的比赛，确保英格兰队获得了世界杯最后阶段的比赛资格。尽管他在比赛刚开始时错失了几个任意球，但作为队长，贝克汉姆还是决定自己来把握这最后的机会。他顶住了极大的压力，踢出了一记足以载入足球史册的优美的弧线球。谢菲尔德大学运动工程系的马特·卡雷博士解释说，贝克汉姆的旋转动作使球在前进过程中从球门的一边向另一边横向移动了3米。在飞行快结束的时候，由于气流从湍流变为层流，阻力增加了超过100%，导致球下降掉入球门的左上角。卡雷观察到"贝克汉姆本能地应用了一些非常复杂的物理计算，完成了这个伟大的进球"[9]。在上一章中，我们看到米尔顿·弗里德曼也正确地指出，台球选手似乎知道怎么解复杂的微分方程一样。

但我们知道，实际上很少有台球冠军是微分方程方面的专家，贝克汉姆也并不具备进行复杂物理计算的能力。我们也知道，能够进行复杂微分运算的卡雷博士并不能踢入那个进球。贝克汉姆可以在还没有理解自身行为原理的情况下做出这个行为，而卡雷博士虽可以解释行为成功的原理，但无法在知晓原理的情况下完成该行为。正如内森·利蒙在他关于国际职业板球运动员生活的小说《考验》中所写的那样："想击出完美的中前方球，并不需要知道击出完美的中前方球的原理。"[10]

然而，仅仅把贝克汉姆的射门看作本能或直觉反应，其实是忽略了使得他能够做出有效动作的训练过程。贝克汉姆的高超球技是多年经验、训练和实践加上自身非凡的天赋的结果，而且，鉴于他错失了同场前几个任意球，其中也许还包含不少运气的成分。学习一项复杂技能需要高强度练习，不断尝试、犯错的进化过程有助于身体和大脑快速适应这项技能。与其他进化过程一样，经历过这种进化过程的人并不需要理解这些技能的原理。推理和决策不是一回事。推理是决策的一部分，但推理不是决策，决策也不是推理。决策是指选择某种行为，而推理是我们如何向自己或他人解释这种选择。

我们知道贝克汉姆是一个伟大的球员，因为他不仅进了那个至关重要的球，还进了很多其他的球。我们知道安妮·杜克非常擅长扑克牌游戏也出于这个原因。同样地，我们也会以长期投资记录来评判风险投资人。但与扑克牌玩家不同，证券交易员并不是在一个小型、固定的世界中进行交易，也没有计算概率的基础条件，但有很多做出类似决定的机会，结果也很清晰。因此，从长期的成功经验中学习是可行的。对冲基金经理吉姆·西蒙斯的交易算法，总体而言一直都让他有利可图。我们也许能从长期的不成功案例中学到更多东西，但很少有交易员有机会去研究。阿尔法值（一种广泛运用于衡量基金经理的"技能"的标准）的计算原理背后的一般假设是（虽然并无根据），投资回报符合一个固定的概率分布。

丘吉尔、林肯和罗斯福在多次各不相同的情况下做出了许多各不相同的决定。林肯发布了《解放黑人奴隶宣言》，丘吉尔在英国恢复了金本位制度，而罗斯福在美国废弃了金本位制度。凯恩斯描述丘吉尔的决定时说,"他没有本能地纠错判断"[11],但提到罗斯福时表示他是"极其正确的"[12],随后的事都证明这两个评价是对的。我们对好决策和做出好决策的人都很感兴趣。尽管丘吉尔毋庸置疑是一位鼓舞人心的领袖,但鉴于他时好时坏的业绩,还不能确定他是否有资格被称为一名优秀的决策者;林肯和罗斯福都是优秀的决策者,尽管也做过一些错误的决定,但他们都从错误中吸取了教训,纠正了过来。此外,人们很容易仅仅根据结果来评价他们。

贝克汉姆并不是唯一一个难以解释自己决策原因的人。马尔科姆·格拉德威尔在他的《眨眼之间》一书的开篇就举了盖蒂博物馆的青年雕塑这个经典案例,这件经典希腊雕塑被博物馆认定为真品,但被专家们断定为赝品。[13]正如格拉德威尔在书中所说,专家的判定理论很模糊,只有类似于"看起来不对劲"的话。但后来,又发现了一座类似的雕像,也被鉴定为赝品。经过进一步的调查,人们发现,描述该青年雕像来源的文件是伪造的。所以在上述两个例子中,质疑雕塑真实性的专家都是真专家,贝克汉姆也是英国最优秀的足球运动员之一,他们的表现都是多年经验和训练的结果,但是他们的专业能力并不包括能够轻易阐明其判断的理由。

加里·克莱因告诉我们,一个有经验的采访者是如何问出一个好的决策背后的分析过程的,或者至少是对这一决策的解释。[14]有很多例子,其中他提到了1991年海湾战争结尾时的一件事,当时英国皇家海军"格洛斯特号"驱逐舰上的一名英国军官击落了一枚瞄准该船的伊拉克蚕式导弹。天空中到处都是美国的A-6攻击机,有好几个小时,船长和其他船员都担心他们摧毁了一架友军的飞机。这名军官强调确信当时发现了威胁,他最初的合理解释是:加速飞行路径描述的是一枚导弹,而不是一架飞机。但这一解释经受不住分析。他更详细地解释道,虽然雷达信号没有显示,但他能够推断出该飞行器的海拔高度。这一解释说服了其他人,也说服了这位军官自己。

我们把结果归功于这些决策者,并不是因为我们被随机事件愚弄,也不是因为我们唯结果论。早在英格兰队对希腊队的比赛之前，贝克汉姆就已经在很多场合证明了自己是一名出色的足球运动员，判断盖蒂博物馆青年雕像是赝品的文物鉴定专家见多识广，而那位海军军官也是一位经验丰富、备受尊敬的水手，拯救了他的舰艇。虽然这些人并不总是能够解释其行为背后的原因，但是他们对所做的事确实都很擅长。

交往理性

克莱因是否找到了这位军官做出最终决定的真正原因呢？这乍一看似乎是一个很重要的问题，但我们很难说清这个问题问的是什么，或者说它为什么重要。正如当我们碰到热炉子时会把手抽开，我们这样做是因为手感到疼痛，还是因为如果不把手抽回来，手就会被烫伤？击落蚕式导弹的决定是正确的，因为在激战中，开火还是不开火都需要当下立刻决定。如果这名军官有时间和他的同事商讨这个问题，别人就会要求他解释为什么认为这个物体是一枚导弹，他的解释可能会受到质疑，也可能会与大家达成一致，他们也可能会把存在的分歧提交给船长。评估盖蒂博物馆青年雕像的专家就有这样的机会相互交换意见，并就他们的意见及其理由达成一致。在"格洛斯特号"驱逐舰事件中，这样的讨论只能在事件发生了很久之后在假设中进行。根据结果论，我们应该称赞军官做出了正确的选择，无论他是否当得起这一称赞。推理的过程和决策的过程是不同的。

正如我们在第 9 章所述，在卡尼曼的系统一／系统二理论中，有一点说得很对：我们自己做决策和我们向他人解释我们的决策是有区别的。我们需要做这样的解释来证明我们行为的正当性，比如在赛后回答体育记者激动的提问、向"格洛斯特号"船长解释我们的行为、向盖蒂博物馆馆长提建议等。我们也需要通过解释来征求他人的意见，甚至在有些情况下据此修改自己的看法。我们还需要通过解释我们的行为，说服他人与我们合作实施我们的决策。大多数决定，几乎所有重要的决定，都是在社会背景中做出的。我们做家庭决定的时候会征求亲友的意见,做商业决定的时候会征求同事的建议和想法。经济生活是一个交流合作的过程,这种交流是人类行为的重要组成部分。面对同样的信息,不同的人会做出不同的判断,因为在极端不确定的情况下,对相同的数据可能会有许多不同的解释方式。好的决策包括与他人沟通和交换意见。就像在白宫里一样,即使最后的决策是一个人的责任,这个人也通常会受益于更广泛的讨论。

连贯性和可信度是我们判断所有叙事的标准,我们也用这一标准判断向别人解释我们的决策理由的沟通效果。在现代西方文化中,我们将理性的检验(逻辑与理性的一致性)应用于这种沟通中。这种叙事范式我们可以参考雨果·梅西耶和丹·斯珀伯所强调的交往理性。我们的行为是演化型理性的结果,而交往理性指的是我们向他人解释这些行为的方式。贝克汉姆的进球和"格洛斯特号"驱逐舰的存活说明这两个概念是不同的:有效的行动不一定具有有效的解释,有效的解释不一定得到有效的行动。但是,交往理性能够促进进化理性的实现。

人类的智慧是集体的智慧

当贝克汉姆身负英格兰队晋级世界杯的希望冲向足球时,他看上去是一个独立的角色,但他的成就并不完全是个人成就。更确切地说,他的成就是一个社会积累的结果,其中包括队友和教练的功劳,比如他的俱乐部教练亚历克斯·弗格森爵士。即使在高度个体化的游戏(如扑克牌和国际象棋)中,成功也取决于与他人沟通以及从沟通中获益的能力。安妮·杜克提到了与其他扑克牌玩家交流知识和经验的重要性,马格努斯·卡尔森从13岁起就与微软支持的卡尔森团队合作,卡尔森团队赞助了他此后的职业生涯。卡尔森的导师是西蒙·阿格德斯坦,他在挪威的精英体育学院 NTG 教授国际象棋和足球。

当哈罗德·亚伯拉罕斯在 1924 年奥运会上赢得百米赛跑金牌时(这

一比赛被拍成电影《烈火战车》，从而永远载入史册），他聘用了职业教练山姆·穆萨比尼，这在当时被认为是一种仅次于作弊的犯规行为。影片描述了一个令人心酸的时刻：穆萨比尼不被允许进入体育场，他听到从体育场飘出的英国国歌，这才得知自己的门生获胜。但是此后几百年来，随着运动医学、营养学、工程学的发展——卡雷博士和他的同事们所做的工作以及专业教练的出现，亚伯拉罕斯用了 10.6 秒跑完的 100 米，现在博尔特只需要 9.58 秒。而且如今，顶级职业教练跻身社会名流，薪酬丰厚。将统计学引入棒球运动的比利·比恩，不仅声名鹊起，而且获得了一项殊荣：在一部赞颂体育优胜的电影《点球成金》中由布拉德·皮特饰演他。

举体育的例子不仅仅是为了打比方。正如贝克汉姆受益于体育专家和教练的贡献一样，奥巴马也依靠情报机构的评估和身边工作人员的智慧。演员、导师和分析师对这些良好的决策做出了他们独特的贡献，这些都是独特的技能。

人类是真社会性物种，群体能取得远远超过任何个人的成就。这种真社会性在经济活动上的重要性不可估量。其他真社会性物种（主要是一些昆虫）也会创造出复杂的工艺品，但其所用方法与人类大不相同。蜂后实际上并不统治蜂群，也不指挥蜂房的行动，伍迪·艾伦的《小蚁雄兵》中的拟人比喻是错误的，每一种昆虫其实都遵循着基因中既定的行为准则。代理人基模型在经济学和其他社会科学中均有一些应用，这种模型实际上就是用社会性昆虫的行为来模拟人类活动，我们可以从这些模型中吸取一些经验。

然而，我们毕竟不是昆虫，我们是高级灵长类动物，我们与其他动物的不同在于我们有沟通和合作的能力。黑猩猩行为研究专家迈克尔·托马塞洛说："很难想象两只黑猩猩会一起搬木头。"[15] 黑猩猩在空间意识和想象能力、对简单计算和因果关系的理解上都与儿童相似，但儿童与之相比更突出的一点是，其社会学习能力会随着年龄的增长而提高。这就是为什么成年人远比儿童聪明，但成年黑猩猩并不比它们的幼崽聪明。

其他物种可以解决小世界问题，有时甚至比人类做得更好，比如孩子们玩的石头剪刀布游戏就是在黑猩猩的能力范围之内的，博弈论者认为这种游戏需要用混合策略来解决；[16]鸽子也可以解决某种形式的蒙提·霍尔悖论。[17]在某些方面，聪明的非人类生物的行为模式比人类更符合经济学家提出的理性行为。

虽然人类不像鸽子一样会飞，但人类能造出空客A380飞机，而且机身不同部件分别产自英国、法国、德国和西班牙；人类能完成极其复杂的物流转运，把部件运到图卢兹的装配厂加工生产；人类能召集机组人员和地勤人员，与世界各地的空中交通管制员一起操作飞机。没有哪个人能掌握这么多知识和技能来完成这一整套事情，没有哪个人知道如何制造一整架空客飞机，或者如何从伦敦飞到悉尼，但是一群人合作就可以实现这些行为。人类智慧表现为集体智慧，复杂的人工制品是集体智慧的产物，例如商用飞机就是一个集合人类200多年集体智慧的证明，人类发明了发动机来取代自然能源，而莱特兄弟利用鸽子的飞行原理发明了飞机，最终让人类飞上了天空。

为每架空客飞机做出贡献的成千上万的幕后工作者都互不相识，他们在自己的小圈子里交流，而他们的小圈子又与其他小圈子交流。从整体以外的任何角度看待经济生活都是有局限性的，肯定会错过现代经济运作的核心。

制造空客飞机和驾驶空客飞机的过程中所需的非凡协调能力是如何练成的呢？有一种观点认为，市场和等级制度是实现这种协调能力的背后机制[18]，这种观点或许可以归因于现代产业组织理论。企业家购买制造飞机所需的零件和技术。如果他们对这个过程的任何方面（从如何组装零部件到如何在悉尼机场降落）不确定，他们就会通过购买适当的附加产品来解决。另一种观点认为，协调是依靠等级制度来实现的。"大老板"决定制造一架飞机，并把任务分派给许多"小老板"（比如一个负责机翼，另一个负责机身）。"大老板"聘请顾问，就如何给所有"小老板"及其下属设计合适的激励条款提出建议。

尽管这两种模型都有一定的道理，但它们为企业家或"大老板"设定的任务显然是不可能完成的。我们能够制造飞机是因为我们不是孤立的个体，而是合作的集体。苏联在"大老板"的领导下，制造了民用飞机，但质量很差。像海地或尼日利亚这样缺乏适应生产活动的有效社会组织的社会，则根本制造不出飞机。[19]

我们强调了模型多元化的必要性，在这里，管理多元化的需求也同样重要。空客财团很难用上文提到的市场/层级两分法理论描述，因为它不算是一家完全独立的公司，但也不能说是一系列签订了协约、有一定独立性的独立公司。而且市场/层级两分法也很难运用到美国以外的地区，如日本的财阀、韩国的财阀[20]，以及意大利北部城镇的产业集群。我们需要其他关于公司的理论，更加强调能力。[21]复杂的商业组织，无论是空客这样的财团、硅谷这样与信息技术相关的聚集形式，还是通用电气这样的企业集团，最合适将它们描述为能力的不同种集合。商业和经济活动均通过发展新能力，以及将现有能力应用于不断变化的市场和技术中，从而得到发展。这些能力可以购买、出售、交换，可以按等级排序，但最重要的是，它们是可及的——"贸易的奥秘就在我们身边"，这是19世纪末阿尔弗雷德·马歇尔描述工业组织中更为原始的层次的一句话。[22]保罗·科利尔等经济学家认为，这些能力集合对于振兴后工业城市至关重要，而且只有在政府和企业广泛合作的背景下才可行。[23]人类的智慧是集体的智慧，这是人类非凡经济成就的源泉。我们可以驾驭极端不确定性，因为我们共同参与规划。

每个人都能贡献一部分知识，即使难免不完整。而且就像在为白宫会议做准备的那一过程中一样，即使大家交换了知识，也会对同样的证据形成不同的看法，对特定行为的后果产生不同的判断。奥巴马的决策不是基于对可能性的计算，而是基于对各种叙事的可信度和连贯性的权衡。他花时间听取经验丰富、知识渊博的顾问的意见，并与他们沟通，深思熟虑后再做出选择。沟通是构建一个叙事的重要部分。

第 16 章　对叙事的质疑

"先生们，我的理解是，大家都完全同意这个决定。
既然如此，我提议将对此问题的进一步讨论推迟到下一次会议，
给大家留出一些时间来思考有何异议，
同时也许可以加深对此决定的含义的理解。"
——艾尔弗雷德·斯隆[1]

1961 年 1 月，约翰·肯尼迪作为有史以来最年轻的当选者就任美国总统。就任后不到三个月，美国中央情报局就向他提出了一项入侵古巴，颠覆菲德尔·卡斯特罗政权的计划，卡斯特罗于两年前罢黜了独裁者富尔亨西奥·巴蒂斯塔。在流亡在外的反政府者的支持下，这次入侵被伪装成了一场古巴军人的政变。这场入侵行动惨败。在美军帮助下的流亡分子刚登陆猪湾，就很快被围捕、消灭或逮捕。"猪湾登陆绝非美国政府计

划和主要执行的行动"这一谎言很快就被揭穿了。此次行动不仅没有将卡斯特罗赶下台，反而巩固了他的政权，并促使他寻求苏联的外部支持。卡斯特罗此后领导了古巴近 50 年。

10 年后，美国心理学家欧文·贾尼斯普及了"团体迷思"一词，指由于群体成员不愿或无法批判性地看待群体内的主流意见而做出错误决定的过程。[2] 贾尼斯指出的典型案例之一就是批准猪湾登陆计划的决策过程（另一个典型案例是未能对偷袭珍珠港的情报及时回应的决策过程）。猪湾登陆事件发生后，美国参谋长联席会议称，他们曾对入侵计划持保留态度，但在当时他们难以表达疑虑意见，因为其背离了美国霸权的主流叙事。主导会议的新任总统经验不足，任何对这种叙事的挑战都不受鼓励。肯尼迪总统从此事中反思、学习，决心不再重蹈覆辙。他的前任总统艾森豪威尔提出了关键的事后反思问题，他问肯尼迪："总统先生，在批准该计划之前，您是否已经听取了每个人的讨论，并自己权衡了利弊，然后才做出决定？"[3] 此后，当古巴再次成为总统议事日程上的主要议题时，肯尼迪对决策过程的掌控与上一次截然不同。

1962 年 10 月 16 日（周二），肯尼迪获悉 U–2 侦察机在一次侦察飞行中获取到苏联在古巴建造导弹发射基地的证据，美国中央情报局在一次白宫会议上展示了这些照片。与会者由高级内阁成员和官员组成，后来这一小组被称为执行委员会。在被称为"古巴导弹危机"的 13 天里，他们几乎时时刻刻都在开会。

在如此靠近美国领土的地方可能有核导弹基地，这是不能容忍的。总统应该做何反应？很快，总统的可能选择缩小到了两个：进行海上封锁，对后续前往古巴的苏联船只进行拦截；空袭古巴的所有军事设施，随后入侵。执行委员会内部的意见分歧很大，海上封锁无法移除已经在古巴布置完成的导弹，而空袭则有导致冲突升级为全面核战争的危险。双方都提出了有力的论据。[4]

执行委员会日夜不停地辩论着。因为猪湾登陆的经历，肯尼迪不愿不加批判就接受建议。在做出重大决定之前，总统决定根据两项原则来寻求建议。首先，他意识到极端不确定性的重大影响，因此比军方更担心"冲突升级的不可预测性"[5]。他尽量避免将赫鲁晓夫逼入绝境。他也意识到情报的局限性：1962年年初，情报机关曾4次报告称苏联人不会向古巴运送进攻性武器，因此他在解读情报和接受军方提供的建议时小心谨慎。

其次，肯尼迪确保这两种行动方针都受到批判和质疑。为此他将执行委员会分为两个小组，要求他们写文章支持他们的首选方案，然后两个小组交换文件并互相批评对方的论证。[6] 他还决定不参加执行委员会的所有会议，不希望与会者揣测他的心思，而是想知道他们的真实想法。正如他的弟弟兼司法部长罗伯特·肯尼迪后来所写："我们能够进行交谈、辩论、争论、提出异议，然后进一步辩论，这对于我们选定最终的方案至关重要……观点（甚至事实本身）只有在冲突和辩论后才能予以最佳判断。"[7]

考虑到冲突升级的风险，肯尼迪选择了海上封锁的方案。他的一些军事顾问则更喜欢空袭方案。他们同意著名博弈论学者托马斯·谢林的观点，即"美国和苏联没有卷入重大核战争的任何可能路径"[8]。他们认为，理性的领导人不会允许古巴的局部冲突升级为全面的核战争。当赫鲁晓夫意识到肯尼迪想避免冲突升级时，这场危机就结束了。并且，为了换取美国秘密承诺撤出其部署在土耳其的导弹，苏联拆除并运回了布置在古巴的导弹。随后披露的文件显示，世界距离核浩劫仅一步之遥：直到那时，世界才知悉，苏联驻古巴指挥官被授权，一旦与莫斯科的通信中断，则可以使用战术核武器应对美国的入侵。[9] 你此刻能够安全地阅读本书，还得感谢肯尼迪总统做出了一个明智的决定。

一年后，肯尼迪被刺杀，他所学到的教训似乎也与他一同逝去。现代历史学家不可避免地讨论，如果肯尼迪继续担任总统，美国在越南的灾难性纷争会如何演变。[10] 但现实是，团体迷思卷土重来了，美国军事霸权的叙事也卷土重来了：没有人接受针对主流叙事"多米诺骨牌理论"的批判性意见，也没有人认识到仅凭先进技术是无法镇压坚定的独立运

第三部分　认识不确定性的意义　　211

动的。即使技术官僚国防部长罗伯特·麦克纳马拉要求政策以证据为基础，但证据总是可以被构建出来，支持既定政策。正因如此，五角大楼文件[①]才会被压下来，也因此丹尼尔·埃尔斯伯格和那些帮助他吹哨的人面临美国政府的暴怒。遗憾的是，40年后，下一任政府在规划伊拉克遭受入侵后的未来时，仍然没有对决策的关键假设给予足够的挑战和批判。

就不确定的未来进行决策通常是一项集体活动，我们很少在不征求他人意见的情况下就做出重大选择，这样做十分明智。交往理性之所以必要，一方面是为了说服他人，另一方面是为了听取不同的声音。智者征询意见，是真的在磋商与讨论，而不称职的领导者可能只是简单地想让别人恭维他们的智慧。在经验丰富的艾森豪威尔的帮助下，肯尼迪明白了这两者之间的区别，但并非他所有的继任者都明白，也不是所有人都如此受益于前任总统的建议。

对叙事的质疑

数百年来，产后发热导致许多母亲和婴儿在分娩的过程中死亡。在17世纪和18世纪，欧洲新兴妇产医院的产后发热死亡率不断上升。产后发热流行的地方，反而是旨在帮助产妇分娩的机构。1795年，苏格兰产科医生亚历山大·戈登发表论文称，产后发热是由助产士和医生传播的。英国医生托马斯·沃森在1842年建议医生使用含氯溶液洗手，以防交叉感染。1843年，老奥利弗·温德尔·霍姆斯（第11章讲到的大法官的父亲）在《新英格兰医学季刊》上发表了一篇题为《论产后发热的传染性》的论文，他指出，产后发热死亡人数如此之多的原因是医生在传播细菌。针对产后发热的致病原因和预防方法，研究得最系统的也许是维也纳医生伊格纳茨·塞麦尔维斯。1847年，他发现在家中分娩的妇女的感染率比

[①] 1971年6月，《纽约时报》等报纸披露了一批关于美国卷入越南战争的国防部绝密文件，被称为"五角大楼文件"。这批绝密文件表明美国政府在越南战争初期采取蒙蔽、欺骗公众行为，以获取公众对越南战争的支持。——译者注

在医院分娩的低得多，并且如果医生用含氯溶液洗手，感染率会大大降低。塞麦尔维斯并非真的知道出现这种状况的原因，但他的看法也确实有一定的道理：致病原因是一种"尸体颗粒"的传播。[11]

所有这些发现和建议都遭到医学界的强烈反对，原因不言而喻，医生们抵制（甚至真切地憎恨）是他们传播了不治之症的说法。最终，塞麦尔维斯气到发疯，病逝于疯人院。但他的分析被证明是正确的。如今，在医院分娩比在家中分娩更为安全。

1854年，约翰·斯诺医生拆卸掉伦敦苏荷区布罗德街水泵的把手，迫使当地居民在其他地方取水，从而大大减少了霍乱在伦敦的传播。当时，流行的说法是霍乱这一传染性疾病是由"瘴气"（空气中的有害颗粒）传播的。鉴于当时伦敦和其他城市地区普遍存在恶臭，这种解释也容易让人相信。像塞麦尔维斯一样，斯诺也无法理解为什么他这种粗暴的干预措施产生了效果——他只是简单地观察到了发病率与使用布罗德街设施之间的相关性。疫情消退后，应居民要求，又重新安置水泵把手，居民用水恢复。虽然水源仍存在粪便细菌污染，但至少霍乱疫情已经结束。

即使是在科学领域，我们也很依赖叙事的力量，讲一个好故事可能比公布详细的研究成果更有说服力。在21世纪的今天仍然如此。多年来，传统医学观念认为，胃溃疡的成因是压力和不良的生活方式导致胃酸堆积，而澳大利亚病理学家罗宾·沃伦博士多年来一直试图论证溃疡其实是细菌感染造成的。20世纪80年代，他与澳大利亚的巴里·马歇尔研究员一起，研究了100个患者的活检样本，并从其中一些活检样本中培养出了一种被称为幽门螺杆菌的细菌。他们发现，几乎所有胃炎、十二指肠溃疡和胃溃疡患者体内都存在这种病原体。但是，要改变占主导地位的叙事很困难。溃疡的常规治疗方法需要每日用药，甚至可能是终身用药，因此抗酸药是制药公司利润的重要来源，但一个疗程的抗生素只需几美元。因此，业界和医学界很抵触溃疡可以通过抗生素治愈的想法，其实甚至大多数专业人士都否认幽门螺杆菌是一种病原体。[12] 于是，马歇尔决定吞下一种含有这种细菌的溶液，结果很快就得了胃炎，这常常会导致溃疡。这个疯狂的实验改变了叙事，现在人们普遍认为，大多数胃溃疡是由幽门螺杆菌引起的，而人们往往在儿童时期就已感染幽门螺杆菌。马歇尔和沃伦在2005年获得了诺贝尔生理学或医学奖，由于他们顽强地挑战主流叙事，数百万人的生活不再那么痛苦。[13]

知识的发展并不是一个机械的过程，不是人们看着贝叶斯表盘上转动的指针，不断修正已知各种结果未来可能出现的概率，知识就能发展了。相反，当前以集体叙事形式呈现的世俗主流认知会因辩论和挑战而变化。大多数情况下，随着"究竟发生了什么"的普遍回答被补充得更加完整，集体叙事会逐渐发生变化。但有时，叙事的改变并不连续，这就是美国科学哲学家托马斯·库恩所描述的范式转换过程。菲茨杰拉德在描述自己的精神崩溃时说："要想测验一个人智力是否一流，只要看这个人脑子里能否同时容纳两种相反的思想，且无碍于其处世行事。"[14]考察一位决策者在面对极端不确定性时决策是否一流，则要看他能否在围绕着一个参考叙事来组织行动的同时仍保持开放态度，能够接受这种叙事也许是错误的，其他叙事也许有道理。这是一种与贝叶斯更新截然不同的分析方式。医生迟迟不让实证观察挑战主流叙事，才致使数百万人死亡、更多的人遭受苦难。

但我们偶尔能幸运地遇到一流的知识分子和一流的决策者。保罗·萨缪尔森写道："正如伟大的马克斯·普朗克（物理学中量子理论的鼻祖）所言，科学的进步伴随着一个又一个葬礼：旧的事物永远不会皈依新的事物，只能被新事物埋葬。"[15]普朗克（和萨缪尔森一样，因对物理学研究范式转换的贡献而获得诺贝尔物理学奖）其实并没有说过这句话，但他曾不那么精炼地表达过这个意思。[16]

病菌叙事花了几十年才取代了瘴气叙事，其中尤其发挥了重要作用的是法国科学家路易·巴斯德耐心的实验工作。当巴斯德正一步步接近真相时，他写道："我就在奥秘的边缘，真理的面纱正一层层被揭开。"他后面还补了一句很著名的话："机会留给有准备的人。"[17]敢于质疑当前的叙事，不仅是科学进步的关键因素，而且是良好决策的关键因素。

大多数央行在经过冗长的委员会讨论后，才能决定利率。讨论的目的是问清"究竟发生了什么"（在经济方面），形成统一的叙事口径以达成决定，并将决定传达给受利率变化影响的人。正如笔者之一所经历的那样，这一过程的好处正是能够对关于经济状况的主流叙事提出质疑。英格兰银行货币政策委员会内部的讨论鼓励其所有成员挑战当前观点，集思广益。值得注意的是，尽管政策决策很少达成全员一致，而是由九人委员会多数票决定的，但几乎每个成员都希望与其他成员就"究竟发生了什么"展开辩论。在近20年的时间里，只有一届委员表示愿意放弃讨论，各自将投票结果通过电子邮件发给银行。

商业中的叙事

艾尔弗雷德·斯隆是本章引文的作者，他于1923—1946年担任通用汽车公司的首席执行官，该公司在这一时期成长为世界上最大的工业企业。那个时期也许没有其他哪家商业组织像通用汽车公司一样，受到过如此广泛的研究。彼得·德鲁克1946年的《公司的概念》是第一本畅销商业书，至今仍在印行，受众广泛；艾尔弗雷德·钱德勒的《战略与结构》将商业史从对公司和领导公司的英雄人物的颂歌式描绘，转变为今天的严肃学科；斯隆的《我在通用汽车的岁月》是为数不多值得一读的高级管理人员自传。罗纳德·科斯对通用汽车公司管理理论的描绘（他曾因此于1991年获得诺贝尔经济学奖），几乎就是对通用汽车公司内战时期事件的变相叙述。

斯隆管理风格的精髓在于兼顾了高级管理团队的紧密结合和相当大的组织权力下放。为了增强对公司的控制，斯隆用他自己选择的团队替换了许多高级管理人员，这些人在公司全盛时期持续主导决策。与此同时，公司的各个部门（别克、凯迪拉克、雪佛兰、费希博德等）继续作为自主单位运营，没有任何汽车被冠以通用汽车的车标。斯隆强调通过协商、共事和表达担忧来确认目前的情况："我从不发号施令。如果可以的话，我会把我的想法推销给我的同事们。如果他们说服我，指出我的错误——他们也常常能做到，我也乐于接受他们的判断。我更愿意借助他人的智慧，而不是试图对他人行使权力。"[18]

当然，这些参与和审查过程描述的是管理层的运作，而不是整个组织的运作，大多数通用汽车公司的员工在装配线上工作，听从上级的安排。德鲁克解释说："我理解的通用汽车公司高管的定义是：'被认为能对他所反对的政策决定提出正式抗议的人。'其反对不但不会受到惩罚，而且值得鼓励。"[19] 区分管理层和劳工的一个明确界限，就是管理层对主流叙事提出挑战是受鼓励的。这是通用汽车公司的理念，在一定程度上也是现实。而且，半个世纪以来，这种做法行之有效。

如果说艾尔弗雷德·斯隆有充分的理由当选20世纪最优秀的首席执行官，那么埃迪·兰珀特则有充分的理由当选21世纪最差的首席执行官。兰珀特在2005年控制了美国头部零售商西尔斯百货，将其与陷入困境的凯马特合并。兰珀特曾是一名对冲基金经理，之前没有任何零售业或非金融行业经验。众所周知，他不喜欢开会，而是在佛罗里达州和康涅狄格州的家中通过视频发布指示、审查工作进度。公司的总部在伊利诺伊州，而其门店分散在美国各地。

兰珀特其实知晓叙事的力量。2010年，他痛斥监管和政府支出时对股东们说："主流叙事首先通过重复，其次通过对反对者的攻击，得以发展和巩固……这种叙事不断重复，仿佛这是唯一的观点，仿佛这一叙事完美无缺。"[20] 但兰珀特是出了名的不喜欢别人挑战他的叙事，也许他对主流叙事的这一认识是事后反省的结果。他曾经的商业合伙人理查德·雷恩沃特如此向《名利场》描述兰珀特："他太执着于向着自己既定的方向前进，有的时候会对人恶语相向，与别人发生冲突……我觉得他已经疏远了几乎所有和他接触过的人。"[21] 兰珀特壮观的288英尺游艇被命名为"源泉"，取自安·兰德的小说，这部小说讴歌了个人主义和蔑视顺从与传统的态度。

兰珀特的经济叙事沿袭了兰德的态度，这是一种自由主义的经济叙事。本着这种精神,他将公司划分为相互竞争的独立利润中心。这些利润中心不是指单个商店或地区,而是商店内部就有互为竞争关系的利润中心。[22] 兰珀特的零售叙事集中体现在一个名为"随心购"的忠诚度计划上。"我们从一开始的设想就是,通过'随心购',推动西尔斯控股从提供单纯的商品销售业务转向提供会员日常生活一站式服务业务。"[23]

我们发现这一叙事并没有清晰地告诉我们,兰珀特声称要给西尔斯业务带来的转型的本质究竟为何,西尔斯的顾客似乎也同样感到困惑。兰珀特上任时,西尔斯股价超过每股 100 美元。但此后销售额下降了一半,3/4 的门店关闭,他不能再在年度信中对股东发表长篇大论。在我们撰写本书的时候,西尔斯已经进入第 11 章所说的破产保护程序,但它的债权人得知,接手这家倒闭的连锁店的资产的那些竞标基金都属于兰珀特本人。

美国最不成功的零售商对叙事的看法与亚马逊首席执行官杰夫·贝佐斯形成了鲜明对比,后者是当之无愧的美国最成功的现代零售商。亚马逊每次开会之前,高管们都会先阅读其中一位高管准备的一份 6~7 页的备忘录,默默地读上半小时,然后再开始就此展开讨论。这些备忘录都是"叙事性结构"的,有的还采取了拟议产品新闻稿的形式。[24] 贝佐斯认为写一个好故事很重要——这不仅仅是因为他是世界上卖书卖得最好的人。撰写一份高质量的备忘录用时不止几个小时,甚至不止几天,而是需要一周或更长。除了认为故事对会议重要,他还认为:"我注意到,当传闻和数据不一致时,传闻通常是正确的,是数据的度量方式出了问题。"[25]这些管理实践在短短 23 年内就使亚马逊成为世界上最有价值的公司之一。

我们的经验也是如此。当数据产生反直觉的结果时,最常见的解释是数据有问题。当然并不总是这样,从伽利略到塞麦尔维斯、巴斯德再到爱因斯坦,科学的进步都是由一些重要的实验推动的,是这些实验的数据推倒了主流叙事。但是,每一位青年研究者都应该时刻准备质疑"这些数据来自哪里"。数据和叙事都必须永远接受挑战。

林肯与撒切尔夫人

林肯坐在内阁会议桌旁与他的同事们商议。做决定的时候到了，林肯要求进行表决，所有部长都举手表示反对，然后林肯举起了自己的手，说："先生们，最终的决定是，赞成。"这个故事被广泛传颂，但真伪存疑。但在这个虚构的故事中，我们能得到不少启示：林肯既听取了他人的质疑，也对结果负起了个人责任。

在共和党代表大会上，林肯强大的竞争对手僵持不下，作为双方妥协的结果，林肯获得了党内提名，并最终当选了总统。但他随后任命了一些最重要的竞争对手担任内阁职务，虽然其中一些人，比如他的国务卿威廉·苏厄德，仍然认为本该是自己坐在总统的位子上。林肯擅用他周围有才干的人，且能够应对这些人的挑战。最重要的是，他克服了他以前的想法，不再认为殖民（将被解放的非洲裔美国人遣返回非洲）应该是奴隶问题的最终解决措施。即使确信了解放奴隶是必要的，他仍接受推迟宣布解放奴隶，直到"胜利之鹰已经起飞"。毫无疑问，林肯是美国最伟大的总统之一，他的政府也是最高效的政府之一。[26]

撒切尔夫人一直饱受争议。她实现了英国政治的转型，这是当时其他任何人都无法完成的。她解决了通货膨胀问题，恢复健全的公共财政，放松管制，限制工会的权力，推行私有化计划，并在阿根廷入侵后成功收复了南大西洋上的马尔维纳斯群岛。但在1987年第三次赢得选举后，她的作风变得越来越专制。据她的就业大臣诺曼·福勒说："她现在决心执行一些较为谨慎的人一直反对的政策……如果新大臣对其计划有任何其他想法，撒切尔夫人都会给他记上无法抹去的一笔。在一次会议上，她低头看了看提交上来的部门提案，问其他大臣：'除了国务大臣，还有人同意这份文件吗？'"[27]

福勒于1990年年初辞去内阁职务，因为他"想花更多的时间陪伴家人"，后来高管离任却不想做出解释时常用这个借口（福勒后来再次走出家庭，在新领导人的带领下成为保守党主席）。此前半年，财政大臣尼格尔·劳森已突然退出内阁。1990年10月，副首相杰弗里·豪辞职后，他在下议院发表了一篇尖锐的讲话，他说："现在是时候该让其他人考虑如何处理工作和家庭之间的悲剧性冲突了，我本人为此付出了太长时间。"[28]

4年后，杰弗里·豪回顾撒切尔夫人作为英国首相时期的表现时说："她的悲剧在于，她被人们记住的可能不是她的许多成就，而是她执政后期越来越强硬地试图将自己的观点强加于人的鲁莽。"[29] 豪的辞职演讲对撒切尔夫人的领导力造成了挑战。1990年11月底，撒切尔夫人从唐宁街离任。

当然，撒切尔夫人是在民主制度下运作的，拒绝叙事挑战的后果是她的首相任期提前结束。在市场竞争中经营的商人也是如此。埃迪·兰珀特领导下的西尔斯百货的故事就是一个不断衰落的故事，几乎可以肯定的是，如果没有公司的控股权，他早几年就会被废黜。在缺乏这种纠偏机制的政体中，专制领导人对挑战者的事业甚至生命，以及对所统治国家的政策，都会造成难以估量的伤害。希特勒、斯大林的任期都是在死亡后才结束的。

艾森豪威尔与麦克阿瑟

艾森豪威尔和麦克阿瑟两位将军，率领盟军分别在欧洲战场和太平洋战场取得胜利，两人都怀有当总统的野心。艾森豪威尔较为谨慎，麦克阿瑟则较为随性。一位被两党邀请成为1952年的总统候选人，而当他宣布支持共和党时，随即以压倒性的多数票当选为总统；[30] 另一位轻率地试图将朝鲜战争升级成对华核冲突，因而被杜鲁门免职。[31] 虽然麦克阿瑟最初在美国的巡回演讲得到了一些热情回应，但随着观众对他的苦闷和自责越来越不感兴趣，这种热情也逐渐消退。

这两人都是能干的指挥官，但领导风格截然不同。艾森豪威尔会寻求不同的观点，而麦克阿瑟则回避别人的挑战，拒绝向其他权威低头。美国军人兼政治家乔治·马歇尔曾经对麦克阿瑟说，他是在管一个法庭，而不是一群员工。杜鲁门说，他不明白军队怎么能"同时培养出罗伯特·李、约翰·潘兴、艾森豪威尔、布拉德利这样的人和卡斯特、巴顿、麦克阿瑟这样的人"[32]。（卡斯特在小巨角河的"最后抵抗"导致他的整个分队被全歼，而巴顿的领导风格很好地反映在他对部队臭名昭著的禁令中："没有哪个浑蛋是通过自己为国捐躯赢得一场战争的，都是通过让别的可怜蠢货为国捐躯才赢得的。"）[33]

英国陆军司令蒙哥马利将军鄙视艾森豪威尔，称"他没有自己的计划……艾森豪威尔召开会议是为了收集意见，而我召开会议是为了发布命令"[34]。蒙哥马利本人在居高自傲方面与麦克阿瑟不相上下，据说丘吉尔对他的评价是"在失败方面无人能敌，在胜利之后不可一世"。丘吉尔在众多美国将军中选择将艾森豪威尔提名为最高指挥官（欧洲），连蒙哥马利也承认，只有艾森豪威尔才是能把盟军最高指挥层的各路将军全都团结在一起的人。

作为总统的艾森豪威尔，被人批评受其内阁控制，特别是受他的国务卿约翰·福斯特·杜勒斯控制。但艾森豪威尔是现代最成功的几位总统之一，一位历史学家将他的领导方法描述为"幕后高手"[35]。麦克阿瑟是一位杰出的军事战略家，他在二战期间的太平洋战争中是成功的，他对日本的管理也十分得力，但他在朝鲜战争后期犯了错误。他警告说，如果这场战役没有取得胜利，不仅亚洲，而且西欧也会落入共产党手中，这被证明是完全错误的。他的做法与艾森豪威尔的冷静判断形成了鲜明的对比，艾森豪威尔曾考虑将朝鲜冲突升级，但被说服后作罢。后来他成功推动并推行了外交家乔治·凯南的遏制政策。

正因如此，艾森豪威尔在总统任期内得以实现8年的和平与经济发展。即使在朝鲜停战时，也没有几人预料到冷战会持续36年之久，但艾森豪威尔在总统卸任演说中，出人意料却很有先见之明地警告人们注意力量日益增长的军工复合体。

维护参考叙事

质疑已有叙事的作用不仅仅在于为当前的事情找到最佳解释方式，也在于能够测试当前行动计划的薄弱环节，确保计划周密灵活。艾森豪威尔率领盟军于1944年6月入侵法国，这次行动有着历史上最大规模和最精心的策划。诺曼底登陆当天，登陆部队士兵有16万，可调配支持入侵行动的士兵有300万。他们使手段，递假情报，让德国人以为这次行动将在加来海峡开展，因此部署在英吉利海峡和大西洋沿岸的德国部队稀稀拉拉。艾森豪威尔的做法可以与巴顿的做法形成对比，巴顿说："我们要赶快到那边去。我们越快收拾完这个该死的烂摊子，就能越早进攻日本，端了他们的老巢，省着该死的海军陆战队又抢走所有的功劳。"[36] 然而艾森豪威尔知道许多事情可能会出错，因此在入侵行动前一天，他写了一封信，准备在失败的情况下发表。[37] 我们怀疑他可能使用贝叶斯表盘计算了他的信派上用场的概率，但事实证明，根本无须准备。

为了佐证其概率推理理论，预测评估师和"良好判断力项目"的架构者菲利普·泰特洛克与丹尼尔·加德纳认为："几十年来，美国有一项政策，即保持同时进行两场战争的打击能力。那么为什么不是三场？或者四场？为什么不再准备好应对外星人入侵？答案取决于概率。"[38] 不，答案并非取决于概率。没有任何依据可以计算出外星人入侵的概率，这不是美国维持其"两场战争"战略的原因，制定这项政策的人心里想的最关键的叙事是二战。在二战期间，美国不得不在欧洲与德国进行陆战，同时在太平洋与日本进行海战。但在随后的几十年里，这种叙事的重要性逐渐消失，而且很显然（尤其是在吸取了越南战争和伊拉克战争的教训之后），战后时代对美国军队的能力提出了不同的、更多样的要求。当拉姆斯菲尔德被小布什任命为国防部长时，他就对这种"两场战争"战略表达了质疑，这一战略最终在奥巴马政府时期被放弃。[39]

计算概率是一种干扰，更有用的工作是建立起一套强大、有韧性的防御能力，以应对各种突发事件，而这些突发事件大部分只能进行粗略描述。1982年阿根廷入侵马尔维纳斯群岛时，英国被打了个措手不及，此事对英国防务能力影响深远。预测战争何时爆发、如何发展是很困难的，如果容易的话，战争就不太可能发生了。军事领导人会开展军事演习，在演习中测试应对各种假设情况的能力，但他们知道这些情况都不会真的发生——这种情况在思路上与壳牌公司的情景规划很类似。很难想象外星人入侵会是什么样子，描述外星人入侵的小说和电影展示了人类想象力的局限：无论是外星人还是外星人的技术，都与我们熟悉的人和工具差异甚微。地球上都已经进化出如此多样的生命形式，谁知道另一个星球上的智慧生命会是什么样子的？这是最最极端的不确定性，但这种不确定性是存在的，其他星球可能存在生命，但老实说，我们真的不知道。

我们面临的威胁既有像恐怖分子这样具体的，也有来自外太空而难以具象的。但在应对极端不确定性时，一套成熟的军事措施关键是要强大且有韧性，而不是随意地给无限可能发生的事件分配一个概率。我们认为，不管是实业还是金融、企业还是家庭，想要制定战略都是这个道理。

第10章所述的公司外商务会议的目的是审查企业战略。这类会议的流程最好先从诊断开始，与会者在这一阶段应试图弄清楚"究竟发生了什么"这个问题，接着应该开始构建一个参考叙事，而且用商业战略家亨利·明茨伯格的话来说，这个叙事"要根据发生的事情构建，而不是为了某些目的构建"。他还说道，"我们永远不能真正看到事情的全貌，但我们一定能比以前看得更清楚"（这是对一个极端不确定的世界的明智评估）。[40] 有效的商业战略包括一个参考叙事——部分是定性的，部分是定量的，这个叙事明确了公司的现实期望，并描述了实现期望的方式。讨论会议进行上述程序后，与会者就应该考虑并评估该商业战略或叙事存在的风险，以判断该叙事能否在面临多种（可能是未知的）突发事件时依旧强有力、富有韧性。

当史蒂夫·乔布斯告诉理查德·鲁梅尔特他要等待下一个大事件发生

时，他并不是简单地等待什么东西凭空出现。他知道，在世纪之交快速发展的消费电子产品领域，会出现令人振奋的新发展；他也知道，没有人能精确地预测到新发展会是什么。乔布斯知道且深入理解他的公司相较于竞争对手优势在哪里，他的业务布局能够让他广泛地利用多种可能性。成功的战略需要将企业的独特能力与其所处的环境（有时是静态的，有时是快速变化的）相匹配。

当为度假制订计划时，我们会从一个参考叙事开始：我们期望有愉快和放松的体验。然后我们看到一些可能存在的风险：可能会在去机场的路上耽搁时间，可能会水土不服。我们会据此采取措施，确保能实现参考叙事，抵御这些具体的风险：去机场前预留足够的时间，在行李中带上药品。我们开展建筑项目时也是这样做的——与建筑商讨论进度表中的计划，尝试列举出可能出错的主要事情。我们见过最接近贝叶斯更新的东西是风险图，这基本上是必须提交给公司董事会的文件。一般来说，这些风险图由一长串所谓的风险因素组成，旁边通常标着相对重要性的分级，并用红色或绿色的交通信号色高亮处理。这些文件的设计都遵循同样的标准，与所展示的商业战略的联系微乎其微。这类报告通常在一片沉默中通过，报告通过的结论记入会议记录。这样做的目的与其说是确保风险不会发生，不如说是证明已经考虑过风险问题了，或者至少是描述过风险了——如果这些风险确实发生，这些就是可用的证据。

更好的办法是，设法确定可能严重破坏参考叙事的少数几个风险，并考虑为处理这些风险，可能采取哪些应急措施。比如，如果巴基斯坦军队进行干预，海豹突击队是开枪突围还是等待总统通过谈判达成政治解决方案？（负责此次行动的海军上将威廉·麦克雷文赞成谈判，但被奥巴马否决了，奥巴马担心如果另一批美国人被外国势力扣为人质，可能会带来新的风险。）[41] 如果重大风险较多，那么参考叙事本身就受到质疑，但这也需要对风险的重大程度进行判断。在现实世界中，任何事情存在的风险数量都是无限的，虽然有些风险较为轻微，也许不可能发生。

罗伯特·麦克纳马拉与他的忏悔

出现新证据时愿意改变自己的想法是件好事,但问题在于要辨别什么才能作为新证据。如果认为硬币是均匀的,正面朝上和背面朝上的可能性相同,那么要是这时一连串硬币都呈现出正面朝上的结果,这一观念就受到了挑战。特定硬币序列发生的概率是可以计算出来的,但越南战争并不是能重复 1 000 次的游戏。

罗伯特·麦克纳马拉是一个"奇才",这个年轻人开创了数字运营管理,在二战期间改变了军事物流。1946 年,刚从父亲手中接管福特汽车公司的小亨利·福特意识到需要招募人才,于是聘请了许多"奇才"。麦克纳马拉运用运营管理的技术,在公司内部快速晋升,成为公司总裁。1961 年,肯尼迪任命他为国防部长(两人同岁),麦克纳马拉后来又在约翰逊总统手下任职至 1968 年。他在对古巴实施海上封锁而非空袭的决策中发挥了重要作用。

但是他痴迷于数据,常在几乎没有开展外部辩论的情况下迅速做出决策。作为国防部长,他面临的主要挑战是越南问题,而他是继总统之后对美国政策最有影响力的人。1962 年,麦克纳马拉对一位记者说:"我们掌握的每一个量化衡量指标数据都表明,我们正在获胜。"[42] 随着越南战争不断升级,麦克纳马拉是追求军事胜利这种政策的主要支持者。但到 1966 年,他开始对美国强行进行军事解决的能力产生怀疑。在麦克纳马拉 1967 年 5 月发给约翰逊总统的一份备忘录中,他写道:"越南战争的势头开始脱离控制,必须加以制止。"[43] 1968 年,就在离任去往世界银行之前,他私下谈到轰炸"徒劳无功"。[44]

一个有趣的问题是:为什么有史以来美国政府中最聪明的人之一会让自己陷入美国历史上最严重的政策灾难中呢?历史学家马克斯·哈斯廷斯提出了一个问题:为什么政府内部的辩论和争论如此之少?[45] 退休很多年后,麦克纳马拉说道,约翰逊总统并没有鼓励"开展全面、公开的辩论,讨论那些让他的最高级顾问之间产生强烈分歧的问题"[46]。但

1968年，辩论在公众领域爆发，约翰逊被赶下了总统的位子。在他的回忆录中，麦克纳马拉写道，越南战争失败的一个主要原因是"一次又一次……我们总是未能解决最根本的问题，我们也一直未能认识到这些问题未被发现。总统顾问之间关于下一步决策的严重分歧既没有明确显现，也没有得以弥合"[47]。约翰逊政府在没有真正调查清楚究竟发生了什么的情况下，就采用了一种叙事，并且抵制任何对这种叙事的挑战。麦克纳马拉试图将冲突简化为对各自军需品库存和死亡人数的量化评估（常规战争的数据统计），但他没有对敌人的性质和动机提出更深层次的问题，换句话说，没有搞清楚"究竟发生了什么"。那么美国是否从越南战争的经验中吸取了教训？ 2003 年，美国又入侵了伊拉克。

…

第四部分
经济学与不确定性

第 17 章　金融的世界

公式能以让人惊艳甚至是狂妄的方式传达信息，
但倘若真要用文字来表达其背后的内涵，便会显得十分荒谬，
连作者本人也会感到尴尬。
——**约瑟夫·胡佛·麦金**[1]

　　希腊哲学家、米利都学派始祖泰勒斯，在几何学上取得了重大发现，并对自然现象的发生概率进行了细致观察。他在公元前 585 年的日食预言被艾萨克·阿西莫夫称为"科学的诞生"。[2] 凭借自己的科学知识，泰勒斯还预测了一场橄榄大丰收。他通过期权买下了米利都城所有的橄榄压榨机，并在需求激增时租出，获取了巨额利润。在亚里士多德看来，泰勒斯的主要追求并不是金钱，他试图回答哲学家和经济学者反复追问的一个问题："你这么聪明，为什么却不富有？"[3] 事实或许并非如此，但这

个故事的确有一定的启发性。合理使用小的模型、翔实的叙述，以及基于推理和逻辑的理性，是世俗成就和学术名望的源泉。

威尼斯商人安东尼奥早已预见保罗·萨缪尔森对单注和多注不同之处的讨论。（简要回顾，即对于有着正向期待价值的投注，如仅出价一次，同僚可能会拒绝，而当这个提议重复很多次时，同僚则会接受。萨缪尔森对此现象表示困惑。）萨莱尼奥担心各项投资的风险，安东尼奥向他的解释多元化投资组合的好处。

> 我的买卖的成败并不完全寄托在一艘船上，
> 更不是倚赖着一处地方；我的全部财产
> 也不会因为这一年的盈亏受到影响：
> 所以我的货物并不会使我忧愁。[4]

并且安东尼奥对资本是否充足很有把握。在成为夏洛克借约中的担保人后，他说道：

> 老兄，你怕什么？我绝不会受罚的；
> 就在这两个月之内，离签约期满
> 还有一个月，我就可以有9倍于
> 这笔借款的数目进账。[5]

但安东尼奥的计划没能如期实现。其一，发生了一系列低复合概率的不利事项。（这导致了安东尼奥财富的市场评估过于悲观，他的信用评级受损。他的部分船队直至剧终才归港）。其二，出现了极端不确定性的干预。一起超出模型范畴的事件，即夏洛克女儿杰西卡的私奔，导致这个满心复仇的贷款人一心只想执行借约，即便是有着殷实清偿能力的最终贷款人出面也无济于事。其三，又一起超出模型范畴的事件——波希娅的干预，使得纷争解决于安东尼奥有利。然而，由于对极端不确定性不加注意,且受到自身概率模型的过度影响,安东尼奥让自己身陷水火。这段叙述抓住了风险分散模型的本质,而风险分散是在面对极端不确定性时风险管理的核心。

风险及风险规避的含义

笔者之一参与了一场商界人士和财政部经济学者之间的会议,前者来自主要国防承包商,后者则在毕业于顶尖学府前刚修完经济学和金融学。会议的议题是,承担含有巨大风险的重大项目时,承包商应当取得多少回报。许多项目本身具有独特性。经济学者们争论道,因为一项独特项目的超支风险与可能影响公司及股东的其他风险毫无关联,并且相较于这些股东的全部财富,风险的金额显得较小,因此不必对这些风险进行补偿。部分经济学者甚至提出,可靠的政府债券提供的收益即是合理的回报。这些承包商中的部分人在远超预算的项目中蒙受了巨大损失,他们满是怀疑地注视着这些经济学者,仿佛后者来自其他星球。

争议双方都无法理解对方,原因是虽然他们都使用了"风险"一词,但取用的是完全不同的含义。经济学者以公理型理性的尺度来衡量不确定性,对他们而言,风险是通过资产收益率变动来体现的。对承包商来说,风险意味着项目可能不能如期完成,他们的参考叙事(即工作完成并取得成功)将无法在现实中落地。他们认为项目必不可能提前进行,而且若出现这样的结果,必然不是他们在谈论"风险"时会设想的。毫无疑问,在项目出现重大差错时,他们也会考虑自己在公司的职位不保。风险的含义与个人和背景有关。这两种对风险的解读有着潜在相关性,但承包商的版本即是日常用语中风险的含义。我们在本书中和日常生活所指的正是这种解读,即未能实现参考叙事核心内容的风险。

在前几章中,我们提到了几位改变社会的风险爱好者——理查德·布兰森、丘吉尔、史蒂夫·乔布斯、埃隆·马斯克,以及乔治·奥威尔。伊格纳茨·塞麦尔维斯教条地坚持自己是正确的,直到把自己逼疯,但挽救了数以百万计女性的生命。巴里·马歇尔改变了医疗实践，他主动感染、以身试菌，因此获得了诺贝尔生理学或医学奖。这些行为与这些人创造财富的能力无关。随着我们进一步了解神经生理学，通过监测前额皮层的活动和对化学多巴胺的处理，而非宣扬公理型理性，我们可能会更好地理解这样的行为。

偏好规避风险的人不愿离开有着固定参考叙事的舒适区。通过将自身限制在一个小而稳定的世界，他们在充满极端不确定性的大世界里寻找着确定性。他们是像《长日将尽》中那位守职死忠的男管家史蒂文斯先生这样的人，或者是像迪士尼作品《欢乐满人间》里的班克斯先生那样的人。在民主德国的崩塌为许多人带来机遇的同时，也有人感到惶恐万分，因为失去了压迫型政权限制下带来的安全感。相反，如马斯克、奥威尔一般的风险爱好者，则一如既往地探索着新的参考叙事，并通过探索来改变其他人的参考叙事，无论结果是好是坏。

大世界中的小世界模型

上述应对风险的方式与国防承包商的想法一致。风险是由个人或各类商业的具体情形及参考叙事决定的。和那些财政部经济学家一样，金融专家的想法则有所不同。在他们的世界里，风险是资产的一种客观性质。该观点的一个重要贡献源自20世纪50年代哈里·马科维茨在芝加哥大学的一篇著作。[6]他的主要观点是，人应当综合投资组合来评判风险，不仅要审视每项独立资产所附随的风险，还要考虑不同资产所得回报之间的关系，这正是安东尼奥试图向萨莱尼奥解释的问题。如若不同资产所得回报的变动是紧密联系的，也就是说各回报是高度关联的，那么风险分散几乎没有什么裨益。但是，如果各回报不是相互关联的，那么增加更多的资产将会在总体上减少投资组合的变动性。一项有效投资组合能够基于特定平均回报率，将回报的变动性最小化。

作为考察马科维茨理论的学者之一，米尔顿·弗里德曼据说很欣赏这项成果，但他认为这应该是数学问题而非经济学问题。[7]无论如何，马科维茨取得了他的博士学位，在学术界和投资管理领域都有所建树，并且在 1990 年因他提出的有效投资组合模型而被授予诺贝尔经济学奖。至今，该模型都是现代金融经济学的三大支柱之一，另外两个支柱是资本资产定价模型（该模型探求如果资本根据有效投资组合的方式进行定价，那么金融市场的均衡状态是什么样的）和第 14 章中所描述的有效市场假说（其主张市场价格反映了一切可得信息）。

无论是有效投资组合模型、资本资产定价模型，还是有效市场假说，都很好地阐释了可以通过使用简易模型来说明复杂问题。投资组合方式中极具借鉴意义的一点在于，风险在总体上是投资组合的一种性质，不能凭借简单地加减与该投资组合相关的各项内容而进行评判。风险视情况而定，在一种情况下具有风险性的行动可能在另一种情况下风险性会减少。所谓的风险性资产并不存在，只有风险的资产集合，对于这一点，如今许多投资者和金融咨询师仍未完全领悟。马科维茨的数学公式事实上并不复杂，却尽善尽美地展示和阐明了这一见解。[8]资本资产定价模型揭示了一笔金融资产的价值如何取决于该资产相较于所有其他可得资产而言的所有权，并为理解此间的关系提供框架。套利，即在特质相互关联但不必然相同的资产间的交易，已成为许多交易者赢利策略的基础。资本资产定价模型区别了有关特定债券的具体风险，如国防合同能否按照约定时间和预算完成，药物能否通过临床试验，石油公司的油井是否高产，以及有关所有债券和一般经济情况下的市场风险：如果出现经济衰退，预计绝大多数债券都将贬值。市场风险无法避免，具体风险可以分散，因此相比具体风险，应当给予市场风险更多的回报。财政部经济学者们所持的这一观点与直觉相悖。

有效市场假说是一项有力的现实检验。人人皆知亚马逊是零售业集大成者，苹果产品则为消费者喜闻乐道，这些公司的股票价格已然反映了这一事实。当遇到或相信自己发现了商机或是投资机会时，人们应该问问自己"为什么其他人没有利用这个机遇"。诚然，可能会有较好的答案来回答这个问题，但把问题提出来，可以帮助避免犯下代价高昂的错误。

有效投资组合模型、资本资产定价模型以及有效市场假说是有用而不可或缺的模型，但是三者都没有将世界描述为"世界真实模样"。如果人们过于片面地理解这些金融模型，将虚构的数字填充其中，并据此做出重大决策，这些模型将会具有误导性甚至危险性，正如全球金融危机和许多其他例子那样。大型对冲基金美国长期资本管理公司于1998年分崩瓦解，原因是该公司和包括罗伯特·C.默顿在内的诺贝尔经济学奖得主咨询师过于相信他们的模型。（默顿是社会学家罗伯特·K.默顿之子，其父是第3章所述的首位阐明了一般自反性问题的社会学家，该问题逐渐变得高度相关，因为交易者们意识到美国长期资本管理公司的策略是将交易者自身置于从基金交易者的供养中无法获利的境地。）其错误在于误把小世界当作"风洞试验"模型（参见第19章），后者复刻了我们生活的大世界。

很庆幸我们知悉这些小世界模型，进而会因为我们的知识认为自己是更好的投资者。但我们没有犯过度采信这些模型的错误，并且我们必然不会相信它们能把世界描述成"世界真实模样"。马科维茨和萨维奇都充分意识到他们的理论仅适用于这样的小世界，但是他们的警示几乎都被当作了耳旁风。马科维茨在被问及他如何为退休准备投资组合决策时回答道："我本应计算好资产级别的历史协方差，划定有效边界。然而，我预想到了股市大涨而我没有买入或是股票大跌我被全盘套牢时的悲痛画面。我的目的是减少日后的后悔。因此我将出资在债券和股票之间五五对分。"[9]马科维茨对自己行为的描述与勒文施泰因的"风险即感受"模型不谋而合——他的决策反映了他在预期时的希冀和忧虑，而非将他自己模型中的主观期待效用最大化。

金融监管

前文所述的财政部经济学者受到了金融学术传统智慧的洗礼，其他上过同类课程的毕业生们则在监管机构就职。他们将风险等同于资产价格波动。不同风险含义间的矛盾，没有任何地方比在金融监管领域更为昭然若揭、危害十足。

2007年春，英国北岩银行在其年会上宣布，北岩银行是全英资本结构最好的银行，并将向股东返还"盈余"资本。[10] 根据国际间通行的《巴塞尔协议》所规定的风险计算方法（该协议于同年年初生效），北岩银行当时的确是英国资本结构最好的银行。根据协议所要求的风险权重，抵押贷款是银行能够投资的最安全资产类别之一。然而，如果剔除风险权重的部分，北岩银行的负债是其股本的80倍。

更糟的是，这份定义"资本充足"的翔实协议并没有考虑银行如何构架其资产负债表上的负债情况，即银行自身用于提供抵押借贷服务的借款。在野心勃勃、年轻气盛的首席执行官亚当·阿普尔加思的领导下，北岩银行已远不仅仅是10年前那个传统的房屋互助协会，从零售储户接收存款，再贷款给购房者。在向其他金融机构打包出售证券化抵押贷款前，北岩银行如今大部分的贷款资金来自货币市场中的日常借贷。2007年8月，短期借贷市场和贷款打包转售市场都已油尽灯枯，北岩银行资金严重不足。各分行门外排满长队，储户们争先恐后地抢夺着取款机里所剩无几的资金。在政府出面担保存款安全以及英国央行提供经济支持后，这场恐慌才得以平息。2008年2月，在无计可施之际，北岩银行被收归国有。

出席巴塞尔委员会以及来自世界各地的智囊人士，早在20世纪80年代便想尝试建立一个银行监管的全球框架，但他们所创设的风险应对方式有一定的误导性。他们错误地认为，根据历史经验便能轻而易举地将不确定性用确定的数字风险来表达。从批发市场中获取资金已不可行，投资者对抵押贷款证券的偏好骤减亦再无可能。商业银行行长和监管者相信，零售融资可能会迅速枯竭，而批发融资一直都能待价而沽。这个看似合理的假说实际上是错误的。一起超出模型范畴的事件击垮了北岩银行。

模型在全球金融危机中失败的惨痛教训并没有挫伤其在监管者心中

的地位。欧盟保险偿付能力监管标准II已将相似模型的适用范围扩展到保险部门，很可能紧随其后的是养老金体系。然而保险公司很难倒闭，那属于风险模型所描述的低概率事件。但若发生了超出模型事件，例如欺诈，或像北岩银行那样出现了监管机构未考虑到的叙事，结果就很难说了。

养老金模型

1991年，风光一时的诈骗犯罗伯特·马克斯韦尔在加那利群岛的游艇上殒命，并被查出挪用了《每日镜报》的养老金来支撑他摇摇欲坠的商业帝国。随之而来的是对职业养老金更为广泛的监管。"养老金固定收益"计划承诺养老金是基于过往收入而非过往缴款确定的。根据英国《2004年养老金法案》，此类计划要对其负债进行"理论演算"。这便要求预测计划实施期间（本质上将超过50年）的价格、收入和投资回报，据此计算出贴现现金流量。该计划的受托人必须把这个数据与计划的当前资产做比较，并采取措施逐步消除任何亏损。

诚然，没有人知道50年后的价格、收入和投资回报。不可避免，为这些计划提供咨询的精算师对大部分需要填入表格的数据一无所知，他们会自行填补全部数据（理论上讲，受托人负责核验精算师的预估结果，而前者对于相关数据是什么更是知之甚少）。他们会在会见客户时使用存储在其计算机上的标准模板，无论客户是有着50位员工的小企业家，还是英国高校体系，都毫无二致。在第20章，我们将阐述面对不可避免的数据不详时，类似的虚构数据现象有多广泛。

养老金监管局要求，应当制订计划来填补理论演算所示的"亏损"，以确保当计划非停不可时，仍然能有充足的资金来兑现养老金承诺。这个要求乍一看可歌可颂，但它如今迫使养老金缴款提升至难以负担的水平。它已经导致英国私营部门几乎所有类似计划停摆。在极端不确定风险无法根除的世界，为了降低风险，这一监管体系规定的参考叙事要求严格且金融吸引力低，导致几乎没有人愿意加入。监管的初衷很好但实际误入歧途，加之模型的使用不当，这严重减损了英国大多数人对于安稳退休的期望。比起其无耻的一生，罗伯特·马克斯韦尔死后更是贻害无穷。

确保养老金计划足以偿付负债，要求银行足额发行股本以应对可能的损失，还有什么能比这些更合乎情理的呢？然而《每日镜报》的退休员工并不是因缴款过低而受损，而是由于马克斯韦尔窃取了他们的养老金。同样地，在金融危机中，通过风险调整资本并不能很好地预测哪家银行会倒台，相比之下，简单的杠杆比率是更好的预测手段。考虑到金融服务业的过往历史，我们不认为足以相信其能经营好银行体系，或是在缺乏强力监管的情况下处理投资者的资金。但是，初衷良好的监管措施在创设出连篇累牍的规则书时已经偏离正轨。这样的监管无法全面考虑这个充满极端不确定事件的世界，甚至连大多数相关情况都无法囊括。应对这类规则不足的手段是，草拟出更多规则。金融监管的最新经验阐明了避免不懂装懂的重要性。我们不知道下一次危机何时到来，也不知道它会是什么样。我们需要简明、有力的原则，而非成千上万页的规定，将履职义务抬高到对他人资金尽忠职守的精神层面。在早期作品中，我们已对这些改革提出建议。监管者越是试图制定出精确、翔实的规定（实际上是混淆多于澄清），越可能产生适得其反的结果。倘若有人能退一步就好了，扪心自问"究竟发生了什么"，而不是对看起来似乎是势不可当的已有进程做出微调。

更多金融叙事

在第 12 章，我们讲述了罗伯特·希勒如何论述情绪波动对于理解为什么大型毁灭性变动会在经济行为中出现的重要意义，无论是股市泡沫、股市下跌，还是经济衰退期间产出的锐减。[11]

但是，希勒在叙事上的关注过于片面。他用该概念来解释人们常说的"潮流和时尚"行为。换言之，他把叙事视为从"理性"最优化行为中的脱离，是非理性和情绪化的，尽管其在解释行为上十分重要。用他的话说，"在普通人之间，叙事通常不诚实且易受操纵"[12]，并且"经济叙事也往往包含……一些行为，这与我们听到的普通人的叙事不相上下"[13]。

但叙事的重要性并非源于人类行为上的不足，而是来自在极端不确定的世界里进行决策的本质。诚然，在某些金融市场中，叙事有时的确"不诚实且易受操纵"，但是普通人会诚实使用叙事来把握他们的环境，并在极端不确定的情况下指导决策。为了回答"究竟发生了什么"这个问题，叙事必不可少。

富有感染力的叙事通常会在一些现实事件真实地改变了经济基本面后感染金融市场。因为叙事的传播必然是循序渐进的，那些最先采纳的人可能会赚取丰足利润，而后来者不断跟风，时评者对速度和规模以及其将带来的经济发展夸夸其谈。众所周知，人们倾向于对一项新科技的短期影响过度吹捧，而对其长期影响轻描淡写。

在金融泡沫领域开历史先河的作品是查尔斯·麦凯的《大癫狂：非同寻常的大众幻想与群众性癫狂》。该书写于20世纪40年代铁路狂热时期，记述了从17世纪30年代荷兰郁金香热到一个世纪后南海泡沫事件的感染性金融愚事。近来，学术界对于荷兰郁金香热的性质和规模越发怀疑，因为该事件已显得过于愚蠢。但仅提及这一事件中的问题，并不能触及这类叙事的核心。没有人能够质疑18世纪国际贸易的发展、19世纪铁路的建设或20世纪20年代无线电和商用航空的发展是具有划时代意义的经济活动。

相似地，投资者们正确地认识到，20世纪七八十年代日本制造商的成功，不仅带领日本跻身主要经济强国，而且揭示了新兴市场经济体中更广泛的发展现象。但这完全不能证明日本股票和财产所附价值是膨胀的资产价格泡沫。在后续的10年里，同样不自量力的结果和应对手段几乎旋即在其他新兴市场反复上演，如1999年的"新经济"泡沫，以及采用欧元后整片欧洲大陆利率趋同。以上所有案例中，投资者们在强大的现实最终到来时,损失了巨额资金。叙事的崩塌比它的传播更为迅速。在我们撰写本书之时,金融出版商们可能手握大量自郁金香导致经济泡沫以来最为单薄的故事,即想象中由加密货币接管世界货币体系的未来。如其他知名科幻故事一般,比特币现象结合了多种经年累月的叙事,即对免受政府干预世界的自由主义展望、一项魔幻科技的威力,以及"货币创造"的秘密。

杰克逊·霍尔会议摘要

债券市场曾是金融体系中的一潭死水,20世纪80年代成了一个令人振奋的基于证券化的新叙事核心。它的运作方式是贷款机构,即银行、抵押贷款提供者和金融公司等,能够把它们的贷款打包成可交易的证券,并主要向其他金融机构出售。通过这一过程,它们可以提供比债券市场上的原有产品更具吸引力的风险回报组合。

对于这样的交易,至今有两种可能的解释。一种叙事将证券化视为能让贷款人传播和分散借贷风险,据此降低金融支出,并且有可能使得这部分降低的支出所带来的益处传递给购房者和小型企业。另一种叙事则是,证券化提供了一种机制,将风险从那些了解或应当了解风险的人,即核保人,传递到那些不那么了解的人身上。

但无论如何解释,其直接结果是,那些打包交易了这些证券的人赚得盆满钵满。此类产品的数量以指数级速度增长,而仍旧是那些打造了一个又一个证券包(如"担保债务凭证呈平方倍增长")的人赚钱。同时,随着市场的发展,销售人员越发激进地探索新借款人,以从贷款证券化中谋取利益。他们甚至在那些几乎没有资产和收入的个体中寻找,这便是后来的美国次级抵押贷款市场。

每年的8月末,在怀俄明州杰克逊·霍尔,于大提顿国家公园的富美壮丽之间,各央行行长齐聚由堪萨斯城联邦储备银行召集的经济政策研讨会,以讨论世界经济所面对的最新思想和挑战。2005年,时任国际货币基金组织首席经济学家、后来的印度储备银行行长拉古拉迈·拉詹表示，金融放松管制和新型金融工具的兴起进一步刺激投资者承担其并未完全了解的更大风险。[14]这一警示具有先见之明，但并未被很好地采纳。与会者大多认可现状，有些甚至强力支持，美联储前主席艾伦·格林斯潘早就评判道："最近几十年以来对风险分散做出主要贡献的是证券化银行贷款市场、信用卡应收账款市场及商业和住房抵押贷款市场的广泛发展。这些市场将风险与持有同类资产相关联，以适应更多投资者的偏好。"[15]

在谈及衍生工具时，格林斯潘说道："这些日趋复杂的金融工具做出了特别的贡献，尤其是在过去紧张的几年里，帮助构建出比25年前更灵活、更高效、更具弹性的金融体系。"[16]那时，广为接受的主流叙事是，有效市场确保风险分散给那些最了解风险、最能够承受风险的人。该叙事在2008年的撼动下未能幸免于难。

2005年的杰克逊·霍尔会议是作别艾伦·格林斯潘的特别日子，那时他即将卸任担任了18年之久的美联储主席一职。在他卸任的两年后全球金融危机爆发，自此许多不公平的责难都指向了格林斯潘。在他的告别演说上，格林斯潘郑重警告："历史一直没有善待长期的低风险溢价。"[17]在这件事上，他是完全正确的。

金融理论的局限

笔者之一在商学院度过了十余年光阴，曾向潜在支持者将金融学描述为商学院"王冠上的宝石"，这一说法的确有它的道理。这门学科理智严谨，其一流从业者在知名期刊上发表文章，并为金融机构建言献策。金融专业的学生能够轻松摘得政府和金融部门有趣且高薪的职位。金融学似乎兼顾了学术内涵和实践效用。

但是，从广义上而言，50年前，基于哈里·马科维茨、威廉·夏普和尤金·法玛等学者的杰出贡献，作为金融学科开端的项目都以失败告终。我们发现该失败有两种截然不同的阐释。一种说法认为，监管者和金融机构从金融学术研究中直接借鉴使用的模型，不仅没能防止2007—2008年全球金融危机的发生，还助长了危机的蔓延。

另一种说法则是审视21世纪最成功投资者的成就，代表人物有沃伦·巴菲特和吉姆·西蒙斯。二人各自均积累了数十亿美元的财富，分别代表了两种完全不同的投资风格。巴菲特的投资公司伯克希尔·哈撒韦在各行各业大量持股、控股，许多情况下100%持股。巴菲特的商业哲学是买入具有强大竞争优势的行业，并配置优秀的管理人员，或常常在公司内部寻找这样的人，并授予他们几乎完全自由裁量的权力。他曾表明，自己所偏好的股票持有期是"永久"。原是数学教授的西蒙斯，招聘杰出的（数学和物理学）博士来研发算法交易，以在短期内取胜证券市场。

以上方法的共同之处不仅存在于表面，实际上还有更多。他们超常的智慧是其一。这也回应了"你这么聪明，为什么却不富有"的诘问。巴菲特的信，以及在内布拉斯加州奥马哈举办的伯克希尔·哈撒韦年会上的全天舞台秀，其质朴的乡村智慧中传递出真实而深邃的洞察。西蒙斯则在顶尖数学期刊发表了论文。他们的另一个共同特征是一种谦逊感。巴菲特不止一次强调自己所掌握知识的有限性，而西蒙斯则宣称他绝不会试图推翻算法。[18]西蒙斯强调自己是数学家，而不是研修市场心理、商业战略或宏观经济的学生。

他们都忽视甚至蔑视基于有效投资组合模型、资本资产定价模型及有效市场假说的金融理论体系。的确，这一知识体系暗示了他们不能取得已有的成就。这些金融模型强调了所有投资者都应该留心的要点，即分散化的益处、不同资产在真正实现分散化方面所具备的能力，以及信息在证券价格中的整合程度等。但是根据经验，能够赚钱或解释"究竟发生了什么"的金融市场并不是单行道，对"金融世界真实模样"的叙事也不止一种。可用的方法和适合的工具有很多，无论是基于模型还是叙事，都取决于具体情况与投资者的技能和判断。我们能够真实受益于米利都学派的泰勒斯和哈里·马科维茨的远见卓识，也能从法玛和希勒所宣扬的关于金融世界的对立叙事中吸取经验。但是，我们必须意识到我们从他们的小世界模型中所得经验的局限性。

在金融部门存在着这样一群人，他们创造旨在最大化风险调整回报的项目，但这些项目完全不是它们看起来的那个样子。极端不确定性排除了最优化行为。在真实的世界里，我们是在着手应对而非谋求最优。这些算式中使用的数据是人为创造的，或是取自历史数据集，假设一种不存在的静止世界。为了在无法全面理解的大世界里找到出路，提出这些算式的人们创造了一个小世界，从而给予他们满意而确切的答案。宣称要监管金融体系风险的金融监管者们则如出一辙。可以理解，当人们被派发无法胜任的工作时，往往会去寻找一个他们"可以"胜任的更为简单的工作来替代。

第18章　极端不确定性、保险与投资

在现实世界中，哪怕是理性程度最低的人，
也会认为经济学家眼中的理性预测是明显不理性的。
——**罗曼·弗里德曼**[1]

伦敦城里劳埃德保险市场的核保人都坐在一个大屋子里，每个人都待在被称为"盒子"的小隔间里——几个世纪以来都是如此。经纪人在屋子里走来走去，计算着风险。笔者之一坐在盒子里听着整个过程。其中，最有趣的一项投保有关一套价值数亿美元的私人艺术藏品，这套藏品被保存在瑞士某个拥有极高安全性的机构里。虽说经纪人没有透露顾客的身份，但拥有这样财富资源和艺术兴趣的人其实屈指可数。一位专门从事这类保险业务的核保人试着猜了猜客户是何许人也，然后他开出了价格。这位经纪人又去了另外几个盒子。这是市场惯例：如果一位受人尊敬的核保人接受了一项风险并将其姓名写在保单上,其他核保人便也会认真考虑是否在其建议的价格上签名,分担一部分风险。

笔者之一询问了该核保人是如何定价的。在这个案例中,核保人并没有什么依据可以计算损失概率或损失金额。也许一个胆大包天的小偷会偷走整套藏品,但这个可能性不大。更有可能发生的是,一两幅画不见了,有人来索要赎金,或者画被卖给一个爱收藏的怪人,除了他信任的几个狐朋狗友外,没有人知道这件事情。核保人考虑到了这几种情况,但并没有做什么计算。他解释,他只是觉得这就是这类风险的合理保费。我又问他是怎么知道的,他很不情愿地说他就是根据过去大致的报险经验来进行价格的上下调整。继续追问之下,他又透露,如果最近出现了艺术盗窃的索赔,或与艺术无关的异常索赔,报价就会上升。核保人的报价过程不是贝叶斯表盘,不是统计式的,而是叙事式的。他做出的评估是根据事实依据的推断,其实也可以说是凭直觉,但这么说的话就体现不出他的能力了。在保险行业,只有极少数核保人受到市场认可,有资格做出这样的判断。

那天结束的时候,核保人表示有两项业务他和同事在伦敦办公室就可以完成。一是承包高度个别风险,例如艺术收藏品。他们在这方面经验丰富,而且劳埃德是分散管理的,核保人可以自己做决定,无须向风险委员会提交复杂的解释分析。二是承包日常风险,例如交通事故,因为有现成的完善数据库可以用来分析。

一直到20世纪90年代,劳埃德的业务都是建立在"个人"的无限制责任基础上的。这些个人非常富有,且大多数并非专业从事保险或金融行业。这些个人是辛迪加(承保集团)的成员,同意分担辛迪加的联合损失并获得相应的保费份额。风险成本也因此由一大群相对富裕的个人分担。实际上,当时这个市场的资金来源正是英国中上层阶级。但从20世纪70年代起,受到全球化和精英制度的冲击,支撑伦敦金融体系的社会关系结构分崩离析。腐败和渎职击垮了劳埃德。后来,劳埃德给沃伦·巴菲特支付了一大笔钱,巴菲特的伯克希尔·哈撒韦承担了剩余损失。

巴菲特的公司以多元化模式经营，同时还有充足的资源来承担任何可能的债务。而且，这家公司的决策机制很简单，所以官僚式机构觉得过于复杂困难而不愿承担的责任，它也可以像核保人一样承担。

劳埃德很擅长处理极端随机和极端不确定的业务。那些介于两个极端之间的只掌握部分信息或者信息不对称的案例才是真正棘手的。传统保险公司不擅长处理极端不确定性，因此会把这类业务交给像劳埃德和伯克希尔·哈撒韦这样的公司，这两家公司对传统金融智慧持怀疑态度。

风险共担的保险

早在我们如今所熟知的保险业务正式开展之前，社会团体间的风险共担就已存在。科伊桑人就以风险共担的方式管理不确定性，他们并不计算互帮互助是否会带来预期回报。我们今天看到的保险合同直至17世纪才出现，所针对的风险种类有限。[2] 商业保险承保火灾、死亡和交通事故类风险，但事实上，很多这样的风险都是亲朋好友共同承担的，比如同行或邻居。苏格兰遗孀基金创立于1812年3月，是由当时一群聚集在爱丁堡皇家交易所的苏格兰绅士设立的，他们希望"用基金为遗孀、修女和其他女性提供保障"[3]。19世纪，绝大多数保险都是相互保险——保险所有者就是保险客户。直到20世纪80年代，相互保险才开始在保险业消失——也基本上在金融业消失。2000年，苏格兰遗孀基金被劳埃德银行（只是恰巧和劳埃德保险市场同名）收购，并成了该银行的保险和资产管理子公司。

一些特殊不确定性是通过专门的书面合同投保的——匿名艺术收藏家可以去劳埃德为他买的藏品投保。威士忌生产商卡蒂·萨克承诺，给任何制造出尼斯湖水怪的人奖励100万欧元，这个"风险"也可以拿去劳埃德投保。[4] 如果你想的话，你甚至可以投保外星人2025年前不会登陆地球。[5]

瑞士再保险和伯克希尔·哈撒韦等大型国际再保险公司，从规模较小或以零售为主的保险公司手中接手巨额损失风险，这样的操作有效应用了风险分摊和互惠互助策略，这实际上就是全球范围内的风险共担。这些公司是个别风险的主要核保人，并且除了劳埃德是特例，其他主要的再保险公司一般不在伦敦和纽约这些金融中心。这也绝非偶然，因为在这些金融中心，比较流行基于概率的传统风险管理。

在 1954 年，第十四届国际精算师大会召开并审议了"一项风险可保的成立条件"。[6] 大会列出了 400 多页规章和理由，但这么长的篇幅还是没能将"为抓到尼斯湖水怪设保"囊括在内。瑞士再保险公司声称，要使一项风险具有再保性，需满足的条件是"可以量化被保险事件发生的可能性"。[7] 尽管如此，劳埃德还是愿意承保有人抓到尼斯湖水怪。大型再保险公司雇用了大批建模人员。我们无法为多数个别风险合理计算其发生概率，包括瑞士再保险公司已经承保的在内。但是富兰克·奈特观察到"无法计算也要计算"这一法则不管是在苏黎世还是在芝加哥都同样适用。

在各种统计预测扑面而来之时，奥巴马敏锐地发现，"你得到的是掩盖不确定性的概率，而非更多有用的信息"。情报机构不知道那栋建筑物里的是不是本·拉登，但他们已经掌握了很多信息。我们不能预测或细化一个概率分布，并不等同于我们对未来一无所知。没有一家再保险公司会知道 5 级飓风明年夏天登陆佛罗里达州的概率是多少，但这并不意味着气候模型和以往的飓风造成破坏的记录在评估中不能发挥作用，只是在此基础上，核保人必须有良好的判断力，就像上文提到的核保人在计算艺术收藏品的风险时那样。经济学家、银行家或商业分析师也一样，必须有良好的判断力。

数据库虽然好用，但又不算完美，这才让商业保险成为可能。虽然发生在个人身上的事件的所有结果是未知的，但我们有一个收录齐全且大致平稳的频率分布的数据库。拥有跑车的年轻男性相比拥有几十年完美驾驶记录的年长女性要支付更高的保险费，但在每一级风险中，究竟哪一位年轻男性和哪一位年长女性会发生事故是未知的。这一信息无论保险公司还是被保险人都不知道，否则的话会出现逆向选择，也就是只有高风险的人会投保，只有低风险的人会收到保险金，这样就不会产生保险市场。只有具体的未来结果高度未知，保险才成为可能。所幸的是，这种未知广泛存在于保险公司和被保险人中。

大数据的进步意味着不稳定因素在逐渐消失。保险公司可以通过设备来监控、获取你的个人行车习惯，这样计算出的保费也会越来越精确，越来越接近真实损失。如果每份保险都变成精准的量身定做，随机性就会减少，它也就不再是保险。[8]随着越来越多的医学诊断数据可供人们使用，我们将逐步了解更多人的健康状况。如果风险变得确定，人们就不再需要投保。鉴于此，如今包括美国在内的大多数国家严格限制保险公司选择投保人或划分保费等级。这限制了基于频率概率分析的保费精算范围，并让保险重新回归社区互助。

养老金

一个已退休的人今天的面包是一个还在工作的人制作的。养老金通常是隐性或显性的代际共享，是一种共担形式——一种代代相传的互惠责任机制。纵观历史，这样的保障最初只存在于大家庭之内。尽管现在我们有社区作为后盾，但退休人员的绝大部分物质需求还是由家庭来保障的。随着社区变大，互惠义务延伸，其规范化也被提上议程。英国布匹商人格朗特是收集死亡率数据的先驱，他曾在 Drapers 公司工作，这家公司也是苏格兰遗孀基金的创立者之一。概率数学的发展使得这种互助义务可以被量化。我们在第 4 章中看到，创立于 1761 年的英国公平人寿保险公司最后以失败收场，其初衷是以精算原则来认缴保险。概率推理和相互义务这两个原则之间的矛盾一直是推动保险和养老金演化的核心矛盾。

代际风险共担形式的另一个改变来自雇佣的性质变化。贵族地主知道，他们土地上的工人的义务是为他们劳作至死，在工人死后，他们的义务则由后代继承，继续在土地上为地主劳作。政府以及银行、铁路等大家长式的雇主也类似。这些机构认为它们肯定会长存于世，并为维持它们的承诺建立了信托基金。养老金保障的权利和义务可以通过多种方式共担：可能是像19世纪的爱丁堡一样由社会团体管理，可能是像法国一样由国家负担，也可能是由雇主管理，或是建立在与某个特定产业相关的个人或群体的基础上，或是一个拥有相同兴趣或处于相同地理位置的亲友团体。要使共担有效，需满足两个条件：第一，群体必须足够大，这样才能分担与投资回报、个体死亡和集体寿命变化相关的风险；第二，成员需要有充分的理由相信，这个提供退休保障的群体会一直延续下去。

今天世界各地的养老金有各种各样的组合方案。一种市面上流行的分类为我们概括了三大主要方案：一是由国家提供基础养老金，二是由就业单位提供，三是靠每个家庭自己的储蓄。第三个方案需要家庭进行投资规划，或许第二个也需要。计算机行业的发展史已经向我们证明，技术进步意味着企业寿命一般都是非常有限的。因此在大多数情况下，个人雇主提供的养老保障很可能效率低下，风险也更大。因此，未来的养老共担肯定会倾向国家或其他集体。

确定性不等于安全性

在预期效用的世界里，如果结果不涉及不确定性，就没有风险，但确定性并不等于没有风险。一个明天就要被处决的人是拥有确定性的，但他的生命显然是不安全的。美国海军上将斯托克代尔在战争中被俘时并不确定要如何忍受牢狱之灾，但从未怀疑过他可以忍受并坚持下来。支持他活下来的唯一的参考叙事就是想象自己最终获得释放的那一刻。说回养老金，追求虚假的确定性会将数百万人暴露在风险之中，让他们对退休保障的现实预期泡汤。确定性是无法实现的，近似确定性的成本更是难以负担。

一个典型的养老金方案实质上就是对一个30岁的人做承诺：50年后，

当这个人80岁时，他将得到一笔与消费者价格指数挂钩的金额的钱。这样一项承诺要怎么保证或承保？很多国家，包括英国、美国和德国在内，都设有成熟期较长的政府指数债券，或许可以让这种担保成为可能，因为向政府放贷的风险很低。虽然评级机构和支持限制政府支出的人士十分支持这样做，但这些债券的回报率很低。英国的情况尤为极端。2019年1月购买一份2062指数债券的价格是208英镑，该债券将在2062年以100英镑（不是印刷错误）的零售价格指数挂钩价赎回，结合零售价格指数，年回报率为0.2%。我们尚不清楚是否可以把这微薄收益再投资，但不管怎么说，如果你要寻求确定性，这208英镑还不如自己留着。

类似的交易还很可能受到其他政治风险的影响，比如，政府会干预指数的编制过程。1974年，英国政府就对纳入该指数的产品提供了补贴，意图缩小与指数挂钩的工资调整规模。[9] 2011年，英国政府又通过了一项立法，改变了许多私人合同中对零售价格指数的引用方式，让零售价格指数替代了消费者价格指数。[10] 在那些独立统计机构更少的国家，对指数的干预更是屡见不鲜。任何养老金都要面对个人税收改制或养老金本身带来的风险。

因此，负债匹配最多也只能做到近似。大家很可能会有这样的疑问：2062债券在2062年的实际价值波动是大于还是小于多种实体资产投资组合的真实价值波动？这样的多种实体资产投资组合可以包括悉尼海港的一家酒店、加利福尼亚的一座办公大楼、英国具有发展潜力的一块农业用地，以及柏林市中心的一栋公寓楼。这样的投资组合的收益率是大大超过指数债券的，并且，除非发生核灾难，该资产价值损失超过一半的概率微乎其微。

对于极端百分位数的关注引出了更加本质的温尼亚尔问题——来自模型外事件而非25个标准差的极端结果。英国和美国股市的历史极端情况分别是1972—1974年和1929—1933年的下跌，这并非某些基础平稳概率分布的不利结果。这些事件发生的原因是，在每个时期，资本主义制度行将终结的叙事总会被广泛传播，而且并非空穴来风。最终在证明这些担忧是没有必要的之后，市场便恢复如常了。如果一位美国投资者在 1926—1936 年一直沉睡，或是一位英国投资者在 1972—1982 年经历过类似的强直性昏厥，可能就不会注意到他的投资组合发生了什么异常。[11]

当时英国和美国所担心的世界末日事件并没有发生，倒是在 20 世纪的中国、德国、苏联/俄罗斯和其他一些国家发生了。商业和金融领域并不存在确定性，即便存在，也只是通过分散投资（而非只投资一种"安全"资产）所达到鲁棒性和韧性。风险是一种个人经验，而非某种资产的特性。

持怀疑态度的金融经济学家

在上一章中，我们论述了现代金融理论的三大支柱：有效投资组合模型、资本资产定价模型和有效市场假说。如前所述，在一个极端不确定的世界里，理性投资者必须了解这些模型，但不应过度拘泥于字面意思，不应过于较真。马科维茨投资组合模型的核心观点是，风险是投资组合作为一个整体的产物，而非组合中单个投资风险的总和。这一发现对实际投资策略非常重要。无论风险的含义是基于参考叙事的词典的定义，即"未能满足对现实的期望"，还是基于金融经济学家的定义，即"概率分布的方差"，马科维茨投资组合模型的核心观点都是成立的。

根据组合投资理论，你需要了解投资组合中每个证券每日收益和损失概率分布的方差，以及这些证券之间的协方差，即一个证券表现不好是否与另一个证券相关。在协方差分析中，贝塔系数是指一只股票股价波动和市场整体起伏的关联。因此，我们可以认为向发达国家顾客出售消费品的公司的贝塔系数接近 1。但如果该公司大幅增加杠杆，从而使股票回报更不稳定，其贝塔系数将超过 1。相比之下，业务活动与整体经济表现无关的公司的贝塔系数可能会较低。这是财政部经济学者在与国防承包商的谈判中使用的论点，在上一章讨论过。

当你观察贝塔系数的实际计算时，会发现很多时候系数都接近 1，即使各家企业的业务和杠杆都各不相同。其原因在于，贝塔系数通常是在相对较短的时间段内计算出来的，在这段时间内，所有股票都会受到主流市场叙事变化带来的正面或负面影响，如增长数据高于预期、失业数据低于预期等。各国央行向市场提供的大量流动性影响了所有资产的价格，造成结果就是，那段时间所有资产之间的相关性似乎都很高。

但极端不确定性意味着这种基于历史数据集的相关性计算是徒劳的。在大多数情况下，我们无法得知相关概率分布的方差或协方差。投资回报不是从一个已知的平稳过程中随机抽取的结果。然而，许多金融分析和金融监管却都基于这样的假设。

或许这就是为什么尽管我们认识许多为客户构建有效投资组合边界的人，但并不认识使用这种方法管理个人财务的人。马科维茨决定将一半退休金投资于股票，另一半投资于债券。我们其实可以比马科维茨做得好。我们可以去关注与各类资产长期表现相关的基本面，我们还应当了解到，宽泛的资产类别，如新兴市场股票和房地产等，虽然给投资顾问提供了便利，但事实上粒度太粗，我们根本无从得知多元化投资的真正影响。在短时间内，影响越南零售商和巴西石油服务公司的业绩，或柏林一栋公寓楼和澳大利亚农田的收益的因素可能是迥然相异的。解释性的数值模拟可以给我们一定的启发，但永远不能代替我们去寻找答案，来回答"究竟发生了什么"。

在有效投资组合模型和资本资产定价模型背后隐含着这样一个观点，即个人对基础概率分布做出的评估也是类似的。由于该模型假设，在这个小世界里每个人对风险的理解都相同，只是风险偏好不同，所以高风险意味着高回报，反之亦然。这一观点总是成立。

但是，风险对不同的人意义不同。风险对政府和国防承包商的意义是不同的，对存钱买房的人和存钱安稳退休的人的意义是不同的。对想保住工作的资产管理经理来说，风险是因业绩不佳而被解雇。对一个资本资产定价模型的爱好者来说，风险就是短期股票价格变动的方差。如果你的风险概念与整个市场的风险概念非常不同，你就可以用他人的利益来最小化你的风险。广泛的分散投资可以降低风险且成本为零，就相当于一顿免费的午餐。一旦你意识到，日常价格波动不是风险指标，而是对市场中那些无意义的噪声的衡量，你就可以忽视这些波动而以更低的成本实现长期目标。制定多元化的投资组合，你可以得到可观的收益，但并不是全然没有风险，而是风险更低。有时，我们可以试试关掉计算机，认真思考这个问题："究竟发生了什么？"这样做会让你获益匪浅。

广泛分散投资，建立一个对不可预测事件具有鲁棒性和韧性的投资组合，是应对极端不确定性的最佳防御，因为大部分极端不确定事件只会给你的一部分资产带来重大长期影响。这种多元化的投资方式已经让某硅谷巨头去新西兰农村买地了，他想在世界末日来临时在这块土地上生存下去。可是后来太多人跟风，新西兰只能开始限制外国人购买本国土地。这位硅谷巨头的行为虽然很稀奇，但思路是合理的。[12]

波动性是投资者的朋友

本杰明·格雷厄姆是第一位受人敬仰的投资大师，也是世界上最受人敬仰的投资大师，同时，他还是沃伦·巴菲特的导师。在约一个世纪前，他阐明了这样一个观点：对聪明的投资者来说，股价的随机性是一件好事，而并非一件坏事。格雷厄姆使用了一位每天会随机买入和卖出的"市场先生"的比喻。在第5章中，我们用了巴菲特的棒球比喻：棒球投手向你投来了47美元的"通用汽车"！又投来了39美元的"美国钢铁"！没有人要求你挥棒击球。[13]他还强调，你不必永远都在挥棒击球。

这个比喻预设投资者拥有识别股价高估或低估的能力，这也是一种格雷厄姆和巴菲特所拥有的过人能力。与此同时，格雷厄姆也非常认可美元价格平均计算法的好处，他认为即使投资者对股票估价的原则和公司的基本面一无所知，没有清晰的投资意图，不了解投资策略，不了解企业行为，他们也只需定期将一定数量的钱投资于市场，就可以受益。因为投资者会自然而然地在价低时多买，在价高时少买。

这种看待市场波动的方法，恰恰与过去半个世纪以来主导金融理论的传统观点相反。传统观点认为，风险和波动是等同的，人们应尽量避免投资价格波动大的证券。用巴菲特的话来说，波动性几乎被普遍当作衡量风险的指标。虽然这种教学法层面的预设使教学变得容易，但它是完全错误的。[14] 同样地，分散投资的好处来自投资回报分配中随机性因素的结果。我们有时会问："从投资组合中排除特定类型的投资的成本是多少？"例如，一些投资者可能有原则性地反对持有烟草或军火交易公司的股票。但答案肯定是不知道。如果我们确实知道，我们要么就把这类股票从我们的投资组合中剔除，要么就只投资这类股票。但有一点是肯定的，那就是分散投资确实可以降低风险，这么做可以降低应急基金安全可靠、养老金收益可观、大学捐赠基金稳步增长等各种参考叙事无法被实现的风险。

从字面上看，有效市场假说意味着沃伦·巴菲特和吉姆·西蒙斯的投资成功是不可能实现的。富兰克·奈特认识到，极端不确定性会带来赢利机会，这些人积累的巨额财富证明了他的正确性。有效市场假说很有启发意义，是一个不可或缺的模型，但它不是真的。作为历史上最成功的投资者，巴菲特深知这一点。他描述了有效市场假说的支持者：有些人正确地观察到了，市场经常是有效的，但这些人错误地以为，市场一直是有效的。这两个命题就像一个白天一个黑夜，差得很远。[15] 对巴菲特来说，这个差异价值 700 亿美元，也就是说，他利用奈特对极端不确定性和冒险精神之间关系的深刻认识进行投资，所获得的回报是 700 亿美元。

第 19 章　对宏观经济学的理解与误解

在一些名牌大学里，很多研讨会已降格为一帮学科新人间排外的口舌游戏，比起诚心探索现实，他们更看重晦涩不明、自我指涉的场面话，这类研讨会我参加得太多了。
——迈克尔·伊格纳季耶夫[1]

2003 年，诺贝尔经济学奖得主罗伯特·卢卡斯曾引用自己美国经济学会会长演讲中的话，说道："这场演讲中我主要想阐明的是，宏观经济领域的研究……已获成功：它的核心问题，即经济萧条预防，就各种实用目的而言，都已得到解决，事实上，该问题数十年前就已被解决。"[2]

2007—2008 年全球金融危机之后，工业化世界经历了自 20 世纪 30 年代大萧条以来最严重的衰退，随后的 10 年里，世界经济增长异常缓慢，且这种情况持续得比预想要久。和战争一样，金融危机已多次发生。

但战争和金融危机都是特殊现象，都不是某平稳过程导致的结果。经济学理论的突破备受卢卡斯称赞，然而它并不能预防世界经济的严重衰退，这些先进的理论也没能为决策者提供处理经济衰退的必要对策。在卢卡斯描述的经济模型中，他假定经济结构平稳且没有变化，而特殊事件源自市场经济本质上的不稳定性，因此他的模型无法解决这些特殊事件。

宏观经济中的"风洞"模型

二战之后，数学和统计学方法在经济学中被广泛使用，此时很多经济学家认为建立"风洞"型经济模型是可行的。20世纪五六十年代的经济模型规模虽大，但本质上都是机械的——有的模型就是事实意义上的机器。国民收入模拟计算机由在伦敦政治经济学院学习的新西兰工程师比尔·菲利普斯设计，该机器是一台基于凯恩斯《就业、利息和货币通论》思想的液压计算机。人们造了大概十多台这样的机器，并将其用于世界各地的经济部门（伦敦政治经济学院也重建了一台，状况极佳的这台机器现展于伦敦科学博物馆的数学展览馆，另一台尚可运转的机器存于剑桥大学工程学院）。

随着计算机技术的发展，电子器件取代了液压部件，凯恩斯理论模型进一步发展并在计算机上运行。凯恩斯时代的研究方法本质上是实用主义的，它假定经济总量间的简单关系会保持稳定。20世纪五六十年代似乎是一个世界经济稳定增长的黄金年代，但世界经济根基的稳定程度远不及其表象。二战后的大部分时间里，通货膨胀在缓慢推动。到20世纪70年代，通货膨胀甚至冲击了一个人们曾奉为圭臬的观点：凯恩斯主义的需求管理可以消除经济不稳定性。菲利普斯曲线（比尔·菲利普斯的另一项创造）将工资增幅和失业率相联系，并声称二者和消费函数一样，存在稳定的实证关系。[3] 该曲线表明，长期看来，通货膨胀率和失业率存在交替关系，通货膨胀率高时，失业率低，反之亦然。但20世纪六七十年代通货膨胀率和失业率都逐步升高，这证明曲线中的观测值并非平稳过程的结果。

笔者之一曾加入剑桥经济增长项目，参与创建英国最早的一批计量经济模型。这些模型有效地展示了一个经济体中，不同组成部分是无法完全独立发展的。这些模型可以找出会计约束，而会计约束可以帮助调整消费、投资、出口以及政府的开销，使之与全国总收入和总产量对等。国民核算系统在20世纪30—50年代得到发展并在世界范围内应用。时至今日，该系统仍为整理和理解经济学数据提供不可或缺的框架。但是，剑桥经济增长项目的模型无法解释工资和物价的波动，也无法分析总产量水平的短期变化，这两者取决于对未来通货膨胀率和经济发展的预期。

倘若凯恩斯尚在人世，他可能会告诉他剑桥大学的同事极端不确定性是理解经济学的根本，计算机里的经济模型无法轻易预测未知的未来。1939年，凯恩斯就荷兰人扬·丁伯根开创性的统计学研究发表了一篇评论。该研究是当时的新兴学科计量经济学的基石之一。[4]凯恩斯主要批评了丁伯根新方法中假定经济关系稳定这一点："（该研究）最重要的前提是，除我们特别关注的那几个因素的变动以外，所有相关因素必须在一段时间内保持统一且同质。"[5]凯恩斯曾这样谈及丁伯根："此人最大的缺点是，他不会多花些时间考虑某项工作是否值得继续，他更感兴趣的是继续埋头工作。"[6]凯恩斯相当有先见之明，他已经预见到了后辈们在研究中无法拒绝的诱惑。

理性预期革命

桥梁建筑者有理由相信，工程结束时苏格兰东岸或塔科马海峡的风况和计划制订时相比不会有太大变化。但如果风况受到模拟结果测试的影响，则人们便不会做此假设。经济因素确实受预测和模拟测试的影响，因此有必要更加重视预测在经济模型中的作用。推动实现这一目标的人是现在也在芝加哥大学的卢卡斯，他在1976年提出的"卢卡斯批判"敲响了之前10年来宏观计量经济模型的丧钟。如果政策会影响预期，那么决策者就不能信任决策背后经济学过程的稳定性。因此，将经济学关系与诸如风对建筑的影响等物理学关系类比是不合理的。

为了应对之前对预期的不重视，比较直接的方法就是进行实证研究，研究消费者与商业和金融业从业者对未来的真实看法，以及这些看法从何而来、因何改变。到目前为止，这类研究还很少，而后来的宏观经济学家却另寻他法。芝加哥经济学家罗纳德·科斯曾借英国经济学家埃利·德文斯之口讽刺这一现象："如果经济学家想要研究马，那么他们绝不会亲自前去观察马匹。相反，他们会坐在书房里自言自语道：'如果我是一匹马，我会怎么做呢？'"[7]

这些理论家的想法和主流观点一致，他们相信主观概率的通用性——芝加哥大学一直是这些人的思想活跃的中心。有关预测的所有论点，其实也是基于公理合理性的对行为的推论。由此产生的"理性预期"理论要求所有参与者（企业、家庭和政府）不仅必须彼此保持一致，还要和据称可以描述它们的经济模型保持一致。在该研究方法的假定中，不仅存在一个能真正描述"世界真实模样"的模型，而且不单是经济学家，所有人——上到华尔街巨鳄，下到最普通的农民，都知道这个模型是什么，且所有人基于此形成的预期完全一致，人们也会依照这些预期采取行动。托马斯·萨金特于1979年出版了一本书[8]，从字面意义上为这种新思想"出书论著"。用他的话说，"模型中的所有参与者、计量经济学家和上帝一样共享同一个模型"[9]。

基于理性预期的模型可能对一些重要问题有所助益——例如它们可以解释为什么当政府试图把失业率降到无法保持的低水平时，非但生产总值不会增加，因对工资和物价的预期将会提高，该举反而会加速通货膨胀。和其他领域一样，这种小世界模型可做有益的参考，但它不能被用来描述现实中的世界，也不能帮助我们理解经济萧条和金融危机。因此，我们认为经济学家当真要走出书房，亲自前去观察马匹——观察这些预期是如何形成的，以及它们如何影响人们的行为。20世纪70年代，批评家们更多地将目光聚焦于个人选择如何影响总体结果，虽然他们的做法并没有错,但作为人类,"我们成功的秘诀"是我们不仅受益于个人智慧,还从集体智慧中获益。人是社会性动物,人的群体行为也不仅仅是独立的个人决定之和。因此,学者不仅要研究个人预期,还要研究集体预期。

完全性与大拍卖

自 18 世纪始,当亚当·弗格森将社会中的自发秩序现象描述为"人类行动的结果,而不是任何人为设计的执行"时,当人们以为亚当·斯密对"看不见的手"大为赞赏时,去中心化市场资源分配效率高于中央计划这一观点就一直是经济分析的主题之一。到 19 世纪,在洛桑大学工作的法国经济学家莱昂·瓦尔拉斯试图用一系列方程式证明在未经协调的情况下,数百万人的决策若结合在一起,则可产生连贯一致且高效的结果。[10]

但正如第 14 章中所述,直到肯尼思·阿罗和杰勒德·德布勒将强大的新数学手段应用于经济学领域,瓦尔拉斯的研究才取得成果。[11] 对一些放任经济模式的推崇者来说,这就是他们一直在等待的研究——一个一丝不苟的数学恶魔,它是传播"你不能逆市场而行"这一格言的 Stration 病毒(该病毒在安装了 Windows 系统的计算机间自我复制并扩散传播)。站在瓦尔拉斯的肩膀上,阿罗和德布勒想象出了一场"大拍卖",拍卖中,消费者带来的是他们的需求曲线,工人和生产材料所有者带来的是供给曲线,生产商带来的是他们的技术能力。这场"大拍卖"中,价格机制使供求达到平衡,拍卖中自己得利时,对方未必有失——各种可能存在的双赢贸易由此得以实现。

但在一个极端不确定的世界里,市场必然是不完整的。举个例子,没有人会预订 2075 年发货的石油,因为碍于各种不确定因素,无人愿意进行交易。即便航空公司想要为规避风险而提前购买航空用油,若它们无法提前卖出机票,它们也不敢冒险这样做。我们中没有几个人会考虑购买 2030 年 8 月 3 日飞往某特定机场的机票,因为我们无法预知彼时目的地的天气状况和该年目的地所在国的政局。同理，现在也不存在买卖2025年某雨天里能用到的雨伞的市场，因为建立这样一个市场的成本远高于其收益。在1997年也不存在当时或未来的智能手机市场，因为那时没人能预见智能手机的诞生。阿罗和德布勒意识到他们所描述的世界恰如《爱丽丝镜中世界奇遇记》中的一般，只存于想象之中。和虚构的文学作品一样，他们像对待修辞手法一般去分析他们所描述的世界。他们所阐明的命题可能在真实世界中存在，但也可能并不存于现实。20年之后，另一位伟大的经济学理论家——剑桥大学的弗兰克·哈恩对这个被模型化的世界做了一项颇为权威的调查，调查中阿罗描述了自己和同事一直以来的尝试："对'一个由个人私欲驱动、由大量不同参与者掌控的经济体会是什么样的'这个问题，最直接的、'符合常识'的答案可能是：那将会是一片混乱……虽然很长时间以来，人们认同的是与此大不相同的答案……在试图回答某事是否为真这个问题的过程中，我们了解得更多的是证明此事可能为假的途径。"[12]

在卢卡斯职业生涯的早期，他也曾证明人们不能在经济模型和现实之间画等号：他认为"经济学家一般研究的是一个由能够互动的机器人组成的、机械的人工世界"[13]。经济学理论应该是"可以置于计算机中运行的"[14]。卢卡斯将经济模型称作"模拟经济"，因为它们在某种程度上构成了一个完整的经济系统。它们和现实世界有几分相似，但它们构成的是一个削减版的世界，其被削减程度如此之重，以至其构建的世界中，所有事物要么是已知的，要么是可以编造的。它们可以被当成现实世界的类比，为我们了解现实世界提供宝贵的启发，但它们无法描述现实世界，更无法代表现实"世界真实模样"。

阿罗和德布勒构建的世界属于萨维奇所说的那类小世界。更准确地说，二人的经济模型就是萨维奇所说的小世界，萨维奇的概率推理在该模型中得以应用。萨维奇解释道，在那个世界里，"和事件一样，行为和决策不受时间变化的影响。一个人可以当即做出决策，一劳永逸。他无须等待，因为他的决策足以应对所有的变数"[15]。在模拟出的完全市场和概率推理的公理基础之间画等号，这一点在学术界早已不稀奇，无须在学术论文脚注中指出了。当下许多经济学家已经准备好接受现实的市场并不完全这一事实，然而他们仍坚信世间存在一套完整的主观概率体系，也仍相信学者可以做此假设：人们会为了让主观期望效用最大化而做出行动。但这些观点本质上是互相矛盾的。根据萨维奇的理性决策理论，人们可以得出一个和"大拍卖"相似的"重大决策"。萨维奇构建的世界也是阿罗和德布勒构建的世界。和二人一样，萨维奇十分清楚模型不可能逼真地模拟现实世界，用他自己的话说，这种想法"可笑至极"[16]。

在小世界中做决策

卢卡斯的许多追随者已经忘记建立经济模型的初衷，这些模型的建立最初是为了运用想象力来讲述真实世界可能发生的事情。他们的乐趣和那些国际象棋玩家的乐趣相似，都源自一个规则完全明确的世界，在这个世界里，胜者可以获得奖励和晋升。《爱丽丝镜中世界奇遇记》中的世界则更为美好——正如故事里渡渡鸟解释的那样，"每个人都是赢家，每个人都会得到奖励"[17]。事实证明，这类经济学家设计的模型更适合用来玩智力游戏，而非描述现实世界。现实世界中，企业和个人永远都面对着未知未来带来的挑战。理性预期模型将世界分为两部分：一部分是已知世界，即"有经济模型可循的计划型经济方式"；另一部分是不可知的世界，即那些人们因不在乎而不会特意去预测的力量和事件。当经济模型受到永久性改变和临时冲击的影响时，经济学预测便会失灵。令人惋惜的是，这些改变和冲击正是源自那些未知的力量，因此这些经济模型的缺陷不言自明。

丁伯根曾是计量经济学的先驱之一，他的许多研究都成了该学科的核心：用缜密的统计学方法处理经济学数据、误差项的特征以及经济模型的预测和最终结果的区别。在宏观经济学里，误差项被认为是"冲击"。[18]但若冲击就是指模型预测和现实结果之间的偏差，我们把这些误差项称为"冲击"便毫无意义。若要更进一步,我们需探究这些冲击的根源,或许我们可以构建这些冲击产生的概率分配模型,或讲述这些概率是如何产生的。19世纪的经济学家威廉·斯坦利·杰文斯也提出了相似的论点。[19] 他的论点并不是完全没有现实依据,他认为经济周期是由自然的变化产生的。特别是太阳黑子的变化,该变化影响了气候状况,转而影响了农作物的交易量和价格,进而影响了经济体中的其他行业。杰文斯找到了冲击的来源,并说出了它们是如何推动经济周期的产生的。即便人们不知道太阳黑子产生的决定因素是什么,人们仍可以得到它们出现的实证信息。

近年来,人们认为经济波动源自需求端和供给端意料之外的变化,即"偏好冲击"和"生产率冲击",同时也源自那些减缓工资和物价调整的"阻力",还源自对工资和物价均衡值的预期。经济的发展趋势会时不时地被这些冲击打断,而经济恢复平衡的过程也会被各种阻力减缓。当然,消费者的偏好确实会改变,他们的喜好会受新产品和新风尚的影响。此外,生产率也因一些有影响力的新想法而改变。但人们无法解释这些偏好变化和新想法的来源,更遑论弄清它们的规模和善变程度了。人们也无法用概率分配模型来描述它们的存在。除非出现"机械降神",否则无法让经济模型和现实中取得的数据保持一致。[20] 生产率被称作衡量我们无知的标尺。[21] 那么生产率冲击的分布规律就是衡量我们对自己的无知有多么无知的标尺。

经济学家们有一个值得赞许的愿望,他们希望满足政策制定者、商人与电视机观众的愿望和预期。为此他们苦苦追寻,试图找到能够做出精准预测的宏观经济学圣杯。正如我们所见,早期的努力以失败告终,其原因是经济学家们忽视了一点:看似稳定的实证关系可能会因一些变动(比如政府改变了它的经济干预方针,如卢卡斯批判)而瞬间崩塌。在学术上,对描述个人行为和经济行为来说,我们不难理解严谨的理论基础的吸引力。但若要建立一个寻找稳定的结构性联系的经济模型,且该模型要想和现实情况保持一致,则只能引入冲击和变化的概念,而这种处理方式提供不了太多有用的信息。结果就是，诸如金融危机或是大萧条这样的事件，只能用未曾预料的科技发展或人们突然倾向于休闲而非工作这样的理由来解释。这种所谓的"真实经济周期"模型几乎不能就经济上的大变动给出令人信服的解释。[22] 而且，在这类模型中出现的"阻力"（即因上百万人了解和适应经济结构中的变化而赋予现实世界的复杂性）这一概念意味着，只有无大事发生时，模型的预测才算得上准确，若是有金融危机这样的重大事件发生，预测就变得极度不准确。

我们无法找到能涵盖一切的经济学预测模型。令很多人意想不到的是，大部分央行所用的预测模型其实无法分析借贷情况，因为这些模型没有考虑到银行的存在，忽略了大部分金融资产，同时还假定每个人完全相同。简而言之，这些模型构建的是一个没有金融系统的假想经济体，因此在这种模型中不存在自金融系统而生的经济危机。这种小世界模型可能会提供有关央行独立性和通货膨胀目标的参考，却无法在金融危机时正确回答"究竟发生了什么"这个问题。[23] 人们不应该误以为每个重大的宏观经济学问题都可以用区区一个经济模型来解释。

极端不确定性和不稳定性息息相关。世界上不存在这样一个稳定的结构，以供我们用过去的经验预判未来的行为。我们生活的世界里，市场是不完全的，市场中也没有能助我们调整经济，使之恢复平衡的价格信号。有时，较之现实情况，模型的预测似乎有它们自己的想法。[24] 因此，在无事发生时，央行所用的经济模型运行良好，而当大事发生时，它们却错得离谱——然而正是适逢大事之时，才需要让这些模型给出超越过去经验的对策。

不加道歉的预测

经济学预测者在预测经济的实质下滑时，战绩很是恼人。2016年，《经济学人》研究了国际货币基金组织春季《世界经济展望报告》中的国家经济预测。报告发布的当年至第二年，其间国家产出减少，则被定义为一场经济下滑。在此期间全球总共有 207 场经济下滑，而该报告未能准确预测其中任何一场。[25] 这个发现有力地质疑了我们预测总体经济波动的能力。似乎当 GDP 没有太大变动时，我们才能预测其走向，但我们无法预测经济活动中的大起大落。

在任何一场重大经济危机中，总会有人声称已预见到它的发生。有些人专精于对未来糟糕的情况做出预测，他们的预测就像停住的时钟一样，有时候能歪打正着。但是，鲜有经济学家预料到了 2007—2008 年全球金融危机的发生。至于央行和私人机构用以预测的模型，它们似乎更适合预测 20 世纪 90 年代初经济稳定期的产值和通货膨胀率（那个时候最好的预测就是从过去的经验中寻找规律），而难以察觉工业化社会中银行系统近乎崩溃的前兆。但显而易见，预测后者远比预测前者重要。

和对经济预测的需求一样，对其价值的怀疑似乎从未断绝。[26] 即便如此，有人依旧沉醉于经济预测，甚至仍旧不肯否定其能力的局限性。2010 年，欧洲央行发布了一篇技术文献，以评估其欧洲经济分析模型，文献称其经济模型在分析欧洲经济方面"颇有成效"。[27] 这篇文献并未参考 2007—2008 年全球金融危机。让-克洛德·特里谢是欧洲央行下设机构的负责人，该机构负责建立该经济模型，并聘请了撰写该文献的专家。他对这个模型持不同看法："作为经济危机期间的决策者，我发现现有的模型帮不上什么忙。事实上，我的话可以说得重一些：面对经济危机时，我们感觉自己被传统的经济工具抛弃了。"[28] 无独有偶，世界各地的央行和财政部门都有过类似的经历。

管理经济

在国际机构和央行使用的经济模型中，人们的想法会被逐渐引向该模型的正确理性预期。如果我们不确定该用哪个模型，那么统计学知识将会把我们引向正确的选择。在一个完全平稳的世界中，这种理论或许奏效，但一个不稳定的世界背后是不存在固定的概率分配或经济模型的。

朋友和同事的看法、《每日邮报》和《纽约时报》里的报道、福克斯电视台和BBC里的新闻和预测，都在形成预期的过程中起重要作用。我们是社会性动物，甚至在投行的交易所中我们仍是如此——或许在交易所中，我们的社会性更为明显，在那里人们相互交流、相互学习，他们读的《每日邮报》和《纽约时报》都是一样的，每块屏幕上显示的福克斯电视台和BBC里的节目也都是一样的。社交媒体加速了这个交流学习的过程。商人互相仿效甚至可能试图超越彼此。人们从别人的错误中吸取教训，而不是等着自己犯错再吃一堑、长一智，这是完全符合情理和逻辑的。

人们通过叙事表达想法，而当足够多的人看到足以改变他们看法的证据时，占主流的叙事可能会突然改变。这类证据可能出自最新的经济萧条分析；或出自雷曼兄弟员工在公司倒闭后，一脸迷茫地收拾东西走人，拿着纸箱走在街上的照片；或出自社交媒体传达的消息。2008年9月发生的事情改变了主流的看法，也让人们的预期发生了意想不到的骤变。此前无人料到精妙绝伦的美国金融体系自身会濒临崩溃。各国央行也没有准备这次危机所带来后果的对策。和现实世界种类繁杂的金融工具相比，教科书上提供的单一金融资产的简化模型无法为解决问题提供思路，因此较之计量经济模型的预测，央行更为倚重对之前金融界状况的研究。

史蒂夫·乔布斯并不是从一系列已知选项中选出下一个伟大发明的，他用自己的想象力来创造全新的事物。这也是极端不确定性的精髓所在。同理，诺贝尔经济学奖也不是颁给从一系列已知条件中总结出规律的人，而是颁发给那些用创新思维为其他经济学家提供全新的启示，以此促进他们研究的人。奇怪的是，对经济学家所研究的世界来说，极端不确定性是对其最好的描述，然而这个概念却很少出现在他们对这个世界的研究框架之中。

工程学与经济学

爱德华·普雷斯科特是真实经济周期理论的设计者，他曾称"航空航天工程的方法论和宏观经济学量化预测所用的方法论惊人地相似"。为了支撑这一观点，他引用了自己在明尼苏达大学的前同事格雷厄姆·坎德勒的话。坎德勒是一名工程学教授兼NASA顾问，他对航空航天工程方法论的描述如下。

> 我试图预测航天器进入某个星球大气层时的情况……当我们处理这个问题时，我们会从两方面入手。一方面，我们将问题拆分成界定分明的不同部分，然后在控制好相关条件的前提下，用理论和实验推算具体的参数……另一方面，模拟流场，去判断哪几项参数是真正值得我们去设计的……通常情况下，如果使用这种参数不确定性分析，便有可能单独找出几个需要特殊关注的关键参数……我们充分认识到，用来模拟真实世界的模型不可能100%准确。[29]

为了处理一个现实世界中的复杂问题，这位工程师将其拆分成一系列小世界问题，这些小世界问题的走向可以被研究者理解，而他们可以由此确定理解航天器运作和行动的关键因素。这就是实用性知识发展的方式。

诸位读者可以将坎德勒的话和普雷斯科特在自己文章中的相似描述进行对比，以此来判断航空航天工程和经济学是否"惊人地相似"。

> 本研究开始于1999年年底，它源自这样一个问题：当下股市是否估值过高，是否即将崩盘？彼时人们不知道如何用真实经济周期理论来准确回答这个问题，他们只能参照历史市盈率等之前的经济关系来回答该问题……然而税务和监管体系需要明确的经济模型。比如我们把经济模型中的公司分配税率进行调整，使之等于分配的

平均边缘税率。这是行业的标准，因为在这个模拟的世界里，所有人的税率相同，但现实世界并非如此……我们面对的是这样一个事实，即现实中的企业拥有大量未经统计的生产性资产，而这些资产是企业价值的重要组成部分，它们包括企业通过投资研发而获得的知识、组织资本和品牌资本。我们研究出了通过国民核算数据和经济平衡状况来估算这些未经统计的资产的方法，这样一来，经统计和未经统计资产的税后收益就是相同的。

事实证明，我们的理论是可行的。该理论成功预测了1960—2000年英美股市相对于GDP价值的巨大变化，美国股市价值增加了2.5倍，英国股市价值则增加了3倍。[30]

对比坎德勒的谦逊和普雷斯科特的傲慢，二者的言论高下立判。更重要的是，即便是粗浅地对二者的言论略做分析，也不难看出，除了二者都在研究一个未被完全理解的系统外，他们的方法论没有任何相同之处。这位工程师为寻找有效方法而进行实证研究，而这位经济学家则为了支撑一个预设的假定而操纵数据。虽然坎德勒意识到"用来模拟真实世界的模型不可能100%准确"，但他还是认为自己能找到最关键的不确定因素。在他的研究领域中，他的这种想法是正确的，然而对股市来说情况则不同，股市里充斥着极端不确定性。因此，NASA可以成功执行极为复杂的任务，而普雷斯科特即便如此声明，仍对任何时间段里股市是否估值过高一无所知。

航空工程师知道"究竟发生了什么"——虽然不是无所不知，但他们所掌握的东西足以修建能安全航行的飞机（我们之前提到的空难是不幸的特例）和能完成任务的航天器。坎德勒在阐述自己的方法论时，先界定了自己专业知识的范围："我试图预测航天器进入某个星球大气层时的情况。"普雷斯科特也试图做出预测："本研究开始于1999年年底，它源自这样一个问题：当下股市是否估值过高，是否即将崩盘？彼时人们不知道如何用真实经济周期理论来准确回答这个问题，他们只能参照历史市盈率等之前的经济关系来回答该问题……"二者所言的对比显示出二人任务的一处根本不同。如果真的存在一个"成功通过实证测试"的理论，且该理论可以判断股市是否估价过高，是否即将崩盘（当然这样的理论并不存在），那么该理论本身就可以改变股市的价值。这就是我们之前所提的卢卡斯批判的精髓，也是有效市场假说的核心。（历史上，1999年年底股市确实估价过高且临近崩溃，几个月后，它也确实崩盘了。但股市何时崩盘这个问题和它是否会崩盘这个问题完全不同，前者比后者困难许多。）

从规模较大的航天任务这个问题中找出了小世界问题后，坎德勒找出了决定自己预测的两个关键要素——热传递水平和航天器的空气动力性能。此举开启了一个范围更广的策略，即将整个问题分解成界定明确的、可进行分析的不同部分。该策略和宏观经济学家所求正好相反。经济学家想要的是一个能概括一切的均衡模型，模型还需有简化过的种种前提，使之可以在计算机上运行。坎德勒称计算气动流的基础公式相当完善，但若想建立一个完整的模型，则需上百个参数。然而，之前的研究表明，其中只有少数几个参数对结果影响较大。因此，研究者需在某一案例中做出对这几个参数的最佳估算："举个例子，我们可能会研究高温氧分子是如何攻击航天器防热罩的材料的。我们会为解决这一问题着手进行实验，实验环境会尽量模拟航天器真实的飞行情况。"

这位工程师总结道："我们模型的参数存在不确定性，也就存在与这种不确定性相关的预期风险。当然，我们也试图减少这种不确定性，但到最后，若想进行一项有挑战性的任务，我们必须冒一定程度的风险。"值得注意的是，坎德勒的叙述中提到了不确定性（信息不完整的产物）和风险（无法达到供参照的预期结果，即无法成功完成任务），这两者的区别我们在书中也提到了，且观点和坎德勒一致。就坎德勒的工作来说，他没必要回答"究竟发生了什么"这种更宏大的问题：这是政客和NASA高管的工作，他们评估了未来的太空项目，提出了火星探索计划，并就该决策的一个重要方面向坎德勒寻求建议。这样做是为了给可执行政策确定战略方向，对坎德勒的委托是其中的第一步。战略目标十分具体——不是"征服宇宙"或"成为全球最负盛名的太空探索机构"，也不是诸如此类的当下许多公共机构喜欢使用的豪言壮语和陈词滥调。

根据坎德勒颇为具体的简报，他要做的下一步就是将一个较大的现实世界问题分解成多个可以被解决的小世界问题。若要解决这些小世界问题，可以利用通用模型（气动流的计算方程），也可以用该特定情况的专有模型（航天器进入火星时产生的热能转化）。这个分解的过程也确定了研究的核心问题。

最后一步，研究者将研究成果和各种模型得出的结果进行整合，将其整理为一个统一连贯的叙事性报告，呈交给决策者。这些决策者对专业问题的掌握程度可能不及坎德勒，但根据报告中提供的信息，他们可以做出是否继续该项目的决定。然而，当下筹备并发布经济学建议用的可不是这套方法。但我们希望经济学也这样去做。我们希望有朝一日，普雷斯科特"航空航天工程的方法论和宏观经济学量化预测所用的方法论惊人地相似"的看法会变成现实，也希望假以时日，宏观经济模型能变得和NASA的那些模型一样实用。

正因为一整代宏观经济学家都忽视了极端不确定性的重要性，在分析全球金融危机时，现代宏观经济才基本不起作用。凯恩斯所批评的不问"工作是否值得继续"，只顾"继续埋头工作"，不仅适用于以前的计量经济模型，而且适用于当代宏观经济理论。在理解金融危机及其他危机方面，做出最多贡献的不是经济模型，而是对之前经济状况的历史研究。举个例子，2008年，各地央行发现它们很难说服商业银行，让其接受紧急贷款，因为接受这项援助是一件可耻的事情——若是接受援助，则说明该银行可能经营困难。大部分央行忘记了1906年美国银行危机后曾发生过一模一样的情况：没有银行愿意使用美国财政部提供的新服务，直到一战爆发，事情才有了转机，那时所有银行都缺乏资金，因而接受银行援助对任何一家银行来说都不再是一件丢人的事。[31]

正如特里谢先生所说，在2007—2008年全球金融危机及其余波中，那些已经成为经济学研究代表的经济模型被证明缺乏实用性和相关性。诺贝尔经济学奖得主保罗·罗默曾这样描述宏观经济学理论家："他们的模型将聚合变量的波动归咎于凭空想象出的某种外力，这种力量常驻不变，也不受任何人、任何行为的影响。在物理学领域，弦理论的问题[32]也是如此，从它们的问题中，我们可以总结出科学研究失败的模式：对于声誉很高的学科带头人，如果人们对他们的尊重逐渐演变为对权威的盲从，那么普通的客观事实也会被捧上神坛，被当作科学真理的最终决定因素，此时该学科的科研就会走向失败。"[33]

40年来，人们曾对这个崭新且严谨的经济学方法满怀希望，而在2007—2008年全球金融危机中，该方法预测和分析的失败消弭了这份希望，笔者曾目睹这整个过程——最初二人也对该方法满怀信心。极端不确定性无处不在的特质，正是该方法失败的根源。

第 20 章　对模型的合理使用与滥用

领导者的任何商业欲望，无论多么愚蠢，
都会很快获得下属具体到收益率的战略研究支持。
——**沃伦·巴菲特**[1]

18 世纪，有一群智力超群的乡村牧师，平时甚是空闲，他们受益于一个有据可查的叙事。托马斯·贝叶斯和托马斯·马尔萨斯就是两个典型代表。1798 年，马尔萨斯提出了一个假设，大概算是第一个经济学增长模型：人口会呈指数级增长——他委婉地说这是"激情"所致，同时粮食供应却只能呈线性增长。不断增长的人口会给粮食供应带来压力，带来贫困，进而导致人口减少，就这样周而复始，循环无休。

马尔萨斯显然是个失败的预言家。随后的两个世纪，人口确实呈指数级增长，但全球粮食产量的增幅大得多。不过马尔萨斯当初的观点还是频频复现。1968年，生物学家保罗·埃利希出版了《人口炸弹》，这本书广受赞誉，书中断言"喂饱全人类的斗争已经结束，到20世纪70年代，数以亿计的人将会饿死"[2]。和许多预言家一样，埃利希后来靠不断推迟兑现时间来应对预测的失败。他没说错，只是时候未到。[3]对专业的末日论者来说，世界末日一直在推迟，但绝对避免不了。

如果马尔萨斯多多关注"究竟发生了什么"，可能就会意识到，他身边的英格兰乡村正经历着变革，轮作制、新型机械、选择性育种都预兆着农业生产力的提高，他悲观的预期不再成立了。受同辈威廉·葛德文的影响，马尔萨斯推测，经济增长、知识启蒙和更好的教育会使人的注意力集中在更高级的事情上，从而抑制"激情"，但他对此仍持怀疑态度，并主张晚婚晚育（他本人38岁就已婚且育有三子了）。时间会证明，随着女性收入提高，教育水平提高，加之避孕工具可及，她们生育的孩子会越来越少。这就是所谓的"人口转变"，一个世纪前由沃伦·汤普森首次提出，后来在许多国家上演。[4]如果埃利希多多关注"究竟发生了什么"，他不仅可能观察到人口转变，还可能注意到"绿色革命"，即杂交粮种投入使用，后者大大提高了农业生产力。

维多利亚时代的经济学家斯坦利·杰文斯于1865年出版《煤炭问题》一书，书中提到，有限的煤炭资源必然会抑制英国的经济增长。[5]在马尔萨斯的模型中，人口呈指数级增长而粮食产量呈线性增长；在杰文斯的书中，工业产量呈指数级增长而煤炭资源却十分有限。杰文斯大胆地对煤炭消费做出长期预测，但他只是靠前半个世纪的经验推断可预见的未来罢了。下页图是他的预测与实际情况的对比图。杰文斯强调，这些数字仅仅是说明，而非预测。他意识到自己的预测不可能成真。

杰文斯的接班人和马尔萨斯的一样，也延续了类似的分析，却没有类似的谨慎。19世纪后期，农业生产力提高令马尔萨斯的担忧站不住脚，其他的担忧随之而来：有人认为农业生产力的提高会受限，因为主产于秘鲁的海鸟粪肥料有限。而德国化学家弗里茨·哈伯发现了固定大气氮素的方法，一战期间，德国港口被封锁，哈伯的发现得到大规模工业化推

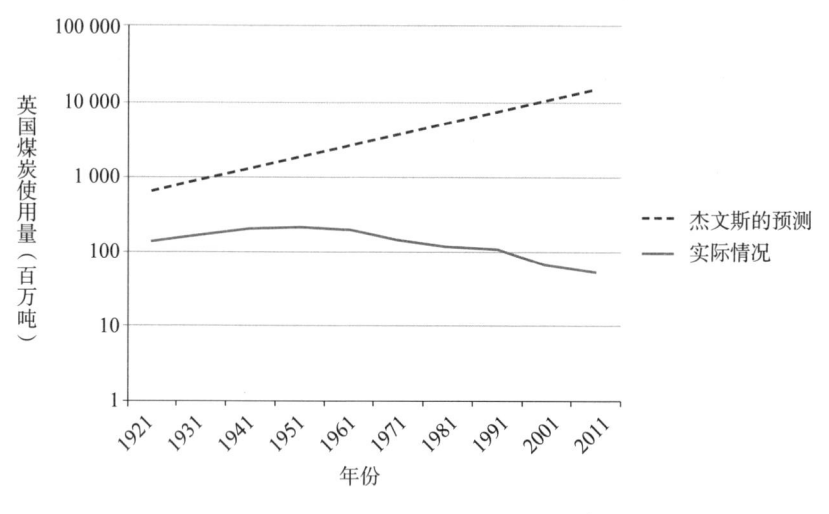

1913—2016 年英国煤炭使用情况[6]

广，粮食生产不再依赖海鸟的粪便。

美国地质学家马里恩·金·哈伯特普及了"石油峰值"的概念。20 世纪 50 年代，他预测美国石油产量将在 1965 年达到峰值，随后下跌，全球石油产量的峰值则会出现在 2000 年左右。[7] 美国石油产量确实在 1970 年出现小高峰，之后有所下降，但由于页岩油的出现，美国石油产量在 2018 年本书撰写期间再次达到历史高值，预计 2019 年会继续攀升。[8] 2000 年世界石油产量约为哈伯特预期水平的两倍，且还在持续增长。如今悲观的预言家们不再认为世界石油会枯竭，而是认为拒绝使用化石燃料将导致大量曾经很有价值的石油、煤炭永远储存在地下，成为"搁浅资产"。1972 年，一个由环境关注者组成的国际团体——罗马俱乐部委托出版了《增长的极限》一书，书中断言，由于受到各种矿产资源的限制，100 年内经济增长一定会停滞。该书售出了 3 000 万册。[9] 平心而论，不得不承认，他们还有 50 年的时间来证明自己没说错。

究竟发生了什么？这些预言家受到持续关注，他们的论著广为流传，哪怕事实证明这些预言并不准确，他们的热度也丝毫不减。这反映了人类对世界末日叙事的普遍偏好。罗德逃离索多玛，躲避了神的愤怒；

约拿的预言使尼尼微城避免了类似的命运。如今，贝宝公司创始人、亿万富翁彼得·蒂尔在新西兰一块偏僻辽阔的地产上建造了一个地堡，为网络技术导致社会组织崩溃之后可能爆发的世界末日大决战做好了准备。虽然迄今为止所有世界末日预言都失败了[10]，人们对新的预言持怀疑态度也在情理之中，但不能因此断定所有类似的预言都是错误的。人类对地球的统治终有一天会结束，当然，原因可能并不是缺乏煤、海鸟粪或锂。

小世界模型，如马尔萨斯和杰文斯的模型，用来构建论点很有价值，但作为预测工具毫无用处。埃利希的预测十分可笑，但他提出的"如何养活日益增长的人口"是有思考价值的。包括埃利希、哈伯特和《增长的极限》作者等在内的作家都有自然科学的背景，且都错误地假设对石油、水、电等资源的需求是由商品之间的物理关系决定的，他们忽略了供需平衡对价格的影响。他们还忽视了一点——环境本质上具有非平稳性，科技往往可以应对新的挑战，哪怕技术本身无法预测。价格和竞争不仅促进了发现和创新，而且改变了偏好和期望。

马尔萨斯是经济学家，也是辩论家，但他从没蠢到相信自己能够预测模型所描述的危机。而且我们通过适当分析他搭建的框架，也能了解哪些因素会影响农业生产力和人口转变。杰文斯是那个时代最伟大的思想家之一，也是一个捉摸不定的怪人，他担心资源稀缺到了走火入魔的地步，而大量囤积纸张。杰文斯生于马尔萨斯逝世之后，所见所闻就足以佐证马尔萨斯对粮食供应的担忧站不住脚，他写道："北美和俄国的平原是我们的玉米田，芝加哥和敖德萨是我们的粮仓，加拿大和波罗的海是我们的伐木林，澳大利亚有我们的绵羊农场，阿根廷和北美西部大草原有我们的牛群……印度人和中国人为我们种茶，我们的咖啡、糖和香料种植园都在印度群岛，西班牙和法国是我们的葡萄园，地中海是我们的果园。"[11] 他似乎没有意识到，同样的论点也能套用在燃料上，比如沙特阿拉伯是我们的煤矿，太阳和风是我们的火车动力源。然而，杰文斯永远无法将目前未知的资源和资源储量纳入描绘"世界真实模样"预测模型。

交通建模

在英国，交通项目的投资决策是通过一个名为 WebTAG（Web-based transport analysis guidance，直译为基于网络的交通分析指南）的模型来评估的。为了获得国家对交通项目的资金支持，项目评估必须参考 WebTAG 里的官方详细指南和财政部"绿皮书"指导意见。[12] 在 WebTAG 中，时间被赋予货币价值，价值高低取决于选择 13 种交通方式中的哪一种。出租车乘客的时间价值为每小时 13.57 英镑（截至 2018 年，按 2002 年价格计算），但出租车司机的时间价值就低一些，为每小时 9.94 英镑。步行上班的对冲基金经理和和骑自行车上班的记者的时间价值一样，为每小时 7.69 英镑，但骑摩托车的餐饮外卖服务商 Deliveroo 外卖员要是送迟了，这部分时间的价值就和出租车乘客一样，都是每小时 13.57 英镑（骑自行车的外卖员的时间价值则低一些）。[13] WebTAG 模型要求对未来的预测也达到这样的精度。通过增长预测，可以得出不同群体在 2052 年的时间价值，精确到便士。比方说你想知道 2036 年某个工作日晚上有多少人开车出行，WebTAG 模型的数据表就会给你答案。这类建模操作中，数据表里所有的单元格都会被填满，流程最后会得出数据。读者可以自行评估数据的可信度。

大多数数据是构造出来的，往往可以人为选择，从而获得想要的结果。从伦敦到伯明翰等地的高速列车价值几何？这类时间估值是 WebTAG 模型相关讨论的主题。商务人士能在笔记本电脑的帮助下有效地利用火车上的时间吗，还是说他们会把每小时 xx.xx 英镑（读者可以编一个金额）的时间浪费在打给办公室的口水电话上，和普通列车的乘客别无二致？我们从何而知呢？人们愿意花多少钱乘坐时长 50 分钟的快车，而非时长 70 分钟的慢车？令人吃惊的是，建模过程没有纳入高速列车的票价结构问题，不过这是完全套用标准模板的结果。伦敦和伯明翰之间目前已经有两条速度和价格相异的竞争线路了。至于高速列车如何影响区域发展动力，增加通向伦敦的机会，这个问题更宏观，数据表无法直观反映。

2014年，爱丁堡开通了市中心到机场的有轨电车。（两地之间一直有一条公交线路，属于同一个公共交通管理局，成本更低，速度更快，用户更多。）这段电车线路没完工的时候，造价就达到大概8亿英镑了，差不多为预估成本的两倍，并且还造成了1 200万英镑的营业收入损失。[14]只需要花上几分钟简单一算就可以发现这个项目浪费至极。然而，一家咨询公司花大价钱建模后却得出了截然相反的结论。

建模旨在通过蒙特卡罗模拟来考虑不确定性。蒙特卡罗模拟是由核物理学家设计的，当每个变量的基本概率分布已知时，可以用来估计（两个或多个变量的）联合概率分布，但联合概率分布太难分析计算。正如我们所强调的那样，只有在所使用的观测值通过已知潜在平稳过程得出，并且历史数据能够证明该分布参数时，才能推断出概率分布。针对有轨电车项目的蒙特卡罗模拟需要编出多组数据集来替代最初选择的数据集，还要通过计算得出不同的结果。建模者声称这些结果代表了可能结果的概率分布。这一说法没有根据，可能也没必要报告，项目结果在预测的"置信区间"之外存在许多标准偏差。

这些建模不了解未来的情形，于是假设未来与现在差不多，不过对当前趋势的预测太过机械了。我们不知道2052年的人用的是什么交通方式，可能那时候会有我们期待已久的个人飞行器，又或者我们的后代会放弃使用化石燃料，重新开始乘坐马车。我们无从得知。但在WebTAG模型的预期里，人们的出行方式仍将与现在一样，改变的只是他们的数据和时间价值。

风险价值

温尼亚尔声称观察到了"25个标准差"，背后的支撑是用来管理银行风险的风险价值模型（VaR）。这一模型由摩根大通于20世纪80年代末推出，为的是帮助银行应对20世纪80年代出现的各种债务工具，基础是马科维茨开创的投资组合理论。马科维茨模型的起点是每种证券日收益的方差和证券间收益的协方差。借助这所有的信息[15]，可以计算出分布极值——亏得最狠的一天能赔多少，这个数字经过大概1 000次实验才会出现（尽管现实生活中平均每4年就会出现一次）。这个数字代表着"风险价值"，后来成了至关重要、无可取代的风险管理工具。

这个模型风靡整个银行界。量化和科学的风险管理可以取代经验丰富的银行家的直觉和判断。这个方法太棒了，不能只是一家银行的专属工具。摩根大通又衍生出风险矩阵，加以推广。很快，几乎所有大银行都在使用类似的模型，风险价值成了银行监管的一部分。

银行投资组合包含数百万种金融工具，反映出银行间交易量的螺旋式增长以及由此形成的依赖关系网络。但是，投资组合回报的关键参数，比如均值、方差和协方差，是如何确定的呢？唯一可能的答案是参看历史数据。因此，在模型中存在平稳性假设。当然，提供这些数据的银行必然没有在数据产生期间遭受重大损失。因此，数据推导过程几乎不可避免地低估了潜在概率分布的方差。

协方差也一样。2007—2009年，抵押贷款的损失远远大于历史上的损失，之前主要是由保守的银行家向信誉良好的借款人提供贷款。以往抵押贷款违约通常是由于借款人遭遇不幸，比如关系破裂、疾病、死亡等，这种不幸的发生率很低，也很随机，总体来看尚能预测。但如果借款人本就脆弱，全靠房价上涨来偿还不可持续的贷款，那么房价一旦停止上涨，就会导致违约。所谓资产组合多样化，实际上是资产之间的高度关联。模型假设违约过程是基本平稳的，而建模者并不能定性"究竟发生了什么"，但凡他们能这样做，就会认识到这种假设的不合理之处。

尽管风险价值模型可以帮助银行监控日常风险敞口，但是无法应对"模型之外"的事件，而这些正是金融危机的典型成因，比如温尼亚尔问题。金融危机中的极端观测值，正是由"模型之外"的事件造成的。正如2008年全球金融危机期间所发生的，银行也会倒闭，只是倒闭的原因通常不是风险价值模型所描述的。北岩银行覆灭了，但直到它资金耗尽的那天，风险评估仍然显示其资金充足。金融机构失败，可能是由于诈骗，可能是由于经营不善，也可能是介于两者之间、无关道德的粗心大意，或者是当地或世界经济出现了完全出乎意料的转折。

数模与捕鱼

15—16世纪，西班牙和葡萄牙的探险家在美洲各地寻找宝藏，最受关注的是美洲南部的金银，而纽芬兰大浅滩的鳕鱼渔场同样是块宝地。即使在今天，咸鳕鱼仍然是伊比利亚人的主食，但是今天的鳕鱼没有一条来自加拿大。500年来，西班牙、葡萄牙和其他国家的渔民们一直在开采大浅滩似乎取之不尽的资源。到20世纪60年代，由于现代捕鱼技术效果更佳，许多地方出现过度捕捞。1968年，纽芬兰海岸捕捞的鳕鱼多达48万吨，完全不可持续，此后鳕鱼鱼群开始减少。许多国家通过扩大领海面积保护本国渔民，应对过度捕捞。1977年，加拿大几乎控制了大浅滩所有水域。[16]

加拿大以其独特的方式推动渔业发展，振兴新斯科舍省和纽芬兰省萎靡的经济。政府提供补贴支持建造拖网渔船，并责成自治领渔业部门确定鳕鱼捕捞上限，以确保鳕鱼鱼群得以存活并有所增长，从而实现渔业的逐步发展。渔业部门构建了复杂的模型，并以此为基础确定了捕捞上限。但鳕鱼鱼群仍在减少。1992年，捕捞上限为14.5万吨，当年即是大浅滩鳕鱼商业捕捞的最后一年。鳕鱼没了，鳕鱼捕捞业也终于在这一年歇菜了。如今每年的鳕鱼捕捞量仅为5 000吨，捕鱼的多是休闲垂钓者。[17]

让建模者对大浅滩渔业的倒闭负全责是不合理的。渔民贪婪，政客虚伪，他们才应该承担大部分责任，而建模却被用来开脱政客和渔民的所作所为。通过建模和环境科学来确定捕捞上限的初心早已灰飞烟灭，模型的作用不过是提供"证据"证明政策合理，而非保护鱼群。建模者是这场环境灾难的帮凶。

移民的谬误

2004年，包括8个前社会主义国家在内的10个国家加入欧盟，这些国家的公民随即获得在其他成员国工作的权利。欧盟委员会估计，每年从加盟国移民到其他成员国的人数一开始会有7万~15万，此后会有所下降。英国政府预测，加盟国的公民中5 000~13 000人会移民来英国。[18] 到2016年英国脱欧公投时，英国已经接受了至少160万名加盟国移民[19]，另有45万人从罗马尼亚和保加利亚移民到英国，这两个国家加入欧盟的时间稍晚一些。[20] 这些新成员国也为爱尔兰输送了约24万移民，占爱尔兰人口的5%。[21]

我们无意在此讨论移民的利弊，只是论证应该建立在准确的数据和细致的分析之上。欧盟委员会委托几大咨询机构组成的欧洲一体化研究群体进行了一项研究，其他所有研究在一定程度上都依赖此项研究，其重要性不可低估。[22] 这项研究强调，上一次相对贫穷国家加入欧盟要追溯到20世纪80年代，希腊、葡萄牙、西班牙等国纷纷加盟，当时这些国家带来的移民寥寥无几，连提出最高预测值的德国经济研究所都大大低估了实际移民数量，这说明和上一轮移民进行类比的结果并不可靠。[23] 前社会主义国家先前基本不允许移民。最重要的是，最初的欧盟成员国和2004年加盟国之间的收入差距远远大于和20世纪80年代加盟国之间的收入差距。而在历史上，欧盟委员会就曾委托进行学术研究，夸大一体化的好处，对其代价却轻描淡写。

英国政府重视循证政策，很了不起，但在预测移民情况及很多其他情形中，循证政策都变了味，证据为政策而生：研究者有选择性地提供信息，迎合决策者想要的结论。通过自己建立模型，以及观察政界和商界的模型使用，我们发现，模型很少在决策过程中发挥作用，其目的仅仅是向公司董事会、政府部门或外部监管机构证明既已确定的行动方针是合理的。金融机构的经营者希望保证风险可以得到控制，大型交通项目的赞助者希望确保项目能够继续进行。建模的本质往往不是解决不确定性，而是像加拿大渔业一样，为从其他角度出发做出的决策提供表面上客观的理由。爱丁堡电车项目赚不到钱，这也并没有阻挡扩建的政治支持。

在许多建模活动中，经验性评估是由少数咨询公司进行的，对这些公司来说，建模是其主要业务，它们知道赞助方希望听到的答案。这些公司靠满足客户的需求取得商业成功，那些博眼球、获取官方研究经费的学者很轻易就会参与这个过程。

模型的滥用

前述建模都存在共同的问题，如下所述。每个案例都至少中了几枪，大多数案例体现了所有的毛病。

第一，一刀切，将通用模板应用于迥异的情境。各种交通项目的性质和规模差异巨大，各类自称"银行"的组织机构的活动千差万别，各个欧盟成员国的就业和福利状况也相去甚远。事实证明，无论在哪种应用场景中，都没有具备客观性或可比性的通用模板。

第二，建模需要大量虚构数据，用以填补未知之处。其中一些数据是提前指定的，就像WebTAG模型中那样，剩下的则由建模者自行定夺，而至于这种假设会为结果带来什么影响，也许只有建模者自己知道，因为模型实在太复杂了。通用模板倒有一个浅显的优势，那就是多数建模任务能留给初级分析师来做，这会导致没有人能看得懂假设和结果之间的关系。

第三，这些操作几乎总是无理假设潜在过程是平稳的。出于某些原因，人们总以为掌握了渔业的基础科学，尽管事实并非如此。甚至没有先验理由证明抵押贷款违约的历史经验适用于未来，投资产品的历史收益水平可以很好地指导未来收益，或者适合西班牙的模型能推出波兰的移民情况，这些设想都完全脱离实际。

第四，在缺乏平稳性的情况下，这些建模操作无法解释不确定性，也没有构建概率分布、置信区间或使用统计推断工具的基础。不同的人对参数值的看法或同一位顾问对参数值的不同估计都不构成频率或概率分布。由于没有用来描述这种不确定性评估的合理依据，所以不存在评估项目相关备选方案的机制。比方说许多交通项目实际上排除了其他可能实现类似目标的项目，或者会允许其他本来不可行的项目得到承揽。这些备选方案可能具有正面或负面价值，往往对项目评估至关重要。制定重大决策需要更全面的叙事。

第五，鉴于建模的高成本和复杂性，模型应用常常会妨碍有意义的公众咨询及讨论。那些反对伦敦—伯明翰高铁线路 HS2 的人认为自己有责任拿出花大价钱做的项目评估，他们的评估结构和官方建模相差无几，但得出的结论截然相反。

这些模型不切实际，就像风洞中的轻木结构一样脆弱。它们都有一个共同缺陷，即出发点都是"在你全面且完美了解当下与未来世界的情况下，该如何做出决策"，然而建模者实际上了解甚少。怎么解决呢？一律编造。

NASA 和世界卫生组织的建模

在本书中，我们经常提到 NASA 科学家在给太阳系建模和预测宇宙飞船飞行路径方面取得的卓越成就，但 NASA 给自身系统建模完全是另一回事。1986 年，"挑战者号"航天飞机于发射时爆炸，机上 7 名宇航员全部遇难。这是美国"太空梭计划"两起致命事故中的第一起，第二起发生在 17 年后，"哥伦比亚号"在重返地球大气层时解体，7 名机组人员全部遇难。"挑战者号"事故后，杰出的诺贝尔物理学奖得主理查德·费曼受任参与相关调查，调查结论平平无奇，而费曼坚持把他的异见附在报告里。他指出，人们对发射过程中的致命事故发生率有各种各样的估计，譬如在职工程师认为有百分之一，而 NASA 管理层则认为只有十万分之一。费曼问道："管理层对航天飞机的满满信心究竟是哪来的？"他调侃十万分之一这个概率本身，同时也发现，NASA管理层妄称其拥有的那些知识和见解，可能无法令他们游刃有余。费曼最后说道："一项科技要想取得成功，必须把实际情况放在公共关系之前，因为你是糊弄不了自然的。"

曾用来顺利分析过太阳系的方法（要求全面了解基本系统的运行系统、系统平稳性，且笃定系统不会受到NASA或其他主体的行为影响）在极端不确定情形下完全失效了，极端不确定情形是火箭技术前沿无法避免的。后来奥巴马也在总统办公室会议中发现，NASA内部的概率估计掩盖了不确定性，而并非解决了这个问题。费曼对NASA官僚主义的严厉谴责生动呈现了在极端不确定性面前滥用伪科学合理化行政决策的情形。休斯敦飞船、纽芬兰鱼群、爱丁堡电车和欧洲移民的分析中也都存在滥用模型的情况。不幸的是，这一现象普遍存在，而且还在继续发生。

托马斯·达文波特和布鲁克·曼维尔构建了一系列有关大型组织如何做出良好决策的案例研究。[24] 他们首先分析了2009年因"挑战者号"事件而备受谴责的NASA是如何推迟发射STS-119号航天飞机，而后又成功执行这一任务的。他们发现NASA程序改革后有以下特点。

> 致力于跟踪小故障，能够识别和理解复杂问题，真正关注一线员工，能够从错误中学习并成长，能够对危机做出有效反应……最重要的文化是开放交流，尊重不同意见，拥护提出异议的权利。今天，我们不仅仅钦佩NASA的成功，还钦佩它在经历了"挑战者号"和"哥伦比亚号"惨剧之后，还能东山再起。[25]

NASA在给自身系统和太阳系建模的过程中已经学会了问"究竟发生了什么"，也学会了放弃伪装学识渊博，转而对意外事件采取强劲而富有韧性的解决方案。我们都应该如此。

我们通常认为人类最初感染艾滋病毒是在20世纪20年代，但直到1981年旧金山5名男同性恋中出现不常见的PCP（肺孢子菌肺炎，一种罕见的肺部感染）集群，我们今天所知道的现象才得到证实。世界卫生组织的任务是构建模型，指导决策者了解该病的传播模式以及必要的干预程度，于是世界卫生组织依托各国最新的人口统计数据构建了一个复杂的模型。数学家罗伯特·梅和罗伊·安德森构建了一个简单得多的模型，他们对艾滋病毒的传播提出了更为悲观的预测。不幸的是，数学家们的预测更接近最终结果。[26]艾滋病在世界各地加快传播，尤其是在非洲南部：1990年，大约有12万人感染艾滋病；到2000年，这一数字已增至340万。新感染艾滋病毒的人数增加了9倍。[27]世界似乎比世界卫生组织模型预测的要混乱得多。

为什么（表面上）更加成熟精巧的世界卫生组织模型会败给数学家们的简单模型呢？疾病传播的关键因素包含一个人传染给另一个人的概率，梅和安德森意识到，了解感染另一个人的概率需要知道两个因素：一是性行为传播疾病的概率，二是感染者有多少位性伴侣。区分两者至关重要，一个艾滋病测试结果呈阳性的性工作者和10个不同的人发生性关系比和同一人发生10次性关系更容易传播疾病，但世界卫生组织的模型并没有对此做出区分，这也是为何世界卫生组织模型对艾滋病传播的预测并不准确，现实情况更为不幸。梅和安德森探究的是"究竟发生了什么"，世界卫生组织模型关注的则是建模者所理解的详细人口统计数据，而非真正核心的因素，即感染群体不同的性习惯。

合理使用模型

我们为企业和政府的模型使用总结了许多经验教训。

第一，使用简单模型来确定影响评估的关键因素。对于我们上面提到的批判，普遍应对措施是在模型中添加我们认为缺失的内容。但这反映了另一种错误的观念，即认为模型可以描述"世界真实模样"。建模的用武之地其实是发现小世界问题，解释大世界的极端不确定情形。

第二，在确定了可能对评估产生重大影响的参数后，应研究获取确定参数值的证据。例如，铁路旅客认为更快的旅程有什么价值？虽然连精确量化都显然站不住脚，但量化至少能核实现状。英国斯图克利的诺曼教堂精美绝伦、保存完好（靠近拟议的新高速铁路干线）、保护价值很高，但肯定不值10亿英镑。通常这种校准足以解决决策中的一些问题。

第三，简单模型灵活性高，因此模型修改和替换也更容易。比方说世界卫生组织的人口统计模型不仅转移了人们对关键问题的注意力，而且令替换模型的结构与参数规格寸步难行，因为模型太复杂了。在极端不确定的情况下，思考不同的情形永远有用：这项决策会给5年或者50年后的世界带来什么？

第四，在极端不确定的情况下，决策指定的备用方案可能对决策评估至关重要。面对是扩建伦敦盖特威克机场还是扩建希思罗机场的选择，要认识到盖特威克机场的地形允许根据未来不确定的需求对设施进行微调，而希思罗机场则不具备这样的条件，这是选择过程中的重要考虑因素。备用方案可能存在积极或消极价值，比如可能推进与初始目标没有直接关联的政策，也可能排除潜在的合理替代方案。

第五，只有当使用者明白模型并不代表"世界真实模样"时，模型才会发挥作用。同时，模型可以作为工具，用以探索决策出错与否的各种可能。

第五部分
与不确定性共存

第 21 章　实用的知识

> 经济学研究已经逐渐从具体主题转向方法论，
> 这在学术和政策研究领域很少见，甚至独一无二。
> 历史学家研究历史，化学家研究化学，律师研究法律。
> ——杰西·诺曼[1]

政治经济学或经济学是一门研究人类一般生活事务的学问。阿尔弗雷德·马歇尔在1890年出版的巨著《经济学原理》中更具体地界定了经济学的研究范围："经济学研究的是个人和社会活动中与获取和使用维持生活水平所需的物质基础最密切相关的那一部分。"[2]正如我们在第7章中所指出的，加里·贝克尔（继弗里德曼之后芝加哥学派的代表人物）提出了不同的观点："最大化行为、市场均衡和偏好稳定三个假设构成了经济学研究的核心。"[3]

最优化、市场均衡和静止性的假设作为以模型研究问题的小世界方法是非常有用的——斯密、李嘉图、塔克和阿克洛夫都是这样做的。但这样的模型只能反映广大世界中人类的部分行为。贝克尔取得了突破，而且确实也"因把微观经济理论扩展到对人类行为的研究"而获得了诺贝尔经济学奖，但跨学科合作并不等同于经济学帝国主义。在撰写本书的过程中，我们广泛地查阅了资料，吸收了多个领域的知识，从中学到了很多。只懂经济学的人其实最不懂经济学。

实用的经济学

马歇尔的经济学概念是从问题而非方法入手的。他认为经济学和工程学、医学一样，也是一门实用的学科。工程学的研究对象是项目，医学的研究对象是患者，其成败取决于项目是否如期完成或患者的健康有无改善。同样地，经济学的范围是由它研究的问题决定的，即商业和公共政策问题。其成功与否取决于它能否指导财政部长和央行行长，能否帮助温尼亚尔和乔布斯这样的人做出决策，能否让普通人更明智地投资理财、创业、买房，改善经济条件。

在2009年访问伦敦政治经济学院时，英国女王表达了对经济学的著名看法。据报道，她在观看有关金融危机的演讲时问道："为什么没人预测到危机的发生？"[4]女王明白，无论多么经典的经济学理论、多么杰出的经济学家，都无法提出真正有用的见解。而她的前任查理二世也认识到，实用的知识比学术成就或地位更重要，正因如此，他才敦促英国皇家学会接纳格朗特（在第4章中我们提到他对伦敦人口死亡率的统计）。

航空学和航天学理论的价值在于提供了实用知识。航空工程师在数学和物理学方面并不逊色，而且他们的计算很复杂，但他们专注于解决实际问题。因此，当我们说经济学也应该关注实际问题时，并不是说数学推理和数理知识不适用。医学或工程学等实用学科与数学和物理学（或哲学或文学）形成鲜明对比，后者对知识的探索是为了知识本身。当然，基础科学知识常常具有巨大的实用价值。例如，毫不夸张地说，电学可能比任何其他科学发现带来的经济效益都大：没有电，就没有现代世界。然而，这种应用并不是发现者的动机。当本杰明·富兰克林带着他的风筝到暴风雨中吸引闪电时，他并没有意识到这会带来吸尘器和计算机的发明以及原子分裂，但很难说研究恐龙灭绝、简·奥斯汀对后来19世纪小说家的影响或拿破仑的俄法战争为我们带来了任何实际的好处。对这些课题的研究代表了对知识纯粹的追求，通过这种研究，人类的话语体系进一步向文明迈进，而这些知识为人类更好地理解复杂的现实情况提供了背景。它让我们享受更充实的生活——远比成天囤积耐用消费品和打高尔夫球消遣更有意义。那些问出"佛罗里达州还需要多少个人类学学位才能有一个健康的经济"这种问题的人不过是些目光短浅的市侩之徒。

医学和工程学是不同的。我们去看医生是为了获得有用的信息和建议，以尽快康复。但如果我们做完手术后并没有更健康，而是懂得更多了，就会感到失望。如果有人设计了一个造不出来的机器，那他一定会被人当作疯子。如果一个软件设计师或NASA的工程师在解释他的工作成果时一味地强调他是如何做到的，而不是该成果的用途，我们就会觉得很无趣。

实用学科是个大杂烩，它会借鉴许多其他学科的基础知识，研究方法也没有固定的范式。备受尊敬的实用领域专家通常对一般理论和普遍知识持怀疑态度。他们的研究活动基于一种启发式方法，来自自己或他人的经验。许多经济学家嘲笑这种方法是"临时起意"。很多实用领域的优秀从业者都不了解为什么他们的处方有效，因为按照实用学科的逻辑，这种理解是不存在的。

模型是工具

想象一下，你的厨房漏水了，于是你叫了一个管道工，希望他能带着一大箱工具前来，仔细检查哪里出了问题，并选择适当的工具来处理。然而，当管道工到达时，他说他其实是个经济学家，只在业余时间修水管。[5] 而且他只带了一个工具，接着他便在厨房里仔细寻找能用得上这个工具的地方。也许他会说，他带来的螺丝刀正好可以修理排水管漏水，或者他带的多用途工具什么都能修（我们都上过这种当）。

你可能觉得这位业余管道工应该坚持研究经济学（也许会好奇他是不是个成功的经济学家以及为什么）。无论是叫管道工修水管，还是请经济学家提供政策建议，你都期待他／她（尽管这两种职业中男性居多）先诊断问题，再拿出一个装满工具的百宝箱，从中选择最适合的那个，然后解决问题。阐明具体问题的各种经济模型类似于管道工的专业工具：评价一个模型，不应根据其数学计算的复杂性来判断——模型本身并无好坏之分，而应关注该模型是否为特定问题提供了有用的见解。

模型是工具，就像专业管道工车上的那些工具一样，各有各的用处。对于一个特定的问题或现象，有时可能好几个模型都有用，有时可能一个都用不上。即便如此，决策总是要做的。因此，检验一个模型的标准是它能否帮助政府、企业和金融机构、家庭做出更好的决策，即在一个极端不确定的世界中，它是否有用。

追求实用的知识，为决策制定者提供有用的建议，首先要从了解问题开始，正如管道工首先寻找漏水的源头，医生在下诊断、开药方之前需要观察症状和分析检查结果，工程师或建筑师首先开展项目考察，牙医在给出建议之前也会先给患者做检查。所有这些方法都有别于对"世界真实模样"的抽象知识的探索，后者是物理学家和哲学家的工作。经济学的主要贡献是提供实践知识，而非科学理论。凯恩斯曾写道：

> 柏林著名的量子理论创始人普朗克教授曾对我说，他早年曾想过学习经济学，但发现它太难了。普朗克教授可以在几天内轻松掌握经济学的全部数学内容。因此难的不是数学计算，而是最高级的经济学解释需要同时运用逻辑和直觉以及广泛了解各种大概率不精

确的事实,这对某些人来说确实非常困难,因为他们的天赋主要在于想象和探索相对简单但精确的事实的意义和先决条件。[6]

如果去掉"想象力",那么我们是在形容一个强大的计算机的能力。当然,有没有想象力区别很大,这就是为什么诺贝尔物理学奖不会颁给一台计算机,而且在可预见的未来也不会发生这种事。

现代经济学家一直试图向普朗克而不是凯恩斯靠近。公理型理性和演化型理性是不同的,提出这种批评的行为经济学家未能认识到人类具有根据情境解释问题的能力,而计算机要实现这一点还早得很。识别验证码,即通过扭曲的字母区分人类和机器人,对人类来说非常容易,但对计算机来说很困难。幸而谷歌在这方面的研究不是致力于把机器人训练得像人类一样,而是从已识别的验证码中积累知识,使计算机能够更有效地将人工智能与人类智能区分开来。现在,这一技术已经发展到通过按键就能完成,比如勾选"我不是机器人"选框。

凯恩斯后来写道:"如果经济学家能够像牙医一样,给人以谦逊、有能力的印象,那该有多好!"[7]显然,经济学家更愿意被视为物理学家而非牙医,因为很少有牙医能获得马克斯·普朗克那么高的成就和地位。[8]普朗克获得了诺贝尔物理学奖,但牙医只是人们日常生活中一个重要但乏味的角色。法国医生皮埃尔·福沙尔之于牙科就像亚当·斯密之于经济学,他们的成果大致是同时代的,都反映了18世纪启蒙运动的广泛影响。福沙尔对口腔医学实践知识的积累和扩展开启了临床上从拔牙到补牙的跨越。后来大多数的重大创新是对一般科学进步的应用,例如麻醉术的发明和细菌致病论。瑞典解剖学家佩尔-英瓦尔·布伦马克的研究发现钛种植体与人体骨骼组织可以结合,从而产生了现代种植牙技术。[9]

一个好的牙医能够改善患者的口腔健康,同时避免不必要的痛苦,而不是提出新的牙医学理论或模型。他们没有这样的一般性理论,只有大量的临床实践。一个卓有成就的牙医能够找出病源("究竟发生了什么"),并利用丰富的临床经验进行治疗,缓解患者的痛苦。像布伦马克一样，研发出一种能够广泛应用的新技术就是对牙科学的巨大贡献。

经济学需要数据

美国经济思想史学家菲利普·米罗斯基推广了"物理学嫉妒"一词，它指的是许多经济学家渴望效仿马克斯·普朗克而不是做凯恩斯的牙医。虽然凯恩斯对普朗克的演绎推理的描述是准确的，但 NASA 的成功，不是源于公理型推理，而是 16 世纪出身贵族的丹麦天文学家第谷·布拉赫对行星进行的仔细而广泛的观察。他晚年和德国数学家约翰内斯·开普勒合作，对收集的数据进行分析。物理学是归纳性的，也是演绎性的，但物理过程的基本静止性减少了对溯因推理的需要。然而，经济学家面临的情况不同（如 2008 年的最后几个月），必须"推理得出最佳解释"。

和物理学一样，经济学也需要数据，而商业和金融世界提供了海量数据。但是，这些数据只能通过经济学理论来解释——而且，我们在第 6 章中也提到过，这些数据的收集是有一定的理论基础的，只是通常不会被明确指出。适用的理论不是必须正确的——直到第谷去世的那一天，他都坚信地球是宇宙的中心，他根据这一观点调整了对观察结果的解释，以支撑自己的观点，这种方式我们今天已习以为常了。科学的标志不是坚持演绎推理，而是坚持事实胜于雄辩，无论一个理论的支持者有多权威——伽利略在行星运动方面的真理被普遍接受之前受到宗教裁判所的审判，就是坚持这一点的代价。

无论观察结果有何指向，第谷都一丝不苟地记录，他的做法仍然是所有社会科学的榜样。我们经常听到人们在无视现成数据的情况下大谈政治和经济。2016 年，一项针对 26 个国家的调查显示，84% 的受访者认为世界上的极端贫困已经加剧或保持不变。[10] 但实际上，在过去 20 年里，全球极端贫困已经减少了一半以上，超过 10 亿人脱贫。[11] 这可能是该时期全球经济最重要的发展。汉斯·罗斯林在其畅销书《事实》中写道，这种无知甚至在印度和中国也普遍存在，而正是这两个国家的快速增长为全球脱贫做出了主要贡献。[12] 虽然大学生的表现略好于整体水平，但我们担心的是，现代经济学教学强调量化方法，学生很少有机会了解数据来源或整理原则。

政治、金融和商业决策应该基于大量的准确数据。虽然数据是必不可少的，但在仅有数据的情况下进行推断也必须谨慎，特别是因果推断。现代计算机的发展使得大数据时代到来，但强大的数据库也增加了风险。历史数据的存在不能准确预测未来的概率分布。对抵押贷款损失规模和不同借款人群的违约发生率之间的相关性的预测，不仅要基于不同时期的信息，而且要凭借与借款人打交道的经验，辨别那些在次贷危机中大量违约的借款人群的特点。商业、经济和金融系的学生面对的是事物之间千丝万缕的联系，他们必须证明数据产生的过程是静态的，但这一点往往很难做到。

永远不要盲目依赖数据，而不问其出处。上述关于极端贫困的信息来自世界银行，这是一个可靠的来源，它指的是日收入低于1.9美元的人的数量。联合国在其千年发展目标中使用了一个更低的数字——1.25美元，其报告称，到2030年极端贫困减少50%的目标已经实现。[13] 这些数字是针对最低住房和营养水平计算出来的，对任何一个居住在欧洲和北美的人来说，这种收入水平根本无法维持生活。同样地，有效标准通常需要一些基础理论或模型的支撑——发达国家有一套不同的贫困衡量标准。在确保数据的来源可靠之后，需要慎重选择用来解读数据的模型。不要忘记《文学文摘》的命运——它错误预测了兰登而不是罗斯福赢得选举。即使是现在，民意调查人员也对如何将收集到的原始数据转化为对结果的预测看法不一。

地图不是实际的疆域

模型也可以重现庞大且真实的世界。工程师必须对飞机和桥梁如何应对变化的风速与风切变有综合和量化的理解。桥梁可以通过建造小规模的复制品来进行建模,虽然模型的特性在多大程度上可以应用到桥梁本身需要丰富的经验和成熟的判断。2018 年,迈凯伦车队的赛车表现出糟糕的空气动力学性能,负责设计的工程师们对此百口莫辩。就算他们可以把车放在风洞里测试,赛车在赛道上的表现还是会有出入,这一事件导致该公司的总工程师被解雇。[14]

唯一可靠的模型需要原封不动地复制桥梁(或汽车)的尺寸,并且在风洞中重现桥梁建造环境或驾驶汽车的条件。但复制品并不是模型。一个家喻户晓的故事证明了这个矛盾,而把它讲得最绘声绘色的人要数阿根廷作家豪尔赫·路易斯·博尔赫斯。博尔赫斯讲了一个关于画出一张完美的世界地图的故事。[15]在故事的结尾,地图确实画出来了,却是原模原样地照搬了这个世界,因此它是一张无用的地图。一张地图,或一个模型,必然是一种简化,而且是在特定目的指导下的适当的简化。即使是同一地区,步行地图也不同于地铁路线图或道路地图集。波兰哲学家阿尔弗雷德·科日布斯基有一句名言,"地图不是实际的疆域",模型也是如此。[16]尽管如此,一些模型还是成功代表了系统的核心特征,而这些特征正是准确预测的前提,这为继牛顿力学之后科学的继续进步奠定了基础。

NASA 开发的模型代表了人类在建模方面成就的极限,它们基于经过实证检验的经典行星运动方程,以及 NASA 对其建造的火箭性能的了解。他们的地图不是疆域,但很好地代表了疆域的特征——计算机模拟基本再现了火箭在外太空的经历。NASA 对太阳系的了解让这种建模成为可能(太阳系可以简化为一套相对简单的方程式),因为 NASA 确信太阳系是静止的,而且没有必要预测它对火箭的发射会做出什么反应。在 NASA 建模的那部分太阳系中,不存在极端不确定性。但不幸的是,几乎所有的经济问题中都存在这种不确定性,特别是在金融和宏观经济中,小世界模型像"风洞"一样的错误认知已经造成了不小的损失。

"风洞"模型在经济学中根本派不上用场,尽管有很多人都在尝试建立类似的宏观经济预测模型。正如萨维奇所说,"某种现象,如果无法阐述关于其判断和经验的完整且定义清晰的一般性原则",那么它对于选择合适的小世界模型至关重要。[17]在过去的20年里,微观经济学研究越来越关注小世界的简单模型,这些模型产生的命题经得住实证的检验。现代宏观经济学和金融理论所追求的仍然是一个全面描述广大世界的模型——一个像NASA的太阳系模型那样接近于"世界真实模样"的模型。然而,当这个世界充满极端不确定性时,那些称经济学家也可以构建"风洞"模型的说法就不攻自破了。

许多经济学家对这些批评的回应是,"所有的模型都是错的"。他们的意思并不是模型在数学推导上出了问题,而是像塔克对刑事司法的描述和莎士比亚对苏格兰历史的描述一样是"错误的"。但这一观点需要以乔治·博克斯的著名谚语的后半句作为限定条件——"但未必无价值"。囚徒困境有着广泛的应用,而《麦克白》则富有洞见地描述了一个人类常见的愚蠢行为。对宏观经济学和金融学模型的批评不是说它们是"错误的",而是说它们没有在宏观经济领域发挥指导作用,甚至在金融领域具有一定的误导性。

在应对这样的批评时,许多经济学家常挂在嘴边的另一句话是:"要用模型来打败模型。"[18]恰恰相反,我们认为需要用事实和观察来打败模型。英国女王的话提醒我们,如果一个模型明显无法解决它应当解决的问题,就应该把它放回工具箱。如果它解决不了任何经济问题,那么一开始它就不应该出现在工具箱里。即使是能够获得最佳建议的人,也在金融危机中发现经济模型并不能帮助他们理解"究竟发生了什么"。任何有理智的人都不会反问女王"那么你的模型是什么",明智的统治者也不会试图换一个经济模型,只会换一个经济顾问。我们不需要拥有一个替代工具就能知道只带着一把螺丝刀的管道工不是我们所需要的。

迈克尔·刘易斯的《思维的发现》一书中,有一段话很有启发意义,这段话描写的是阿莫斯·特沃斯基在丹尼尔·卡尼曼开设的课程中举办了一场研讨会后,其思维发生了转变。[19]刘易斯是这样描写特沃斯基先前的思维的:"在你能用一个更好的理论(一个能更好地预测实际情况的理论）取代已有理论之前，你都没有彻底放弃它。"研讨会结束后，"他开始对那些自认为比较合理的理论持怀疑态度"。他接受了"一种对他来说非同寻常的心理状态——怀疑"。在金融危机之后，我们有理由对大多数正式宏观经济模型持一定的怀疑态度。这就像如果管道工没能修好厨房漏水的地方，我们也会怀疑他的能力一样简单。

占星师们有一群忠实的追随者，他们相信星星能够影响人类行为。我们并不认同这种预测的价值，因此不需要有一个更好的关于星星对事业或姻缘的影响模型才能证明占星家的预测是胡说八道。借用保罗·罗默举的一个例子，引发自闭症的原因是多方面的，而且很复杂，因此我们不需要任何替代理论就知道，那些声称接种麻腮风三联疫苗是导致自闭症的原因的说法不仅是错误的，而且具有严重的误导性，已经导致了许多儿童的死亡。[20]

像 Waze 一样的经济学

如果有必要，牙医可以利用麻醉来解决反射性的问题，而经济学家不能这样做，因为经济永远不会保持静止。股票市场的行为不遵循不变的物理定律，而是取决于日新月异的经济社会环境以及变幻莫测的投资者预期。尽管工程师们可以提前预测信使号水星探测器在未来 6 年半之内长达 49 亿英里的路径，但即使已知汽车的前进方向，他们也无法准确预测其在 20 分钟后的位置，因为潜在的交通状况不是恒定的，而是每分每秒都在发生变化，尽管有时只是微小的变化，且你的到达时间还取决于你和其他驾驶者将来的行为。

Waze 是谷歌研发的一个卫星导航系统，它集结了该公司可能需要的所有科学和工程知识。即使是央行也没有如此庞大的智力资源或数据。Waze 的背后是聪明的程序员和数以百万计的客户实时提供数据。在精密程序的帮助下，Waze 可以预测你的抵达时间，其准确度比 10 年前更高，但预测效果仍然不太好，而且也不可能是好的。比如，今天你开车回家所花的预估时间仍然是和昨天一样的，而这已经是现代技术所能提供的最佳预测了。

Waze 的主要功能并不是预测，而是为决策者提供有价值的实用知识。面对一个陌生目的地，Waze 这类程序会在几秒钟内给出最佳路线建议并预估到达时间。这一分析逻辑将系统情况视为静止的——智能又高效的计算机已经从人类手中接管了阅读地图的技能。基于对过去频率的分析，Waze 可以估算出一般情况下你回家所需的时间。但该应用程序对用户的最大价值在于它能够提前通知你一些道路前方的情况，如意外的交通堵塞、道路施工、交通事故。通过大数据的积累，即从众多来源获得的具体问题信息，该程序可以提供替代方案的建议并预估其结果。

谷歌的程序员们并没有试图构建一个通用的交通模型，让所有驾驶者都能够预测未来几年其他驾驶者的轨迹，并据此做出自己的决策，经过反复迭代，达到一个均衡点，即在所有其他驾驶者都选择最优行程计划的情况下做出最优的决策。而且重要的是，即使是在对未来的自动驾驶汽车的规划中，他们也没有试图这样做，虽然自动驾驶中几乎已经不存在人为的决策因素了。由此可见，即使是谷歌的程序员和最强大的计算机也无法为所有车辆在可预见的未来制订一个最佳的交通计划。就算 Waze 建立了这样一个模型，它也必须是近乎完美的，才能提供与特定行程相关的信息。

许多经济模型都基于"典型"家庭的假设，但一个好的交通流模型不可能建立在一个典型车辆的假设之上——拥堵很大程度上是交通系统的复杂性所导致的。将伦敦视为一个单一的实体，并不能给驾驶者提供有用的建议。正是因为伦敦不是一个单一的实体，所以我们才需要为去往不同目的地的人指明方向。由总体简化而来的小世界的模型毫无用处，将不同的预期和人类互动行为建成模型需要更精细化的考虑。

建立一个通用的交通模型听起来很可笑，但它与许多宏观经济学家在过去 40 年里所从事的工作类似，而且其中许多人仍在做这件事。Waze 之所以是有用的，正是因为它的目的不是建立通用的模型，而是提供快速获取信息的途径，定位问题并提出可能的解决方案。我们认为经济学家也应该这样做。如果是凯恩斯来撰写本书，他可能会说，如果经济学家应该像牙医一样，那么经济学就应该像 Waze 一样。

经济学家和极端不确定性

社会科学家的公共功能是提供必要的信息，使政客、政府工作人员、企业家和普通家庭在面对极端不确定的情况时能够做出决策。为了完成这一使命，社会科学家可以通过解释"究竟发生了什么"——提供一个连贯、可信的叙事，为指导决策的制定提供背景信息。这些叙事可能包括故事——文学虚构，或者数字——构建大大小小的数据集，例如经济统计数据或社会调查结果，或者模型——那些小世界的描述，看上去似乎能够提供精确的解决方案。在经济、商业和金融领域，所有这些类型的推理都很常见。

经济学家不能告诉政策制定者应该做什么决定，但可以帮助他们思考，并提供相关信息。社会科学家的叙事类似于专业人士的叙事——医生的诊断、工程师的项目规范和律师的案件陈述。叙事的选择取决于具体问题和背景，因此选择虚构、数字或是模型的叙事需要基于对问题和背景的判断。我们所追求的叙事无所谓真假，只需要有用。[21] 在选择叙事的过程中，判断必须是折中和务实的。作为经济学家，无须在意是所谓的新古典学派还是新凯恩斯学派，是奥地利学派、社会学派还是行为学派，只要这些经济学派的理论能在特定问题的背景下提供有用的观点，我们都愿意借鉴。任何学派声称自己可以根据对世界的先验论断解决广泛问题，我们都对其持怀疑态度。

解开一个谜团不像解答一个谜题那样简单。要对一个谜团进行推理，就要识别出一些模棱两可的东西，并且解决它们，以理清我们的思绪。但即使是构建一个问题的框架也需要技巧和判断，这就是经济学家可以做出的最重要的贡献之一。无论好坏，一个谜团的框架必须首先被制定出来，以帮助人们在极端不确定的条件下做出决策。制定框架的第一步是确定关键因素并收集相关数据，这就涉及经验的应用：这些因素过去是如何相互作用的，并以此为依据对它们在未来的相互作用进行预测。决策的制定要以更广泛的大背景作为支撑，并且做出判断一般需要经过多人讨论，在执行过程中也需要他人的协助。

和其他社会科学家一样，经济学家的作用是在极端不确定的背景下为政治和商业领袖面对的经济和社会问题制定框架。

实用经济学家，就像消防员、医生和工程师一样，是一个问题解决者。这些有能力的其他专业人士更像狐狸，而不是刺猬，他们不是从一套公理或基本理论入手的。医学在20世纪之前几乎没有什么实用价值的一个主要原因是，那时的主导医学思想是从理论到实践，但对真正的理解没有什么贡献，其中最臭名昭著的是2世纪希腊医生盖伦的观念，他认为疾病是由体液失调引起的。现代医学是通过零碎知识的积累，充分利用归纳推理、演绎推理和溯因推理而建立起来的，这一过程今天仍然有助于对人体解剖学和生理学的理解。

一个好的医生首先要擅长倾听，询问病情，逐步得出临时的诊断，其次找出符合具体情况的解决方案。在第19章中，格雷厄姆·坎德勒对工程师思路的描述也是基于一种类似的思维模式：确定问题的框架，将整个问题分解成答案已知或可以计算的细分问题，并通过试错得出整个问题的潜在答案。比如，要把人送上月球，首先要有一个宏伟的目标，但要实现目标就要关注大量细节。

如果经济学是一门实用学科，是一门解决问题的科学，那么检验经济学和经济学家的标准就是他们解决问题的能力。当2008年全球金融危机爆发时，正如我们在第19章中所看到的，让-克洛德·特里谢发现宏观经济模型对他的帮助不大，因为在这些模型中，央行和财政部都遵循了研究得出的最佳做法。事实正好相反，政策制定者像加里·克莱因笔下的消防员一样，面临着一个独特的情况。政策制定者并不是在找最优解，而是在借鉴过去的经验来寻找最佳的解释和一个可行的解决方案，克莱因把这种方式描述为"识别启动决策法"。[22]

也许这些政策制定者找到的解决方案的确是最佳的,这看上去似乎不太可能,不过我们也无从得知,无论是当时还是现在,谁也不能确定什么才是最佳政策。最佳政策和最优化的概念本身就是小世界的人工制品。而小世界模型可以提供一些关于大的经济世界的有用观点,但前提是我们不能错误地认为它们展现了"世界真实模样"。正如米尔顿·弗里德曼所说的那样,我们不能指望处在极端不确定性中的人们"给每起可能事件都赋予概率"。我们也不可能编制一张包含这些事件的清单,更不能对这些事件中的少数几个进行合理的猜测。

对于大多数关于未来的问题(无论是"哪匹马会赢得肯塔基德比赛马会","2025年年底的股市会是什么水平",还是"人工智能将如何发展"),理性的人都会回答,"我不知道"。认为对每一起事件都应该附加主观概率的主张,不仅没有加深对未来的理解,反而阻碍了这种理解。而且,由于没有令人信服的理由说明公理型理性就是宏观世界中唯一的理性行为,这种推理既不能指导个人的行为,也不能准确描述个人在真实世界中的实际行为。吉米·萨维奇在其于1954年发表的开创性著作中解释了理性这一概念的局限性,即无法解决小世界的问题。在其著作发表后的几十年里,这一观点几乎已经被遗忘了。

如果我们没有按照公理型理性行事,没有最大化主观预期效用,这并不是因为我们愚蠢,反而说明我们聪明。正因如此,人类才能在地球上的所有物种中占据支配地位。人类智能解决的是真实世界(而不是小世界)的问题。它能够在一个全新的环境中有效地理解复杂的问题,并找到足够好的行动方案,使我们顺利度过余生。如果有人因为我们在解决某些常规数学难题方面不如计算机就认为人类的智力有缺陷,那么他们一定忘记了一个事实,那就是真实生活中的问题和数学难题有着根本性的区别。有人声称,人类的认知是有缺陷的,具有系统性"偏见"或"先天的愚蠢",从认知能力的进化起源来看,这种说法是不可信的。如果计算机智能更能适应环境,人类自然会朝这个方向进化。然而,事实是，人类现在确实面临着一些问题，比如试图对极其复杂的金融资产进行估值，这些问题与历史上人类的基因变异、经历的自然选择以及文化演变有很大的不同，毕竟大草原上没有衍生品合同。也许令人欣慰的是，事实证明计算机在管理这方面的风险方面并没有比人类好到哪里去。

我们对背景的了解和解释能力经历了几千年的积淀。这些能力流淌在我们的基因中，由父母和老师传授给我们，并通过文化和社会规范得以巩固。可能是出于历史原因，由于那些19世纪的功利主义社会改革者的遗留问题，经济学家们更关注的是均衡和最优化，而不是进化和适应问题。事实上，经济学家经常假设这些过程在本质上是一样的——最大化者将驱逐非最大化者，而适应和优化的基本数学原理确实有一些相似之处。但是，适应和优化是不一样的。适应主要是为了生存，生存不需要最好的解决方案，只需要足够好的解决方案。就生存而言，分布的尾部非常重要，这一点在理解金融危机时尤其适用。

第 22 章　适应极端不确定性

> 我们如今透过镜子观看，光线昏暗，但接下来就要面对面了：我如今所知有限，但未来我就全部知晓，如同主知道我一样。
> ——《哥林多前书》13：12

我们曾考虑用"镜中如晦"（Through a Glass, Darkly）作为本书的书名，但最终觉得语义过于含糊而作罢。不过这个隐喻是恰当的。我们不能把世界一分为二，简单归类成已知部分和未知部分。令恐龙一夕灭亡的小行星撞击尤卡坦，至少对恐龙来说不可预测，也无法避免，但 20 世纪末互联网和技术狂潮的兴衰，以及 2007—2008 年全球金融危机前金融系统的缓慢崩盘，都不是无法预测和规避的意外。然而，这些经济发展同样无法被描绘成长期不变的平稳过程，无法完全符合概率分布的特征。没人能准确预测金融极端事件的后续路径，但这并不意味着我们就真的对它们毫无头绪、一无所知。

承认极端不确定性的存在，并不意味着任何事都会发生。展望未来，思考未来几十年信息技术的应用，或者思考亚洲的经济和政治影响力增长将如何影响地缘政治平衡，诸如这些，都是我们略知一二却又不完全明白的事；我们从镜中看到的事物，是晦暗不明的。接下来20年，技术和全球政治将如何发展，我们可以通过建构叙事和情境来描摹，但我们无法合理地给一连串偶发事件强加概率来丰富其中的线索。不过，我们可以取而代之，去连贯地讨论每种情境的置信度，以及它们出现的可能性。"置信度""可能性""概率"这三个词常常混用，但它们的意义其实不同。

我们不会捏造事实和数字，填补我们知识中不可避免的空白，以形成对未来更具象的理解。我们也不能靠预测去规划未来。但人们对经济预测的需求是个无底洞，甚至有许多人认为，经济学就是预测的学问。大家总是要求我们这些经济学家预测经济增长水平，推断股市走势或利率水平。我们并非不敢说，而是我们不知道答案。我们还发现，预测的需求者并没有把预测结果当回事。不过，考虑到预测的准确率，不把它当回事也有道理。他们向我们提问，不是因为相信我们给的数字，而是只为求个心安，或者是自己的电子表格里还有单元格没填满，又或者只是为了在出岔子时把锅甩给经济学家。

政策制定者和竞选班子常常编造数字来支持他们的论断。2016年英国脱欧公投之前，脱欧运动公共汽车在全英巡回路演，车身上印着标语："我们每周给欧盟3.5亿英镑，不如把钱交给NHS（英国国民医疗服务体系）。"领导留欧运动的财政大臣乔治·奥斯本则站在一张海报前，海报上写着，离开欧盟将使每个英国家庭每年损失4 300英镑。[1]这两个数字这么精确，反而暗示了它们的荒谬。双方都没有针对投票可能产生的后果给出任何分情况讨论的连贯性叙述，都没有对将成现实的唯一结果进行分析。

并非所有情况都可以被量化。每周3.5亿英镑这一数字基于对已公布数据的误导性解释，而每年 4 300 英镑这一数字则来自一个复杂的模型，该模型基于一系列脆弱的假设。像 WebTAG 和精算类的"技术评估"属于精准模型，它们被广泛采用，依靠大量虚构数字来填补因极端不确定性而必然产生的知识空白。我们发现，人们对成本效益分析、"影响评估"甚至政府重大决策的"商业案例"过分痴迷。"以证据为基础的政策"已经成为高水平决策的标志。问题并不在于这些模型导致了错误决策，而在于这些模型为那些立场不同的错误决策提供了看似客观合理的伪装。

我们不应摒弃建模和数学方法做决策。相反，我们应该认识到模型对于分析问题的意义和不足。我们还应该接受事实：不存在能够回答"究竟发生了什么"的标准化数据表格。"以数据为基础的政策"摇身一变，成为"以政策为基础的证据"，这将侵蚀公众对"证据"的信心。政治辩论逐渐演变成双方利用媒体发布不实信息的闹剧，早已不再是冷静的利弊分析，也没人真正试图找出"究竟发生了什么"。太多经济学家自愿加入这场争斗，这个职业为何声誉受损也就不难理解了。

我们此前介绍了银行业的风险价值建模和养老金计划的精算评估，二者都得到监管部门的提倡。这些工作最多也就是无功无过，某些情况下甚至比无功无过还要糟糕许多。尽管如此，使用毫不相关、晦涩难懂的黑箱模型的现象仍在继续。这不只发生在政府，许多大公司内部也使用类似的程序进行规划或投资评估。如今，大大小小的咨询公司聘请了很多人参与建模，无论多大的数据缺口，他们都能不费吹灰之力地把数据表格的空白单元格填上。若在上述情况中，建模者使用了简洁明确的框架确定关键参数，或至少明确关键参数的约束条件，从而为研究的下一步计算奠定了基础，则是建模的恰当应用。

能够运用各种各样的模型是经济学家的看家本领，但他们更需要技巧和判断力来确定什么模型解释什么问题。富兰克·奈特认为，挑战传统模式的人是创业的动力，是赢利机遇的来源，也是市场经济的活力所在，更是实践知识的源泉，经济学如是，其他学科亦如是。我们对他的洞见深表赞同。

非平稳性

2008年之前，无论是人类还是计算机都没能成功控制金融系统中的泡沫风险。风险管理师和机器算法推导出的历史数据序列，也就是"数据训练库"，几乎没有起到任何作用。这些历史序列都是过去时，和现在以及未来的状况截然不同。商业和金融的世界并不"平稳"。

一些经济学家回应了上述质疑，他们声称，相关数据其实是从过程中产生的，从公理上讲，这是不断优化的个体做出的"理性"选择，会在很长一段时间里保持不变，但这个过程受到"冲击"的扰动，即技术或偏好的变化，这种冲击是外生的。然而，这种说法对进一步理解无益，而且把几乎所有值得关注的因素都归为"冲击"。这些经济学家相当于是在告诉人们，当条件不变时，我们的模型能准确预测，却无法向我们揭示事况何时变化、为何变化。气象学家告诉我们，没有新信息的情况下，对明天天气最好的预测是和今天一样。但我们有理由期待专业的天气预报员能做得更好，或者干脆别做天气预报。

如果不去讨论冲击，而是讨论转变呢？我们同样能搭建出几年内有效的模型。在这个模型中，一定程度的平稳性将会存在，但我们也能够认识到经济轨迹时不时会发生转变（"稳态转化"）。这种思维模式作为经济学解释的依据，不像依赖系统外冲击的解释那样单薄，却也有类似的弱点。除非对这些转变的原因和影响有很好的理解，否则我们的知识不会有多少长进。在关于冲击和转变的论述中，缺少的正是叙事推理。叙事推理可以帮助我们理解技术和偏好等经济结果相关要素是如何产生的。此外，冲击论和转变论的相关解释都假定世界上存在一定的非连续性，不过不像这些方法所要求的那么频繁。我们类比生物进化的各种理论可以明显看到，生物进化论大多拒绝"间断平衡"论，而倾向于相信进化本质上是连续的。[2] 对复杂系统的研究展示了初始条件下的连续变化如何引起结果的非连续，强化了人们对连续进化的理解。相似地，我们可以建立一种对经济和金融危机的解释，这样会比冲击论丰满得多、更有见地。

"究竟发生了什么？"如此简单的一个问题铿锵有力，给人极深的印象。那些从未问过这个问题的人犯下的一系列错误，也许是对此最有力的阐释。约翰逊和小布什政府都没有提出这个问题，他们对越南和伊拉克发生的事情更是一无所知——他们的作为源自对特定行动的普遍倾向，他们错误地假设了自己的制度可以成功外植到不同环境中。参加商业战略周末的资本家们被数据轰炸，被愿景攫获，被看似新颖的信息蒙蔽。在2007—2008年全球金融危机发生之前，银行家和监管者错误地依赖他们的风险模型，只见森林，不见树木。他们十分信任WebTAG和精算模型，但这些模型并没有厘清"究竟发生了什么"，反而把问题搞得更含混了。参加商业战略周末的人留在家里读读理查德·鲁梅尔特关于战略管理的书籍，也许还更有用些。

人类是社会性动物

然而，参加商业战略周末的人们一致认为，需要这种机会来集体讨论公司要事。人类之所以成功，很大程度上是因为他们比其他物种更擅长彼此沟通。那么经济学如此强调个体行为的优化，就显得很古怪了。这种研究方法不仅忽视了人之所以为人的关键，还忽视了我们取得经济成就的核心原因。我们曾经讨论过这样一个事实：成千上万的人如今能共同参与同一件复杂产品的生产，比如空客飞机，在此过程中他们不需要认识彼此，只需利用各种各样的联系和沟通机制，在两个世纪以前，这是人们不敢想象的。自由市场和等级秩序、竞争和合作的融合让人类社会的成就成为可能，而我们才刚开始理解这一切。这些能力的出现，与其说是造物者的设计，不如说是进化的产物。大企业是现代经济体系中最重要的行为者，尽管如此，人们对经济组织的关注仍是惊人地少。

在商业、金融和公共政策中，判断和决策是在组织中达成的，这些组织包括公司、银行、部门和机构。这些机构都有许多目标，机构中的个人或小团体各自也有许多目标。经济学家强调激励机制的作用，并通过建模来描述组织如何把目标拆解并交给个体完成，但这些模型并没有描述"世界真实模样"。假定经济激励在任何地方都是首要的，而且提供公平高效的公共服务所涉及的复杂问题也可以通过目标的鞭策和奖励来解决，这样确实有所助益，但由此产生的问题也层出不穷。我们看到，对目标的追求扭曲了教育和医疗，医院和学校的优劣判断本应是多维度的，很难给出精确的定义，但在现实中，讨论医院和学校的好坏时，人们总能达成广泛的共识。

汽车装配线上的计件工资制取消了，因为这种工资计算方式使工人们以牺牲质量为代价追求数量。丰田公司的一项研究表明，引导工人以产品质量为豪，当产品质量受到威胁时允许他们"停止流水作业"，可以制造出优质产品。[3] 把高管当作演员，使用激励措施让他们想方设法最大化股东利益，对于这类观点的大肆传播，金融经济学要承担大部分责任。这种激励方式严重扭曲了企业行为，导致高管薪酬激增，加剧社会分化。"抓到什么猎物就吃什么猎物"，这种激励政策在法律和会计行业很常见，意即员工的报酬来自凭借一己之力的创收而非公司的整体盈利。这已经侵蚀了律师和会计该有的职业道德。2008 年以前，银行是商界之中最能做到对高管层和职工层一视同仁，仅通过激励计划将个人利益和公司利益绑定的组织。2008 年后，几十年来建立的行业声誉一朝倾颓，数家银行因为员工的贪得无厌而分崩离析，其结果已经众所周知。

叙事的重要性

我们生活的世界充满了极端不确定性，我们对现状的认识并不完善，对未来的理解更加有限，并且没有任何个体或组织能掌握所有信息，做出"最佳解释"。叙事推理是组织我们拥有的不完整信息最有力的机制。对复杂世界的理解就是构建最佳解释，根据无数细枝末节，根据个体和他者经验补充背景来产生叙事。

另一位作品值得一读的商业战略作家亨利·明茨伯格对商业战略周末

上聊到的商业路径产生的问题做了如下描述："在商业世界中，我们总是被过度诱导、过度放任……高管层虽说确实能够总览全局，但在功能失调的情况下，他们没有对细节的足够把握。"[4] 明茨伯格接着引用了松下创始人松下幸之助的一段话："大事和小事都是我的职责，中间的事情可以委任给别人。"因此，明茨伯格总结道："换句话说，你是根据小事构建全局的。就像画画一样，你要一笔一笔地画。"我们自己也能明白，要更好地了解一家企业，接触实际制造产品的员工和接触管理层的效果是一样的，甚至还更有效。

叙事过程是法律决策的核心，是结构化推理最古老的形式之一。正是通过共同的叙事，我们说服其他人参与复杂工作，例如制造空客飞机或者为某个组织的成功做出贡献。2008年倒闭的雷曼兄弟和其他金融机构，就是有害叙事和错误激励模式的叠加后果。

计算机不做叙事，它们不懂情感。我们已经发现，因为缺乏情感深度，即使是面对极琐碎的小事，计算机也不能或者很难在偌大的世界中做出决断。计算机没有同理心，而我们从高功能自闭症患者研究中发现，缺乏同理心的人能很好地完成计算机或者马克斯·普朗克（他根本不是自闭症患者）所擅长的事，但他们进行大多数人的日常生活都很困难，工作上也难以圆满完成优秀员工的任务。[5]

1995年巴林银行破产前不久，流氓交易员尼克·利森谎称在新加坡赚到了巨额利润，董事长彼得·巴林就此事向自己和同事表示祝贺，并声称"在证券业挣钱其实也没那么难"[6]。由于利森的交易失误，巴林银行表面上录得巨额利润，实际资金面却遭受重创。再没有比这更有效果的例子了，证明我们需要扪心自问"究竟发生了什么"，也证明对报表视而不见，疏于检查是多么严重的问题。如果情况看起来好得不像真的，通常就不是真的。

挑战性叙事

在极端不确定性下做决策需要多种技能，这些技能往往很难集中于一个人身上。成功的领导者往往受益于擅长提出问题的顾问。路易十四有财政大臣让-巴蒂斯特·科尔贝的支持；富兰克林·罗斯福离不开外交政策顾问哈里·霍普金斯，后者生病时还获准住进了白宫的一间卧室里；理查德·尼克松的谦虚能流传至今，主要归功于亨利·基辛格的支持；自信如撒切尔夫人也会对她的肱股之臣威廉·怀特洛说，"每个首相都需要有个像威廉这样的人"[7]。

在不确定性中做出成功决策需要合作。找到最佳解释之后，重要的是接受挑战和质疑，并在新信息浮现时改变叙事导向。小布什和迪克·富尔德沉醉于他人的奉承，前者发动伊拉克战争，后者带着雷曼兄弟走向自我毁灭，他们所犯的错误和那些愿听逆耳忠言的人取得的成就形成了鲜明对比：艾尔弗雷德·斯隆建立了世界上最成功的公司，肯尼迪冷静沉着地应对了古巴导弹危机。不切实际的小布什政府以为，在伊拉克迅速成立证券交易所是稳定和民主的重要奠基，但这是一种从先验论断中构建的叙事，完全没有考虑到伊拉克政治和文化的任何现实情况。务必警惕从"普适"解释、意识形态和宏论中，从抽象推导的形式公理中产生的叙事。在日常生活中，特殊情况层出不穷，我们需要多元的方法和应对模式。

专家们本来可以解释近代越南史的细微差别，也可以解释游击战战术，并为美国高层评估20世纪60年代中南半岛战场上发生的现实状况。但是，咨询这些专家的人寥寥，他们尝试给出建议时又被忽略。结果，决策层只听到了他们想听的东西，而且很快他们就什么也不想听了。入侵伊拉克的历史很相似，但展示了一个极端的对比：一方面，美国前期对双方的军事力量、弱点和选择都进行了细致的评估，还有拉姆斯菲尔德等人尽心尽力，然后才胸有成竹地开展计划，执行军事行动；另一方面，美国对萨达姆之后的伊拉克政治却毫无了解、毫无规划。

集体智慧和交往理性

如果我们的知识仅限于我们能观察或计算得到的内容，那么它确实是有限的，我们处理极端不确定性的能力也会受限。如果知识仅仅来源于我们的个体经验，那么我们做出正确决定的能力也是有限的。大多数非人类物种都是如此。问问那些试图给宠物服用治疗药物的人就知道了，即使是其他智力与人类接近的灵长类动物，也会对非常规的问题感到困惑。它们有时能解开简单的谜题，但难以表现出处理更神秘问题的能力。

我们能够处理极端不确定性，是因为我们比其他物种更擅长社会性学习和沟通交流。人类是社会性动物，我们通过教育和经验获得知识，形成应对极端不确定性的基础，并且和包括朋友、家人、同事、顾问在内的其他人一起做出重要的决定。

"集体智慧"这个说法很对，但同时也忽略了另一个问题。集体总是比个人知道得更多，但有价值的是集体知识的加合，而不是平均。鉴于构成集体智慧的知识和经验体量过于庞大，专业化又日益重要，在应对未来会发生什么，或者某个行为会导致何种结果的问题时，逻辑和理性会驱使理性人回答"我不知道——如果有必要，我会试着去了解"。

让我们来回顾这个例子：一架民航飞机上有2名飞行员、1名机组人员和500名乘客，有地勤和空中交通管制员协助，出现问题时还有专家可以提供意见。这架飞机的飞行，不是通过不停收集数百人的意见，而是通过有组织的过程，最大限度地利用众人的专业知识和经验来实现的，这些人只有一小部分在飞机上。代议制民主被证明是最好的政府形式的原因是，如果应用得宜，它能够调动整个集体的智慧。

我们相信飞行员的能力和经验，但如果要求他解释飞机的工作原理，我们可能会失望；要是问贝克汉姆微分方程怎么解，也是一样的结果。正确的判断和正确的阐释是不同的概念。人们就他们的判断和决策给出的解释，不一定完整描述出这些决定的形成过程，这些人也未必真正知道自己是怎么下的决定。有些人在火场里、战场上和马路边救人，有些人在体育项目上取得极高的成就，有些人一眼就能辨别真伪，这些人从事着极其困难的实践活动，他们的决策也十分高效，但我们能从中明白，人们也许非常擅长自己所做的事，却不一定擅长对此做解释。加里·克莱因最具启发性的故事之一是这样的：一个消防队长在楼房倒塌前几分钟，突然把他的队员从燃烧的建筑物里拖了出来。他事后解释说当时觉得哪里不对劲，他和同事都认为这个决定是正确的，但他也说不上来到底是哪里不对劲。一个人在正确决策之后，提出"这感觉对吗"这样的问题就是有价值的。欣赏专业性，并不等同于为凭直觉做决定的人喝彩，后者只是依靠吹牛皮或者自恃资历来给自己的判断做背书。

决策基于最容易证明的事，而不是最正确的事，这在当今的大型组织中屡见不鲜。"没有人会因为采购 IBM 产品而被解雇"，这样的理念长期受到中层管理人员奉行，这也是 IBM 的计算机技术并不突出却能取得成功的关键原因。采购 IBM 产品的高管所面对的风险和雇用高管的组织所面对的风险是不同的。好过程带来好结果，这种错误的假设在公共部门十分常见，而所谓好的过程往往意味着冗长烦琐、层层审批，但他们几乎不用对结果负责，过程中还贯穿着选择偏差和统计歧视导致的公平性失真。过程已经被奉为政策，并对结果产生了有害的影响。

在法庭上，法官固然要为判决提供逻辑论据，但即便再有创造力的法官，所做的决定也最多反映出他认为正确的价值，再用法条和先例所要求的术语阐述论点。雨果·梅西耶和丹·斯珀伯提出的术语"交往理性"指代的是人们向他人表达自己的观点和判断，特别是向那些他们想进行思想交锋的人或是决定的执行人表明立场。[8] 我们不应假定这种表达方式能描述出观点、判断或决定的"真正原因"，甚至不应假定"真正原因"真的存在。交往理性在不同的文化中表现也不一。法官以某种方式陈述法庭结论，而实施逮捕的警察用另一种话术执行任务；行政首脑颁发命令是一种腔调，部落首领发命令又是另一种腔调。

通常来说，做出决定比决定是什么更重要。我们从加里·克莱因那里了解到，要做生死决定的人是如何不花时间来评估各种选择的。他们很快就能找到一个足够好的选择，通常这个选择的确是足够好的，如果不是，他们才会再考虑别的选择。相比之下，我们见过太多因与最佳行动方案意见相左而导致委员会的审议无限期延长的例子了。

尽管如此，团体依然能做出更好的决定，因为在一个极端不确定的世界中，集体比任何个人拥有更多信息。如果委员会的成员分享的是意见而非各自擅长的知识，沦为分散的机制而不承认对结果负责，那么这样的委员会与浪费时间无异。好的领导能够意识到集体给予自己的身份来自重于他人的责任，而不是高于别人的智慧。

几千年来，哲学家一直在思考人类推理的本质，但直到近代，神经生理学才开始阐明大脑工作的物理和化学过程，以及我们如何通过这些过程解释自己的所见，采取行动。进化心理学描述了这些过程是如何在几千年间发展起来的，由此帮助我们在一个极端不确定的世界中做出抉择。我们这些经济学家发现自己对人类真正的思维方式其实知之甚少，而经济学领域以外的科学家已经逐渐了解了这么多，因此感到很惭愧。也许，最令我们惭愧的是，我们的工作到目前为止对经济科学的影响微乎其微。

第23章　拥抱不确定性

知识会取人性命，飘忽不定才真正诱人。雾里看花花更美。
——奥斯卡·王尔德《道林·格雷的画像》[1]

没有人会从人类的角度考虑问题……各人有各人的五年计划。
——《第三人》中的人物哈里·利姆

电影《第三人》中，奥森·韦尔斯饰演的黑帮头目哈里·利姆有一个著名的观点："意大利在波吉亚家族统治的30年里，经历了战争、恐怖、谋杀和流血，却产生了米开朗琪罗、达·芬奇和文艺复兴。在瑞士，人们相亲相爱，民主与和平延续了500年——这样的环境里诞生出什么？咕咕钟。"利姆和很多人一样贬低了瑞士人的成就，这个国家涌现了爱因斯坦、卡尔·荣格、勒·柯布西耶、保罗·克利和赫尔曼·黑塞这样的大家，更不用说"邦女郎"乌苏拉·安德斯、网球大满贯得主罗杰·费德勒，以及总数超过任何一个国家的诺贝尔奖得主了。[2] 利姆抨击的咕咕钟，只不过是这个国家在精密工程方面造诣的滑稽化和脸谱化，精仪产业和特种化学品行业使瑞士跻身世界上最富有的国家之一。不过利姆有一点说得很对，文艺复兴时期意大利特有的政治动荡确实与一个伟大非凡的创世时代相吻合。

《土拨鼠之日》是一部很特别的电影，由比尔·默里饰演的主角注定要在一个固定的世界中循环往复昨天，每个风险厌恶者都向往已知，但即使知道下一步会发生什么，主角也没有尽情享受这种确定性，而是在绝望中试图终结生命，最终才发现在一个固定的世界中没有死亡这回事。影片是大团圆式的结局，也许是因为好莱坞喜剧必须如此，但也是因为默里饰演的角色已经从重复的经验中学到了足够的知识，从而摆脱了循环。

哥伦布横跨大西洋的 50 多年前，中国船只就开始了同样雄心勃勃的探险活动。但明朝皇帝后来的重心转向了内政，拒绝外来影响，向往不变的安逸。两个世纪后，日本幕府也仿而效之。1792—1793 年，马戛尔尼带领英国使团访华，他的礼物和建议都被清朝皇帝回绝。"天朝物产丰盈，无所不有，原不借外夷货物以通有无"，这是乾隆皇帝的原话。[3]

大分流由此开始。工业革命发生在西欧，而不是同样条件优越的中国东南沿海。直到 19 世纪，英国皇家海军借着胜之不武的鸦片战争将英国的意志强加给中国时，中国才开始思变。无独有偶，1853 年，马休·佩里威逼日本打开国门，日本才开始向世界其他国家开放，但日本真正走进现代世界要等到 1945 年麦克阿瑟将军强行登陆，之后的半个世纪，麦克阿瑟也对东南亚大部分地区做了类似的事。在人类社会中，不变并不是一个好选择，长远来看也不可持续。

风险和不确定性

凯恩斯和奈特都认同概率游戏不可预测的结果和极端不确定性是不

同的概念，前者可以用概率表示，后者则不能。二战后，弗里德曼否认了这种区别，从此，这两个概念不仅在经济学领域销声匿迹，在决策理论和贝叶斯推理举足轻重的其他领域也逐渐被忽略。

我们可以为每一起可能的事件附加发生概率。未来发生的事情可以被描述成一系列互斥选项之和，每个选项拥有各自的发生概率。这意味着我们可以给风险定价。一旦定价，风险就被驯服了，不确定性事实上被市场压制了。

在金融理论中，风险被定义为相比已知平均收益的价差。价差越低，风险越小。由于人类都是天然"风险规避"的，在这个意义上，只有提供激励，人们才有动力持有风险资产。因此，风险和收益之间存在一种权衡。只要有足够的补偿，风险规避者就愿意承担风险。风险不再可怕，因为有了价格，可以据此价格交易。和肥皂粉、汽车一样，风险资产也是可以买卖的商品，最终风险会落入那些购买意愿最高、购买能力最强的人手中。极端不确定性被排除在这样的讨论之外，因为它无法被量化，也不能被定价。

不过世界虽小，但并非完全属于你我。日常用语中，"风险"和"不确定性"被用在各种不同的场合，由于术语和日常用语的区别太大，针对的特定语境不同，其解释产生了许多混乱。我们也把风险定义为无法实现的参考叙事。达·芬奇的才华受到卢多维科·斯福尔扎、切萨雷·博尔贾等资助人的热捧，他在参考叙事中得到保障，能够自由作画和思考。即使是在博尔贾家族互相残杀的时候，资助也给予了一个乡下私生子实现抱负的机会。对达·芬奇和米开朗琪罗来说，动荡年代的艺术创作生机勃勃，是机遇而不是威胁。斯福尔扎死于法国监狱，博尔贾被剥光衣服，在纳瓦拉的一次战役中丧生，而达·芬奇因中风于家中逝世，米开朗琪罗则享年88岁。

没有观察到波动性绝不应该与没有风险相混淆。休谟对归纳的阐释告诉我们，不能因为太阳总是升起的历史信息就相信它明天会照常升起。到现代，伯特兰·罗素换了一种方式来表述，火鸡在12月24日前的每一天都会被精心饲养。纳西姆·塔勒布重新构建了这一叙述,将银行家与出租车司机进行对比:前者每个月末都会收到一份固定工资,但总是面临突然被解雇的风险;后者的收入总在变化,却很有保障,因为这些钱是持续地从多个来源获得的。[4] 认为当前没有波动就不存在风险的错误想法,正是金融危机发生的核心所在。就像圣诞节的火鸡一样,许多金融机构的录得季度每股收益的确按照华尔街的要求稳定增长,直到2008年才发现自己突然面临破产。这些金融机构和许多企业的报表盈利稳定,是值得关注而非祝贺的。波动更大对这类营收来说反而说明业务运作得更可靠。世界本质是不确定的,伪装出平稳的假象是在制造风险,无法降低风险。

塔勒布介绍过"反脆弱"的概念,即找到合适的落脚点,从极端不确定性和未知的未来中获益。期权的价值会因波动性而增加。据传米利都学派的泰勒斯通过天体观察,预见到橄榄的丰收,并事先低价租下橄榄压榨机再转手高价出租,不过交易的细节并没有记载——如果这事真的发生过的话。也许他是和橄榄压榨机的所有者签署了一份期货合约,也许是购买了我们现在所说的看涨期权:有权利但没有义务以事先约定的价格租用橄榄压榨机。如果的确像泰勒斯预测的那样大丰收,这个价格就显得很低了。无论是哪种情况,他都参与了第一笔有记载的金融衍生品交易。衍生品市场的存在是由于证券价格的波动性,波动性越大,期权的价值就越高,无论是看涨期权(购买权)还是看跌期权(出售权)。大多数期权交易就是打赌,赌注双方对于未来有不同的看法,谁的观点更接近正确,谁就能在零和博弈中让对方认输。臭名昭著的大空头就是对冲基金经理约翰·保尔森和其他人关于美国次级贷款抵押市场的一场赌局。不过期权交易也能使双方都受益。今天的芝加哥商业交易所是全球金融投机的中心,它的出现是为了让农民和食品加工厂提前锁定尚未收获的农作物价格,以保护他们的参考叙事。[5] 尽管"期权"一词如今最常出现在金融市场,但现实中,期权的实际意义要大得多。一个类似的战略决策,有机会打开一扇门,也可能关上一扇窗。

鲁棒性和韧性

在一个极端不确定的世界中，好的策略会避免用到伪知识，例如那些模型和伪定量方法要求用户编造他们不知道或者不可能知道的数据。在第19章中，我们描述了监管压力下的英国养老金计划如何盲目地追求无法实现的确定性，管理人把虚构的数字输入电子表格，建造的模型脆弱不堪。这个模型本应实现确定性却南辕北辙，本应保护养老金的安全却适得其反。近几十年来，对理解和预测缺乏根据的自大误导了许多决策叙事。加拿大的渔场应用了复杂的建模技术，可不到20年的时间里竟让几个世纪以来都被保护得很好的鱼群蒙受损失。基于与国际监管机构协商的良好行业惯例，银行的风险管理过程能保护从业者免受交易员的贪婪和渎职之害。银行从业者相信这一点，或只是觉得这样想比较方便。

在极端不确定的世界中，好的策略会虚心承认我们不能断定未来发生的事。好的策略会确定参考叙事，构思其他可能的未来场景，并保证计划对一系列合理的替代方案都具备鲁棒性和韧性。加拿大大浅滩的参考叙事其实可以先估计一个可持续渔获量，同时承认监管对此的理解可能存在偏差，再考虑集问题触发警告、启动缓冲区、休养计划于一身的渔业管理战略。养老金计划的类似参考叙事则是在可预见的未来履行托管义务，并给出有根据的理由证明未来也能够这样操作以实现目标。养老基金的时间跨度非常长，当位于预期区间的高值或低值时，有足够的时间进行调整。从根本上说，银行的参考叙事是银行可以继续运作，在资金到期时履行承诺的义务。无论风险价值和风险加权资本的精密计算在银行和监管机构面前显得多么美好，2008年的银行根本和鲁棒性、韧性毫不沾边。

稳健和有韧性的计划会提供积极的选择，避免消极的选择，积极的选择会设法利用暂时看不清或者根本无法预知的发展机会，而消极的选择没有替代方案，并把未来的发展限制在目前可以预见的范围内。现代城市的规划者极大地受益于前辈的远见卓识，是前辈们创造了积极的选择。像曼哈顿电网计划、伦敦泰晤士河防洪坝这样的基础建设工程，以及为这些城市枢纽间的交通服务的道路，即使建造者根本不知道未来的人们会怎么使用它们，也不影响它们成为近两个世纪来的价值资产，未来也依然会发挥作用。他们制订的计划已被证明是稳健和有韧性的，并能自如应对后续发展。我们必须接受，我们不知道也无法预知会发生什么，更无法据此制订计划；我们必须磨炼出韧性，获得并保留尽可能多的选择。

但有些选择可能会减少未来的可能性，付出的代价可能很高昂。许多纽约的游客一定很疑惑，为什么在纽约的两个机场及曼哈顿之间通行那么困难。也许你曾在范威克高速公路上和千千万万的游客一样发过牢骚，每天数千名机场员工也同样有这样的烦恼。1945年规划这条道路时，城市规划委员会总规划办公室主任多德·麦克休提出了一个相对简单省钱的修改建议，即在城市因修高速而铲平的空走廊上增加一条快速通道。这条快速通道能让旅客在20分钟内抵达市中心或者金融区。这个计划被罗伯特·摩西断然拒绝，他很聪明，也很独断专行，身兼数职，主宰着纽约1924—1968年的一切。[6]

摩西不仅拒绝了麦克休的计划，还维持了范威克高速原来的宽度，最重要的是，他让高速桥梁净空，使未来也不可能实施扩建计划。1945年，他的目标用户普遍拥有自己的汽车，他对城市的设想是，穷人和非洲裔美国人不会离家很远。但现在很多人买了车，或者从优步租车来开，每天早晚都被堵在这条路上。消极的选择限制了未来的决策，积极的选择提供了新的可能性。如果创造性地使用选择权，可以消除不确定性，但使用不当的话，反而会增加不确定性的成本。

第一大国丹麦

一场关于未来地缘政治的会议在一栋英国乡村别墅里举办，就像沃尔特·卡拉瑟斯·塞勒和罗伯特·朱利安·耶特曼在英国历史经典讽刺作品《1066年及其他》中所说，专家们强调了中美之间即将到来的"第一大国"之争的重要性。[7] 其中一个引战的观点是，对许多现代欧洲人来说，丹麦是"第一名"，富有，社会凝聚力强，拥有可羡的基础设施和环境标准，并且在世界最幸福人口调查中经常名列前茅。"hygge"这个丹麦词汇有时被解释为"通过享受生活中的简单事物产生的舒适满足"，近期成为进入英语语言的少数丹麦词汇之一。

但丹麦特别无聊，一位驻丹麦前大使这样回答。他有可能会和利姆一样，对瑞士发表类似的看法。对外交大使来说，丹麦和瑞士一样，的确很无聊。丹麦的全球政治地位不强，经济稳定无波，不需要大使馆对紧急电报或者磋商做出反应。大使的生活就是一轮又一轮的招待会，会上人们彬彬有礼，说着一口流利的英语。相比之下，津巴布韦无论对大使还是普通民众来说，都绝不无聊，不过普通民众倒希望生活少些波折。丹麦为居民提供的是有保障的参考叙事，人们不受收入损失的威胁，也不担心天价医疗账单、恐怖主义威胁或者没有温饱的退休生活。自然灾害很少发生，当真的发生时又有应急服务随时待命。2005年卡特里娜飓风在新奥尔良造成严重破坏，但最让人震惊的是美国拥有全世界最高的GDP，却没能组织好资源保护民众的基本需求，更遑论参考叙事了。这就是为什么几乎所有欧洲人都不能理解美国对全民医保的想法无法达成共识。

有一种观点认为，美国经济超乎寻常的创新能力与美国政府不愿意提供全民社保给民众兜底有关，而这在丹麦和绝大多数欧洲国家是理所当然的。但我们应该更深入一点看待这个问题。比尔·盖茨从哈佛大学辍学成立微软公司，并不是因为不这么干他就会失业，也不是因为担心疾病会威胁到他的银行存款和生命，而是恰恰相反。他之所以能勇敢追梦，是因为他没什么这方面的恐惧。他父亲是知名律师，他能进入哈佛大学接受教育，已经能说明他的成功。利兰·斯坦福在搬到加利福尼亚前已经取得律师从业资格。彼得·蒂尔，硅谷最直来直去的怪咖，新西兰的"难民"①，也是以律师的身份开启职业生涯的（毕业于斯坦福大学），最初他是一名联邦巡回法官的书记员，后又在一家一流证券法律公司执业，后来才创建贝宝。

19世纪，贫穷但富有冒险精神的欧洲移民涌入美国，一个孤注一掷的男孩凭借勇气和事业心白手起家、发家致富的叙事还是有一定根据的。约翰·苏特尔尝试过，但失败了；安德鲁·卡内基成功了。但正如小木屋和白宫之间的鸿沟难以逾越，成功的例子亦是屈指可数。如果贝宝失败了，这是有一定概率的（为数字时代开发新支付系统的尝试很多，但很少有成功的），蒂尔可能不会成为亿万富翁，但仍然会比他的大多数美国同胞过得更惬意。

美国的创新霸权体现在技术方面。在哥本哈根，你可以找到比在芝加哥甚至纽约更奇异的食物（斯堪的纳维亚餐厅则另当别论），丹麦首都如今的文化社会环境，也是美国任何一座同等规模城市无法比拟的。丹麦和意大利在创意设计方面脱颖而出。如果关注艺术、文学或者音乐方面的创新，我们的搜索范围会扩大到其余发达国家，但不会去看津巴布韦或者叙利亚那样的地方。虽然博尔贾和斯福尔扎总会担心自己的性命，但是达·芬奇和米开朗琪罗不需要担心这些，更不用担心津巴布韦非洲民族联盟-爱国阵线的暴徒袭击或者化学炸弹的袭击。

丹麦或瑞士的人民可以享受不确定性，因为他们面对的风险很小，在参考叙事中十分安全。不确定性在这里不象征着威胁，而是生活的价值来源。度假发现一个以前不知道的地方，读到一本新书，听到一首歌，认识一个朋友，这种意外令人高兴。在津巴布韦或叙利亚这样的地方，风险主导一切。津巴布韦经济的崩盘和叙利亚内战，使许多人失去了安全的参考叙事，很多人沦为南非或欧洲难民，而留在自己国家的人则对明天会发生什么充满恐惧。在没有安全的参考叙事的情况下，不确定性是可怕的。在安全叙事的前提下，不确定性才能成为新经验的前景，成为快乐而不是绝望的来源。

---

① 指其作为美国公民，在新西兰已获得第二国籍，并在当地购有地产。——译者注

不确定性和进化

没有不确定性就不可能有进化。有性繁殖是一种机制，确保每个孩子都继承父母双方的基因，没有两个个体是完全相同的。即使是病毒和细菌也会变异，因为无性繁殖也做不到完美复制。大多数变异是往坏的方面发展。变异基因在未来几代繁殖中都被遗传下去的可能性比其他基因小，但有利于健康的偶尔突变会在群体中扩散。

如果世界是平稳且线性发展的，这样每一个小变化都将成比例扩散成相似的大变化，那么这个变异导致的结果看起来就非常像经济学概念中的"优化行为"。进化不是优化的其中一个原因是，外部世界始终是变化的。在最简单的情况下，假设人类正和寄生虫进行持续斗争，寄生虫本身也在变异，以便更好地寄生在我们身上。它们正在进化，抵抗我们研制的抗生素，我们也在研制新的抗生素来击退它们。[8] 无性繁殖的简单复制面临的风险非常极端，正如爱尔兰马铃薯饥荒所证明的那样。没有不确定性就不需要进化，但没有不确定性，也就没有进化的可能性。

然而，抗生素案例所说的基因进化只是进化的一种形式。文化、技术和生物的协同进化一直是社会经济进步的源泉。平稳性很无聊。有个可怜的学生听说他的学科是"一门高度发展的、几乎完全成熟的学科，已经发现最高原理能量守恒定律后，这门学科即将形成最终的稳定形式"[9]。这个学生就是普朗克，1874 年，他德高望重的导师、德国物理学家菲利普·冯·约利对他说了这番话。幸运的是，普朗克并没有听从导师另寻他路的建议。或许他也曾考虑过转而研究经济学，如果是这样，他那时可能已经打听到年轻的经济学家们也收到了类似的警告。19 世纪中期思想界泰斗约翰·斯图亚特·密尔曾说："可喜的是，价值规律中再没有任何东西需要现在或者未来的作家澄清，经济学主题的理论已经建成。"[10] 约利这番话之后，又过了 25 年，开尔文勋爵重申了约利的判断，他向英国科学促进会保证，至少在物理学领域，几乎没有进步的可能和必要；第一位获得诺贝尔物理学奖的美国科学家艾伯特·迈克耳孙宣称："大多数重大的基本原则很可能已经牢牢确立……一位著名物理学家说,物理科学的未来真理要在小数点后六位上寻找。"[11]当后来的普朗克提出科学的进步建立在上一代人的葬礼上时,他也许想到了约利的那番话。这段话如今也许更贴切,因为年轻学者如果不听从前辈的建议,就有可能拿不到资助和博士后的职位。

尽管如此,终身教职所提供的稳定的参考叙事,对学术界驾驭知识进步的极端不确定性而言依然重要。但学术界和其他地方一样,稳定的参考叙事可能会退化成静止状态,那种状态曾让中国和日本闭关锁国。"hygge"在丹麦作家阿克塞尔·桑德莫塞笔下则被认定为"詹代法则":"不要觉得你有什么特别之处。"[12]

进化在学术研究中起作用,人们争相写作新的文章和书籍,只是吸引到的读者很少,也没什么人引用。进化在创业中起作用,人们尝试新的商业理念,但大多以失败告终。进化在竞争性市场中起作用,虽然很少成功,但企业为发展备选战略而竞争。进化在技术中起作用,不断的修补导致了增量发展。"达尔文的危险思想"不仅是解释物种起源的关键,而且是理解我们经济社会发展的关键。

人类社会中的机构,例如大学、市场、公司和工作坊,其中发生的进化和生物进化是有区别的,原因在于贡献是主观有意的。基因是随机突变,但学者们认为他们对知识做出了贡献。创始人选择他们希望成功的企业,企业领导采用比目前方案更好的策略,工程师和软件开发人员正在做更多改进。这些判断常常失误,我们也常常倾向于夸大技能相对于运气在成功案例中的作用——这是对结果进行分析导致的错误。但是,把这些过程描述或者建模成简单随机过程,也是错误的。

创业精神和极端不确定性

奈特认为,正是极端不确定性为创业提供了机遇,这一洞见是理解社会、技术和经济进步的基础。在进化的过程中,包括生物进化、制度演进、政治变革、市场驱动变革，开创者精神推动着我们前进。不仅仅在商业领域，学术、实用知识、艺术和许多其他领域也是如此。

穷小子凭借出色的商业想法单枪匹马杀出一条生路，脱贫致富；孑然一身的学者在车库或者小镇牧师家中文思泉涌，奋笔疾书。这样的孤独榜样往往只是传说。很多例子和这种想象大相径庭。爱迪生曾经是西部电气的电报员，后来是现在的通用电气的首席执行官，这是他仅做过的两份工作，都被炒了鱿鱼。贝叶斯生前是个牧师，去世时籍籍无名。如此极端的例子不多，要想举例，得追溯到更早的历史。现今典型的成功企业家通常在大公司里积累一段时间的经验再创业，并且一开始就和志同道合的人团队协作。只有当社会环境给予这类人支持时，他们才能做出贡献。尼日利亚并不缺创业人才，但太多的好苗子倒向了机会主义骗局和寻租。奥巴马在2012年的罗阿诺克竞选演讲中受到广泛批评，因为他说"如果你成功了，并不是全靠自己"[13]。但如果你再听下去，就知道他说得非常对："我们取得成功，既因为自身的主观能动性，也因为我们共同奋斗。"[14] 也许在所有孤独的天才中，最了不起的是斯里尼瓦萨·拉马努詹，这位穷苦出身的印度数学家没有通过高考，数学是在公共图书馆里看书自学的，这给一位印度税务官留下了深刻印象，并给了他一份工作。这位税务官还给G. H. 哈代写了一封信举荐他。凭借这封信，剑桥大学三一学院给了拉马努詹一笔奖学金。如果没有哈代，拉马努詹的思想永远不可能在主流数学家群体中获得认可。

富有创造力的个人利用集体智慧，在与他人的交流中磨炼自己的想法，并在稳定的参考叙事中通力合作，人类就能在极端不确定性中蓬勃发展。在有安全保障的参考叙事中，不确定性并不吓人，反而受到欢迎。在包括交友、度假、享受休闲时光的私人生活中，平静无波非常无趣。在政治和商业中，尽管官僚由于风险厌恶决心保护自己既得的参考叙事，有时导致决策瘫痪，但不确定性仍然是进取的机会之源。在艺术领域，不确定性和创造性形影不离。拥抱不确定性吧，同时规避风险。

博罗季诺

终章,我们回到开篇谈到的博罗季诺战役。和俄国军队一起抵抗拿破仑的是一位年轻的普鲁士军官卡尔·冯·克劳塞维茨,他后来成了一位军事战略家,其作品今天仍然广为流传。克劳塞维茨意识到战场上极端不确定性的重要性,并有力说明了一个好将军的显著标志在于优秀的判断力。在《战争论》中,他描述了一部分人试图把战争简化为数学的心理:"他们想得到明确的肯定结论,为了实现这一点,他们决策时只考虑能定量计算的因素。"[15] 但克劳塞维茨明白,战争不是这样的,因为它具有极端不确定性,受到多种因素的影响而产生变数,本质而言是一种集体活动。

> 只有在分析意义上,理论性尝试才能成为真理范畴的进步;综合各种情况的话,这些理论有太多的规则和约束限制,绝对是不实用的。它们的目的是达到固定数值,但在战争中,一切都是未知数,而计算却一定要使用可以定量分析的可变指标。这群人把调研完全导向了实体数量的研究,然而所有的军事行动都和心理博弈及结果息息相关。他们只考虑单边行动,而战争是由对立面的不断相持构成的。

如果不这么考虑问题,那就是"对事实的暴力"[16]。

托尔斯泰在自己的一部经典文学著作中,用20章内容描写了那场战役,事实和虚构交织。他理解极端不确定性。我们透过镜子观看,光线十分晦暗。通过叙事而不是概率,我们相互交流自己看到的世界,异彩纷呈,无穷无尽。

附录

不确定性下选择的公理

在第 1~7 章中,我们解释了为什么极端不确定性阻碍了形成包含世界所有可能状态的主观概率。该理论的先决条件是人们在不确定性世界中通过最大化期望效用进行决策。人类做出"优化"的行为依赖一系列借鉴了在确定性世界中做出选择的行为的假设或"公理"。在后一情况下(即确定性世界中),从已知概率组合中做出定义明确且一致的选择这一假设似乎更加合理,但将该类假设应用于不确定性世界中并不合理。在本附录中,我们简要说明了为什么经济学界很容易接受不确定性下选择的公理,并用其证明期望效用最大化的假设是错误的。[1]

希克斯与萨缪尔森提出了关于在确定性下消费者选择的公理,而冯·诺依曼与摩根斯顿提出(萨维奇修改)了关于在不确定性下人类行为的公理,这两者具有明显的相似之处,将二者的方法描述为"效用最大化"和"期望效用最大化"进一步强调了这种相似性。但对消费者行为的分析不同于对不确定性下决策行为的分析,这明显是将经济学中使用"效用"一词的传统产物与现代所强调的"理性"一词等效,该词不仅可以指代许多不同的事物，而且可能以不同于反映普通用法的方式使用。消费者选择中的"理性"（希克斯与萨缪尔森意义上）完全有可能成为不确定性下决策中的非"理性"（冯·诺依曼与摩根斯顿意义上）。

冯·诺依曼与摩根斯顿的方法是基于选择如何被做出的先验假设，而不是基于任何关于这些决策如何被做出的研究，更不是基于任何关于哪种决策过程能够带来更好的结果的经验证据。"理性"的决策者应当能够将他们对有风险的结果的偏好转换成排名——一种对不同选择概率分布的偏好排序。冯·诺依曼与摩根斯顿假定这些对于选择概率分布的偏好满足：

（1）完整性——决策者能够在所有可能的概率分布下选择；
（2）传递性——如果相较于B我更喜欢A，相较于C我更喜欢B，那么相较于C我更喜欢A；
（3）连续性——如果A优于B，B优于C，则总存在包含A与C的赌博优于B，无论A、B和C是固定结果还是以概率分布的形式都将成立；
（4）独立性——如果A优于B，那么这种对A的偏好高于B的关系在其他赌博选项下保持不变。

那么我们为什么要假设理性人必须遵守这些公理呢？公理似乎很抽象，对很多人来说可能毫无意义且囿于细枝末节，但实际上它们代表着对人类行为的强假设，而这些假设与人的日常真实行为很难相符。在定义明确的概率游戏中，完整性假设是能够被满足的，但其与极端不确定性并不相符。传递性假设可能相对合理，我们先不做讨论。连续性与独立性假设都不能令人信服，它们与可观察到的多数人认为理性的行为相矛盾。下面依次讨论各公理。

完整性

萨维奇在他著名的论文中表明，假如人们符合某些他描述为构成不确定性下"理性行为"的公理，那么就存在着可量化的主观概率，此时"理性行为"相当于最大化使用这些主观概率计算出来的期望效用。[2] 除了有一些技术上的变化和增加，萨维奇的公理和冯·诺依曼与摩根斯顿的公理是相似的。但相较冯·诺依曼与摩根斯顿方法和弗里德曼与萨维奇方法，二者最显著的区别并不在公理自身，而在于在无客观概率的情景中对假设的延伸。冯·诺依曼与摩根斯顿研究那些已经定义好的且发生频率较低的问题，比如在赌场的扑克牌游戏中、在蒙提·霍尔悖论中或者和阿莱教授共进晚餐时——在这些游戏中概率是被设计好的。当在商品、服务、给定客观概率的彩票中做选择和依据主观概率选择时，完整性公理在形式上相同，但意义和影响大不相同。

完整性公理在给定客观概率的彩票中延伸是存在问题的。在国家彩票的大赌博和大西洋城轮盘上的小赌博中做选择时，我们的答案是哪个都不选。正如我们在第5章讨论博弈概率时所观察到的，多数人不会在大多数事情上下注。而且在给定客观概率的游戏中，获胜概率通常是于自己不利的，比如在国家彩票或者诚实赌场的轮盘赌局上。

但对于具有客观定义和可量化风险特征的彩票类事件，如果有理由继续保留完整性公理在其中的延伸，那么当将该公理应用在主观概率情景中时，这些理由将成倍地增加。如果存在我们无法设想到的可能情况，那么我们就不能将概率附加到它们身上，完整性公理将很容易与极端不确定性不一致。

连续性

连续性假设的问题也很容易理解。回想该公理意味着如果A优于B，B优于C，那么A与C的某种组合是优于B的。在俄罗斯轮盘赌中，参与者需向自己的头部开枪，但六个腔室中只有一个装有子弹。小说家格雷厄姆·格林和晶体管发明者威廉·肖克利在年轻时曾参与过这种极其愚蠢的游戏，显然没有造成灾难（但在电影《猎鹿人》中这是致命的）。[3] 纳西姆·尼古拉斯·塔勒布举出如下例子：某人以 1 000 万美元的回报被邀参与游戏，你可以愚蠢地接受且有可能幸存，但如果塔勒布成功劝阻你不要参加，你可能因为他剥夺了你的 1 000 万美元而抱怨他。现在假设情形 A 为收到 1 美元，情形 B 为什么也没收到，情形 C 为头部中弹。显然 A 优于 B，B 优于 C。此时我警告你，在公园里有一个孤独的枪手正随机朝人的头部开枪。模型的置信度使赌神们相信他们已经能够控制风险，我向你保证枪手射中你的概率非常低，而且如果你安全穿过公园将得到 1 美元。我们知道没有人会对这种赌博感兴趣，或者去讨论"说服你穿过公园的可能性有多低"。我们之所以这么说，是因为我们知道包括我们自己在内的许多人，在每天过马路或超越另一辆车时都承担着极小的发生灾难性损失的风险，以换取极小的收益。

　　这是怎么回事？很简单，承担任何被击中头部的风险以换取 1 美元的报酬不值得。如果 C 为头部中弹，那么没有一种 A 与 C 的组合优于 B，这违反了连续性假设。在不确定性世界中，我们的选择在一定程度上受到希望和恐惧的影响，但这并不一定取决于我们希望或恐惧的事情是否会发生。像大多数人一样，我们在道路上看到事故或听到事故受害者的报告后会更加小心，即使我们自己知道他人遭遇事故的事实并不会增加我们对事故的脆弱性。这种行为和那些希望彩票中奖的人相反，他们在考虑结果所带来的效用时几乎不受对事情发生概率的认知的影响。我们仅仅重视这些显著的结果，而经常忽略它们发生的概率。

独立性

　　独立性公理也许是最有趣的，因为它几乎从提出起就争议不断。其也许可以准确地表述如下：假设相较于 B 你更喜欢 A，其中 A 和 B 可能取决于其结果或概率分布，你可以在选项 AC 或 BC 中选择，AC 是发生概率为 p 的 A 与发生概率为（1–p）的 C 的组合，BC 是发生概率为 p 的 B 与发生概率为（1–p）的 C 的组合。独立性公理需要你相较于 BC 更喜欢 AC，C 发生的概率不影响你在 A 与 B 之间的偏好。上述至少是解释该公理的一种方式。

这个有些奇怪的公理是建立在"无关选择独立性"公理之上的，见于消费和政治领域。你有 A 与 B 选项，相较于 B 你更喜欢 A，如果你从包含 A、B 和 C 的集合中进行选择，相较于 B 你仍然会更喜欢 A。一家餐厅提供肉类或鱼类，而你选择了肉类。然后服务员告诉你有素食，如果你说"那我改选鱼类"，你就违反了无关选择独立性公理（尽管稍微想想，你也许能够想出这样决定的原因）。无关选择独立性之所以有意义且重要，是因为美国经济学家肯尼思·阿罗表明，大多数社会和政治决策规则（如多数投票法）对违反这一公理的群体产生偏好。[4]

第 8 章中提到的阿莱悖论反映出对独立性公理的违背。莫里斯·阿莱最初提出如下问题：你更喜欢有 11% 的概率获得 1 亿法郎（否则一无所获），还是有 10% 的概率获得 5 亿法郎（否则一无所获）？大部分人更喜欢后者，希望能够获得数额更大的奖金，而不会对获胜概率略低有任何困扰。

然后阿莱提出了一个对这个问题进行大幅修改的版本。你更喜欢肯定能得到 1 亿法郎还是更喜欢有 89% 的概率获得 1 亿法郎、10% 的概率获得 5 亿法郎、1% 的概率一无所获？大多数人选择获得肯定的 1 亿法郎这个选项。

阿莱随后提醒参与者不同选择的期望价值。第一个选择是在期望价值为 0.11 亿法郎（11% 的概率获得 1 亿法郎）和 0.5 亿法郎（10% 的概率获得 5 亿法郎）之间进行的，第二个选择是在确定性的 1 亿法郎和 1.39 亿法郎之间进行的，1.39 亿法郎这一期望价值易于计算但基本都被拒绝了。如果仔细看这两个选项，你会发现这两种情况下的问题都是是否愿意接受将奖金的期望价值提高 0.39 亿法郎，以补偿有 1% 的概率一无所获的风险。[5]

不管在描述中添加了什么，参与者们都可以通过简单计算得到其期望价值。所有奖金都达到了可以改变人生的数额，即使对已经是畅销教科书作者和未来诺贝尔经济学奖得主萨缪尔森来说也是如此。但我们猜想很多读者在没有考虑提供奖金的数额时已经做出了和参与者同样的选择。参与者也许是害怕因一无所获而感到后悔，即使一无所获的概率仅有1%。

阿莱随后指出这些选择违反了期望效用最大化的假设。在这一假设下，第一个选择意味着

$0.1 \times u(500) + 0.9 \times u(0) > 0.11 \times u(100) + 0.89 \times u(0)$，

第二个选择意味着

$u(100) > 0.89 \times u(100) + 0.1 \times u(500) + 0.01 \times u(0)$。

简单重新组合后，第一个选择意味着

$0.11 \times u(100) < 0.1 \times u(500) + 0.01 \times u(0)$，

第二个选择意味着

$0.11 \times u(100) > 0.1 \times u(500) + 0.01 \times u(0)$。

但两者不可能都是正确的，因此这样的结果令人感到惊讶，阿莱已经证明大多数参与者的偏好与期望效用最大化的假设并不相符。

人们听说阿莱的实验后写下了评论："有些实验是对普遍被认为是理性人的行为进行观察，这些实验推翻了伯努利原则。"[6] 出于法国人特有的礼貌，阿莱没有强调他所描述的伯努利原则实际上就是他同伴提出的不确定性下理性选择的理论。但对行为偏离经济学家定义为理性行为（即期望效用最大化）的研究来说，阿莱悖论是先例。实际上，他创立了后来众所周知的行为经济学——近50年后，丹尼尔·卡尼曼因对此主题的研究而获得诺贝尔经济学奖。[7]

在巴黎意趣相投的会面深深地影响了萨维奇。从巴黎返回芝加哥后，对于自己陈述的偏好违背了其提出的理性行为原则这一尴尬的事实，他思考再三后得出的结论是，他犯了一个错误——不在于公理的表述，而

在于偏好的形式。他写道："当然，完全主观的偏好不可能出错这一点具有重要的意义，但在不同的更微妙的意义上，它们可能出错。"[8]这似乎是诡辩，但他再次保证，既然他已经坚定地站在美国的土地上，就完全理解了自己的偏好。萨维奇于1954年发表了他的权威之作《统计学基础》，进而为现代决策理论奠定了基础。

一些理论家试图拯救概率推理，他们断言这仅仅是因为我们在不知道结果时定义了结果的概率分布，如果我们不知道概率就需要去找到概率的分布。[9]这种差异忽略了概率的小世界和极端不确定性无处不在的世界的真正区别。这条路很危险，统计学家早就知道应该对论证中隐含的无限递推持谨慎态度。如果存在概率超过概率，那么为什么不是概率的概率超过概率，等等。萨维奇自己将这种试图维护概率推理而导致的无限递推描述如下。

> 有一些人倾向于引入二阶概率，这样他就会发现自己在说诸如"B比C更有可能发生的概率大于F比G更有可能发生的概率"之类的话。但这样的论据似乎遇到了无法克服的困难……一旦引入二阶概率，就无法避免引入无限递推的层次结构。这样的层次结构似乎很难解释，而且最多仅是让理论变得更不现实，而非更现实。[10]

期望效用理论发展的惊人之处是，在使用该理论解释定义明确的彩票中的选择方面，主流学者只看到了该理论，现实生活中的决策充满了不确定性（即极端不确定性）这一点却被轻易忽略了。

注释

第 1 章

1. Tolstoy (1978) p. 408.
2. 数据并不确定,但克里斯托弗·达菲估算有 45 万士兵出战,但只有几千人最终存活,其中大多是不适应作战的(Duffy 1972 p. 162)。
3. Mearsheimer (2001) p. 285 写道,拿破仑的大军团于 1812 年达到 100 万的人数顶峰。拥有类似庞大作战规模的还有蒙古军团,但由于蒙古人给每个士兵配备数匹马,这个数值可能被过高估计了。
4. Larsen (2007).
5. Dowd et al. (2008).
6. US DoD (2002).
7. 然而,我们认为后来在伊拉克的失败不是因为"未知的未知",而是因为人们未能对当时盛行的那套说法给予充足的质疑——见第 16 章。
8. US DoD (2002).
9. Bowden (2012) p. 160.
10. Ibid. p. 163.
11. Friedman and Zeckhauser (2014) p. 2 认为奥巴马总结说"本·拉登藏身于阿伯

塔巴德的概率大约为50%"。我们认为从奥巴马后来的言论中，可清晰看出他不是这个意思。

12　Bowden (2012) p. 160.
13　Rumelt (2011) p. 79.
14　例如，由政府支持的职业养老金计划英国国家职业储蓄信托（NEST）中，超过90%的成员仍在默认基金体系中（NEST 2019）。
15　例如富达。
16　波士顿大学的拉里·科特利科夫编写了ESPlanner计算系统。
17　Knight (1921) p. 20.
18　Keynes (1937) pp. 213–14.
19　Taleb (2008).
20　Keynes (1936) p. 162.

第2章

1　Stevenson (1887) p. 472.
2　平均而言，水星与地球之间的距离为5 700万英里，但由于其运行轨道不是正圆，实际距离在4 500万英里和1.4亿英里之间变化。
3　NASA (2011).
4　行星运动方程不仅是平稳的，而且是确定的；行星与地球之间的距离根据已知的公式表示变化，并且这个距离在任何特定时间都完全可预测。
5　根据牛顿第三定律（作用和反作用），存在某种（难以察觉的）效应。
6　Letter to Max Born (1926). 爱因斯坦本人在其他时候也引用了这句话的变体。例如，威廉·赫尔曼的 *Einstein and the Poet* (p. 58) 中记载，爱因斯坦在1943年与赫尔曼的对话中说："正如我多次说过的，上帝不会和世界掷骰子。"
7　高盛低调的总部大楼。
8　Treverton (2007).
9　"奥秘"一词也被用来指柯南·道尔或阿加莎·克里斯蒂等人的小说中设置的谜题，这些谜题在书的末尾得到解答。本书中，我们使用了特雷弗顿定义下的"奥秘"。
10　Tetlock (2005) and Tetlock and Gardner (2016).
11　Tetlock and Gardner (2016) pp. 92–3. 塞尔维亚没有被正式授予欧盟候选成员国资格，意大利没有出现债务重组或债务违约。

12　Rittel and Webber (1973).

13　Stuart, '1952 Now Looms', 4 May, 1; Dempster, *Tale of the Comet*, 20–21, quoted in Engel (2007) p. 136.

14　真实史料来源于 Federal Aviation Administration (2018)。

15　Newhouse (1982) p. 65.

16　Self (2006) p. 415.

17　根据 1977 年世界未来学会会议上的讲话报道，引自 Bolton and Thompson (2015) p. 142。

18　沃兹尼亚克在 1981 年的一次飞机失事中受重伤，于 1985 年离开了公司。乔布斯聘请了百事可乐公司的一位高管约翰·斯卡利担任首席执行官。

19　Lovallo and Mendonca (2007).

20　Ballmer (2007).

21　Schulte et al. (2010).

22　《泰桥灾难》是臭名昭著的蹩脚诗人威廉·麦戈纳格尔最著名的作品（McGonagall 1980）。

23　根据麦戈纳格尔的说法，而更可靠的评论员认为这个数字应更小。

24　Doyle (1884).

25　瓦莱丽·马丁于 2014 年在《"玛丽·赛勒斯特号"的幽灵》(*The Ghost of the Mary Celeste*) 中发表了（当时）最新的"解决方案"。

第 3 章

1　Merton (1960).

2　"任何人们发现的统计学规律，只要其被用于控制目的，就容易崩塌"：Goodhart (1984) p. 96。

3　Oxford Dictionary (2019). 文中的定义摘自牛津在线英语词典（ODO），因为"牛津在线英语词典侧重于当代英文，并收录了单词较新的意思和用法，而《牛津英语词典》是一本历史悠久的词典"。详见 https://www.oed.com/page/oedodo/The+OED+and+Oxford+Dictionaries。

4　英国 1845 年《赌博法》第 17 节规定："任何人在玩卡牌、骰子、赌桌游戏或其他此类游戏时，在亲自下注、打赌或进行风险赌博时，或为游戏的双方下注时，或为任何游戏、体育赛事、消遣或者练习项目下注时，如果以任何形式使诈或使用非法设备，则可判处两年以下有期徒刑。"此法于 2007 年废除。See also Morris (2004), Laville (2004).

5   Thorp (2017).

6   阿拉斯代尔·麦金太尔认为此说法由卡尔·波普尔提出，波普尔曾说明过预测轮子被发明这件事的不可能性（MacIntyre 2003 p. 93）。

7   Thomson (1896). 开尔文勋爵据称说过的那些最自大的话中，许多其实无据可查，例如"X 射线就是个恶作剧"，但勋爵确实不太善于接受新发明：当他听说无线电被发明出来时，曾不屑地说，"无线电确实不错，但我宁愿让一个小伙子骑着马帮我送信"（Marconi 2001 p. 40）。

8   Samuelson (2009).

9   Department for Transport (2015) p. 2.

10   私人信息来源。

11   King et al. (1999), Question 46.

12   Galton (1907), Surowiecki (2004). 此处澄清一下，高尔顿和苏罗维茨基都没有否认这个观点！

13   Gigerenzer (2008) p. 1.

14   *The Economist* (8 January 1853).

第 4 章

1   Jowett translation (1892).

2   Hacking (1975), David (1962), Devlin (2010).

3   Cited by Hacking (1975) p. 19. The reference is found in footnote 116 of chapter 24, Gibbon (1784).

4   Drake (1978).

5   1662 年，英国国王查理二世因两年前给予了学会很大的帮助，成功说服英国皇家学会接受格朗特为学会会员。国王认为格朗特虽然出身低微，但他会因学术上的贡献而成为举足轻重的人物（Sprat 1734 p. 67）。

6   哈雷通过计算发现，他 1682 年见到的彗星，其运行轨道与 1607 年和 1531 年出现的彗星相同。该彗星 1757 年又出现了一次，这证明他的观点正确。当代人们的预期寿命增长，这意味着出生于 20 世纪 80 年代初的人将会成为少数在有生之年见到两次哈雷彗星的人。哈雷于 1742 年去世，享年 85 岁，没能目睹自己的观点被确认。

7   该保险公司自 2000 年 12 月起不再接收新业务。因为上议院司法议员认为，它已经无法支付投保人的保险金。

8 GBD 2013 Mortality and Cause of Death Contributors (2013).

9 Case and Deaton (2015), Hiam et al. (2018), Eurostat (2017).

10 迈克尔·刘易斯《大空头》电影版的开场白如下，"让你陷入麻烦的往往不是你不知道的事情，而是那些你以为你知道但事实上你并不知道的事情"，这句话据称是马克·吐温说的。但我们没有找到任何马克·吐温曾写过这句话的证据。不过证据的缺乏无法消弭这句话的正确性。

11 但即使在这种情况下，气候变化还是威胁到了和天气有关的现象的稳定性。

12 Katz (1993), chapter 11.3.1.

13 贝叶斯被葬在伦敦金融区的邦希田园公墓里。

14 Daston (1995) 对概率论的发展进行了精彩的讨论。

15 该悖论最先出自 Selvin et al. (1975) p. 67，该文将节目主持人写作 Monte（原拼写就是如此）Hall。现实生活中的蒙提（Monty）自从该游戏被称为蒙提·霍尔悖论之后，就积极跟进后续的研究。该问题于 1990 年在杂志《游行》（*Parade*）中的某篇文章里发表，从此为世人所知。文章的发表人是一位自称玛丽莲·沃斯·萨万特的美国专栏作家，此人还称自己拥有世界上最高的智商。

16 For example, https://www.mathwarehouse.com/monty-hall-simulation-online/.

17 如果我们不知道事情的相对概率，那么所有可能结果出现的概率相同。这种说法可追溯到 18 世纪贝叶斯和拉普拉斯的作品中。拉普拉斯用"不充分理由原则"一词来描述这种说法——Laplace (1951) p. 6。

18 Keynes (1921) p. 44.

19 Ibid. p. 82.

20 Pascal (1958) pp. 66–7.

21 Ohuchi et al. (2016).

22 贝叶斯定理为此类计算提供了总体的公式。阳性结果能查出癌症的概率，设为 P(C|Pos)，该概率为某人患癌且检查结果呈阳性的概率——设为 P(C and Pos)，除以某人检查结果呈阳性的概率——设为 P(Pos)。简单计算一下，不难得出 P(C and Pos) 为 0.009 (0.01 × 0.9)，而 P(Pos) 为 (0.99 × 0.1) + (0.01 × 0.9) = 0.108。因此，阳性结果能查出癌症的概率为 0.009 除以 0.108，等于 1/12。正如吉仁泽所说，这样一来，文中的概率推理就更好理解了。

23 Gigerenzer (2015) pp. 207–12.

24 温尼亚尔先生于 2013 年从首席财务官的位子上退下，本书写作过程中，他正在股东大会里担任非执行官，也任多个慈善基金的股东。

第 5 章

1　Pascal (1670) pp. 64, 66.

2　Mill (1843) p. 75. 但是他在后续的版本中改变了想法。

3　伯特兰德也提出了经济学家所熟悉的竞争模型：伯特兰德模型。

4　Bertrand, *Calcul des Probabilités* (1889) p. 174 (quoted in Daston 1995 p. 375).

5　Hume (2000) p. 24.

6　Zabell (1989).

7　奈特猛烈抨击了凯恩斯的《就业、利息和货币通论》。凯恩斯对奈特的看法并没有被报道（Nahl 1936）。

8　拉姆齐的弟弟成了坎特伯雷大主教，他的妹妹是牛津大学经济学系的成员，她写了一本感人的回忆录，特别强调了拉姆齐对概率论的贡献（Paul 2012）。

9　Ramsey (1926).

10　de Finetti (1989) p. 219——但是不要指望能理解他的推理！

11　有一些经济学家继续争论，认为给不确定性一个明确的概念很重要，特别是英国的乔治·沙克尔（见第 7 章）。

12　Friedman (2007) p. 282.

13　LeRoy and Singell (1987) p. 394.

14　Ibid. p. 395.

15　Silver (2012) p. 247.

16　如果像双子塔这样的灾难事件是一个遍历过程的结果，即一群飞机随机地在曼哈顿周围飞来飞去，偶尔与高楼相撞，那么这种计算可能是合适的。但事实并非如此。

17　Falk (2011). 二孩性别谜题实际上是凯恩斯在 Keynes(1921) 第 4 章中描述的两包扑克牌问题的一个变体。据他说，是冯·克里斯在 1886 年出版的《概率的原则》一书中提到的。凯恩斯对冯·克里斯表达了充分的敬意，认为是他启发了自己对无差别原则的批判。

18　Kennes and Smets (1994).

19　纳西姆·尼古拉斯·塔勒布描述了他的许多同事得知他在对一个他不期望发生的事件下注时的难以置信（Taleb 2007 pp. 26–7）。笔者之一回忆起类似的经历，是与一家金融机构的高级管理人员的讨论，该机构销售"悬崖债券"，有很高的回报率，但如果一些不太可能发生的事件发生了，就会有资本损失。这位高管问道："你认为股票市场在未来 5 年内的价值会减少一半吗？"在得到"不"

的回答后，他继续说，"那么你为什么不买这些债券呢"，并且透露他自己购买了一些。

20　在 20 倍的赌注下，你押 1 注，如果多宾赢了，就能赢回 21 注（20 和你的赌注），0.047 就是 1/21。

21　换句话说，他们容易受到所谓的"荷兰书"的影响。荷兰书是一系列的赌注，每一个赌注乍看之下都很有吸引力，但如果有人接受了所有的赌注，他的经济情况必然会变得更糟糕。

22　http://www.tcm.com/mediaroom/video/415267/Guys-And-Dolls-Movie-Clip-Have-We-Got-A-Bet-.html.

23　Graham and Zweig (2005) pp. 512–24.

24　*Forbes* (2008).

25　Buffett (2017) p. 30.

26　Rhodes (1988) p. 664. 我们不知道赔率是多少，也不知道是否有很多人参加。

第 6 章

1　Carroll and Gardner (2000) p. 224.

2　R&A (2019). 新的规则手册是由英国 R&A 和美国高尔夫球协会共同商定的。R&A 是从圣安德鲁斯的皇家古老高尔夫俱乐部独立出来的规则制定机构，它与这个小镇维持着世界闻名的联系。

3　Carter (2019).

4　开尔文是伟大的物理学家，我们在第 3 章中曾提到过，他否定了载人飞行的可能性。

5　Knight (1940) fn. 10.

6　McCoy, Prelec and Seung (2017).

7　Goldstein and Gigerenzer (2002) p. 76.

8　Lenin (1909) p. 397.

9　Kahneman (2011) pp. 156–8.

10　Ibid. p. 158.

11　Carroll and Gardner (2000) p. 155.

12　Carroll and Gardner (2000) pp. 157–64.

13　让我们很欣慰的是，古典统计学的先驱之一莫里斯·肯德尔在 60 年前和卡罗尔使用了同样的比喻，并补充道，"如果你认为这一切是荒谬的，不值得严肃认真的成年人注意，你可能会想知道，研究概率论的学生仍然在讨论一个问题，即人们是否可以认为任何意义不明的命题的真实性有一个平均概率"（quoted in Shackle 1968 p. 35）。

14　Lucas (1988), published (2011) p. 4.

15　Cochrane (2009).

16　Romer (2015).

17　Carroll and Gardner (2000) pp. 225–6.

18　GDP 是一种概念，由国家统计机构创造，来自多种来源中成千上万的数据点。估算 GDP 的原则是 20 世纪 30 年代末 40 年代初由美国人西蒙·库兹涅茨与英国经济学家理查德·斯通和詹姆斯·米德确立的。这些原则后来被世界各地的统计学家详细地阐述。今天，已经有了联合国国民账户体系，这是一份重要的文件，需要定期修订，所有主要国家的统计机构都遵守其程序。然而，在应用这些原则时仍有相当大的自由裁量空间，而且编写者所掌握的数据也存在跨国差异，所有主要国家都有长长的文卷来描述其国家机构的具体做法。

19　尽管如尼克·蔡特所观察到的那样，热和温度或动量和速度之间的差异并不是直觉性的——但测量是在基础物理理论的背景下进行的（Chater 2018 p. 25）。

20　Haldane, Brennan and Madouros (2010) p. 88.

21　See Coyle (2014) pp. 93–104 for more.

22　See Adams and Levell (2014) for more.

23　Hastings (2018), chapter 9 中有对东京湾事件很好的叙述。

24　See World Bank (2019) for more details on this.

25　Leamer (1983) p. 37. See also Leamer (1978).

26　这种对于用概率评估多种预测准确性的解释，在 2019 年被纳特·西尔弗使用："我们说有 70%（四舍五入到最近的 5%）的机会发生的（体育和政治领域加起来）5 589 起事件，事实上在 71% 的时间里发生了。"

27　Met Office (2014).

28　Bank of England (2013) p. 6.

29　Keynes (1921) p. 51.

第 7 章

1　Keynes (1921) p. 56.

2　萨缪尔森也承认，拒绝一个有 50% 的机会赚取 200 美元但同时有 50% 的机会损失 100 美元的赌注，而接受 100 次可能赚取 2 美元或是损失 1 美元的赌注是理性的行为。

3　Shackle (1949).

4　萨维奇原名伦纳德·奥加舍维茨，是一名问题青年，53 岁就去世了。他先天视力不佳，很难看清黑板，读书时和职业生涯中都饱受其苦。沮丧之下，他一把火烧毁了密歇根大学的化学实验室，并因此被退学。

5　详情可见附录，可以看出这些公理在形式上与消费者决策的标准经济学公理很相似，虽然意义大不相同。

6　Friedman and Savage (1948).

7　Savage (1954) p. 16.

8　Ibid.

9　Friedman (2007) p. 82.

10　Kruskal (1971) in Brooks (2004).

11　Becker (1978) p. 14.

12　丹尼尔只是瑞士伯努利家族中为纯数学与应用数学做出重要贡献的一员。

13　Bernoulli (1954).

14　亚马逊的创始人，在本书撰写时是世界上最富有的人，净财富值超过 1 000 亿美元，还是在 2019 年打完离婚官司后。

15　Khaw et al. (2016).

16　11 个受试每次得到 10 美元，每计算出一次正确答案最多可得 2 美分，加起来最多 30 美元。

17　Khaw et al. (2016) p. 1.

18　Thaler (2016) p. 4.

19　在这里也没什么用，因为就算计算正确，最多也只得到 2 美分。

20　根据第 4 章讨论过的无差别原则。

21　Oxford Dictionary (2019).

22　在弗里德曼-萨维奇系统中，只有期望值的效用函数是凸函数，这笔交易才有意义。但此时边际效用又递增，因此他们提出了一个有着奇怪形状、既凸又凹的函数。

23　Consumer Rights Act (2015) Section 19.

第 8 章

1　Mandeville (1732) p. 25.
2　Allais (1953).
3　纪念阿尔弗雷德·诺贝尔经济学奖，即人们熟知的诺贝尔经济学奖，是为了庆祝瑞典央行成立 300 周年而设立的。
4　Allais (1953), in the first footnote.
5　Ellsberg (1961). 电影《华盛顿邮报》再现了相关事件。据我们所知，虽然有很多人做过埃尔斯伯格悖论里的思想实验，但没有人曾经拍摄过相关电影。仍对极端不确定性普及程度存疑的读者还可以去读一读埃尔斯伯格的回忆录（Ellsberg 2003）。
6　Schoemaker (2011) p. 19.
7　See *Nicomachean Ethics*, Book VI.
8　Gilboa (2015) p. 316.
9　Simons and Chabris (1999).
10　Available at youtu.be/vJG698U2Mvo.
11　Kahneman (2011) p. 24.
12　Csikszentmihalyi (1991).
13　Brearley (2017) p. 39.
14　Kahneman (2011) p. 100.
15　Tversky and Kahneman (1973) pp. 211–12.
16　Mayzner and Tresselt (1965). 这篇文章只研究了 2 万个长度为 3~7 个字母的英文单词。
17　即便对母语者来说，英语单词的拼写和发音都令人困惑。K 竟然不是"cake"（蛋糕）的首字母，而排在第三个；"see"（看见）这个词竟然没有字母 C；我们说"pace"（速度、节奏），也说"case"（实例、案件）。"acknowledge"（承认）这个词的拼写不是"aknowledge"或"acnowledge"。最佳词汇表中还包含许多外来词，如"kaama"（长着竖琴状角的大型非洲羚羊）、"koala"（考拉）、"karma"（报应），这些单词中的字母 K 在源语言中其实是 C。
18　Kahneman (2011) pp. 3–4.
19　Ibid. p. 277.
20　The Committee for the Prize in Economic Sciences (2017).
21　Thaler and Benartzi (2004); 参见 Cribb and Emmerson (2016) 对英国实行自动注

册制度的分析。

22　Simon (1957).
23　Quotation from Simoris eudorsemeit of the book by Gerd Gigerenzer, *Simple Heuristics That Make Us Smart* (2001).
24　Gigerenzer (2004).
25　Klein (1998) p. 30.
26　卡尼曼和特沃斯基对吉仁泽与其同事的研究表现出极大的敌意，参见如 Kahneman and Tversky (1996)。Michael Lewis (2017) p. 335 说特沃斯基"不仅想反驳仁吉泽，还想彻底毁灭他"。

第9章

1　Sterling et al. (2015).
2　并且，这是一个比喻或故事，而不是基于实验得出的关于世界的主张。
3　Hamilton (1964) p. 16.
4　参见 Evans-Pritchard (1940) p. 140 中的一个例子：一个部落说，他们会给不认识的人故意指错路（在例子中也确实这样做了）。这个例子很特别，因为它与我们原来想的很不一样。
5　Alchian (1950).
6　他称之为"一致性"（Wilson 1999）。
7　Maynard Smith (1964).
8　贝尔斯登拒绝参与对长期资本管理公司的救助。10年后，当贝尔斯登自己陷入危机时，没有人愿意帮助他们——参见 Taft (2012)。
9　Gilman (1996).
10　Aktipis et al. (2011) p. 132.
11　Maddison Project Database, version 2018; Office for National Statistics (2015).
12　Wrangham (2019).
13　这是语言学的合作原则，该原则主张陈述是对话的一部分，它的含义是从对话的背景中获取的。
14　据 Mercier and Sperber (2017) 中的描述。
15　借用哈佛大学进化生物学家约瑟夫·亨里奇的话（Henrich 2017）。
16　Ortiz-Ospina and Roser (2019).
17　Ferguson (1782) p. 205.

18　Smith (1776b) p. 35.
19　Upton and George (2010).
20　有时候说这个故事来自《伊索寓言》，但它首次被引用在奥森·韦尔斯的电影《阿卡汀先生》（1955 年）；另见电影《哭泣游戏》。
21　这两种观点的代表作分别是 Plomin (2018) 和 Pinker (2003)。
22　此话出自美国喜剧演员乔治·伯恩斯。
23　Whately (1854) p. 127.
24　For example Cosmides and Tooby (1989) and Cosmides (1989)；有关批评的摘要（尤其是斯珀伯的批评）请参见 Atran (2001)。
25　Taleb (2018), chapter 19.
26　对黑死病死亡率的估算有许多种，但肯定有许多地方是绝大多数人口因黑死病而死亡。
27　麻省理工学院经济学家罗闻全提出了拓展示例来强调这一点 (Lo 2017, chapter 6)。
28　Scott (1998), Part I.
29　Gráda and Mokyr (1984).
30　1992 年，罗斯·佩罗成为缺乏胜算的美国总统候选人，而斯托克代尔是他的副总统候选人。
31　Collins (2001) p. 85.
32　HC Deb (4 June 1940), Vol. 361, cc. 787–98.
33　Isaacson (2011) pp. 107–8.
34　Lohr (2011).
35　鲍尔在传记中对人物毫不留情，他写的传记是有争议的。
36　Bower (2001) p. 25.
37　See for example Keren and Schul (2009), Keren (2013), Kruglanski and Gigerenzer (2011), and Mercier and Sperber (2017).
38　Libet et al. (1983).
39　Damasio (1995), chapter 3.
40　See Henrich (2017) for further analysis of this point.
41　当然最多只会有一名玩家可以获胜。很多人认为完美棋局最后会是平局，但目前还缺乏有力的论据来证明这一点。See https://www.quora.com/Is-chess-a-drawwith-perfect-play-by-both-players.
42　Kahneman (2017).
43　Ibid.

44　For more analysis, see Hofstadter (2018).

第 10 章

1　Hobbes (1843) p. xxii.
2　Odurinde (2015) and Defra (2012).
3　Churchill (1949) p. 157.
4　Iggers in von Ranke (2010) p. xiii.
5　Anderson (2011).
6　Coase (1937).
7　Marwell and Ames (1981).
8　Ibid. p. 309.
9　Smith (1776a) p. 16.
10　Mauss (1990) p. 3.
11　Ibid. p. 33. See also Kolm and Ythier (2006).
12　Waldfogel (1993) and (2009).
13　Smith (1776a) p. 6.
14　Wolfe (1988) p. 384.
15　HoC Treasury Committee (2012) 32.
16　Boas (1888) p. 636.
17　For example Vandevelde (2010).

第 11 章

1　Lipshaw (2013) p. 283.
2　Meadow (1997) p. 29.
3　Royal Statistical Society (2001).
4　General Medical Council v. Meadow [2006] EWCA Civ 1390.
5　Wansell (2007).
6　Daston (1995).
7　Bernoulli (1709).
8　Condorcet (1785), Laplace (1812), Poisson (1837).
9　Condorcet (1785) pp. 285–7.

10 Fleming et al. (2000).

11 尽管辛普森被无罪释放，但是妮科尔一家对其发起民事诉讼并胜诉，辛普森被判支付妮科尔一家一笔不菲的赔偿金。几年后，辛普森因持械抢劫被判入狱，2017年被假释出狱。

12 Himmelreich (2009).

13 杰出的统计学家戴维·考克斯爵士在克拉克案较靠后的诉讼程序中对法庭如是解释。

14 这一观察被SAS数据分析软件的作者们描述为"皱纸悖论"，并归功于2016年获得诺贝尔物理学奖的拓扑学家戴维·索利斯。

15 英国皇家统计学会一共做了四个指南，链接如下：http://www.rss.org.uk/RSS/Influencing_Change/Statistics_and_the_law/Practitioner_guides/RSS/Influencing_Change/Current_projects_sub/Statistics_and_the_law_sub/Practitioner_guides.aspx?hkey=2cfdf562-361e-432e-851b-ef6ff5254145。

16 2015年英格兰和威尔士记录的婴儿猝死病例比婴儿谋杀案的官方数据多4倍（Office for National Statistics 2015a and 2015b; and 2018, Appendix Table 3）。

17 Eco (2004) p. 254.

18 Simon and Mahan (1971) pp. 325–8.

19 See Hannibal and Mountford (2002) pp. 226–7 for a discussion for the UK; See 'Reasonable Doubt: An Argument Against Definition' (1995) for an overview for the US.

20 Cohen (1977) pp. 74–81 and Tribe (1971).

21 关于法律学者就牛仔竞技问题的回应，请参见Nunn (2015)。

22 Cohen (1977) p. 120.

23 Tribe (1971) p. 1374, footnote 143.

24 电影《卡萨布兰卡》（1942年）里的雷诺警长。

25 有不少关于研究统计歧视应用于法律的文献，这个数量还在不断增加［比如Harcourt (2007) and Monahan (2006)］。

26 使用统计歧视推断一个罪犯是否会犯另一种罪的概率，关押高风险的，释放低风险的，这一做法显著普及，在判刑和假释都需要进行风险评估的美国尤其如此。See Monahan (2006), Monahan and Skeem (2016), and the tools produced by the Laura and John Arnold Foundation (2016).

27 See, for example, O'Neil (2016) and Noble (2018).

28 See also Pardo and Allen (2008). Cheng (2013) pp. 1269–71 为协调概率推理与推

断提供了最佳解释，尽管这一解释也不是完美的。

29　Holmes (1881) p. 1. 若想阅读霍姆斯思想的发展，以及他与查尔斯·皮尔斯实用主义哲学学派的关系，请参见 Menand (2011) 这篇引人入胜的文章。

30　法官或陪审团寻找事实的责任是探索各方提出的不同版本的叙事，并根据证据列举的事实建立最佳解释。法律问题关乎法律规则与原则，这是由一名或多名法官决定的，并且如果审判不涉及陪审团，主审法官则基于事实，构建最佳解释，并做出判决。由陪审团审判的案件中，法官为陪审团设定好涉及的法律。陪审团需将该法律的规则应用在事实中，得出最佳解释，并决定案件结果。

31　Doyle (1927) p. 72.

32　Ibid. p. 74.

33　Blackstone, *Commentaries*, Book III, chapter XXIII.

34　Slaughter (2002).

第 12 章

1　Lewis (2017) p. 250.

2　Ibid. p. 194.

3　Wiessner (2014) p. 14029.

4　Ibid.

5　Wood (1960).

6　Smolin (2006).

7　Eliot (1871–2).

8　Lakoff and Johnson (1980).

9　Fisher (1989), chapter 8.

10　Tetlock and Gardner (2016) p. 167.

11　Ibid. p. 68.

12　Derrida (1967) p. 233.

13　Doyle (2004) p. 15.

14　Colyvan (2008) p. 646.

15　Knights (1933).

16　Bradley (1886) p. 106.

17　Donoghue (1992) pp. xxxii–xxxiii. 他接着讲那些反其道而行之的理论家（这些人用同一种方式解释所有现象），以此和这样做的理论家形成对比：查阅

Donoghue (1983)。

18　Márquez and Stone (1981).
19　Tuckett and Nikolic (2017) p. 502.
20　Ibid. p. 501.
21　Walton and Huey (1993) p. 298.
22　Serling (1992) p. 68.
23　Ibid. p. 285.
24　Kay (2011) pp. 21–2.
25　Shubber (2018).
26　Wolfe (1988) p. 57.
27　Shiller (2017) and Chong and Tuckett (2015).

第 13 章

1　该分布规律后来似乎被另一个法国人皮埃尔-西蒙·拉普拉斯和德国人卡尔·高斯独立发现，而且如今还经常被人称为高斯分布。

2　Quetelet (1835).

3　这些发现要归功于 20 世纪初伟大的应用数学家们，比如像弗朗西斯·高尔顿、卡尔·皮尔逊和耶日·内曼这样的学者，以及一名匿名出版作品的"学生"。我们现在知道那位"学生"是都柏林健力士酒厂的员工 W. J. 戈塞特。健力士公司别出心裁地聘用了一批牛津大学和剑桥大学的杰出毕业生，不久后，戈塞特就在伦敦皇家公园担任健力士英格兰分公司经理。但凯恩斯秉持基于哲学原理的怀疑态度去看待以上学者观点的应用，这促使他编著了《论概率》一书。

4　若随机变量的对数服从正态分布，则该随机变量服从的分布为对数正态分布。如果变量受诸多这样的独立因素影响，得出的频率就呈对数正态分布。

5　Table 205, *Statistical Abstract of the United States: 2011*, p. 135.

6　该分布模式最先由泊松在他 1837 年的著作《刑事和民事案件的判决的概率研究》中发表，和其一同发表的还有柏松的概率论。

7　Zipf (1935 and 1949).

8　理论上，如果指数小于 2，那么极端值就无限多（二阶和更高阶的矩本来就无限多）。

9　Mandelbrot (1963).

10　Gabaix (2009) 对幂律精彩的研究是一个特例。

11 Midanik (1982).
12 进一步的分析见纳特·西尔弗有关 2016 年民意调查表现的讨论（2016 年）。
13 Lowe et al. (2017).
14 Barns (2015).
15 Bohannon (2015).
16 Cartwright and Hardie (2012) 强调要区分功效（比如，"它在那里曾经有效"）和有效性（比如，"它在此处能够生效"）。
17 Ioannidis (2005).
18 Chang and Li (2015).
19 Camerer et al. (2016).
20 Nelson, Simmons and Simonsohn (2011).

第 14 章

1 Box (1979) p. 202.
2 Tucker (1983).
3 当然，第三方可能（并且大多数情况下一定会）受到负面影响。
4 Ricardo (1817) pp. 158–60.
5 Akerlof (1970).
6 这一术语取自大众汽车 20 世纪 60 年代的广告宣传。当时美国的消费者流行"周五"或"周一早"车（工人周五工作效率高，所以车的质量好，周一一早反之）说法的时候，进口商强调他们产品的高质量（See Coleman 2009）。
7 Clapham (1913) p. 401.
8 Burns (1787).
9 Arrow and Debreu (1954).
10 我们有所保留：斯密的文章没有维持一些现代崇拜者指出的市场原教旨主义，这些崇拜者并非所有人都读过他的作品。阿罗和德布勒也不是市场原教旨主义者。
11 Spence (1973).
12 Grossman and Stiglitz (1980).
13 他肯定赚了一笔，但这并不一定是因为上述偶然事件。See Samuelson (2011) p. 251 but also Skousen (2001) p. 97.
14 Plender and Persaud (2006).

15 Vickrey (1961).
16 Capen et al. (1971).
17 2008 年，英国政府对苏格兰皇家银行进行了资产重组，在本书撰写过程中，这家银行大体上依然是国有的。
18 Klemperer (2002) pp. 169–70.
19 Friedman (1953) pp. 21–2.
20 Ibid. p. 15.
21 Hausman (1984) pp. 231–49, 235.
22 爱因斯坦不是因为相对论，而是因为发现了将光视为粒子的光电效应，成为粒子量子理论的先驱。
23 Duhem (1906) and Quine (1951).
24 Committee on Oversight and Government Reform (2008) p. 37.
25 它使用动态随机一般均衡模型推导出利率的有效正向传输路径。

第 15 章

1 Vaihinger (1924) p. 15.
2 Potter van Loon et al. (2015).
3 Duke (2018) p. 7.
4 Smith (2013) pp. 41–5.
5 Ibid.
6 Brearley (2017), Csikszentmihalyi (1991).
7 Kasparov (2018) p. 172.
8 Moore (2008).
9 Carré et al. (2002a and b).
10 Leamon (2018) p. 215.
11 Keynes (1925) in Keynes (1978) p. 212.
12 Keynes (1933) quoted in Harrod (1951) p. 445. 这一引用来自《每日邮报》上他这篇文章的标题。
13 Gladwell (2006) and Kaplan (2018).
14 Klein (1998) pp. 35–9.
15 Quoted in Haidt (2013) p. 237.
16 Gao et al. (2018).

17　Herbranson and Schroeder (2010).
18　See Coase (1937) and Williamson (1975).
19　尼日利亚社会组织局限性影响的例子，参见 Nwauwa (2017)。
20　这两种都是指一群相互不同但紧密相连的公司，以一家主要公司为中心形成的集合，比如丰田和三星。
21　Kay (2019).
22　Paraphrase Marshall (1890) p. 332.
23　Collier (2018) pp. 147–53.

第16章

1　Sloan, quoted in *The Economist* (2009).
2　Janis (1972).
3　Ambrose (1984) p. 638.
4　如需描述白宫内部辩论的一手资料，见 Kennedy (1999)。
5　Schlesinger in ibid. p. 12.
6　Kennedy (1999) pp. 26–7 and 35–6.
7　Ibid. pp. 85–6.
8　Schelling (2008) p. 94.
9　Kennedy (1999) p. 8.
10　Hastings (2018).
11　World Health Organization (2009) I.4.
12　Marshall and Adams (2008).
13　虽然马歇尔是在服用抗生素后康复了，但服药前进行的胃镜检查发现他的身体已经自己战胜了细菌感染（Marshall 2005）。
14　Fitzgerald (2017).
15　Samuelson (1975) p. 72.
16　其实普朗克说的是，"新一代科学真理取得胜利并不是因为对手被说服，对手受到了真理的启示，而是因为新真理的对手们最终辞世，而接受真理的新一代人成长起来了"（Planck 1968 pp. 33–4）。
17　Letter (December 1851) quoted in Barry (2004).
18　Sloan quoted in Farber (2002) p. 90.
19　Drucker (1946) p. 61.

20 Lampert (2010).
21 Quoted in Cohan (2018).
22 Kimes (2013).
23 Lampert (2016).
24 Bezos (2018) p. 2.
25 Quoted in Gapper (2018).
26 For more, see Goodwin (2005).
27 Fowler (2013).
28 Howe in *Hansard*, 6th Series, Vol. 180, Col. 464.
29 Howe (1994) p. 691.
30 有一份很有趣的数据：所有艾森豪威尔的竞选对手赢得的州在 2016 年大选中都倒向了特朗普，而所有支持艾森豪威尔的州这次在选举中都支持了希拉里。从这份数据中就可看出，美国政坛这些年发生了巨变。
31 杜鲁门声称将麦克阿瑟免职是因为他不尊重总统的权威（see Brands 2016）。
32 Truman (1945).
33 可能是虚构的，引自 Gavin (1958) p. 64。
34 Orange (2012) p. 311.
35 Greenstein (1994).
36 Patton quoted in Torricelli and Carroll (2000) p. 142.
37 Eisenhower (1944).
38 Tetlock and Gardner (2016) p. 245.
39 Eland (2001), Lawrence (2012).
40 Mintzberg et al. (2005) p. 373.
41 Bowden (2012) pp. 169–73.
42 Hastings (2018) p. 146.
43 McNamara (1995) pp. 270–1.
44 Hastings (2018) p. 378.
45 Ibid. p. 147.
46 McNamara (1995) p. 311.
47 Ibid. p. 332.

第 17 章

1. Mackin (1963) p. 29.
2. Quoted in Mandel (1990).
3. Aristotle's *Politics*, Book I, Part XI.
4. Shakespeare (1912) p. 9.
5. Ibid.
6. Markowitz (1952).
7. Markowitz (1990).
8. 然而，国际间协定的银行监管方法，如《巴塞尔协议》中的规定，延续使用了基于"风险加权"后各项资产总和的方式来确定银行必须创造的法定股本数额，无论是通过积累净利润还是增发新股的方式。
9. Quoted in Zweig (2007) p. 4.
10. House of Commons Treasury Committee (2008) p. 25.
11. Shiller (2019), Shiller (2017).
12. Shiller (2017) p. 969.
13. Shiller (2019) p.100.
14. Rajan (2005).
15. Greenspan (2002).
16. Ibid.
17. Greenspan (2005).
18. Lux (2000).

第 18 章

1. Frydman and Goldberg in Frydman and Phelps (2013) p. 148.
2. 据说保险的起源可见于《汉穆拉比法典》第 103 条（另见 Trenerry 1911 pp. 53–60）。然而，法典实际上说的是，如果一个商人出国在外，替别人出售商品却遭打劫，那么他们不需要赔偿被盗的货物。这不能算保险，而是夹层债务股权融资的一个例子：股权融资的原因是货物所有者（商家）有权获得一部分回报，夹层债务的原因是业主的索赔是无担保的。
3. Scottish Widows (2018).
4. Borch (1976).

5　从技术层面上讲，这个（还）不能投保，但你可以打赌——这表明，在这种情况下，保险和赌博之间的界限变得很模糊。参见 Kay (2017) 对此问题的讨论。

6　J. G. W. (1954) p. 441.

7　Baur and Breutel-O'Donoghue (2004) p. 10.

8　但灾难性的损失就另当别论了。2001 年，加里·哈特驾驶路虎从一座桥上驶入高速列车的轨道。哈特活了下来，但火车司机不幸罹难。保险损失超过 2 200 万欧元。[2003]EWHC 2450 (QB).

9　Nelson and Nikolov (2002) p. 29.

10　Department for Work and Pensions (2010).

11　FT Ordinary Share (2018).

12　Smyth (2018).

13　*Forbes* (2008).

14　Buffett (2015) p. 18.

15　Buffett (1988).

第 19 章

1　Ignatieff (2017).

2　Lucas (2003) p. 1.

3　Phillips (1958).

4　Keynes (1939).

5　Ibid. p. 566.

6　Ibid. p. 559.

7　Coase (1999).

8　Sargent (1979).

9　Sargent (2005) p. 566.

10　Walras (1874).

11　Arrow and Debreu (1954).

12　Arrow and Hahn (1983) pp. vi–vii.

13　Lucas (2002) p. 21.

14　Ibid.

15　Savage (1954) p. 17.

16　Ibid. p. 16.

17 举办疯帽匠茶话会的指示参见 http://www.alice-in-wonderland.net/fun/mad-tea-party-ideas/。

18 Kydland and Prescott (1982).

19 Jevons (1878).

20 将阻力这个概念直接引入经济行为模型，而依靠冲击和变化来调和理论和数据，该想法的集大成者是一系列名为动态随机一般均衡（DSGE）的模型。大部分央行的预测模型皆源自该系列。

21 Abramovitz (1956) p. 11.

22 芬恩·基德兰和爱德华·普雷斯科特对真实经济周期模型的形成皆有贡献。

23 See the critique by Friedman (2017).

24 Hendry and Mizon (2014) 解释道，不稳定性之所以重要，是因为它动摇了实证预估模式的推论根基。

25 *The Economist* (2016).

26 经济预报无法提供对未来的准确预测，这是个事实，但对其需求量仍居高不下，这也是个事实。这两个事实相结合，让人不禁发问："究竟发生了什么？"我们认为人们还在努力回答这个问题，但 Beckert (2016) 提出了颇为有趣的观点。

27 Christoffel et al. (2010) p. 6.

28 Trichet (2010).

29 Candler and Prescott (2016).

30 Ibid.

31 For this and other examples see King (2016).

32 李·斯莫林在对现代理论物理的评论中，曾提到弦理论学界有以下几点不寻常之处："他们极度自信……该学界内部异常统一，无论是否有证据支撑，学者的意见都高度一致。他们对开放性问题的观点也异常统一……学界内的身份认同感堪比宗教教派或政党党派内部的身份认同。团体内部的学者和其他学者之间界限感分明。学者们也对界外学者的想法、观点和著作缺乏重视和兴趣……他们在分析证据时偏于乐观……同时他们也会在没亲自（甚至没见过别人）验证过证据的情况下，武断地认可结论的正确性，只因为该结论'被广泛接受'。他们也倾向于忽视研究项目中的风险性。"（Smolin 2006 p. 284）我们（和罗默一样）也在宏观经济学家身上发现了相似的问题。我们认为学术界的其他学科中也可能存在类似的情况。

33 Romer (2016a) p. 1.

注 释　355

第 20 章

1. Buffett (1989).
2. Ehrlich (1970) p. 11.
3. Ehrlich (2004).
4. Thompson (1929). For more, see Caldwell (2006) Part II.
5. Jevons (1865).
6. Ibid. p. 213 and Department for Business, Energy & Industrial Strategy (2017).
7. Hubbert (1956) pp. 22, 24.
8. US Energy Information Administration (2019).
9. Meadows et al. (1972).
10. 现代学者则认为，索多玛的毁灭描述的是青铜时代中期的一次火山爆发（Collins 2013）。
11. Keynes (1936) p. 523, Jevons (1865) p. 331.
12. HM Treasury (2018b).
13. HM Treasury (2018a) Table A 1.3.1.
14. Swanson (2017).
15. 另有高斯连接函数，后被称作"摧毁华尔街的公式"，为计算联合概率分布问题（即冯·诺依曼及他在曼哈顿计划中的同事关注的问题）提供了部分解答。
16. Hamilton et al. (2004) pp. 199–200.
17. Pilkey and Pilkey-Jarvis (2007) p. 9.
18. Dustmann et al. (2003) p. 57.
19. Office for National Statistics (2017) Table 2.1.
20. Ibid.
21. Central Statistics Office (2016) Table 9.
22. Boeri and Brücker (2001).
23. Sinn (2003).
24. Davenport and Manville (2012).
25. Ibid. p. 38.
26. May (2004) p. 792.
27. UNAIDS (2018).

第 21 章

1　Norman (2018) p. 185.
2　Marshall (1890) p. 1.
3　Becker (1978) p. 4.
4　伦敦政治经济学院管理学系的路易斯·加里卡诺教授在女王为价值 7 100 万英镑的新学术楼揭幕时，解释了信用危机产生和影响。他说，"女王问我，如果这件事情影响如此之大，为什么大家都没有意识到"（Pierce 2008）。
5　我们说的经济学家像管道工一样，跟 Esther Duflo (2017) 说的不是一个意思。她更强调细节的重要性，即"管道应如何疏通"，或者说政策应如何施行，这也是一个重要的见解。
6　'Alfred Marshall: 1842–1924' (1924), in Keynes and Keynes (1933) pp. 191–2.
7　Keynes (1930).
8　然而，直到 2018 年，《美国新闻与世界报道》的年度排名中，牙医经常被列为"美国最好的工作"。现在，程序员取代了牙医。
9　Shulman and Driskell (1997).
10　Ipsos MORI (2017).
11　World Bank (2019).
12　Rosling et al. (2018) p. 7.
13　United Nations (2015) p. 15.
14　Benson (2018).
15　'On Exactitude in Science' in Borges (2018) p. 35.
16　"地图不是实际的疆域，但是，如果这是正确的话，它和疆域有着相似的结构，因此它才是有用的"（Korzybski 1933 p. 58）。See also Greenspan (2013).
17　Savage (1954) p. 16.
18　这句话的源头难以考据。我们找到最早发表的样本是 Gibbons (1982) 这篇批评资本资产定价模型的论文。作者强调他并不是要提供一个可替代模型。
19　Lewis (2017) p. 151.
20　Romer (2016b).
21　我们在美国实用主义学派中找到了帮助，该学派最近的代表是理查德·罗蒂。用罗蒂的话说，真理是有根据的信念："实用主义者认为，如果某件事对实践没有影响，那么它对哲学也没有影响。这种信念使他们怀疑强调正义与真理之间的区别的哲学观点。"（Rorty 1995 p. 281）

22 Klein (1998) pp. 15–30.

第 22 章

1 Vina et al. (2016).
2 See for example Dennett (1995) pp. 282–99 and Gould (1997a and b).
3 Ohno (1988).
4 Mintzberg and Mangelsdorf (2009).
5 声称机器人比人类有更高的情感智慧，例如它们能识别面部表情且总是很准确，这实际上是情感编程的体现，而非情感智慧的表现。
6 Leeson (1996) p. 56.
7 Quoted in Aitken (1999).
8 Mercier and Sperber (2017).

第 23 章

1 Wilde (1891) p. 306.
2 严格说来，这一荣誉属于法罗群岛，岛上有 5 万居民：尼尔斯·芬森获得了 1903 年的诺贝尔生理学或医学奖。在人口超过 100 万的国家中，瑞士排名第一，瑞典、丹麦和挪威紧随其后。
3 Quoted in Backhouse and Bland (1914) pp. 322–3.
4 Taleb (2013) pp. 83–5.
5 尽管巴菲特将衍生品描述为"大规模杀伤性武器"，他的公司伯克希尔·哈撒韦却针对世界主要股票市场指数发行了大量长达 15 年和 20 年的看跌期权。这保护了养老基金和交易对手方（那些身份不明但拥有股权投资组合和固定长债的机构）的参考叙事，以防意外，而不会损害公司本身的参考叙事。这使股东能够分享管理良好的（主要是美国）公司的繁荣成果。
6 This account is based on Caro (1974).
7 Sellar and Yeatman (1930).
8 See Ventola (2015).
9 Translation by Wells (2016).
10 Mill (1909) p. 436.
11 Michelson quoted in University of Chicago (1896) p. 159.

12 詹代是桑德莫塞的小说《难民迷影》中的虚构地点。詹代法则的完整内容如下。

（1）不要觉得你跟我们一样好。

（2）不要觉得你比我们聪明。

（3）别想着你比我们优越。

（4）不要觉得你知道的比我们多。

（5）不要觉得你比我们更重要。

（6）不要觉得你有特别擅长的事。

（7）别想取笑我们。

（8）不要以为有人会在意你。

（9）不要觉得你能教训我们什么。

13 Obama (2012).

14 Ibid.

15 Clausewitz (1976) p. 134.

16 Ibid. p. 135.

附录

1 Moscati (2016) 对期望效用理论的历史发展特别是独立性公理进行了阐述。

2 Savage (1954).

3 Taleb (2018) p. 225.

4 Arrow (1950).

5 因此，独立性公理被违反了，这个公理仍然存在争议。在某种程度上，连续性公理也存在争议。然而，我们主要批评的将是完整性公理。另一个主要假定（传递性）似乎无伤大雅。

6 Allais (1953) p. 505.

7 1988年，阿莱本人因其早先在《纯粹经济学》和《经济与利息》中"对市场和资源效率分配理论的开创性贡献"而获得诺贝尔经济学奖。

8 Savage (1954) p. 103.

9 For example Izhakian et al. (2017).

10 Savage (1954) p. 58.

参考文献

Abramovitz, M., 'Resource and Output Trends in the U.S. Since 1870', *American Economic Review*, Vol. 46, No. 2 (1956), 5–23

Adams, A. and Levell, P., 'Measuring Poverty When Inflation Varies Across Households', Joseph Rowntree Foundation (2014)

Aikman, D. et al., 'Taking Uncertainty Seriously: Simplicity Versus Complexity in Financial Regulation', Bank of England Financial Stability Paper Number 28 (2014)

Aitken, I., 'Obituary: Viscount Whitelaw of Penrith', *Guardian* (2 July 1999)

Akerlof, G. A., 'The Market for "Lemons": Quality Uncertainty and the Market Mechanism', *Quarterly Journal of Economics*, Vol. 84, No. 3 (1970), 488–500

Aktipis, C. A., Cronk, L. and de Aguiar, R., 'Risk-Pooling and Herd Survival: An Agent-Based Model of a Maasai Gift-Giving System', *Human Ecology*, Vol. 39, No. 2 (2011), 131–40

Alchian, A. A., 'Uncertainty, Evolution, and Economic Theory', *Journal of Political Economy*, Vol. 58, No. 3 (1950), 211–21

Allais, M., 'Le Comportement de l'Homme Rationnel devant le Risque: Critique des Postulats et Axiomes de l'Ecole Américaine', *Econometrica*, Vol. 21, No. 4 (1953), 503–46

Ambrose, S. E., *Eisenhower: The President: Volume Two, 1952–1969* (London: George Allen and Unwin, 1984)

Anderson, Z., 'Rick Scott Wants to Shift University Funding Away From Some Degrees', *Herald-Tribune* (10 Oct 2011) <http://politics.heraldtribune.com/2011/10/10/rick-scott-wants-to-shift-university-funding-away-fromsome-majors/> (accessed 12 Oct 2018)

Appiah, K. A., *As If: Idealization and Ideals* (Cambridge, Massachusetts: HUP, 2017)

Aristotle, *Complete Works of Aristotle, Volume 2: The Revised Oxford Translation* (Princeton: PUP, 2014)

Aristotle (trans. Ross, W. D.), *Nicomachean Ethics, Book VI*, available at <http://classics.mit.edu/Aristotle/nicomachaen.6.vi.html>

Aristotle (trans. Jowett, B.), *Politics* (1885)

Arkansas Teachers Retirement System v. Goldman Sachs Group, Inc., No. 16–250 (2d. Cir. 2018)

Arrow, K. J., 'A Difficulty in the Concept of Social Welfare', *Journal of Political Economy*, Vol. 58, No. 4 (1950), 328–46

Arrow, K. J. and Debreu, G., 'Existence of an Equilibrium for a Competitive Economy', *Econometrica*, Vol. 22, No. 3 (1954), 265–90

Arrow, K. J. and Hahn, F., *General Competitive Analysis* (Amsterdam: North Holland Publishing, 1983)

Atran, S., 'A Cheater-Detection Module? Dubious Interpretations of the Wason Selection Task and Logic', *Evolution and Cognition*, Vol. 7, No. 2 (2001), 187–92

Backhouse, E. and Bland, J. O. P., *Annals and Memoirs of the Court of Peking* (New York: Houghton Miff lin, 1914)

Ballmer, S., 'Ballmer Laughs at iPhone' (18 Sept 2007) <https://www.youtube.com/watch?v=eywi0h_Y5_U> (accessed 21 June 2018)

Bank of England, 'Inf lation Report' (May 2013)

Barns, S., 'Chocolate Accelerates Weight Loss: Research Claims It Lowers Cholesterol and Aids Sleep', *Daily Express* (30 Mar 2015)

Barry, J. M., *The Great Influenza: The Epic Story of the Deadliest Plague in History* (New York: Viking, 2004)

Baur, P. and Breutel-O'Donoghue, A., 'Understanding Reinsurance: How Reinsurers Create Value and Manage Risk', Swiss Re (2004)

Becker, G. S., *The Economic Approach to Human Behavior* (Chicago: University of Chicago Press, 1978)

Beckert, J., *Imagined Futures* (Cambridge, Massachusetts: HUP, 2016)

Benson, A., 'French Grand Prix: Lewis Hamilton Says: "I Need Win"', BBC Sport (24 June 2018) <https://www.bbc.co.uk/sport/formula1/44590425> (accessed 9 Oct 2018)

Bernanke, B. and Hutchins, G., 'Central Banking After the Great Recession: Lessons Learned and Challenges Ahead', The Brookings Institution (16 Jan 2014)

Bernoulli, D., 'Exposition of a New Theory on the Measurement of Risk', *Econometrica*, Vol. 22, No. 1 (1954), 23–36

Bernoulli, N., *De usu Artis Conjectandi in Jure* (1709)

Bezos, J., '2017 Letter to Shareholders', Amazon (18 Apr 2018)

Blackstone, W., *Commentaries on the Laws of England (1765–9)*, accessed via <http://avalon.law.yale.edu/subject_menus/blackstone.asp>

Boas, F., 'The Indians of British Columbia', *Popular Science Monthly*, Vol. 32 (Mar 1888)

Boeri, T. and Brücker, H., 'The Impact of Eastern European Enlargement on Employment and Labour Markets in the EU Member States', European Integration Consortium (2001)

Bohannon, J., 'I Fooled Millions Into Thinking Chocolate Helps Weight Loss. Here's How', Io9 <Io9.gizmodo.com> (27 May 2015)

Bolton, B. and Thompson, J., *The Entirepreneur: The All-In-One Entrepreneur-Leader-Manager* (London: Routledge, 2015)

Borch, K., 'The Monster in Loch Ness', *Journal of Risk and Insurance*, Vol. 43, No. 3 (1976), 521–5

Borges, J. L., Yates, D. A., Hurley, A. and Irby, J. E. (trans.), *The Garden of Forking Paths* (London: Penguin, 2018)

Bowden, M., *The Finish: The Killing of Osama bin Laden* (New York: Atlantic Monthly Press, 2012)

Bower, T., *Branson* (London: Fourth Estate, 2001)

Box, G. E. P., 'Robustness in the Strategy of Scientific Model Building' (1979) in Launer, R. L. and Wilkinson, G. N. (eds), *Robustness in Statistics* (Cambridge, Massachusetts: Academic Press, 1979), 201–36

Bradley, H. in Stephen, L. (ed.), 'Jedediah Buxton', *Dictionary of National Biography* Vol. VIII (1886), 106

Brands, H. W., *The General vs. The President* (New York: Doubleday, 2016)

Brearley, M., *On Form* (London: Little Brown, 2017)

Brooks, B. E., 'Jimmie Savage: 20 Nov 1917–1 Nov 1971', *Tales of Statisticians* (4 Sept 2004) <https://www.umass.edu/wsp/resources/tales.html>

Buffett, W. E., *Berkshire Hathaway 2016 Annual Report* (2017)

Buffett, W. E., 'Chairman's Letter to Shareholders' (1988)

Buffett, W. E., 'Chairman's Letter to Shareholders' (1989)

Buffett, W. E., 'Chairman's Letter to Shareholders 2014' (2015)

Burns, R., 'Impromptu on Carron Iron Works' (1787) <http://www.robertburns.org/works/176.shtml> (accessed 9 Oct 2018)

Caldwell, J. C., *Demographic Transition Theory* (Dordrecht: Springer, 2006)

Camerer, C. F. et al., 'Evaluating Replicability of Laboratory Experiments in Economics', *Science*, Vol. 351 (2016), 1433–6

Candler, G. V. and Prescott, E. C., 'Calibration', *The New Palgrave Dictionary of Economics* (10 Dec 2016), accessed 17 May 2018

Capen, E. C., Clapp, R. V. and Campbell, W. M., 'Competitive Bidding in High-Risk Situations', *Journal of Petroleum Technology*, Vol. 23, No. 6 (1971), 641–53

Caro, R. A., *The Power Broker: Robert Moses and the Fall of New York* (New York: Knopf, 1974)

Carré, M. J. et al., 'The Curve Kick of a Football I: Impact with the Foot', *Sports Engineering*, Vol. 5, No. 4 (2002a)

Carré, M. J. et al., 'The Curve Kick of a Football II: Flight Through the Air', *Sports Engineering*, Vol. 5, No. 4 (2002b)

Carroll, L. and Gardner, M., *The Annotated Alice: The Definitive Edition* (New York: Norton, 2000)

Carter, I., 'Rulebook Overhaul is Welcome – But Some Changes Will Need Precise Policing', BBC Sport (1 Jan 2019) <https://www.bbc.co.uk/sport/golf/46728272> (accessed 11 Jan 2019)

Cartwright, N. and Hardie, J., *Evidence-Based Policy: A Practical Guide to Doing It Better* (Oxford: OUP, 2012)

Case, A. and Deaton, A., 'Rising Morbidity and Mortality in Midlife Among White Non-Hispanic Americans in the 21st Century', *Proceedings of the National Academy of Sciences*, Vol. 112, No. 49 (2015), 15078–83

Central Statistics Office, 'Population and Migration Estimates' (2016)

Chandler, A. D., *Strategy and Structure* (Cambridge, Massachusetts: MIT Press, 1962)

Chang, A. C. and Li, P., 'Is Economics Research Replicable? Sixty Published Papers from Thirteen Journals Say "Usually Not"', *Finance and Economics Discussion Series 2015–083* (2015)

Chater, N., *The Mind is Flat* (London: Allen Lane, 2018)

Cheng, E. K., 'Reconceptualizing the Burden of Proof', *Yale Law Journal*, Vol. 122, No. 5 (2013), 1254–79

Chong, K. and Tuckett, D., 'Constructing Conviction Through Action and Narrative: How Money Managers Manage Uncertainty and the Consequences for Financial Market Functioning', *Socio-Economic Review*, Vol. 13, No. 2 (2015), 1–26

Christoffel, K., Coenen, G. and Warne, A., 'Forecasting with DSGE Models', *ECB Working Paper Series*, No. 1185 (2010)

Churchill, W., *The Second World War, Volume II* (London: The Reprint Society, 1949)

Clapham, J. H., *Bibliography of English Economic History* (London: Historical Association, 1913)

Clausewitz, K., Howard, M. and Paret, P. (trans.), *On War* (Princeton: PUP, 1976)

Coase, R., 'The Nature of the Firm', *Economica*, Vol. 4, No. 16 (1937), 386–405

Coase, R., 'Opening Address to the Annual Conference', *International Society of New Institutional Economics, Washington DC* (17 Sept 1999) <http://www.coase.org/coasespeech.htm> (accessed 16 May 2018)

Cochrane, J. H., 'How did Paul Krugman Get it so Wrong?' (16 Sept 2009) <https://faculty.chicagobooth.edu/john.cochrane/research/papers/krugman_response.htm> (accessed 23 Apr 2019)

Cohan, W. D., 'Inside the Strange Odyssey of Hedge-Fund King Eddie Lampert', *Vanity Fair* (2018)

Cohen, L. J., *The Probable and the Provable* (Oxford: OUP, 1977)

Coleman, R. 'Lemon', *Writing for Designers* (26 Feb 2009) <http://www.writingfordesigners.com/?p=1731> (accessed 24 Jan 2019)

Collier, P., *The Future of Capitalism: Facing the New Anxieties* (London: Allen Lane, 2018)

Collins, J. C., *Good to Great: Why Some Companies Make the Leap . . . and Others Don't* (Chatham: Mackays of Chatham, 2001)

Collins, S., 'Where is Sodom? The Case for Tall el-Hammam', *Biblical Archaeology Review*, Vol. 39, No. 2 (2013)

Colyvan, M., 'Is Probability the Only Coherent Approach to Uncertainty?', *Risk Analysis*, Vol. 28, No. 3 (2008), 645–52

Committee on Oversight and Government Reform, 'The Financial Crisis and the Role of Federal Regulators', House of Representatives (23 Oct 2008)

Committee for the Prize in Economic Sciences in Memory of Alfred Nobel, 'Scientific Background on the Sveriges Riksbank Prize in Economic Sciences in Memory of Alfred Nobel 2017' (2017)

Condorcet, M. J. A. N. de C., *Essai sur l'application de l'analyse à la Probabilité des Décisions Rendues à la Pluralité des Voix* (1785)

Cosmides, L., 'The Logic of Social Exchange: Has Natural Selection Shaped how Humans Reason? Studies with the Wason Selection Task', *Cognition*, Vol. 31 (1989), 187–276

Cosmides, L. and Tooby, J., 'Evolutionary Psychology and the Generation of Culture, Part II. Case Study: A Computational Theory of Social Exchange', *Ethology and Sociobiology*, Vol. 10, No. 1–3 (1989), 51–97

Coyle, D., *GDP* (Princeton: PUP, 2014)

Cribb, J. and Emmerson, C., 'What Happens When Employers Are Obliged to Nudge? Automatic Enrolment and Pension Saving in the UK', *IFS Working Paper W16/19* (2016)

Csikszentmihalyi, M., *Flow: The Psychology of Optimal Experience* (London: HarperCollins, 1991)

Curtiz, M. (director), *Casablanca*, Warner Bros. (1942)

Damasio, A. R., *Descartes' Error: Emotion, Reason and the Human Brain* (London: Picador, 1995)

Daston, L., *Classical Probability in the Enlightenment* (USA: PUP, 1995)

Davenport, T. H. and Manville, B., *Judgement Calls: Twelve Stories of Big Decisions and the Teams That Got Them Right* (Cambridge, Massachusetts: Harvard Business School Publishing, 2012)

David, F. N., *Games, Gods, and Gambling: A History of Probability and Statistical Ideas* (London: Griffin, 1962)

Davidson, D., *Truth, Language, and History* (Oxford: Clarendon, 2005)

Dawkins, R., *The Selfish Gene* (Oxford: OUP, 1976)

de Finetti, B., 'Probabilism: A Critical Essay on the Theory of Probability and the Value of Science', *Erkenntnis*, Vol. 31, No. 2/3 (1989), 169–223

Debt Management Office, 'Gilt Reference Prices' (25 Oct 2018)

Defra, 'Water Use by Industry', National Archives (2012) <http://webarchive.nationalarchives.gov.uk/20130124043757/http://www.defra.gov.uk/statistics/environment/green-economy/scptb10-wateruse/> (accessed 25 Oct 2018)

Dennett, D., *Darwin's Dangerous Idea* (New York: Simon and Schuster, 1995)

Department for Business, Energy & Industrial Strategy, *Historical Coal Data: Coal Production, Availability and Consumption 1853 to 2016* (2017)

Department for Transport, 'Facts on Pedestrian Casualties' (2015)

Department for Work and Pensions, 'Statement on Moving to CPI as the Measure of Price Inflation' (12 July 2010) <https://www.gov.uk/government/news/statementon-moving-to-cpi-as-the-measure-of-price-inflation> (accessed 10 Oct 2018)

Derrida, J., *De La Grammatologie* (Paris: Minuet, 1967)

Devlin, K., *The Unfinished Game: Pascal, Fermat and the Seventeenth-Century Letter that Made the World Modern* (New York: Basic Books, 2010)

Dirac, P. A. M., 'Nobel Banquet Speech' (10 Dec 1933) <https://www.nobelprize.org/prizes/physics/1933/dirac/speech/> (accessed 9 Oct 2018)

Donoghue, D., 'A Guide to the Revolution', *New York Review of Books* (8 Dec 1983)

Donoghue, D., 'The Use and Abuse of Theory', *Modern Language Review*, Vol. 87, No. 4 (1992), xxix–xxxviii

Dowd, K., Cotter, J., Humphrey, C. and Woods, M., 'How Unlucky Is 25-Sigma?', *Journal of Portfolio Management*, Vol. 34, No. 4 (2008), 76–80

Doyle, A. C., 'The Adventure of the Blanched Soldier' in *The Case-Book of Sherlock Holmes* (London: John Murray, 1927), 47–74

Doyle, A. C., *The Adventures and the Memoirs of Sherlock Holmes* (New York: Sterling, 2004)

Doyle, A. C., 'J. Habakuk Jephson's Statement', *Cornhill Magazine* (Jan 1884), 1–32

Drake, S., *Galileo at Work: His Scientific Biography* (Chicago: University of Chicago Press, 1978)

Drucker, P. F., *Concept of the Corporation* (New York: The John Day Company, 1946)

Duffy, C., *Borodino and the War of 1812* (London: Seeley, Service and Co., 1972)

Duflo, E., 'Richard T. Ely Lecture: The Economist As Plumber', *American Economic*

Review, Vol. 107, No. 5 (2017), 1–26

Duhem, P., *La Théorie Physique: Son Objet et sa Structure* (Paris: Chevalier and Riviere, 1906)

Duke, A., *Thinking in Bets: Making Smarter Decisions When You Don't Have All the Facts* (New York: Penguin, 2018)

Dustmann, C. et al., 'The Impact of EU Enlargement on Migration Flows', Home Office Online Report (25 Mar 2003)

Eco, U., *The Name of the Rose* (London: Vintage, 2004)

The Economist, 'Alfred Sloan' (30 Jan 2009)

The Economist, 'Business in 1852' (8 Jan 1853)

The Economist, 'A Mean Feat' (9 Jan 2016)

Ehrlich, P. R., *The Population Bomb* (San Francisco: Sierra Club, 1970)

Ehrlich, P. R., 'When Paul's Said and Done', *Grist Magazine* (13 Aug 2004) <https://web.archive.org/web/20041115081108/http://www.grist.org/comments/interactivist/2004/08/09/ehrlich/index1.html> (accessed 29 Apr 2019)

Einstein, A., 'Letter to Max Born' (1926) in Born, I. (trans.), *The Born-Einstein Letters* (London: Macmillan, 1971)

Eisenhower, D. D., 'In Case of Failure', Eisenhower's Pre-Presidential Papers, Principal File, Box 168, Butcher Diary June 28-July 14 (1944); NAID #186470

Eland, I., 'Rumsfeld vs. The Pentagon', Cato Institute (11 Apr 2001) <https://www.cato.org/publications/commentary/rumsfeld-vs-pentagon> (accessed 15 Oct 2018)

Eliot, G., *Middlemarch* (1871–2)

Ellsberg, D., 'Risk, Ambiguity, and the Savage Axioms', *Quarterly Journal of Economics*, Vol. 75, No. 4 (1961), 643–69

Ellsberg, D., *Secrets: A Memoir of Vietnam and the Pentagon Papers* (London: Penguin, 2003)

Engel, J. A., *Cold War at 30,000 Feet: The Anglo-American Fight for Aviation Supremacy* (Cambridge, Massachusetts: HUP, 2007)

European Commission, 'Annexes to the Commission Delegated Regulation Supplementing Key Information Documents for PRIIPS' (8 Mar 2017) <http://ec.europa.eu/finance/docs/level-2-measures/priips-delegated-regulation-2017-1473-annex_en.pdf> (accessed 28 Aug 2019)

Eurostat, *Mortality and Life Expectancy Statistics* (2017)

Evans-Pritchard, E. E., *The Nuer: A Description of the Modes of Livelihood and Political Institutions of a Nilotic People* (Oxford: Clarendon, 1940)

Falk, R., 'When Truisms Clash: Coping with a Counterintuitive Problem Concerning the Notorious Two-child Family', *Thinking & Reasoning*, Vol. 17, No. 4 (2011), 353–66

Farber, D., *Sloan Rules: Alfred P. Sloan and the Triumph of General Motors* (Chicago: University of Chicago Press, 2002)

Federal Aviation Administration, 'Lessons Learned: de Havilland DH-106 Comet 1' <lessonslearned.faa.gov> (accessed 19 Mar 2018)

Felin, T., 'The Fallacy of Obviousness' (2018) <https://aeon.co/essays/are-humans-really-blind-to-the-gorilla-on-thebasketball-court> (accessed 5 Oct 2018)

Ferguson, A., *An Essay on the History of Civil Society* (1782)

Feynman, R. P., *Rogers Commission Report, Appendix F* (1986)

Financial Conduct Authority, 'Statement on Communications in Relation to PRIIPs' (24 Jan 2018) https://www.fca.org.uk/news/statements/statement-communications-relationpriips (accessed 9 Oct 2018)

Fisher, W. R., *Human Communication as Narration: Toward a Philosophy of Reason, Value, and Action* (Columbia, South Carolina: University of South Carolina Press, 1989)

Fitzgerald, F. S., 'The Crack-Up', *Esquire* (2017)

Fitzgerald, F. S., *The Great Gatsby* (New York: Charles Scribner's Sons, 1925)

Fleming, P. J. et al., *The CESDI SUDI Studies 1993–1996* (2000)

'Fondements et Applications de la Théorie du Risque en Econométrie' (1952) in *Econométrie*, Collection des Colloques Internationaux du Centre National de la Recherche Scientifique, Vol. 40 (1953), 127–40

Forbes, 'Warren Buffett – In 1974' (30 Apr 2008)

Fowler, N., 'Margaret Thatcher's Cabinet was a Battle of Wills', *Telegraph* (12 Apr 2013)

Friedman, B., 'The Search for New Assumptions', *Democracy*, No. 45 (2017)

Friedman, J. A. and Zeckhauser, R., 'Handling and Mishandling Estimative Probability: Likelihood, Confidence, and the Search for bin Laden', *Intelligence and National Security*, Vol. 30, No. 1 (2014), 77–99

Friedman, M., *Essays in Positive Economics* (Chicago: University of Chicago Press, 1953)

Friedman, M., *Price Theory* (New Brunswick, NJ: Transaction Publishers, 2007)

Friedman, M., *There's No Such Thing as a Free Lunch* (Illinois: Open Court Publishers, 1975)

Friedman, M. and Savage, L. J., 'The Utility Analysis of Choices Involving Risk', *Journal of Political Economy*, Vol. 56, No. 4 (1948), 279–304

Frydman, R. and Phelps, R. (eds), *Rethinking Expectations: The Way Forward for Macroeconomics* (Princeton: PUP, 2013)

FT Ordinary Share <https://uk.investing.com/indices/ft30-chart> (accessed 25 Oct 2018)

Gabaix, X., 'Power Laws in Economics and Finance', *Annual Review of Economics*, Vol. 1 (2009), 255–93

Galton, F., 'Vox Populi', *Nature*, Vol. 75 (1907), 450–1

GAO, 'Key Issues: Disposal of High-Level Nuclear Waste', U.S. Government Accountability Office <https://www.gao.gov/key_issues/disposal_of_highlevel_nuclear_waste/issue_summary#t=0> (accessed 5 Dec 2018)

Gao, J. et al., 'Learning the Rules of the Rock-Paper-Scissors Game: Chimpanzees Versus Children', *Primates*, Vol. 59, No. 1 (2018), 7–17

Gapper, J., 'Memo From Amazon: Tell a Good Story', *Financial Times* (9 May 2018)

Gavin, J. M., *War and Peace in the Space Age* (New York: Harper, 1958)

GBD 2013 Mortality and Cause of Death Contributors, 'Global, Regional, and National Age–Sex Specific All-Cause and Cause-Specific Mortality for 240 Causes of Death, 1990–2013: A Systematic Analysis for the Global Burden of Disease Study 2013', *The Lancet*, Vol. 385, No. 9963, 117–71

Geertz, C., 'Thick Description: Towards an Interpretive Theory of Culture' in *The Interpretation of Cultures: Selected Essays* (New York: Basic Books, 1973), 3–30

General Medical Council v. Meadow [2006] EWCA Civ 1390 (26 Oct 2006)

Gibbon, E., *The History of the Decline and Fall of the Roman Empire*, Volume IV (1784)

Gibbons, M. R., 'Multivariate Tests of Financial Models: A New Approach', *Journal of Financial Economics*, Vol. 10, No. 1 (1982), 3–27

Gigerenzer, G., *Gut Feelings* (London: Penguin, 2008)

Gigerenzer, G., *Risk Savvy: How to Make Good Decisions* (London: Penguin, 2015)

Gigerenzer, G., *Simple Heuristics that Make Us Smart* (Oxford: OUP, 2001)

Gigerenzer, G., 'Striking a Blow for Sanity in Theories of Rationality' in Augier, M. and March, J. G. (eds), *Models of a Man: Essays in Memory of Herbert A. Simon* (Cambridge, Massachusetts: MIT Press, 2004)

Gilboa, I., 'Rationality and the Bayesian Paradigm', *Journal of Economic Methodology*, Vol. 22, No. 3 (2015), 312–34

Gilbert, W. S. and Sullivan, A., *HMS Pinafore* (1878)

Gilman, A., 'Explaining the Upper Paleolithic Revolution' in Preucel, R. W. and Hodder, I., *Contemporary Archaeology in Theory: A Reader* (New York: Wiley and Sons, 1996)

Gladwell, M., *Blink: The Power of Thinking Without Thinking* (London: Penguin, 2006)

Goldman Sachs, 'Goldman Sachs Business Principles' <http://www.goldmansachs.com/who-we-are/business-standards/business-principles/> (accessed 10 Oct 2018)

Goldstein, D. G. and Gigerenzer, G., 'Models of Ecological Rationality: The Recognition Heuristic', *Psychological Review*, Vol. 109, No. 1 (2002), 75–90

Goodhart, C. A. E., 'Problems of Monetary Management: The UK Experience' (1984) in *Monetary Theory and Practice* (London: Macmillan, 1987), 91–121

Goodwin, D. K., *Team of Rivals: The Political Genius of Abraham Lincoln* (New York: Simon and Schuster, 2005)

Gould, S. J., 'Darwinian Fundamentalism', *New York Review of Books* (12 June 1997a)

Gould, S. J., 'Evolution: The Pleasures of Pluralism', *New York Review of Books* (26 June 1997b)

Gráda, C. Ó and Mokyr, J., 'New Developments in Irish Population History 1700–1850', *Economic History Review*, Vol. 37, No. 4 (1984), 473–88

Graham, B. and Zweig, J., *The Intelligent Investor* (New York: HarperCollins, 2005)

Greenspan, A., *The Map and the Territory 2.0: Risk, Human Nature, and the Future of Forecasting* (London: Allen Lane, 2013)

Greenspan, A., 'Reflections on Central Banking', *Financial Markets, Financial Fragility, and Central Banking: A Symposium Sponsored by the Federal Reserve Bank of Kansas City at Jackson Hole* (26 Aug 2005) <https://www.federalreserve.gov/boarddocs/speeches/2005/20050826/default.htm> (accessed 16 May 2018)

Greenspan, A., 'World Finance and Risk Management', speech at Lancaster House, London (25 Sept 2002) <https://www.federalreserve.gov/boarddocs/speeches/2002/200209253/default.htm> (accessed 16 May 2018)

Greenstein, F. I., *The Hidden-Hand Presidency: Eisenhower As Leader* (Baltimore: Johns Hopkins University Press, 1994)

Groopman, J., *How Doctors Think* (New York: Houghton Mifflin, 2008)

Grossman, S. J. and Stiglitz, J. E., 'On the Impossibility of Informationally Efficient Markets', *American Economic Review*, Vol. 70, No. 3 (1980), 393–408

Hacking, I., *The Emergence of Probability* (Cambridge: CUP, 1975)

Hacking, I., *The Social Construction of What?* (Cambridge, Massachusetts: HUP, 1999)

Haidt, J., *The Righteous Mind: Why Good People Are Divided by Politics and Religion* (London: Penguin, 2013)

Haldane, A., Brennan, S. and Madouros, V., 'What is the Contribution of the Financial Sector: Miracle or Mirage?' in Turner, A. et al., *The Future of Finance* (London: LSE, 2010)

Hamilton, L. C., Haedrich, R. L. and Duncan, C. M., 'Above and Below the Water: Social/Ecological Transformation in Northwest Newfoundland', *Population and Environment*, Vol. 25, No. 6 (2004), 195–215

Hamilton, W. D., 'The Genetical Evolution of Social Behaviour I', *Journal of Theoretical Biology*, Vol. 7, No. 1 (1964), 1–16

Hammurabi (trans. King, L. W.), *The Code of Hammurabi*, The Avalon Project <http://avalon.law.yale.edu/ancient/hamframe.asp> (accessed 15 Oct 2018)

Hannibal, M. and Mountford, L., *The Law of Criminal and Civil Evidence: Principles and Practice* (Harlow: Pearson Education, 2002)

Harcourt, B., *Against Prediction* (Chicago: University of Chicago Press, 2007)

Harrod, R. F., *The Life of John Maynard Keynes* (London: Macmillan and Co., 1951)

Hartley, L. P., *The Go-Between* (Oxford: Heinemann Educational, 1985)

Hastings, M., *Vietnam: An Epic Tragedy 1945–75* (London: HarperCollins, 2018)

Hausman, D. M., 'Philosophy and Economic Methodology', *PSA: Proceedings of the Biennial Meeting of the Philosophy of Science Association 1984*, No. 2 (1984), 231–49

HC Deb (4 June 1940), Vol. 361, cc. 787–98

Hendry, D. and Mizon, G., 'Why DSGEs Crash During Crises', *Vox CEPR* (2014) <https://voxeu.org/article/whystandard-macro-models-fail-crises> (accessed 9 Oct 2018)

Henrich, J., *The Secret of Our Success: How Culture is Driving Human Evolution, Domesticating Our Species, and Making Us Smarter* (Princeton: PUP, 2017)

Herbranson, W. T. and Schroeder, J., 'Are Birds Smarter than Mathematicians? Pigeons (Columba livia) Perform Optimally on a Version of the Monty Hall Dilemma', *Journal of Comparative Psychology*, Vol. 124, No. 1 (2010), 1–13

Hermanns, W. and Einstein, A., *Einstein and the Poet: In Search of the Cosmic Man* (Brookline Village: Branden Press, 1983)

Hiam, L., Harrison, D., McKee, M. et al., 'Why is Life Expectancy in England and Wales "Stalling"?', *Journal of Epidemiology & Community Health* (2018)

Hicks, J. R., 'Mr Keynes and the "Classics": A Suggested Interpretation', *Econometrica*, Vol. 5, No. 2 (1937), 147–59

Himmelreich, C., 'Germany's Phantom Serial Killer: A DNA Blunder', *Time* (27 Mar 2009)

HM Treasury, *TAG Data Book* (May 2018a)

HM Treasury, *The Green Book: Central Government Guidance on Appraisal and Evaluation* (2018b)

Hobbes, T., *The English Works of Thomas Hobbes of Malmesbury*, Vol. I (1843)

Hofstadter, D., 'The Shallowness of Google Translate', *The Atlantic* (30 Jan 2018)

Holmes Jr, O. W., *The Common Law* (1881)

House of Commons Treasury Committee, 'The Run on the Rock' (2008)

House of Commons Treasury Committee, 'Second Report: Fixing LIBOR: Some Preliminary Findings' (2012)

Howe, G., *Conflict of Loyalty* (London: Macmillan, 1994)

Hubbert, M. K., 'Nuclear Energy and the Fossil Fuels', *Shell Development Company: Exploration and Production Research Division* Publication No. 95 (1956) <https://web.archive.org/web/20080527233843/http://www.hubbertpeak.com/hubbert/1956/1956.pdf> (accessed 15 Jan 2019)

Hume, D. (ed. Beauchamp, T. L.), *An Enquiry Concerning Human Understanding: A Critical Edition* (Oxford: OUP, 2000)

Ignatieff, M., 'Defending Academic Freedom in a Populist Age', *Project Syndicate* (2 June 2017) https://www.project-syndicate.org/onpoint/defending-academicfreedom-in-a-populist-age-by-michael-ignatieff-2017-06 (accessed 16 May 2018)

Ioannidis, J. P. A., 'Why Most Published Research Findings Are False', *PLoS Medicine*, Vol. 2, No. 8 (2005)

Ipsos MORI, 'Online Polls for Gapminder in 12 Countries' (Aug 2017) <gapm.io/gt17re>

Isaacson, W., *Steve Jobs* (New York: Simon and Schuster, 2011)

Ishiguro, K., *The Remains of the Day* (London: Faber and Faber, 1989)

Izhakian, Y., Yermack, D. and Zender, J. F., 'Ambiguity and the Tradeoff Theory of Capital Structure', *NBER Working Papers* (2017)

J. G. W., 'The Fourteenth International Congress of Actuaries', *Transactions of the Faculty of Actuaries*, Vol. 22 (1954), 441–5

Jallais, S. and Pradier, P-C., 'The Allais Paradox and its Immediate Consequences for

Expected Utility Theory' in Fontaine, P. and Leonard, R. (eds), *The Experiment in the History of Economics* (London: Routledge, 2005), 25–49

Janis, I. L., *Victims of Groupthink: A Psychological Study of Foreign Policy Decisions and Fiascoes* (New York: Houghton Miff lin, 1972)

Jensen, K., Call, J. and Tomasello, M., 'Chimpanzees are Rational Maximizers in an Ultimatum Game', *Science*, Vol. 318, No. 5847 (2007), 107–9

Jevons, W. S., *The Coal Question: An Inquiry Concerning the Progress of the Nation, and the Probable Exhaustion of Our Coal-Mines* (1865)

Jevons, W. S., 'Commercial Crises and Sun-spots', *Nature*, Vol. 19 (1878), 33–7

Joint Committee of the European Supervisory Authorities, 'Questions and Answers (Q&A) on the PRIIPs KID' (4 July 2017) <https://esas-joint-committee.europa.eu/Publications/Consultations/Questions%20and%20answers%20on%20the%20PRIIPs%20KID.pdf> (accessed 9 Oct 2018)

Kafka, F. (trans. Muir, E. and Muir, W.), *The Trial* (London: Pan Books, 1977)

Kahneman, D., 'Remarks from Daniel Kahneman', *NBER Economics of AI Conference* (2017) <youtu.be/gbj_NsgNe7A> (accessed 5 Oct 2018)

Kahneman, D., *Thinking, Fast and Slow* (London: Penguin, 2011)

Kahneman, D. and Tversky, A., 'On the Reality of Cognitive Illusions', *Psychological Review*, Vol. 103, No. 3 (1996), 582–91

Kahneman, D. and Tversky, A., 'Prospect Theory: An Analysis of Decision Under Risk', *Econometrica*, Vol. 47, No. 2 (1979), 263–92

Kaplan, I., 'The "Getty Kouros" was Removed from View at the Museum After it was Officially Deemed to be a Forgery' (16 Apr 2018) <https://www.artsy.net/news/artsy-editorial-getty-kouros-removed-view-museumofficially-deemed-forgery> (accessed 24 Apr 2019)

Kasparov, G., *Deep Thinking* (London: John Murray, 2018)

Katz, V. J., *A History of Mathematics* (New York: HarperCollins, 1993)

Kay, J. A., 'The Concept of the Corporation', *Business History, Special Issue: Leslie Hannah Festschrift* (2019)

Kay, J. A., 'Gambling is a Feature of Capitalism – Not a Bug', *Prospect* (14 March 2017)

Kay, J. A., *Obliquity* (London: Profile, 2011)

Kay, J. A., *Other People's Money* (London: Profile, 2015)

Kay, J. A. and King, M. A., 'USS Crisis: Can the Pension System be Reformed?', *Times*

Higher Education (6 Sept 2018)

Keating, J., 'In his Heart, Rick Santorum Knows that Dutch People are Forcibly Euthanized', *Foreign Policy* (12 Mar 2012)

Kennedy, G., *The Art of Persuasion in Greece* (London: Routledge, 1963)

Kennedy, R. F., *Thirteen Days: A Memoir of the Cuban Missile Crisis* (New York: Norton, 1999)

Kennes, R. and Smets, P., 'The Transferable Belief Model', *Artificial Intelligence*, Vol. 66, No. 2 (1994), 191–234

Keren, G., 'A Tale of Two Systems: A Scientific Advance or a Theoretical Stone Soup? Commentary on Evans and Stanovich (2013)', *Perspectives on Psychological Science*, Vol. 8, No. 3 (2013), 257–62

Keren, G. and Schul, Y., 'Two Is Not Always Better than One: A Critical Evaluation of Two-System Theories', *Perspectives on Psychological Science*, Vol. 4, No. 6 (2009), 533–50

Keynes, G. and Keynes, J. M., *Essays in Biography* (London: Macmillan and Co., 1933)

Keynes, J. M., 'Economic Possibilities for Our Grandchildren' (1930) in Keynes, J. M., *Essays in Persuasion* (London: Macmillan and Co., 1931)

Keynes, J. M., 'The General Theory of Employment', *Quarterly Journal of Economics*, Vol. 51, No. 2 (1937), 209–23

Keynes, J. M., *The General Theory of Employment, Interest and Money* (London: Macmillan and Co., 1936)

Keynes, J. M., 'Professor Tinbergen's Method', *Economic Journal*, Vol. 49, No. 195 (1939), 558–77

Keynes, J. M., *A Treatise on Probability* (London: Macmillan and Co., 1921)

Keynes, J. M., 'William Stanley Jevons 1835–1882: A Centenary Allocation on his Life and Work as Economist and Statistician', *Journal of the Royal Statistical Society*, Vol. 99, No. 3 (1936), 516–55

Keynes, J. M., Johnson, E. and Moggridge, D. (eds), *The Collected Writings of John Maynard Keynes: Volume IX: Essays in Persuasion* (1978)

Khaw, M. W., Stevens, L. and Woodford, M., 'Discrete Adjustment to a Changing Environment: Experimental Evidence', *NBER Working Paper* (2016)

Kimes, M., 'The Sun Tzu at Sears', *Bloomberg Businessweek* (15 June 2013)

King, M. A., *The End of Alchemy* (London: Little Brown, 2016)

King, M. A. et al., 'Education and Employment – Minutes of Evidence', House of Commons Education and Employment Subcommittee (27 May 1999) <https://publications.parliament.uk/pa/cm199899/cmselect/cmeduemp/547/9052701.htm> (accessed 3 Oct 2018)

Klein, G. A., *Sources of Power: How People Make Decisions* (Cambridge, Massachusetts: MIT Press, 1998)

Klemperer, P., 'What Really Matters in Auction Design', *Journal of Economic Perspectives*, Vol. 16, No. 1 (2002), 169–89

Knight, F. H., *Risk, Uncertainty and Profit* (New York: Houghton Mifflin, 1921)

Knight, F. H., 'What is Truth in Economics?', *Journal of Political Economy*, Vol. 48, No. 1 (1940), 1–32

Knights, L. C., *How Many Children Had Lady Macbeth? An Essay in the Theory and Practice of Shakespeare Criticism* (Cambridge: Folcroft Library Editions, 1933)

Kolm, S-C. and Ythier, J. M., *Handbook of the Economics of Giving, Altruism, and Reciprocity, Volume 1: Foundations* (Amsterdam: North Holland, 2006)

Korzybski, A., *Science and Sanity* (New York: The International Non-Aristotelian Publishing Co., 1933)

Kruglanski, A. W. and Gigerenzer, G., 'Intuitive and Deliberative Judgments are Based on Common Principles', *Psychological Review*, Vol. 118, No. 1 (2011), 97–109

Krugman, P., 'What Do We Actually Know About the Economy?', *New York Times* (16 Sept 2018)

Kydland, F. E. and Prescott, E. C., 'Time to Build and Aggregate Fluctuations', *Econometrica*, Vol. 50, No. 6 (1982), 1345–70

Lakoff, G. and Johnson, M., *Metaphors We Live By* (Chicago: University of Chicago Press, 1980)

Lampert, E., 'Chairman's Letter', Sears Holdings (23 Feb 2010) <https://blog.searsholdings.com/eddie-lampert/chairmansletter-february-23-2010/> (accessed 12 Oct 2018)

Lampert, E., 'Evolving the Sears Mastercard With Shop Your Way', Sears Holdings (27 Oct 2016) <https://blog.searsholdings.com/eddie-lampert/evolving-the-searsmastercard-with-shop-your-way/> (accessed 12 Oct 2018)

Laplace, P. S. (trans. Truscott, F. W. and Emory, F. L.), *A Philosophical Essay on Probabilities* (New York: Dover, 1951)

Laplace, P. S., *Théorie Analytique des Probabilités* (1812)

Larsen, P. T., 'Goldman Pays the Price of Being Big', *Financial Times* (13 Aug 2007)

Laura and John Arnold Foundation, 'Public Safety Assessment: Risk Factors and Formula' (2016) <https://www.arnoldfoundation.org/wp-content/uploads/PSA-Risk-Factors-and-Formula.pdf> (accessed 24 Jan 2019)

Laville, S., 'Roulette Arrest Trio Keep L1.3m in Winnings', *Guardian* (6 Dec 2004)

Lawrence, C., 'Obama Ending Two-War Strategy', CNN (4 Jan 2012) <http://security.blogs.cnn.com/2012/01/04/panettaending-two-war-strategy/> (accessed 15 Oct 2018)

Leamer, E. E., 'Let's Take the Con Out of Econometrics', *American Economic Review*, Vol. 73, No. 1 (1983), 31–43

Leamer, E. E., *Specification Searches: Ad Hoc Inference with Nonexperimental Data* (New York: John Wiley and Sons, 1978)

Leamon, N., *The Test: A Novel* (London: Hachette, 2018)

Leeson, N. W., *Rogue Trader* (London: Little Brown, 1996)

Lenin, V. I. (trans. Dutt, C.), 'Letter to Rosa Luxemburg' (1909) in *Lenin Collected Works: Volume 34* (Moscow: Progress Publishers, 1975)

LeRoy, S. and Singell, L. D., 'Knight on Risk and Uncertainty', *Journal of Political Economy*, Vol. 95, No. 2 (1987), 394–406

Lewis, M., *The Undoing Project: A Friendship that Changed the World* (London: Penguin, 2017)

Libet, B. et al., 'Time of Conscious Intention to Act in Relation to Onset of Cerebral Activity (Readiness-Potential). The Unconscious Initiation of a Freely Voluntary Act', *Brain*, Vol. 106, No. 3 (1983), 623–42

Lipshaw, J. M., 'Dissecting the Two-Handed Lawyer: Thinking Versus Action in Business Lawyering', *Berkeley Business Law Journal*, Vol. 10, No. 2 (2013), 231–86

Lo, A., *Adaptive Markets: Financial Evolution at the Speed of Thought* (Princeton: PUP, 2017)

Lohr, S., 'Without Its Master of Design, Apple Will Face Many Challenges', *New York Times* (24 Aug 2011)

Lovallo, D. P. and Mendonca, L. T., 'Strategy's Strategist: An Interview with Richard Rumelt', *McKinsey Quarterly* No. 4 (2007), 56–67

Lowe, D. L., Hopkins, C. and Bristow, T., 'Survation was the Most Accurate Pollster this Election – How Did we Get it Right?', *Survation* (2017) <https://www.survation.com/

survation-most-accurate-pollster/> (accessed 27 Nov 2018)

Lucas, R., 'Econometric Policy Evaluation: A Critique', *Carnegie-Rochester Conference Series on Public Policy*, Vol. 1, No. 1 (1976), 19–46

Lucas, R., 'What Economists Do', University of Chicago Commencement Address 1988, published in *Journal of Applied Economics*, Vol. 14, No. 1 (2011), 1–4

Lucas, R. E., *Lectures on Economic Growth* (Cambridge, Massachusetts: HUP, 2002)

Lucas, R. E., 'Macroeconomic Priorities', *American Economic Review*, Vol. 93, No. 1 (2003), 1–14

Lux, H., 'The Secret World of Jim Simons', *Institutional Investor* (1 Nov 2000)

MacIntyre, A., *After Virtue: A Study in Moral Theory* (London: Gerald Duckworth and Co., 2003)

Mackay, C., *Extraordinary Popular Delusions and the Madness of Crowds* (1841)

Mackin, J. H., 'Rational and Empirical Methods of Investigation in Geology' (1963) in Slaytnaker, O. (ed.), *Fluvial Geomorphology* (Abingdon, Oxon: Routledge, 2013), 271–98

Maddison Project Database, version 2018. Bolt, Jutta, Robert Inklaar, Herman de Jong and Jan Luiten van Zanden (2018), 'Rebasing "Maddison": New Income Comparisons and the Shape of Long-run Economic Development', *Maddison Working Paper 10*

Mandel, T., 'Happy Birthday to Science', *Chicago Sun-Times* (28 May 1990)

Mandelbrot, B., 'The Variation of Certain Speculative Prices', *Journal of Business*, Vol. 36, No. 4 (1963), 394–419

Mandeville, B., *The Fable of the Bees* (1732)

Marconi, D., *My Father, Marconi* (London: Guernica, 2001)

Markowitz, H. M., 'Foundations of Portfolio Theory', Nobel Prize lecture (1990)

Markowitz, H. M., 'Portfolio Selection', *Journal of Finance*, Vol. 7, No. 1 (1952), 77–91

Márquez, G. G. and Stone, P. H., 'Gabriel García Márquez, The Art of Fiction No. 69', *The Paris Review*, No. 82 (1981)

Marshall, A., *Principles of Economics* (1890)

Marshall, B. J., 'Helicobacter Connections', Nobel Prize lecture (8 Dec 2005)

Marshall, B. J. and Adams, P. C., 'Helicobacter Pylori: A Nobel Pursuit?', *Canadian Journal of Gastroenterology and Hepatology*, Vol. 22, No. 11 (2008), 895–6

Martin, V., *The Ghost of the Mary Celeste* (London: Hachette, 2014)

Marwell, G. and Ames, R. E., 'Economists Free Ride, Does Anyone Else? Experiments on the Provision of Public Goods, IV', *Journal of Public Economics*, Vol. 15, No. 3 (1981), 295–310

Mauss, M. (trans. Halls, W. D.), *The Gift: The Form and Reason for Exchange in Archaic Societies* (London: Routledge, 1990)

May, R. M., 'Uses and Abuses of Mathematics in Biology', *Science*, Vol. 303, No. 5659 (2004), 790–3

Maynard Smith, J., 'Group Selection and Kin Selection', *Nature*, Vol. 201 (1964)

Mayzner, M. S. and Tresselt, M. E., 'Tables of Single-letter and Digram Frequency Counts for Various Word-length and Letter-position Combinations', *Psychonomic Monograph Supplements*, Vol. 1, No. 2 (1965), 13–32

McCoy, J., Prelec, D. and Seung, H. S., 'A Solution to the Single-Question Crowd Wisdom Problem', *Nature*, Vol. 541 (2017), 532–5

McGonagall, W., *McGonagall: A Library Omnibus* (London: Duckworth, 1980)

McNamara, R. S., *In Retrospect: The Tragedy and Lessons of Vietnam* (Collingdale, Pennsylvania: DIANE Publishing, 1995)

Meadow, R., 'Fatal Abuse and Smothering' in Meadow, R. (ed.), *ABC of Child Abuse* (London: BMJ Publishing, 1997)

Meadows, D. L. et al., *The Limits to Growth* (New York: Universe Books, 1972)

Mearsheimer, J. J., *The Tragedy of Great Power Politics* (New York: Norton, 2001)

Mees, C. E. K., 'Scientific Thought and Social Reconstruction', *Sigma Xi Quarterly*, Vol. 22, No. 1 (1934), 13–24

Menand, L., *The Metaphysical Club* (London: HarperCollins, 2011)

Mercier, H. and Sperber, D., *The Enigma of Reason: A New Theory of Human Understanding* (London: Allen Lane, 2017)

Merton, R. K., *Social Theory and Social Structure* (Glencoe, Illinois: Free Press, 1960)

Met Office, 'The Science of "Probability of Precipitation"' (8 Aug 2014) <http://www.altostratus.it/previsorideltempo/2014_Probabilita_Precipitazione_MetOffice.pdf> (accessed 23 Apr 2019)

Midanik, L., 'The Validity of Self-Reported Alcohol Consumption and Alcohol Problems: A Literature Review', *British Journal of Addiction*, Vol. 77 (1982), 357–82

Mill, J. S., *A System of Logic, Vol. II* (1843)

Mill, J. S. (ed. Ashley, W. J.), *Principles of Political Economy with Some of their Applications to Social Philosophy* (London: Longmans, Green, and Co., 1909)

Miller, A., *Death of a Salesman* (New York: Viking, 1949)

Mintzberg, H., Ahlstrand, B. and Lampel, J., *Strategy Safari: A Guided Tour Through the Wilds of Strategic Management* (New York: Simon and Schuster, 2005)

Mintzberg, H. and Mangelsdorf, M. E., 'Debunking Management Myths', *MIT Sloan Management Review* (1 Oct 2009)

Monahan, J., 'A Jurisprudence of Risk Assessment: Forecasting Harm Among Prisoners, Predators, and Patients', *Virginia Law Review*, Vol. 92, No. 3 (2006), 391–435

Monahan, J. and Skeem, J. L., 'Risk Assessment in Criminal Sentencing', *Annual Review of Criminal Psychology*, Vol. 12 (2016), 489–513

Mooney, A., '€2.5bn Cost of MiFID II Rattles Asset Managers', *Financial Times* (27 Jan 2017)

Moore, H. N., 'Congress Grilled Lehman Brothers' Dick Fuld: Highlights of the Hearing', *Wall Street Journal* (6 Oct 2008)

Morris, S., 'The Sting: Did Gang Really Use a Laser, Phone and a Computer to Take the Ritz for L1.3m?', *Guardian* (23 Mar 2004)

Moscati, I., 'How Economists Came to Accept Expected Utility Theory: The Case of Samuelson and Savage', *Journal of Economic Perspectives*, Vol. 30, No. 2 (2016), 219–36

Nahl, P. C., 'Perham C. Nahl's Notes from Frank H. Knight's Course on Business Cycles' (1936) in Cristiano, C. and Fiorito, L., 'Two Minds That Never Met: Frank H. Knight on John M. Keynes Once Again – A Documentary Note', *Review of Keynesian Economics*, Vol. 4, No. 1 (2016), 67–98

NASA, *MESSENGER: Mercury Orbit Insertion* (2011)

Nelson, E., 'Karl Brunner and UK Monetary Debate', *SSRN* (2018), available at <https://ssrn.com/abstract=3256826>

Nelson, E. and Nikolov, K., 'Monetary Policy and Stagflation in the UK', Bank of England Working Paper No. 155 (2002)

Nelson, L. D., Simmons, J. P. and Simonsohn, U., 'False-Positive Psychology: Undisclosed Flexibility in Data Collection and Analysis Allows Presenting Anything as Significant', *Psychological Science*, Vol. 22, No. 11 (2011), 1359–66

NEST, 'Investment Approach' https://www.nestpensions.org.uk/schemeweb/nest/aboutnest/investment-approach.html (accessed 10 Jan 2019)

Newhouse, J., 'A reporter at large: A sporty game – I betting the company', *New Yorker* (14

June 1982)

Noble, S. U., *Algorithms of Oppression: How Search Engines Reinforce Racism* (New York: NYU Press, 2018)

Norman, J., *Adam Smith: What He Thought, and Why it Matters* (London: Penguin, 2018)

Nunn, G. A., 'The Incompatibility of Due Process and Naked Statistical Evidence', *Vanderbilt Law Review*, Vol. 68, No. 5 (2015), 1407–33

Nwauwa, N., 'Improving Care and Response in Nigeria', *Journal of Emergency Medical Services*, Vol. 42, No. 6 (2017)

Obama, B. H., 'Remarks by the President at a Campaign Event in Roanoke, Virginia', Office of the Press Secretary (13 July 2012) <https://obamawhitehouse.archives.gov/the-press-office/2012/07/13/remarkspresident-campaign-event-roanoke-virginia> (accessed 17 Jan 2019)

Odurinde, T., 'UK Household Water Consumption 2015: Facts & Figures', *Hope Spring* (12 Oct 2015) <https://www.hopespring.org.uk/uk-household-water-consumption-2015-facts-figures/> (accessed 25 Oct 2018)

Office for National Statistics, 'Appendix Tables: Homicide in England and Wales' (2018)

Office for National Statistics, 'English Life Tables No. 17: 2010 to 2012' (2015a)

Office for National Statistics, 'Infant Mortality (Birth Cohort) Tables in England and Wales' (2015b)

Office for National Statistics, 'Population of the UK by Country of Birth and Nationality, June 2016 to June 2017' (2017)

Ohno, T., *Toyota Production System: Beyond Large-scale Production* (New York: Productivity Press, 1988)

Ohuchi, N. et al., 'Sensitivity and Specificity of Mammography and Adjunctive Ultrasonography to Screen for Breast Cancer in the Japan Strategic Anti-Cancer Randomized Trial (J-START): A Randomised Controlled Trial', *The Lancet*, Vol. 387, No. 10016 (2016), 341–8

O'Neil, C., *Weapons of Math Destruction: How Big Data Increases Inequality and Threatens Democracy* (London: Penguin, 2016)

Orange, V., *Tedder: Quietly in Command* (Abingdon: Frank Cass, 2012)

Ortiz-Ospina, E. and Roser, M., 'Trust' (2019) <https://ourworldindata.org/trust> (accessed 25 Apr 2019)

Oxford Dictionary, 'Rationality' <https://en.oxforddictionaries.com/definition/rationality>

(accessed 14 Jan 2019)

Oxford Dictionary, 'Risk' <https://en.oxforddictionaries.com/definition/risk> (accessed 16 Jan 2019)

Oxford Dictionary, 'Uncertainty' <https://www.lexico.com/en/definition/uncertain> (accessed 30 Aug 2019)

Pardo, M. S. and Allen, R. J., 'Juridical Proof and the Best Explanation', *Law and Philosophy*, Vol. 27, No. 3 (2008), 223–68

Pascal, B. (trans. Trotter, W. F.), *Pascal's Pensées* (New York: E. P. Dutton & Co, 1958)

Paul, M., *Frank Ramsey (1903–1930): A Sister's Memoir* (London: Smith-Gordon and Co., 2012)

Phillips, A. W., 'The Relation Between Unemployment and the Rate of Change of Money Wage Rates in the United Kingdom 1861–1957', *Economica*, Vol. 25, No. 100 (1958), 283–99

Pierce, A., 'The Queen Asks Why No One Saw the Credit Crunch Coming', *Daily Telegraph* (5 Nov 2008)

Pilkey, O. H. and Pilkey-Jarvis, L., *Useless Arithmetic: Why Environmental Scientists Can't Predict the Future* (New York: Columbia University Press, 2007)

Pinker, S., *The Blank Slate* (London: Penguin, 2003)

Planck, M. (trans. Gaynor, F.), *Scientific Autobiography and Other Papers* (Westport, Connecticut: Greenwood Press Publishers, 1968)

Plato (trans. Jowett, B.), *Phaedrus* (1892)

Plender, J. and Persaud, A., 'The Day Dr Evil Wounded a Financial Giant', *Financial Times* (22 Aug 2006)

Plomin, R., *Blueprint: How DNA Makes Us Who We Are* (London: Allen Lane, 2018)

Poisson, S-D., *Recherches sur la Probabilité des Jugements en Matière Criminelle et en Matière Civile* (1837)

Potter van Loon, R. J. D., van den Assem, M. J. and van Dolder, D., 'Beyond Chance? The Persistence of Performance in Online Poker', *PLoS One*, Vol. 10, No. 3 (2015)

Powell, J. H., 'Monetary Policy in a Changing Economy', *Changing Market Structure and Implications for Monetary Policy: A Symposium Sponsored by the Federal Reserve Bank of Kansas City, Jackson Hole, Wyoming* (24 Aug 2018) <https://www.federalreserve.gov/newsevents/speech/powell20180824a.htm> (accessed 10 Oct 2018)

Quetelet, A., *Sur l'homme et le Développement de ses Facultés, ou Essai de Physique*

Sociale (1835)

Quine, W. V., 'Main Trends in Recent Philosophy: Two Dogmas of Empiricism', *Philosophical Review*, Vol. 60, No. 1 (1951), 20–43

R&A, 'Rules Modernisation: A Fundamental Revision to the Rules of Golf for 2019' (2019) <https://www.rules.golf/en> (accessed 11 Jan 2019)

Rajan, R. G., 'The Greenspan Era: Lessons for the Future', *Financial Markets, Financial Fragility, and Central Banking: A Symposium Sponsored by the Federal Reserve Bank of Kansas City at Jackson Hole* (26 Aug 2005) <https://www.imf.org/en/News/Articles/2015/09/28/04/53/sp082705> (accessed 16 May 2018)

Ramis, H. (director), *Groundhog Day*, Columbia Pictures (1993)

Ramsey, F. P., 'Truth and Probability' (1926) in Mellor, D. H. (ed.), *Philosophical Papers* (Cambridge: CUP, 1990), 52–109

'Reasonable Doubt: An Argument Against Definition', *Harvard Law Review*, Vol. 108, No. 8 (1995), 1955–72

Reed, C. (director), *The Third Man*, British Lion Film Corporation (1949)

Rhodes, R., *The Making of the Atomic Bomb* (New York: Simon and Schuster, 1988)

Ricardo, D., *On the Principles of Political Economy and Taxation* (1817)

Rittel, H. W. J. and Webber, M. M., 'Dilemmas in a General Theory of Planning', *Policy Sciences*, Vol. 4 (1973), 155–69

Roberts, P. and Aitken, C., '3. The Logic of Forensic Proof: Inferential Reasoning in Criminal Evidence and Forensic Science: Guidance for Judges, Lawyers, Forensic Scientists and Expert Witnesses', Royal Statistical Society (2014)

Robertson, D. H., 'The Snake and the Worm' (1936) in *Essays in Monetary Theory* (London: P. S. King and Son, 1940), 104–13

Romer, P. M., 'Mathiness in the Theory of Economic Growth', *American Economic Review*, Vol. 105, No. 5 (2015), 89–93

Romer, P. M., 'The Trouble With Macroeconomics' (14 Sept 2016a) <https://paulromer.net/wp-content/uploads/2016/09/WP-Trouble.pdf> (accessed 9 Oct 2018)

Romer, P. M., 'Trouble With Macroeconomics, Update' (21 Sept 2016b) <https://paulromer.net/trouble-withmacroeconomics-update/> (accessed 17 May 2018)

Rorty, R., 'Is Truth a Goal of Enquiry? Davidson vs. Wright', *Philosophical Quarterly*, Vol. 45, No. 180 (1995), 281–300

Rosling, H., Rosling, O. and Rönnlund, A. R. (eds), *Factfulness* (London: Sceptre, 2018)

Rothschild, M. and Stiglitz, J. E., 'Increasing Risk: I. A Definition', *Journal of Economic Theory*, Vol. 2, No. 3 (1970), 225–43

Royal Statistical Society, 'Royal Statistical Society Concerned by Issues Raised in Sally Clark Case' (2001)

Rumelt, R., *Good Strategy/Bad Strategy: The Difference and Why it Matters* (New York: Crown Business, 2011)

Samuelson, P. A., 'Alvin H. Hansen, 1889–1975', *Newsweek* (16 June 1975)

Samuelson, P. A., 'An Enjoyable Life Puzzling Over Modern Finance Theory', *Annual Review of Financial Economics*, Vol. 1 (2009), 19–35

Samuelson, P. A., 'Risk and Uncertainty: A Fallacy of Large Numbers', *Scientia*, Vol. 57 (1963)

Samuelson, P. A. and Murray, J. (eds), *The Collected Scientific Papers of Paul Samuelson: Volume 7* (Cambridge, Massachusetts: MIT Press, 2011)

Sargent, T. J., *Macroeconomic Theory* (New York: Academic Press, 1979)

Sargent, T. J., Evans, G. W. and Honkapohja, S., 'An Interview With Thomas J. Sargent', *Macroeconomic Dynamics*, Vol. 9 (2005), 561–83

Savage, L. J., *The Foundations of Statistics* (New York: John Wiley and Sons, 1954)

Schelling, T. C., *Arms and Influence* (New Haven: YUP, 2008)

Schoemaker, P. J. H., *Brilliant Mistakes: Finding Success on the Far Side of Failure* (Philadelphia: Wharton Digital Press, 2011)

Schulte, P. et al., 'The Chicxulub Asteroid Impact and Mass Extinction at the Cretaceous-Paleogene Boundary', *Science*, Vol. 327, No. 5970 (2010), 1214–8

Scott, J. C., *Seeing Like a State: How Certain Schemes to Improve the Human Condition Have Failed* (New Haven: YUP, 1998)

Scottish Widows, 'Our History' <https://www.scottishwidows.co.uk/about_us/who_we_are/our_history.html> (accessed 10 Oct 2018)

Self, R., *Neville Chamberlain: A Biography* (Aldershot: Ashgate, 2006)

Sellar, W. C. and Yeatman, R. J., *1066 and All That* (London: Methuen, 1930)

Selvin, S. et al., 'Letters to the Editor', *American Statistician*, Vol. 29, No. 1 (1975), 67–71

Serling, R. J., *Legend and Legacy: The Story of Boeing and its People* (New York: St Martin's Press, 1992)

Shackle, G. L. S., *Epistemics and Economics: A Critique of Economic Doctrines* (Cambridge: CUP, 1972)

Shackle, G. L. S., 'Probability and Uncertainty', *Metronomica*, Vol. 1, No. 3 (1949), 135–85

Shackle, G. L. S., *Uncertainty in Economics and Other Reflections* (Cambridge: CUP, 1968)

Shakespeare, W. (ed. Pooler, C. K.), *The Merchant of Venice* (London: Methuen and Co., 1912)

Shiller, R. J., 'Narrative Economics', *American Economic Review*, Vol. 107, No. 4 (2017), 967–1004

Shiller, R. J., *Narrative Economics: How Stories Go Viral and Drive Major Economic Events* (Princeton: PUP, 2019)

Shubber, K., 'Theranos Founder Charged with "Massive" Securities Fraud', *Financial Times* (14 Mar 2018)

Shulman, L. B. and Driskell, T. D., 'Dental Implants: A Historical Perspective' (1997) in Block, M., Kent, J. and Guerra, L., *Implants in Dentistry* (Philadelphia: Saunders, 1997)

Silver, N., *The Signal and the Noise: The Art and Science of Prediction* (London: Allen Lane, 2012)

Silver, N., 'When We Say 70 Percent, It Really Means 70 Percent', *FiveThirtyEight* (4 Apr 2019) https://fivethirtyeight.com/features/when-wesay-70-percent-it-really-means-70-percent/ (accessed 23 Apr 2019)

Silver, N., 'Why FiveThirtyEight Gave Trump a Better Chance Than Almost Anyone Else', *FiveThirtyEight* (11 Nov 2016) https://fivethirtyeight.com/features/why-fivethirtyeightgave-trump-a-better-chance-than-almost-anyone-else/ (accessed 23 Apr 2019)

Simon, H., *Models of Man: Social and Rational* (New York: John Wiley and Sons, 1957)

Simon, R. J. and Mahan, L., 'Quantifying Burdens of Proof: A View From the Bench, the Jury, and the Classroom', *Law and Society Review*, Vol. 5, No. 3 (1971), 319–30

Simons, D. J. and Chabris, C. F., 'Gorillas in Our Midst: Sustained Inattentional Blindness for Dynamic Events', *Perception*, Vol. 28, No. 9 (1999), 1059–74

Sinn, H-W., 'EU Enlargement, Migration, and Lessons from German Unification', *German Economic Review*, Vol. 1, No. 3 (2003)

Skousen, M., *The Making of Modern Economics: The Lives and Ideas of the Great Thinkers* (Armonk: M. E. Sharpe, 2001)

Slaughter, A-M., 'On Thinking Like a Lawyer' (2002) <https://www.princeton.edu/~slaughtr/Commentary/On%20Thinking%20Like%20a%20Lawyer.pdf> (accessed 8 Oct 2018)

Sloan, A. P. (ed. McDonald, J.), *My Years with General Motors* (New York: Doubleday, 1964)

Smith, A., *An Inquiry Into the Nature and Causes of the Wealth of Nations*, Volume I (1776a)

Smith, A., *An Inquiry Into the Nature and Causes of the Wealth of Nations*, Volume II (1776b)

Smith, E., *Luck: A Fresh Look at Fortune* (London: Bloomsbury, 2013)

Smolin, L., *The Trouble with Physics: The Rise of String Theory, the Fall of a Science, and What Comes Next* (London: Penguin, 2006)

Smyth, J., 'New Zealand Bans Foreigners From Buying Homes', *Financial Times* (15 Aug 2018)

Soros, G., 'Soros: General Theory of Ref lexivity', *Financial Times* (26 Oct 2009)

Spence, M., 'Job Market Signalling', *Quarterly Journal of Economics*, Vol. 87, No. 3 (1973), 355–74

Sprat, T., *The History of the Royal Society of London*, Vol. I (1734)

Statistical Abstract of the United States: 2011, United States Census Bureau (2011)

Sterling, B., Grootveld, M. and van Mensvoort, K., 'Interview: Bruce Sterling on the Convergence of Humans and Machines' (22 Feb 2015) <https://www.nextnature.net/2015/02/interview-bruce-sterling/> (accessed 14 May 2018)

Stevenson, M. T., 'Assessing Risk Assessment in Action', *Minnesota Law Review*, Vol. 103, No. 1 (2019), 303–84

Stevenson, R. L., 'The Day After To-Morrow', *The Contemporary Review*, Vol. 51 (1887), 472–9

Surowiecki, J., *The Wisdom of Crowds* (Boston: Little Brown, 2004)

Swanson, I., 'Revealed: Final Cost of Edinburgh Tram Scheme Will be L1 Billion', *The Scotsman* (13 Dec 2017)

Taft, J. G., 'Why Knight Capital Was Saved and Lehman Brothers Failed', *Forbes* (20 Aug 2012) <https://www.forbes.com/sites/advisor/2012/08/20/why-knight-capitalwas-saved-and-lehman-brothers-failed/> (accessed 14 Jan 2019)

Taleb, N. N., *Antifragile: Things that Gain from Disorder* (London: Penguin, 2013)

Taleb, N. N., *The Black Swan: The Impact of the Highly Improbable* (London: Penguin, 2008)

Taleb, N. N., *Fooled by Randomness: The Hidden Role of Chance in Life and in the Markets* (London: Penguin, 2007)

Taleb, N. N., *Skin in the Game: Hidden Asymmetries in Daily Life* (London: Allen Lane, 2018)

Tetlock, P. E., *Expert Political Judgement: How Good Is It? How Can We Know?* (Princeton: PUP, 2005)

Tetlock, P. E. and Gardner, D., *Superforecasting: The Art and Science of Prediction* (London: Random House, 2016)

Thaler, R. H., *Misbehaving: The Making of Behavioural Economics* (London: Penguin, 2016)

Thaler, R. H. and Benartzi, S., 'Save More Tomorrow™: Using Behavioural Economics to Increase Employee Saving', *Journal of Political Economy*, Vol. 112, S1 (2004), S164–S187

Thompson, W. S., 'Population', *American Journal of Sociology*, Vol. 34, No. 6 (1929), 959–75

Thomson, W., 'To Baden Powell' (1896) <https://zapatopi.net/kelvin/papers/letters.html#baden-powell> (accessed 15 May 2018)

Thorp, E. O., *A Man For All Markets: Beating the Odds, from Las Vegas to Wall Street* (New York: Random House, 2017)

Tolstoy, L. (trans. Edmonds, R.), *War and Peace* (London: Penguin, 1978)

Torricelli, R. and Carroll, A., *In Our Own Words: Extraordinary Speeches of the American Century* (New York: Washington Square Press, 2000)

Trenerry, C. F., *The Origin and Early History of Insurance, Including the Contract of Bottomry* (London: P. S. King and Son, 1911)

Treverton, G. F., 'Risks and Riddles', Smithsonian Institution <Smithsonian.com> (1 June 2007)

Tribe, L. H., 'Trial by Mathematics: Precision and Ritual in the Legal Process', *Harvard Law Review*, Vol. 84, No. 6 (1971), 1329–93

Trichet, J-C., 'Reflections on the Nature of Monetary Policy, Non-Standard Measures, and Finance Theory', opening address at the ECB Central Banking Conference (18 Nov 2010) <https://www.ecb.europa.eu/press/key/date/2010/html/sp101118.en.html>

(accessed 16 May 2018)

Truman, H. S., 'Longhand Note' (17 June 1945)

Tucker, A. W., 'The Mathematics of Tucker: A Sampler', *Two-Year College Mathematics Journal*, Vol. 14, No. 3 (1983), 228–32

Tuckett, D. and Nikolic, M., 'The Role of Conviction and Narrative in Decision-Making Under Radical Uncertainty', *Theory and Psychology*, Vol. 27, No. 4 (2017), 501–23

Tversky, A. and Kahneman, D., 'Availability: A Heuristic for Judging Frequency and Probability', *Cognitive Psychology*, Vol. 5, No. 2 (1973), 207–32

UNAIDS, 'South Africa: People Living with HIV (All Ages) and South Africa: New HIV Infections (All Ages)', UNAIDS Estimates 2018 <http://www.unaids.org/en/regionscountries/countries/southafrica> (accessed 7 Jan 2019)

United Nations, *The Millennium Development Goals Report* (2015) Universities Superannuation Scheme, 'Report & Accounts' (2017)

University of Chicago, *Annual Register* (1896)

Upton, J. and George, P., 'The Prevalence of Lactose Intolerance (Adult Hypolactasia) in a Randomly Selected New Zealand Population', *New Zealand Medical Journal*, Vol. 123, No. 1308 (2010), 117–8

US Department of Defense, *DoD News Briefing: Secretary Rumsfeld and Gen. Myers* (12 Feb 2002)

US Energy Information Administration, 'Short-Term Energy Outlook, January 2019' <https://www.eia.gov/outlooks/steo/images/Fig14.png> (accessed 15 Jan 2019)

Vaihinger, H. (trans. Ogden, C. G.), *The Philosophy of 'As If': A System of the Theoretical, Practical and Religious Fictions of Mankind* (London: Kegan Pual, Trench, Tubner & Co., Ltd, 1924)

Vandevelde, K. J., *Thinking Like a Lawyer: An Introduction to Legal Reasoning* (London: Hachette, 2010)

Ventola, C. L., 'The Antibiotic Resistance Crisis', *Pharmacy and Therapeutics*, Vol. 40, No. 4 (2015), 277–83

Vickrey, W., 'Counterspeculation, Auctions, and Competitive Sealed Tenders', *Journal of Finance*, Vol. 16, No. 1 (1961), 8–37

Vina, G. et al., 'Brexit Will Cost Households "L4,300 a Year"', *Financial Times* (18 Apr 2016)

von Hayek, F. A., 'The Pretence of Knowledge', Nobel Prize lecture (1974) von Neumann, J. and Morgenstern, O., *The Theory of Games and Economic Behavior* (Princeton: PUP, 1972)

von Ranke, L. (trans. Iggers, W. A., ed. Iggers, G. G.), *The Theory and Practice of History* (Abingdon, Oxon: Routledge, 2010)

Waldfogel, J., *Scroogenomics: Why You Shouldn't Buy Presents for the Holidays* (Princeton: PUP, 2009)

Waldfogel, J. 'The Deadweight Loss of Christmas', *American Economic Review*, Vol. 83, No. 5 (1993) 1328–36

Walras, L., *éléments d'économie Politique Pure* (1874)

Walton, S. and Huey, J., *Made in America: My Story* (New York: Bantam Books, 1993)

Wansell, G., 'Whatever the Coroner May Say, Sally Clark Died of a Broken Heart', *Independent* (18 Mar 2007)

Welles, O. (director), *Mr Arkadin*, Warner Bros. (1955)

Wells, J. D., 'Prof. von Jolly's 1878 Prediction of the End of Theoretical Physics as Reported by Max Planck' (6 Mar 2016) <http://www-personal.umich.edu/~jwells/manuscripts/jdw160306.pdf> (accessed 17 Jan 2019)

Whately, R., *Detached Thoughts and Apophthegms: Extracted From Some of the Writings of Archbishop Whately* (1854)

Wiessner, P. W., 'Embers of Society: Firelight Talk Among the Ju/'hoansi Bushmen', *Proceedings of the National Academy of Sciences*, Vol. 111, No. 39 (2014), 14027–35

Wilde, O., *The Picture of Dorian Gray* (1891)

Williamson, O. E., *Markets and Hierarchies: Analysis and Antitrust Implications* (New York: Free Press, 1975)

Wilson, E. O., *Consilience: The Unity of Knowledge* (London: Vintage, 1999)

Wolfe, T., *The Bonfire of the Vanities* (London: Cape, 1988)

Wood, D. (director), 'The Missing Page' in *Hancock's Half Hour: Volume I*, BBC (1960)

World Bank, 'How are the Income Group Thresholds Determined?' <https://datahelpdesk.worldbank.org/knowledgebase/articles/378833-how-are-the-incomegroup-thresholds-determined> (accessed 11 Jan 2019)

World Bank, 'Poverty Headcount Ratio at $1.90 a Day (2011 PPP) (% of Population)' (2019)

World Health Organization, *WHO Guidelines on Hand Hygiene in Health Care* (2009)

Wrangham, R., *The Goodness Paradox: The Strange Relationship Between Virtue and*

Violence in Human Evolution (New York: Pantheon, 2019)

Zabell, S. L., 'The Rule of Succession', *Erkenntnis*, Vol. 31, No.2–3 (1989), 283–321

Zipf, G. K., *Human Behaviour and the Principle of Least Effort* (Boston: Addison-Wesley, 1949)

Zipf, G. K., *The Psycho-Biology of Language* (New York: Houghton Mifflin, 1935)

Zweig, J., *Your Money and Your Brain* (New York: Simon and Schuster, 2007)

延伸阅读

一个世纪以前，富兰克·奈特和约翰·梅纳德·凯恩斯便针对将概率推理应用于经济和社会问题写下了评论。正如我们在本书中所述，他们的观点没有被广泛接纳，社会科学越来越被概率推理主导——但乔治·沙克尔是一个罕见的例外。

当极端不确定性的重要性开始塑造我们自己的思维时，有两位作家似乎走在了正确的轨道上。他们的背景非常不同。一位是英国学者肯·宾默尔，他是伦敦大学专攻博弈论的数学家和经济学家，他于2009年出版的《理性决策》一书清楚地解释了贝叶斯推理的局限性和吉米·萨维奇所支持的统计理论的基础。另一位是黎巴嫩裔美国人纳西姆·尼古拉斯·塔勒布，他曾是一名交易员，后来成为作家。他在2001年出版的《随机漫步的傻瓜》以及随后在2007年出版的《黑天鹅》有力地证明了为什么将概率推理不假思索地应用于金融风险的做法会失败。他的著作形成了一个名为"不确定性"的系列，尽管迂回曲折，但包含了如何应对一个极端不确定的世界的非常重要的见解。

乔治·莱考夫和马克·约翰逊的《我们赖以生存的隐喻》（1980年）对人类的推理受叙事引导的程度做了简短的、开创性的描述。最近在经济学和金融学的背景下，延斯·贝克特和理查德·布朗克出版了《不确定的未来》（2018年），罗伯特·希勒出版了《叙事经济学》（2019年）。叙事与模型之间的关系是南希·卡特赖特和玛丽·摩根研究的主题，详情可见她们的著作《大自然，巧妙的建模者》（2019年）和《模型中的世界》（2012年）。雨果·梅西耶和丹·斯珀伯为沟通理性提供了重要的见解，他们在著作《理性之谜》中阐明了推理和叙事之间的联系。

在本书（英文版）付印之际，作家兼BBC记者迈克尔·布拉斯兰德在《暗知识》（2019年）中以一种流行的方式提出了与我们类似的论点。阿马尔·毕海德的著作《呼唤审判》（2010年）以及罗曼·弗雷德曼、迈克尔·戈德堡合著的《超越机械市场》对当信息不完整（在极端不确定的情况下必然是这样的）时理性意味着什么进行了批判性的讨论。

尼古拉斯·克里斯塔基斯的《蓝图》（2019年）对进化如何塑造人类推理进行了娴熟的描述。尼克·查特的《思想是平的》（2018年）是对任何基于计算科学而不是神经生理学来解释推理的尝试的一种挑衅的批评。约瑟夫·亨里奇的《我们成功的秘密》（2017年）则展示了经济发展在一定程度上是集体知识增长的结果。我们认为，对任何希望更广泛地理解经济学如何融入科学（和社会科学）的人来说，这三本书和乔尔·莫基尔的《增长的文化》（2016年）是必读的。

彼得·伯恩斯坦的《与天为敌》（1998年）是一本可读性很强的书，描述了几千年来人类试图管理风险的方式。洛兰·达斯顿在《启蒙运动中的经典概率》（1995年）中全面阐述了概率推理的发展，尼尔·弗格森在《货币崛起》（2008年）中描述了概率推理在保险中的应用。2019年，美国统计协会用了整整一篇文章探讨误用概率推理来推断因果关系的问题。该文章总结道："现在是时候完全停止使用'统计意义'这个词了。"对幂律的研究是由本华·曼德博首创的，马克·布坎南在《改变世界的简单法则》（2002年）中对幂律的众多运用进行了调查。在本书付印阶段，我们看到了伊恩·斯图尔特在他的作品《上帝掷骰子吗？》（2019年）中也回顾了本书前几章中提及的几个谜题和悖论。

致谢

本书完成于 2019 年夏天，那一年也是本书两位作者作为专业经济学家的第 50 年。在此期间，关于经济和经济学的研究层出不穷。第一个诺贝尔经济学奖颁发于 1969 年，自那以后，对这个奖项的最新得主的关注便成了经济学家的日常工作。在政府机构、私营机构和学术研究机构，经济学家的数量已经大幅增加。我们有幸与这三类机构的同僚共事，正如我们在本书中所提及的，进步是通过与他人的交流而共同取得的。因此，我们最感谢的必须是这些与我们交往了半个世纪的专业同僚，这些同僚来自世界各地，他们对我们的影响是巨大的，无论是有意识的还是无意识的影响。

我们感谢以下在本书写作过程中与我们讨论过相关想法的人：雷切尔·巴尔科、蒂姆·贝斯利、阿玛尔·毕海德、戴维·博达尼斯、艾伦·巴德、保罗·科利尔、塞缪尔·伊萨卡罗夫、彼德·凯尔纳、理查德·皮尔德斯、斯图尔特·普罗菲特、亚当·里德利、保罗·西布赖特、罗伯特·斯基德尔斯基、埃德·史密斯、戴维·塔克特，以及我们在纽约大学斯特恩商学院、纽约大学法学院以及伦敦政治经济学院和英国央行的同事。书中的一些想法在几年的时间里出现在多地举办的研讨会上，包括万灵学院、牛津大学、位于卑尔根的挪威经济学院、纽约大学法学院和耶鲁大学法学院。

我们还要感谢让这项冒险成为可能的人。我们的私人助理——英国的雷切尔·劳伦斯和纽约的盖尔·托马斯，他们帮我们安排行程，使我们写作本书成为可能。安德鲁·怀利再次证明了他是一个多么充满活力的、能为作者提供适当帮助的代理人。我们的出版商——Bridge Street 出版公司的蒂姆·怀廷和佐耶·古伦，以及 W. W. Norton 出版公司的德雷克·麦克菲利，也在每个阶段都为我们提供了鼓励和建议。

多里斯·尼科利茨和马修·福特不仅提供了优秀的研究资助，而且坚持提出难以回答的问题，我们觉得有必要试图提供答案。他们的深刻见解极大地丰富了本书。

最后，要感谢我们各自长期受苦的配偶米卡·奥尔德姆和芭芭拉·梅兰德-金，她们不仅给了我们极好的建议，而且耐心地给了我们时间去完成手稿。